Michael Freund

Deutsche Geschichte

Fortgeführt von Thilo Vogelsang

Band 2: 1492–1815

Bildredaktion: Dr. Wolf August

Bildquellennachweis:
Archiv für Kunst und Geschichte, Berlin (21); Kunstarchiv Arntz, Haag (4); Bildarchiv Preußischer Kulturbesitz, Berlin (1); Foto Marburg (5); Historia-Photo, Bad Sachsa (4); Historisches Museum, Frankfurt (1); Peter Keetman, Breitbrunn (1); Ralph Kleinhempel, Hamburg (1); Österreichische Nationalbibliothek, Wien (1).

Vorlagen für Faksimiles im Text und für Textzeichnungen:
Archiv für Kunst und Geschichte, Berlin; Bruckmann Verlag, München; Deutsche Staatsbibliothek, Berlin, Handschriftenabteilung, Nachlaß Hoffmann v. Fallersleben; Fritz Eschen, Berlin; Geographisches Institut der Universität Greifswald; Historia-Photo, Bad Sachsa; Historisches Bildarchiv Lolo Handke, Bad Berneck; Kunstarchiv Arntz, Haag/Obb.; Landesamt für Flurbereinigung und Siedlung Baden-Württemberg, Ludwigsburg; Österreichische Nationalbibliothek, Wien; Süddeutscher Verlag München; Ullstein GmbH, Berlin.

Die schematischen Kartenskizzen sind zum Teil nach Vorbildern aus Westermanns Atlas zur Weltgeschichte und aus F. W. Putzgers Historischem Schulatlas von Ernst Dehne, Bielefeld, den besonderen Absichten des Autors entsprechend umgezeichnet worden.

Die Schaubilder und Zeichnungen im Text wurden angefertigt von:
Heinz Baumeister, Bielefeld; Heinrich von Boddien, Hamburg; August Lüdecke, Gütersloh; Hans Peter Renner, Gütersloh; Alfred Resch, Bielefeld.

Made in Germany · 1/78 · 1. Auflage · 1110
Genehmigte, erweiterte Taschenbuchausgabe. © der Originalausgabe 1975 by Verlagsgruppe Bertelsmann GmbH/Bertelmann Lexikon-Verlag, Gütersloh, Berlin, München, Wien. © der Taschenbuchausgabe 1978 by Wilhelm Goldmann Verlag, München. Umschlaggestaltung: Creativ Shop, A. + A. Bachmann, München. Druck: Mohndruck Reinhard Mohn OHG, Gütersloh. Verlagsnummer: 11158 · Dr. August/Papenbrok
ISBN 3-442-11158-7

Inhaltsverzeichnis

1492–1815

DIE REFORMATION

7 *Chronologie 1492–1648*
9 Wiederbelebungsversuch an der Reichsgewalt
13 Lust und Fluch des Lebens: Renaissance und Reformation
15 Die große gute Hoffnung: Karl V.
17 Beute und Meute: Die große Vermögensumwälzung
19 Volk ohne Führer: Die Flucht in den Glauben
22 Abgründe: Die Revolte der Reichsritter und der Sturm der Landsknechte auf Rom
26 Aufstand ins Leere: Der Bauernkrieg
30 Das Tausendjährige Reich der Wiedertäufer
32 Der Religionsfriede und seine Kriege
36 Am Rande der Katastrophe
41 Prag 1618: Der Sturz in den Krieg
42 Der Napoleon Habsburgs: Wallenstein
46 Schlachtfeld Europas: Schweden und Frankreich greifen ein
50 Der Westfälische Unfrieden

DAS ZEITALTER DES ABSOLUTISMUS

52 *Chronologie 1655–1786*
54 Die Geburt Preußens: Der Große Kurfürst
56 Das Reich in der Zange zwischen Frankreich und dem Islam
60 Habsburg im Dunkel des Halbmondes
62 Tödliche Sonne: Ludwig XIV.
64 Beute- und Erbfolgekriege
66 Krone außerhalb des Reiches: Königreich Preußen
67 Soldat und Hausvater: Friedrich Wilhelm I.
70 Rebell auf dem Thron: Friedrich der Große
73 Die Verworrenheit der deutschen Staatenwelt
76 Rendezvous mit dem Ruhm: Die Schlesischen Kriege
82 Der Krieg gegen Zahl und Wahrscheinlichkeit: Der Siebenjährige Krieg
84 Das preußische Wunder
87 Von Maria Theresia zu Joseph II.
90 Die Revolution auf dem Thron: Joseph II.
93 Die polnischen Teilungen
96 Das deutsche Habsburg und seine Völker

DEUTSCHLAND IM SCHMELZTIEGEL DER FRANZÖSISCHEN REVOLUTION

99 *Chronologie 1789–1815*
100 Kreuzzüge für und wider die Revolution
103 Das Zarenreich als Nutznießer des europäischen Konflikts

106	Die Frontwendung Preußens gegen Osten: Der Friede von Basel
109	Die Aufteilung des Reiches durch den Reichsdeputationshauptschluß
113	Katz-und-Maus-Spiel mit Preußen
122	Revolution gegen Revolution: Erneuerung Preußens
125	Wehrpflicht und Bauernbefreiung
131	Die Romantik des Krieges und der Nation
135	Österreichs Niederlage von 1809 und das Scheitern der Volkserhebungen
138	Der Brand Moskaus und das Wagnis von Tauroggen
143	Die große Koalition gegen Napoleon
145	Vertagte Entscheidung: Der Wiener Kongreß
152	Gesamtregister

1492 – 1815

DIE REFORMATION

1492	Christoph Kolumbus aus Genua entdeckt Amerika
1493	Maximilian I. tritt die Regierung an (1486 zum König gewählt, 1508 gekrönt in Rom)
1494	König Karl VIII. von Frankreich führt einen Kriegszug nach Süditalien
1495	Der Reichstag zu Worms beschließt einen ewigen Landfrieden, Einführung des Reichskammergerichts und einer Reichssteuer
1500	Der Reichstagshauptschluß errichtet ein Reichsregiment
1514	Erzbischof Albrecht von Mainz – ein Hohenzollernprinz – bereits Erzbischof von Magdeburg, erkauft sich das Recht zu einem zehnjährigen Ablaß, womit er den Fuggern die für die Erwerbung des Mainzer Erzbistums vorgestreckten Gelder zurückzahlen will
1515	Die Dunkelmänner-Briefe" erscheinen (2. Teil 1517)
1517	Luther verkündet seine 95 Thesen „über die Kraft des Ablasses" (31. 10.)
1518	Ulrich Zwingli (1484–1531) predigt die Reformation in Zürich Luther und der päpstliche Legat Cajetan führen ein vergebliches Gespräch in Augsburg
1519	Tod Kaiser Maximilians I. (geb. 1459). Karl V. wird zum deutschen Kaiser gewählt (bis 1556) Luther erklärt sich auf einer Disputation mit Dr. Eck und Karlstadt gegen Papst und Konzilien
1520	Luthers Schriften: „An den christlichen Adel deutscher Nation" – „Von der babylonischen Gefangenschaft der Kirche" – „Von der Freiheit eines Christenmenschen" erscheinen Luther verbrennt öffentlich die Bannbulle (10. 12.)
1521	Reichstag zu Worms: Luther wird auf die Weigerung hin zu widerrufen in Reichsacht erklärt, nimmt Zuflucht auf der Wartburg und übersetzt dort das Neue Testament (die ganze Bibelübersetzung vollendet 1534) Der erste Krieg zwischen Karl V. und Franz I. von Frankreich bricht aus (bis 1526) Die Türken erobern Belgrad
1522	Luther predigt in Wittenberg gegen Wiedertäufer und Bilderstürmer Die verarmenden Reichsritter unternehmen unter der Führung von Franz von Sickingen (geb. 1481) einen Raubkrieg gegen die geistlichen Fürstentümer, und werden 1523 völlig geschlagen
1524	Die Bauern empören sich in Schwaben, Franken und Thüringen und werden 1525 niedergeschlagen
1525	Luthers Schrift: „Wider die räuberischen und mörderischen Rotten der Bauern" erscheint. Albrecht von Brandenburg, Hochmeister des Deutschen Ritterordens, tritt zum Protestantismus über. Franz I. wird in der Schlacht von Pavia von Karl V. besiegt (24. 2.)
1526	Der erste Reichstag zu Speyer gibt den Protestanten weitgehende staatsrechtliche Anerkennung. Der zweite Krieg zwischen Karl V. und Franz I. bricht aus (bis 1529)
1527	Deutsche Landsknechte plündern und verwüsten Rom (Sacco di Roma)
1529	Karl V. und Franz I. schließen in Cambrai Frieden (die Bourgogne an Frankreich abgetreten) Auf dem zweiten Reichstag zu Speyer protestieren die evangelischen Stände („Protestanten") dem Reichstag das Recht, in Glaubenssachen mit Mehrheit zu entscheiden.
1530	Karl V. wird in Bologna zum Kaiser gekrönt (letzte Kaiserkrönung durch den Papst). Auf dem Reichstag zu Augsburg versuchen Katholiken und Protestanten vergeblich eine Einigung; die Protestanten verfassen ein Glaubensbekenntnis (die Confessio Augustana)
1531	Die protestantischen Reichsstände schließen sich zum Bund von Schmalkalden zusammen
1534	Der 1519 vertriebene Herzog Ulrich kehrt nach Württemberg zurück und führt die Reformation ein Die Wiedertäufer ergreifen in Münster die Macht (1535 blutig unterdrückt)
1536	Erasmus von Rotterdam (geb. 1465), der größte deutsche Humanist, stirbt Der dritte Krieg zwischen Karl V. und Franz I. bricht aus (bis 1538)
1538	In Nürnberg wird ohne die Kurfürsten und ohne die meisten geistlichen Fürstentümer ein Bund der katholischen Stände geschlossen

8 Die Reformation

1539	Kurbrandenburg und das Herzogtum Sachsen (albertinische Linie) werden protestantisch
1540	Ignatius v. Loyola (1490–1556) erhält vom Papst die Anerkennung seines 1534 gegründeten Jesuitenordens
1541	Calvin (1509–1564) führt in Genf die Reformation durch
1542	Das Inquisitionstribunal wird in Rom wieder eingesetzt und der „Index der verbotenen Bücher" geschaffen
	Der Erzbischof von Köln wird Protestant
1544	Luther verteidigt in seiner letzten Streitschrift „Wider das Papsttum zu Rom, vom Teufel gestiftet" den Kaiser gegen ein Breve des Papstes
1545	In Trient tritt das Konzil zu Reform der katholischen Kirche zusammen (bis 1563)
1546	Luther stirbt in Eisleben (18. 2.)
	Der Schmalkaldische Krieg zwischen dem Kaiser und den Protestanten bricht aus
1547	Karl V. siegt bei Mühlberg/Elbe (24. 4.) über die Schmalkaldener; Johann Friedrich von Sachsen und Philipp von Hessen werden gefangengenommen, und die sächsische Kurwürde geht an die albertinische Linie (Moritz von Sachsen) über
1548	Auf dem Reichstag von Augsburg wird das sogenannte Interim beschlossen – ohne Klärung des Schicksals der säkularisierten kirchlichen Besitzungen
1552	Moritz von Sachsen fällt von dem übermächtig werdenden Kaiser ab, und Karl V. muß fliehen
	Im Passauer Vertrag erhalten die gefangenen protestantischen Fürsten die Freiheit zurück
	Die Bistümer Metz, Toul und Verdun fallen an Frankreich
1553	Moritz von Sachsen fällt im Kampf gegen den Markgrafen von Brandenburg-Kulmbach
1555	In dem Augsburger Religionsfrieden wird den Reichsständen mit einem Vorbehalt für die geistlichen Fürstentümer (geistlicher Vorbehalt) das Recht der Entscheidung über den Glauben ihrer Länder zugestanden (25. 9.)
1556	Karl V. dankt ab, und das habsburgische Reich löst sich in die spanische und österreichische Linie auf
	Ferdinand I., der Bruder Karls V., wird zum deutschen Kaiser gewählt (bis 1564)
1561	Die baltischen Deutschritterstaaten geraten zum Teil unter polnische und zum Teil unter schwedische Souveränität
	Die Calvinisten in Ungarn organisieren sich zu einer gesonderten Kirche
1563	In Heidelberg wird der Katechismus der Reformierten (Calvinisten) unter der führenden Beteiligung des Kurfürsten von der Pfalz geschaffen
1564	Der zum Protestantismus neigende Sohn Ferdinands I., Maximilian II., wird zum deutschen Kaiser gewählt (bis 1576)
1576	Rudolf II., Anhänger der Jesuiten, wird zum deutschen Kaiser gewählt (bis 1612)
1579	Die protestantischen Provinzen der Niederlande schließen sich in der Utrechter Union zusammen
1588	Nach dem Untergang der spanischen Armada an der Küste Englands flammt der niederländische Aufstand noch stärker empor
1606	Inmitten einer großen Staatskrise der habsburgischen Lande übernimmt Matthias, der Bruder Rudolfs, die Regierungsvollmacht (für das Reich, nicht für Böhmen) an Stelle seines Bruders
1608	Im Zusammenhang mit den Donauwörther Händeln wird der deutsche Reichstag beschlußunfähig (fortan kein Reichstagsabschied mehr)
	Die protestantische „Union" wird unter der Führung des Kurfürsten Friedrich IV. von der Pfalz gegründet
1609	Die katholische „Liga" wird unter der Führung des Herzogs Maximilian von Bayern (1597–1651) gegründet
	Ein Streit um die Besitzungen von Jülich und Kleve führt an den Rand eines europäischen Krieges
	Rudolf bewilligt im Wettstreit mit seinem Bruder Matthias den böhmischen Ständen den Majestätsbrief (Recht der Königswahl durch die Stände und Religionsfreiheit)
1610	Die Ermordung Heinrichs IV. verhindert einen Kriegszug des Französenkönigs gegen Deutschland
1612	Matthias wird zum deutschen Kaiser gewählt (bis 1619)
1613	Der Kurfürst von Brandenburg tritt zum Calvinismus über
1618	Durch einen Aufstand in Böhmen (Fenstersturz zu Prag, 23. 5.) wird der Dreißigjährige Krieg ausgelöst
1619	Ferdinand II., ein kämpferischer Widersacher des Protestantismus und Anhänger der Jesuiten wird nach dem Tode von Matthias (März) zum Kaiser gewählt
	Die böhmischen Stände verweigern dem schon seit 1617 zum König von Böhmen gewählten Ferdinand den Gehorsam und wählen den Calvinisten Friedrich V. von der Pfalz (den „Winterkönig") zum König von Böhmen
1620	Ferdinand besiegt unter ausschlaggebender Hilfe des Herzogs Maximilian von Bayern den Kurfürsten von der Pfalz in der Schlacht am Weißen Berge bei Prag (8. 11.)
1621	Einfall der Spanier in die Pfalz

Das Ende der Reichsgewalt

1623 Das Heer der Liga unter Tilly stößt in Verfolgung kleinerer, dem Winterkönig anhängender norddeutscher Fürsten nach Norddeutschland vor
1623 Der Kurfürst von der Pfalz wird geächtet und seine Kurwürde dem Herzog Maximilian von Bayern übertragen
1625 Christian IV. von Dänemark übernimmt, verbündet mit England und Holland, die Führung des niedersächsischen Kreises der deutschen Protestanten
1625 Wallenstein stellt als Condottiere ein kaiserliches Heer auf
1626 Wallenstein siegt an der Dessauer Elbbrücke über Ernst von Mansfeld und Tilly bei Lutter am Barenberge über Christian IV. von Dänemark
1627 Wallenstein erobert Pommern und Mecklenburg
1628 Wallenstein belagert vergeblich Stralsund
1629 Friede zu Lübeck und Edikt über die Restitution der seit 1552 säkularisierten geistlichen Besitzungen.
1630 Die sich vom Anwachsen der Kaisermacht bedroht fühlenden Kurfürsten erzwingen auf dem Kurfürstentag zu Regensburg die Entlassung Wallensteins
      König Gustav Adolf von Schweden landet in Deutschland und besetzt Pommern
1631 Frankreich unter der Führung des Kardinals Richelieu schließt einen Subsidienvertrag mit Schweden
      Gustav Adolf besiegt Tilly bei Breitenfeld
1632 Nach dem Sieg Gustav Adolfs über Tilly wird Wallenstein erneut als Oberfeldherr des Kaisers berufen
      Gustav Adolf siegt und fällt in der Schlacht bei Lützen (6. 11.)
1633 Die süddeutschen Protestanten verständigen sich mit Schweden und Frankreich zu Heilbronn
1634 Wallenstein, cäsarischer Ziele verdächtig, wird auf Grund eines kaiserlichen Befehls, ihn zu ergreifen, in Eger ermordet (25. 2.)
1635 Friede einiger protestantischer Stände, besonders des Kurfürsten von Sachsen, mit dem Kaiser zu Prag.
      Offenes Eingreifen Frankreichs in den Krieg wegen einer drohenden Verständigung zwischen den deutschen Fürsten und dem Kaiser
1637 Ferdinand III. wird zum deutschen Kaiser gewählt (bis 1657)
1638 Bernhard von Weimar (gest. 1639) erobert im Auftrag der Franzosen das Elsaß und Breisach
1640 Friedrich Wilhelm, der „Große Kurfürst", kommt in Brandenburg zur Regierung (bis 1688)
1648 Durch den Westfälischen Frieden siegen die Territorialgewalten endgültig über das Reich

Wiederbelebungsversuche an der Reichsgewalt

Mit drei Geschehnissen hebt die Neuzeit für das Abendland und Deutschland an: Mit der Entdeckung Amerikas, mit dem Zug Karls VIII. nach Neapel und mit der Glaubensumwälzung.

Die Entdeckung Amerikas eröffnete eine neue Welt. Seit der Antike tat sich erstmals wieder ein neuer Horizont auf: Antike und Mittelalter hatten ja nur die gleiche „Welt" gekannt. Aber Deutschland geriet in den Schatten der Neuen Welt, deren Horizont sich mit der Entdeckungstat Kolumbus' öffnete. An dem ungeheuren Geschehen der Besitzergreifung der Welt durch die weiße Rasse hatte die deutsche Nation, die im Mittelalter so großartige kolonisatorische Leistungen vollbracht hatte, nur als ein später Nachzügler im 19. Jahrhundert teil.

Der Zug Karls VIII. von Frankreich nach Neapel eröffnete einen Kampf, der dem Gesicht Europas für lange Zeit die Züge gab. Die ganzen europäischen Dinge gerieten damit in Bewegung. Das moderne europäische Staatensystem war im Werden. Nicht mehr die Vormacht des Reiches, sondern das Gleichgewicht der Großmächte gab von jetzt an der europäischen Welt das Gepräge. Habsburg wuchs zur europäischen Macht empor. Böhmen und Ungarn – noch vor kurzem Vorposten eines großpolnischen Reiches – fielen ihm zu. Die große Frage wurde damit entschieden, ob ein Großreich slawischen Gepräges oder ob das deutsche Kaiserhaus den Südosten beherrschen und die Wacht gegen den Islam halten würde. Scheinbar durch die freundlichen Geister der Ehe zusammengebracht, wurde der Zusammenhang der Länder der „Donaumonarchie" doch nur durch den Anprall des Islam und durch die kriegerische Gegenwehr gegen die Türkengefahr erhärtet. Als Schutzmacht des Reiches gegen die Türkengefahr erhob sich im Südosten die habsburgische Großmacht. Aber das Reich fing an, sich daran zu gewöhnen, daß es im Schatten der kaiserlichen Gewalt und der großen Weltdinge lebte. Als um die Vormacht Europas und um das Erbe der Welt gerungen wurde, war es nicht das „Reich", das als Weltmacht sich zu ringen lernte. Die Reichsstände mochten in den Welthändeln der Habsburger fremde, ferne Dinge sehen – sie waren es oft genug in der Tat. Aber das Schicksal Deutschlands in der Reformationszeit bewies, wie Deutschland bei dem Stilliegen im Kampf der Welten verlernt hatte, als ein Wille und ein Ganzes zu handeln. Waren es im Geistigen Tage der Umwälzung, so schienen es auf staatlichem Gebiete Tage der Reform zu sein.

Die Reformation

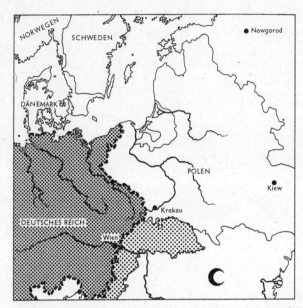

Die Ostgrenze des Reiches 1526 nach dem Untergang des Deutschen Ordens und nach dem Erwerb der ungarischen Krone durch Habsburg

Die zweite Hälfte des 15. Jahrhunderts hatte eine beispiellose Auflösung der Reichsgewalt erlebt, und der deutschen Nation waren furchtbare Schläge widerfahren. Das deutsche Ordensland war unter polnische Oberhoheit geraten. Holland und Brabant, die deutschsprachigen Niederlande, waren an Burgund gefallen. Schienen mit der Herrschaft Habsburgs über Burgund die Niederlande zurückgewonnen – ja, sogar Flandern hat dann später Maximilian I. Frankreich abgerungen –, so lebte Burgund auch unter der Herrschaft des deutschen Königs und römischen Kaisers zu sehr ein Leben für sich, als daß nicht die Abschnürung der Niederlande vom deutschen Volkskörper weitergegangen wäre. Die Oberhoheit des Reiches über die Schweiz war nur noch ein toter Buchstabe. Es war an der Zeit, daß die Reichsgewalt sich regte.

Die Regierungszeit Maximilians ist denn auch durch den Kampf um das „Reichsregiment", um eine Neuordnung der Reichsgewalt gekennzeichnet. Waren aber alle einig, daß eine neue Reichsgewalt not tue, erhob sich sofort der Streit bei der Frage, wer sie schaffen solle. Die Reichsstände traten mit einem Plan für eine föderative Reichsreform hervor. Sie wollten den Reichstag, auf dem bis 1648 das öffentliche Leben der deutschen Nation gründete, zu einem ständigen Organ ausbauen und die Einheit des Deutschen Reiches darauf gründen, daß aus dem Reichstag eine Tag für Tag tätige, regelmäßig wirkende Körperschaft würde. Es war eines der größten Projekte föderativer Reichsgestaltung in der deutschen Geschichte. Der Plan war inmitten der Weltgegensätze schwer durchzuführen, wie alles, was sich auf Beratung und nicht auf Befehl und Autorität gründet. Vor allem forderte der Plan sofort die kaiserliche Gewalt heraus, die bisher in den täglichen Dingen der Nation allein „auf dem Platze" gewesen war. Der Kaiser wollte eine andere Reichseinheit, gegründet nicht auf das Parlament der Fürsten, sondern auf seine Macht, auf regelmäßige Steuern und ein stehendes kaiserliches Heer. Am Gleichgewicht kaiserlicher und ständischer Gewalt ist die Reichsreform gescheitert. Der Reichspfennig oder „gemeiner Pfennig" (eine Wehrsteuer nach unserem Begriff) wurde bald wieder durch die Matrikel ersetzt, d. h. durch Kontingente der einzelnen Territorien. Ein wirkliches Reichsheer wurde nicht geschaffen. Die Gestellungen blieben abhängig vom guten Willen der Reichsstände. Was sich zusammenfand, war eine uneinheitliche, buntgescheckte Truppe, in der jede Mannschaft vom Selbstgefühl und Souveränitätsdünkel ihrer Landschaft erfüllt war. Gebracht hat die „Reichsreform" nur das Reichskammergericht, um

Das Ende der Reichsgewalt

dessen Zusammensetzung und Charakter kaiserliche und ständische Gewalten noch lange rangen, und den Landfrieden, der die schlimmsten Erscheinungen der Reichsauflösung, den offenen Krieg im deutschen Lande, für den Augenblick im großen und ganzen beseitigte. Die Frage der Reichsordnung aber war nicht gelöst.
Deutschland hätte aber der festen Reichsgewalt beendgültig vollzogen. Auf der anderen Seite spielte Maximilian wenigstens mit dem Gedanken, sich selbst zum Papst krönen zu lassen. Der Kaiser wolltte wieder vereinen, was getrennt worden war: Weltliche und geistliche Macht. Es war ein Plan, in dem die Idee einer untergehenden Welt wie die Halluzination eines Todeskampfes sich noch einmal kundtat. Luthers Anfänge erlebte Maximilian noch: Als Figur im Spiel um

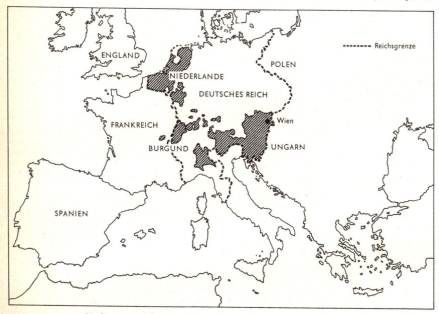

Die Situation Habsburgs nach der „Burgundischen Heirat" Maximilians I. 1477

durft, als die Frage der Kirchenreform und die religiöse Reformation zur Schicksalsfrage der Nation wurden. Geistig wurde die deutsche Nation gespalten, weil sie politisch und staatlich schon zerrissen war. Ein politisch und staatlich geeintes Deutschland hätte die religiöse Spannung verhindern können. Die Reformation aber kam über Deutschland, als die Reichsreform schon gescheitert war.
Maximilians Stellung zur religiösen Frage ist zwiespältig wie sein ganzes Werk. Er vollzog einen wichtigen, wenn auch durch den Lauf der Dinge lange vorbereiteten Schritt in den Beziehungen zwischen Kaiser und Papst. Er nahm ohne vorhergehende Krönung durch den Papst den Titel eines erwählten römischen Kaisers an. Die Verselbständigung der beiden Gewalten, Kaisertum und Papsttum, die man im Mittelalter wie Körper und Seele verbunden glaubte, schien so die Reichsreform der Kirche sah er den Reformator an. Er möge, ging Maximilians Mahnung an Friedrich den Weisen von Sachsen, den sächsischen Mönch gut behüten.
Als die Reformation über Deutschland hereinbrach, bestand keine Reichsgewalt mehr, stark genug, die geistigen Gewalten der religiösen Reform einheitlich zu lenken, mächtig genug, entweder die Reformation ganz durchzuführen oder sie ganz zu unterdrücken. Das Kaisergeschlecht zwar schien mächtiger als je. Durch die „Burgundische Heirat" vom Jahre 1477 wurden die modernsten Territorien Europas mit dem Habsburgerreich verbunden. Maximilian heiratete die Tochter Karls des Kühnen von Burgund, dessen meteorartiger Aufstieg und glanzschimmernde Verwegenheit an dem geschlosseneren und fester gefügten, kalt und rechnend geführten Frankreich zer-

12 Die Reformation

brachen. Der Sohn Maximilians und Marias von Burgund, Philipp der Schöne, heiratete seinerseits die spanische Erbprinzessin und vererbte seinem Sohne, dem späteren Karl V., die Anwartschaft auf Spanien.
Doch wurde Spanien nicht nur erheiratet. Staatsraison und politische Notwendigkeit bereiteten einen Zusammenschluß vor, der nach der Gewohnheit der Zeit durch die Ehe zweier Fürstenkinder besiegelt wurde. Kein dauerndes staatliches Gebilde der Zeit ist im Ehebett entstanden: Ehefreude und Eheleid waren nur die Zugabe zum politischen Geschehen. Immerhin fiel den Habsburgern Spanien (mit den neuen überseeischen Entdeckungen) als Frucht ihrer Ehebündnisse zu. Ein Reich schien ihrer, in dem die Sonne nicht unterging.
Die Zeitgenossen mochten das glückliche Österreich preisen, das heiratete, während die anderen Kriege führen mußten. Aber diese Ehebündnisse brachten den Habsburgern doch einen Krieg von furchtbaren Ausmaßen als Mitgift mit. Schon an „Burgund" haftete das Vermächtnis einer Erbfehde mit Frankreich. Aus den „Niederlanden" war dieser Staat gebildet. Mit der „Freigrafschaft" ragte er nach Frankreich hinein, und mit dem alten Herzogtum Burgund rollen versuchten; dort versuchten die Franzosen, einen Keil zwischen Habsburg und Spanien zu treiben.
Doch hob das 16. Jahrhundert für Deutschland verheißungsvoll an, voll des trügerischen Glanzes, mit dem in der Geschichte so häufig der Tag der Katastrophen beginnt. Auf den schweren, unbeweglichen, zähen Friedrich III. war die glänzende Erscheinung Maximilians I. auf den Thron des deutschen Königs und römischen Kaisers gefolgt. In ihm vollzog sich eine seltsame Mischung des Alten und Neuen. Der „letzte Ritter" wurde er geheißen. Glanzvoll erstand in ihm noch einmal das ritterliche Wesen des Mittelalters. Er war dem Abenteuer und dem Wagnis zugetan und fühlte sich vor allem als ein Ritter der „Fortuna". Sein Wesen war voll Schwung, seine Pläne kühn und verwegen. Aber darin kündete sich schon etwas Neues an. Nicht umsonst herrschte Maximilian über das modernste Land Europas, das burgundische Reich. Der englische Philosoph Bacon hat die drei großen Herrscher der damaligen Zeit, Heinrich VII. von England, Ferdinand von Aragon und Karl VIII. von Frankreich, die drei großen Magier genannt. Sie waren die Schöpfer einer geschlossenen, eigenmächtigen, modernen Staatsgewalt von einer neuen, unheimlichen, dynamischen Kraft. Wäre Maximilian

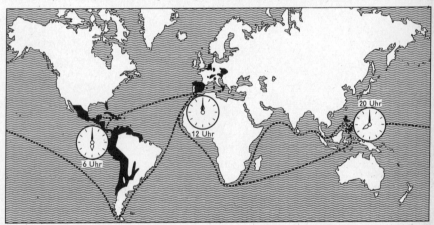

Das Weltreich Karls V. 1519–1556: „In meinem Reich geht die Sonne nicht unter"

umfaßte dieses Staatsgebilde Stücke aus dem Herzen Frankreichs. So hat dieser Staat wiederholt Dasein und Machtstellung Frankreichs zutiefst bedroht. Ein Kampf auf Leben und Tod aber mußte entbrennen, als Habsburg-Burgund durch das spanische Erbe Frankreich gleichsam wie mit einer Zange umfaßte. Italien war lange der Kampfboden, auf dem die beiden Gegner die Fronten dieses gewaltigen Ringens aufzu- nicht Herr über ein Konglomerat von Fürstentümern, sondern Herrscher eines geschlossenen Reiches gewesen, würde er neben diesen „Magiern" stehen. Der mittelalterliche Staat wollte von seinen Untertanen Dienste, der moderne Staat Geld. Maximilian kämpfte einen unablässigen Kampf um regelmäßig fließende Geldquellen für seine Macht. Wäre er damit durchgedrungen, hätte er einen anderen Traum seines Lebens verwirklicht: Das stehende Heer, das jetzt als revolutionäre Macht in die Weltgeschichte eintrat; die Landsknechte, die Maximilian anwarb, hat man die erste deutsche Infanterie genannt. Maximilians ganze Liebe galt der modernen Waffe, der Artillerie.

Er sammelte die jungen Adligen um sich, die nach Abenteuern und Beute gelüstete. Schien er nicht wie der Magier einer neuen Herrschergewalt? Aber es waren alles nur die ersten Keime, die der eherne Gang der Geschehnisse bald unbarmherzig zertrat.

Die neue Waffe: Die Artillerie

Lust und Fluch des Lebens: Renaissance und Reformation

Die Herrschaft Maximilians hatte überhaupt etwas von dem Schimmer dieses Frühlingstages, dessen Europa sich damals anscheinend erfreute. Es war die Zeit der ersten europäischen „Aufklärung", der Renaissance. Die Geister regten sich überall. Man glaubte aus langem Schlafe zu erwachen und aus der Finsternis ins Licht zu treten. Der alte Glaube wurde abgestreift. Ein „Mittelalter", ein gewaltiges Interregnum, ein Zeitalter zwischen den Zeiten der Kultur, in der Mitte zwischen dem Sonnenuntergang der Antike und dem Sonnenaufgang der neuen Zeit, wollte man auslöschen. Man wähnte sich der Fesseln ledig, und der Menschengeist glaubte die Erde aus ihren Angeln heben zu können. Kunst und Wissenschaft wollte man zum Inhalt des Lebens machen und ein Reich irdischer Herrlichkeit erbauen. Erasmus von Rotterdam und Ulrich von Hutten waren die beiden größten Repräsentanten der deutschen Renaissance. Erasmus war der erste große „Aufklärer" Europas, ein gebildeter und verfeinerter Geist, ein Kritiker der Zeit und der Kirche voltairischen Stils, ein Kämpfer gegen religiöse Unduldsamkeit und theologische Enge, aber auch gegen den Krieg und gegen die Macht. Er schien wie ein Vorläufer Luthers und ein Wegbereiter der Reformation durch seine Kritik der alten Kirche. Schließlich flüchtete er aber vor der herben und harten Unerbittlichkeit der lutherischen Lehre, vor ihrer Verdammung des freien Willens, vor ihrer Verachtung der „Hure Vernunft" und ihrer Verfemung der trügerischen Welt der Schönheit und des „Glücks" in den Schoß der katholischen Kirche zurück. Gegen Luthers „unfreien, geknechteten Willen" stellte er den freien Willen und die im Kern gute Menschennatur. Ulrich von Hutten ist dagegen an Luthers Seite geblieben, ängstlich, wie sich Luther ihm gegenüber auch verhielt. Er war ein großer Abenteurer, immer dort, wo sich schlug, unstet, in den persönlichen Dingen von der Unbedenklichkeit eines entwurzelten literarischen und politischen Freibeuters, den verschiedensten und feindseligsten Mächten dienend, dabei immer wieder von der einen Leidenschaft in der Tiefe seiner Seele vorwärtsgetrieben, voll eines Hasses gegen die römische Kirche, der bald niedrig und giftig wie Geifer aus seinem Munde kam, bald wieder wie eine reine Flamme vaterländischen Glaubens durchbrach. Die Renaissance hat mit ihrer Zersetzung des alten Glau-

14 Die Reformation

Die Reformation wäre kaum zu denken ohne die Erfindung des Buchdrucks durch Gutenberg

bens in mancher Hinsicht der Reformation Bahn gebrochen. Aber im letzten Grunde war die Reformation mit ihrer harten religiösen Unerbittlichkeit doch ein großer Aufstand gegen alle Herrlichkeit der „Kultur". Eine Lust, schien es Hutten, zu leben. Aber der Tag, an dem man sich des furchtbaren Ernstes des Lebens wieder eingedenk werden sollte, war nicht mehr fern.

Die Reformation nahm ihren Ausgang vom Herzen Deutschlands. Sie begann mit der Tat eines Deutschen. Viel hat sie für die Entfaltung des deutschen Nationalbewußtseins bedeutet. Aber zur deutschen Nationalbewegung vermochte sie trotz mancher Ansätze im Reformationszeitalter nicht zu werden. In den folgen-

1955 enthält nur die Produktion der Bundesrepublik

den Jahrhunderten erhob sich die preußische Monarchie auf dem Fundament protestantischen Glaubens, und der Protestantismus sollte dabei auch auf deutschem Boden seine staatsbildende Kraft erweisen. Reichsbildend hat er im Zeitalter der Reformation und Gegenreformation nicht gewirkt. Sein erstes Ergebnis von weltgeschichtlicher Bedeutung war eine furchtbare geistige Spaltung der Nation, die nur die Zersetzung und Auflösung der Reichsgewalt besiegelte. Wurde die Reformation zur Fürsprecherin des Staates gegenüber der universalen Kirche, so hatte nicht das Reich, sondern der Fürstenstaat den Nutzen davon. Der territoriale Fürstenstaat wurde von nun an zum unentrinnbaren deutschen Schicksal.

Drei europäische Figuren schufen die Reformation: Luther, Zwingli, Calvin. Alle drei haben am deutschen Schicksal mitgeformt, wenn auch nur einer von ihnen – Luther – ein Deutscher des Reiches war. Zwingli war Deutschschweizer und Calvin Franzose.

In Luther lebte von allen dreien die tiefere religiöse Kraft, eine ursprüngliche, elementare Gewalt, die aller Klänge von der stillen innigen Andacht bis zum rasenden leidenschaftlichen Ausbruch fähig war. Sein innerstes, tiefstes Anliegen aber war die Reformation der Seele. Calvin und Zwingli dagegen waren vor allem Organisatoren. Ihr Anliegen war ebensosehr die

Johann Calvin

Rettung der Seele wie die Reform der politischen Ordnung. Sie schufen erobernde Kirchen, die in Frankreich in den Hugenotten und in England in den Puritanern zu furchtbaren Kräften der politischen Revolution wurden. Beide, Calvin und Zwingli, waren Propheten mit dem Schwert in der Hand, Häupter von politischen Mächten und Kräften des Lebens. Die „Reformierten" – so nannte man die Anhänger Zwinglis und Calvins im Unterschied zu den Lutheranern – waren weltoffener, auf den Kampf in dieser Welt eingestellt, durch Organisation und rechtliche Ordnung als Macht dieser Erde geformt. Wo der reformierte Glaube Fuß faßte, setzte sich ein kämpferischer, angriffsfreudiger Protestantismus fest, der bis zum Dreißigjährigen Krieg – von dem calvinistischen Winterkönig der Pfalz ging damals der Anstoß zur großen Katastrophe aus – eine unruhige, revolutionäre Vorhut des deutschen Protestantismus blieb und ganz anders als das Luthertum einer rührigen, nahezu modernen, unbekümmert offenen politischen Aktivität zugewandt war. Aber die Spaltung der beiden Richtungen der neuen Religion schwächte von Anfang an den deutschen Protestantismus, und sie schwächte ihn vor allem als eine nationale Kraft des Deutschen Reiches, da sie ihm das große Geschenk des Schicksals an die Völker in ihrer Krise nahm, nämlich das eine geistige Haupt.

Es war ein nichtiger Anlaß, der die Reformation in Bewegung brachte: Der Ablaßstreit. Die kirchliche Lehre, daß die Kirche Gewalt habe, zu lösen und zu binden, war in der Praxis da und dort zu dem für die Kirche einträglichen und. für das Individuum bequemen Glauben geworden, man könne sich von Sündenstrafen durch Geld befreien und gleichsam Himmel und Hölle kaufen. Die Kirche mochte in der Lehre ihrer Theologen von der reinen Dogmatik nie abgegangen sein, daß nämlich der Ablaß auch Reue und guten Vorsatz verlangt. Ohne Zweifel waren aber die Ablässe oft Bestandteile großer internationaler Finanztransaktionen gewesen. Eine solche Finanztransaktion (der Mainzer Erzbischof hatte für Aufwendungen seiner Wahl auf das Erzbistum Mainz bei den Fuggern Schulden aufgenommen und wollte sie nun durch einen Ablaß bezahlen) stand auch hinter der Ablaßpredigt des Dominikanermönches Tetzel in Sachsen. Da schlug am 31. Oktober 1517 der Augustinermönch Martin Luther an der Schloßkirche zu Wittenberg die 95 Thesen über den Ablaß an. Von wenigen erkannt – am wenigsten von Luther selbst –, war hier der Anfang der Reformation. Die Thesen waren noch keineswegs eine schroffe Rebellion gegen das kirchliche Lehrgebäude. Der Landesherr sah den Kampf gegen die Ablaßpredigt gerne, die sein Gebiet mit einem wirtschaftlichen Aderlaß bedrohte. Nicht unbeträchtliche materielle Interessen standen auf dem Spiel. Zwar war der andere Akzent in den Thesen Luthers und in der Kirchenlehre nicht zu verkennen. Aber es waren doch alles Spannungen, wie sie auch das ganze Mittelalter hindurch gewaltet hatten. Eine Zeitlang blieb es daher ungewiß, ob aus dem Streit der große, folgenschwere Bruch folgen würde. Für Mönchsgezänk sah man zunächst die Sache in Rom an. Aber eine Untersuchung wurde eingeleitet, und der Stein kam ins Rollen, der schließlich die Berge in Bewegung setzte.

Ulrich Zwingli

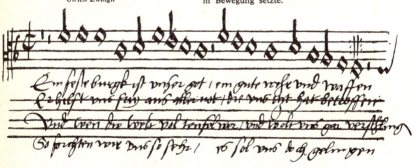

„Ein feste Burg ist unser Gott" in Luthers Handschrift

Die große gute Hoffnung: Karl V.

Fast zur selben Zeit, da die religiöse Katastrophe über Deutschland kam und sich das Reich vor einer dunklen Gefahr, der Pest gleich, zu fürchten begann, wurde ein neuer deutscher Kaiser gewählt. Der „letzte Ritter", Maximilian I., war 1519 gestorben. Selten hat wohl eine Wahl von so schicksalhafter Be-

16 Die Reformation

deutung stattgefunden wie die Kaiserwahl, die ein paar Tage vor der Leipziger Disputation stattfand, jener Disputation zwischen Luther und Eck, die die große geistige Revolution der Reformation einleitete. Zwischen Franz I. von Frankreich, Friedrich dem Weisen von Sachsen und Karl V. von Habsburg ging die Wahl. Unter militärischem Druck – der Schwäbische Bund, die Landsknechtstruppe Maximilians, wurde eingesetzt – und mit klingender Münze wurde die Wahl zugunsten Karls entschieden. Friedrich der Weise hatte jegliche Kandidatur abgelehnt; seine Hausmacht erschien ihm unzulänglich für das Kaisertum.
Am 24. Februar 1500 wird Karl V. in Gent geboren. Inmitten des alten burgundischen Reiches erblickt er das Licht der Welt. Ein burgundischer Edelmann ist er in den ersten fünfundzwanzig Jahren seines Lebens, nichts als ein burgundischer Edelmann. Er vollendet die Überlieferungen Burgunds, er führt sie zu einem glanzvollen, von der Abendsonne vergoldeten Höhepunkt. Die meisten Deutschen sehen diese Wahl als eine Verheißung an; Luther nennt noch 1520 den Kaiser „eine große gute Hoffnung für das Herz". Karl V. war kein Habsburger mehr. Unter seinen zweiunddreißig Ahnen gab es nur eine einzige Linie aus deutschem Blut, die des Großvaters Maximilian. Alle übrigen Ahnen waren nicht deutscher Abstammung. Da war eine Prinzessin aus Masowien, eine von Portugal und eine aus Burgund, eine spanische Infantin, Vorfahren aus den Herrschergeschlechtern von Kastilien und Aragon, Visconti, Bourbon und Valois.
Nur die sieben Kurfürsten, die drei geistlichen von Mainz, Köln und Trier und die vier weltlichen von Böhmen, Pfalz, Brandenburg und Sachsen, vergaben den deutschen Kaiserthron. Soweit war es schon gekommen, daß wie in Polen die großen europäischen Fürsten um die Krone des Heiligen Römischen Reiches Deutscher Nation warben.
Ein Erbanspruch wurde nicht anerkannt. Die Krone mußte mit Geld und mit dem Aufgebot der Waffen errungen werden, mit Geld, mit dem man die Kurfürsten bestach, und mit Waffen, mit denen man sie unter Druck setzte. Maximilian, das Haupt der österreichischen Linie der Habsburger, hatte immer gesagt, daß man auf die Verwandtschaft nicht pochen solle. Entscheidend sei allein „viel Geld". Die habsburgischen Fürsten sollten da nicht sparen, denn die habsburgischen Erblande würden durch das Kaisertum nur noch wertvoller. Mit Wechseln sei niemandem gedient, nur Bargeld wirke, denn die Fürsten würden der klingenden Münze der Franzosen mehr glauben als allen guten Worten. An die Kurpfalz und an den Herzog von Sachsen müsse man schon längst versprochene Abstandszahlungen leisten. Es sei nicht genug, den geistlichen Fürsten Pfründen zu versprechen. Auch sie müßten Bargeld bekommen. Anderen Fürsten wurden habsburgische Prinzessinnen angeboten.
Die hauptsächlichste Stütze der Habsburger war der Schwäbische Bund. Ende Mai 1519 gelang es, die Truppen des Schwäbischen Bundes unmittelbar in den Sold der Habsburger zu nehmen. Zudem sicherte sich das Haus der Habsburger Franz von Sickingen, einen der großen Landsknechte der Zeit, einen jener Reichsritter, die an der Spitze von Söldnerhaufen unablässig Fehde führten. Franz von Sickingen hatte zuweilen Tausende von Söldnern um sich geschart, ein Reichsritter, der nur dem Reich Gehorsam schuldete und daher keinen unmittelbaren Herren über sich hatte. Halb ein großer Herr und halb ein Bandenführer, war er einer der bedeutendsten Soldaten seiner Zeit, ein sagenumwobener Haudegen, von aller Welt bewundert und gefürchtet.
Ein Wahlsieg der Franzosen – er war nicht gar so ferne – hätte wahrscheinlich den Kampf zwischen Habsburg und Frankreich zugunsten Frankreichs entschieden. Die burgundische Barriere zwischen Deutschland und Frankreich wäre niedergebrochen, und Frankreich wäre damals schon die Weltmacht geworden, zu der es sich nach schwerem Kampfe erst im folgenden Jahrhundert erhob. Vielleicht wäre Frankreichs Griff nach der Vorherrschaft nicht so wild und ausschweifend geworden, wenn es sich nicht der tödlichen Umklammerung durch die Macht Habsburgs zu erwehren gehabt hätte.
Karl V., Maximilians Nachfolger, war in vielem das Gegenteil des „letzten Ritters". War Maximilian offen, voll überströmenden mittelsamen Lebens, so war Karl hart, verschlossen, unzugänglich. Schwamm Maximilian gern oben auf der Welle, so war Karl im Wollen und Handeln starrer und unbeugsamer. Aufgewachsen in den Niederlanden, trug er einen Hauch des neuen, freieren Geistes an sich, der mit der Renaissance über Europa gekommen war. Aber gerade dies machte seine Seele den neuen religiösen Kräften fremd, die in der deutschen Reformation ungestüm und jäh, den Elementen verwandt, an die Oberfläche drängten. Für die Reform und die Neuordnung der Kirche war Karls V. Geist durchaus offen. Er war nicht „Spanier" in dem Sinne, daß er etwas von der dunklen religiösen Leidenschaft eines Volkes gehabt hätte, das auf dem glutheißen Boden eines jahrhundertelangen Kreuzzuges geworden ist. Wenn Karl V. dem „spanischen Geist" in Europa und Deutschland den Weg geebnet hat, so wesentlich durch das Machtsystem, dessen Grundlagen er legte. Er lebte in den alten universalen Zielen und Vorstellungen. Die neuen religiösen Kräfte, die sich der Einheitswelt eines universal-kaiserlichen Systems nicht mehr einfügen wollten, waren ihm daher innerlich fremd. Die Kirchenordnung, die seiner geistigen Welt entsprochen hätte, wäre eine Kirche gewesen, einig in den Fundamenten des Glaubens, überlegen duldsam im einzelnen, von den Mißständen gereinigt, getragen und beschirmt von einer starken Kaisermacht.

Martin Luther, aus der Werkstatt Lucas Cranachs d. Ä., 1532. Frankfurt am Main, Historisches Museum.

Die Revolution der Wissenschaft. Die franziskanische „Naturgläubigkeit" führte den aus einer deutschen Familie Schlesiens entstammenden Domherrn in Thorn (kein Priester) Kopernikus (u. r.) dazu, in seinem 1543 veröffentlichten „De revolutionibus orbium caelistium" die göttliche Harmonie des Sternenhimmels und seine majestätische Unwandelbarkeit und Gesetzlichkeit darzutun. Die Lehre, daß die Erde sich um die Sonne drehe, entfloß dem Ziel, die Sternenwelt als eine erhabene Ordnung der Sphären darzustellen. Der mystisch versponnene schwäbische Arzt Paracelsus (Theophrastus von Hohenheim) (u. l.) machte es der Medizin zur Pflicht, von der Natur auszugehen, und wurde ein Wegbereiter der wissenschaftlichen Medizin.

Den größten zivilisatorischen Fortschritt für Jahrhunderte bedeutete die Erfindung der Buchdruckerkunst durch Johannes Gutenberg aus Mainz (1400—1448) (o.). Gutenberg druckte 1450 zum erstenmal eine Bibel.

Die geistige Krise in der Kunst. Die Kunst in der Wendezeit des Abendlands ist vor allem bestimmt durch das Erlebnis der Gebrechlichkeit des Menschen und der Nähe von Leben und Tod. Lucas Cranach d. Ä. wagt die Venus in all ihrer sündhaften Schönheit zu malen (u. r.). Aber auch bei ihm waltet schon der Gedanke, daß des Fleisches Herrlichkeit dem Tod gehört. Ein Lieblingsmotiv der Kunst ist der Tod, der die Hand auf blühende Schönheit legt (u. l.). Auf Dürers berühmtem Kupferstich: „Ritter zwischen Tod und Teufel" (l.) ist der Ritter noch in seiner ganzen Glorie dargestellt, wenn er auch von einem Hauch der Vergänglichkeit umweht ist. Aber Dürers Werk verrät nicht die Lust, die andere, wie Hans Baldung Grien, Urs Graf, Hieronymus Bosch, bei der Darstellung des Niedrigen und Krankhaften, der Auflösung und Verwesung empfinden. Die Zeit entdeckt die „Schönheit des Häßlichen". Kunst ist — wie ein moderner Philosoph für seine Wissenschaft sagt — nichts als sterben lernen. Hans Holbein zeichnet mit medizinischer Grausamkeit den Ausschlag eines Leprakranken. Die Lehre des Bildes ist: solch ein Tod sitzt in uns allen. „Nichts ist so glücklich", erklärte Erasmus, „daß nicht die Pest darin säße."

Das Augsburger Rathaus. Das Rathaus zu Augsburg, erbaut 1615—1620 von Elias Holl, bringt die soziale und geistige Rolle des patrizischen Bürgertums zum Ausdruck. Das Rathaus macht auch deutlich, wie der Profanbau sich neben dem Kirchenbau durchsetzt.

Der Kaiser stand einem Deutschland gegenüber, das ihm als ein „Pandämonium", als wilde Raserei und wirres Schwärmertum erschien. Die neue geistige Epidemie konnte sich nur deshalb derart ausbreiten, weil es längst keinen Kaiser und kein Reich mehr gab. Neben frommen Fürsten der Mittelstaaten standen von der Geldnot gehetzte Zwergfürsten, und verkommene geistliche Fürstentümer. Das Reich war in einer politischen und sozialen Auflösung begriffen. Für den hochfliegenden Traum der Wiedergeburt schien die Stunde ebenso gekommen zu sein wie für die Hyänen.
Noch bestand eine kleine Chance, daß der Kaiser und der Reformator Hand in Hand ihr Jahrhundert in die Schranken forderten. Weder Maximilian noch Karl V. war der Gedanke eines großen Reformkonzils fremd. Das Schicksal Deutschlands hing davon ab, ob Karl V. sich das Reformprogramm Luthers zunutze machen konnte.
Mit der Wahl Karls V. fiel eine große europäische Entscheidung, und Deutschland hat selten einen so entscheidenden Wendepunkt seiner Geschicke wie damals erlebt. Alles hing nun davon ab, ob die beiden Männer, Karl V. und Luther, zueinander finden würden. Die Reform hatte auch Karl V. im Sinn. Sein Traum war ein großes abendländisches Konzil, das die Mißstände in der Kirche beseitigen und eine Reform der Sitten bewerkstelligen sollte. Das Dogma und den Glauben wollte er in Ruhe lassen. Luther hat nie gewußt, wieviel er von diesem Kaiser verlangen und was er ihm zumuten konnte, diesem Kaiser, der ein gläubiger Sohn seiner Kirche war und im Glauben Roms gestorben ist. Zur politischen Reform der Kirche war Karl V. in einem ganz hohen Ausmaß bereit. Im Kampf gegen die Verwahrlosung der Kirche, die Vergeudung ihres Besitzes, gegen die Vernachlässigung der kirchlichen Aufgaben, gegen den Mißbrauch geistlicher Gewalt hätte Luther in dem Kaiser einen mächtigen Verbündeten gefunden.
Es werde nun die große Schicksalsfrage der deutschen Geschichte, wer die Reform der deutschen Kirche bringen würde. Tat es der Kaiser, entstand mit der neuen Kirche auch ein neues Reich. Hätte der Kaiser über die Kraft und Fähigkeit verfügt, eine Erneuerung der Kirche herbeizuführen, dann hätte diese Tat auch einen neuen Glanz auf das Reich geworfen und ihm neue Stärke gegeben.
Der päpstliche Nuntius Aleander, der den Fall Luther untersuchen sollte, fuhr durch ein rebellisches und ketzerisches Deutschland nach Köln. Der Kurfürst Friedrich der Weise, Luthers Landesherr, mied zwar jede aufsässige Rede, aber seine Umgebung war lutherischer als Luther selbst. Aleander forderte von Friedrich die Verbrennung der Schriften Luthers, seine Gefangennahme und Auslieferung nach Rom. Der Kurfürst gab eine wohlgesetzte, ausweichende Antwort. Er sei mit Luther keineswegs verbunden. Aber dieser habe sich zu allem Billigen erboten, und es sei daher auch recht und billig, daß Luther erst vor gerechten und gelehrten Richtern überführt würde und in einer Disputation seine Ansicht begründen dürfe. Das entsprach einem Gutachten, das Erasmus von Rotterdam erstattet hatte. Das wurde nun die Losung des Tages. Kein Deutscher dürfe ungehört gerichtet werden.
Diese Disputation fand dann in Leipzig zwischen Luther und den katholischen Theologen Eck und Karlstadt statt. In der Leidenschaft der Rede und des Streites erklärte Luther dabei, daß weder Papst noch Konzil unfehlbar seien. „Gott schütze uns, die Pest!" rief einer der Teilnehmer aus.

Beute und Meute: Die große Vermögensumwälzung

Da das Reich die Reform nicht vollbrachte und Luther für die Glaubensverkündigung, die er nun schon angebahnt hatte, dieses Reich nicht gebrauchen konnte, bemächtigten sich die Tausende von Gewalten in Deutschland der Reformation. Der Landesherr Luthers, Friedrich der Weise, hatte noch bei der Kaiserwahl für Karl V. gestimmt, weil er meinte, daß die Rabenbrut der deutschen Fürsten einen größeren Raubvogel über sich haben müsse. Nun aber wurde durch die Reformation diese Rabenbrut aufgescheucht. Bald hatte sich Deutschland wie zu Zeiten der Säkularisation und des Reichsdeputationshauptschlusses in einen großen Grundstücksmarkt verwandelt. Eine Plünderung von ungeahnten Ausmaßen fand statt, all die Mächte und Gewalten in Deutschland standen, von anarchischen Begierden vorangetrieben, bereit.
Zunächst hatte noch ein Traum bestanden, das der Gemeinschaft dienende Vermögen der Kirche für öffentliche Zwecke sicherzustellen. Solche Ideen waren überall in der europäischen Reformation aufgetaucht. Bei der Aufhebung der Klöster in England und später in der großen englischen Revolution finden wir den Gedanken wieder, das Kirchenvermögen, den Besitz der Armen (das patrimonium pauperum) in den Besitz des Staates zu überführen, die Staatsgewalt und die Staatsfinanzen auf eine feste Grundlage zu stellen, die Armenfürsorge in einem größeren Stil und auf eine produktive Weise zu betreiben und auch der Kriegsmacht des Staates eine dauernde sichere Grundlage zu geben. Hans von Schwarzenberg, der lange im Dienst des Bischofs von Bamberg gestanden hatte, brachte beim Deutschen Reichstag eine allgemeine Säkularisation in Vorschlag, da die geistlichen Güter keinen Nutzen mehr stifteten:

„Aus dem Kirchengut sollten die ihrer Einkünfte beraubten Geistlichen entschädigt, die Pfarrer besoldet werden, es sollten Schulen gegründet werden und Stifte für adlige Mädchen, denen es freistehen sollte, auszutreten, wenn sie heiraten wollten. Vor allem sollte ein Heer errichtet werden, in dem der Ritteradel verwendet würde, das dem Kaiser eine vorher noch nie erhörte Macht zu verleihen geeignet sei."

Vor den Herren Deutschlands verwehten all diese Pläne. Alle suchten Kirchengut an sich zu raffen, ohne aber die Aufgaben zu erfüllen, die auf dem Vermögen ruhten. Das kirchliche Vermögen war ja noch am ehesten das, was früher alles Vermögen gewesen war, ein Lehen, das gegeben war, damit der Inhaber Aufgaben und Verantwortungen der Gemeinschaft erfüllen konnte. Die alte Kirche hatte oftmals genug gegen ihre Verpflichtungen gesündigt, aber jetzt versickerte das Vermögen einfach. Luther ermahnte die neuen Besitzer, die Schule, die Armenpflege, die Bildungsinstitute (Universitäten) nicht fallenzulassen. Aber seine Worte verhallten in dem Orkan der Gier und der Habsucht, den die Kirchenräuber entfesselt hatten. Die Kirchenbauten stockten. Die Armen wurden auf die Straße gesetzt und verstärkten das Heer, das bettelnd, plündernd und betrügend über die deutschen Lande wogte. Die Bauern bekamen vielfach härtere Herren und sehnten sich noch lange nach der gottselige Gleichgültigkeit ihrer geistlichen Oberen. Die Humanisten verstummten, weil sie in aller Regel Einnahmen aus geistlichen Besitzungen gehabt hatten und weil den neuen Herren an Bildung und Geist nichts lag. Es ging in der Tat, nach dem Worte von Jakob Burckhardt, „die enormste Spoliation gegen die Stiftung eines Jahrtausends vor sich". Nicht bei Luther und den Wortführern der Reformation, sondern bei den Klassen, die sich an der Beute gemästet hatten, war der eigentliche und dämonische Haß gegen die alte Kirche. Man hätte sonst für die Beute fürchten müssen, im Vergleich zu der, wiederum nach dem Wort von Jakob Burckhardt, „die Güter und Dotationen der heidnischen Tempel bei der Heraufkunft des Christentums ein Bettel gewesen waren". Die „entstehenden Territorialkirchen" seien wesentlich nur Gütereinziehungs- und Konfiskationsbezirke, innerhalb deren sich die neue Geistlichkeit so elend wie möglich einrichtete. Es war kein Klassenkampf von Pastor gegen Priester, sondern aller Kirchen gegen die an Raub gewöhnten Fürsten und Adelsherren. Eine soziale Krise entsteht im Zusammenhang mit der großen Vermögensumwälzung. Die Maler und Bildschnitzer verlieren ihre Auftraggeber; die Armenfürsorge bricht vielfach zusammen. Mitunter verlieren Schulen und Universitäten, bislang von der Kirche getragen, die Grundlagen. Auf der anderen Seite meinten die aufgewühlten Massen, daß der für unendlich angesehene Reichtum der Kirche wie ein goldener Regen auf sie herabrieseln würde.

In dem Streit zwischen Reformation und katholischer Kirche war der Staat der lachende Dritte.

„Die Kirche wurde", so schreibt Döllinger, „ganz in den Staat eingefügt, als ein Rad in der großen Staatsmaschine betrachtet. Wer über das Edelste und sonst Unantastbare, über die Religion und das Gewissen mit absoluter Machtvollkommenheit gebot, dem mußte, wenn er nur zugreifen wollte, allmählich jedes andere Gebiet des Lebens in Staat und Volk anheimfallen. Mit der Einsetzung der Konsistorien als landesherrlicher, das Kirchliche regierender Behörden begann demnach die Entwicklung der Bürokratie, der fürstlichen und staatlichen Allgewalt, der verwaltenden Zentralisation."

„Man weiß nie, was man begründet", lautet eine tiefe geschichtliche Einsicht. Luther erschrak in seinen letzten Lebensjahren über die Folgen der Reformation. Die protestantische Bewegung hatte etwas ganz anderes erstrebt.

„Als sie aber", so schreibt Jakob Burckhardt packend und anschaulich, „in der Hitze des Kampfes zum erstenmal den Schweiß von der Stirne wischte, mußte sie innewerden, daß sie schon durch die Ehe der Geistlichen in den Händen des Staates war."

Doch wäre es ein Wunder gewesen, wenn mit dem ungeheuren Vermögen, das „auf dem Markt" geschleudert wurde, nicht auch Gutes vollbracht worden wäre. Eine solche Zeit des Umsturzes pflegt auch viele Mißbräuche und manche Übelstände hinwegzufegen, und die und dort benutzten einzelne Fürsten die neugewonnene Freiheit, um im ganzen wohltätige Reformen durchzuführen. Sachsen bekam eine Schulordnung, die bei all ihrer Dürftigkeit über die der anderen Staaten emporragte. Immerhin ist in dieser Zeit auch die Universität Marburg gegründet worden. Das alles war erst in den Anfängen sichtbar, als Luther 1519/20 seine großen Reformationsschriften schrieb.

Wie einen Feuerbrand schleuderte Luther die Idee vom Priestertum aller Menschen in die deutsche Nation hinein:

„Man hat erfunden, daß Papst, Bischof, Priester, Klostervolk der geistliche Stand genannt werde, Fürsten, Herren, Handwerker und Ackerleute der weltliche Stand, was gar ein feiner Kommentar und was gar gleist. Doch soll niemand darüber ängstlich werden und das aus dem folgenden Grund: Denn alle Christen sind wahrhaft geistlichen Standes, und es ist unter ihnen kein Unterschied, es sei denn, um des Amtes willen allein, wie Paulus im 1. Korintherbrief 12. Kapitel, 12. Vers ff. sagt. Wir sollen alle zusammen ein Körper sein, doch ein jegliches Glied sein eigenes Werk haben . . .

Denn nach außen werden wir allesamt durch die Taufe zu Priestern geweiht."

Mit einer wilden, fast geifernden Anklage führt

Luther die Sache des deutschen Volkes gegen die römische Kurie. Was Luther zeichnet, ist das Bild einer hemmungs- und schrankenlosen Ausnützung des braven deutschen Volkes durch die verkommene päpstliche Verwaltung. Vor allem erhebt er sich gegen die Vorbehalte der Kurie bei der Ernennung und Vergebung geistlicher Ämter im Reich:

„Dieser Mutwille und lügenhafte Vorbehalt des Papstes macht nun zu Rom ein solches Wesen, daß man's nicht erzählen kann. Da ist ein Kaufen, ein Verkaufen, ein Wechsel, ein Tauschen, ein Berauschen, ein Lügen, ein Trügen, ein Rauben, ein Stehlen, ein Prächtigtun, eine Hurerei, eine Büberei, auf allerlei Weise Verachtung Gottes, daß es nicht möglich ist, für den Antichrist lästerlicher zu regieren. Venedig, Antwerpen, Kairo sind nichts im Vergleich gegen diesen Jahrmarkt und diesen Kaufhandel zu Rom. Hier wird nicht einmal Vernunft und Recht gehalten, hier geht es zu, wie der Teufel es selber will."

Der Papst habe zu all diesen edlen Handelsgeschäften hinzu noch ein eigenes Kaufhaus errichtet. Dort müßten alle um Lehen und Pfründen handeln. Den Herren dieses Hauses müsse man alles abhandeln, und ohne Büberei sei nichts zu erreichen. Früher mußte man Recht in Rom mit Geld kaufen. Aber jetzt darf niemand mehr Büberei treiben, es sei denn, er habe dafür vorher bezahlt. Wenn das nicht, so ruft Luther aus, ein Hurenhaus sei, dann wisse er nicht mehr, was ein Hurenhaus sei:

„Hast du nur Geld in diesem Haus, so kannst du zu aller Büberei kommen, und nicht allein dazu, sondern jeglicher Wucher wird hier redlich, wenn du Geld bezahlst, gestohlenes und geraubtes Gut wird zu rechtmäßigem Gut erklärt. Hier werden die Gelübde aufgehoben, hier wird den Mönchen Freiheit gegeben, ihren Orden zu verlassen. Hier ist der eheliche Stand der Geistlichen

Titelblatt eines Pamphletes von Luther gegen den Papst

feil. Hier können Hurenkinder ehelich werden, alle Unehre und Schande kann hier zu Würden kommen, alles, was vom bösen Tadel und Schandmal gezeichnet ist, wird hier zu Rittern geschlagen und zu Edelleuten gemacht . . ."

Volk ohne Führer: Die Flucht in den Glauben

Gleichzeitig mit dieser wilden Anklage tritt Luther mit einem großen Entwurf für eine neue Kirchenordnung vor die deutsche Nation. Diese großen Manifeste („An den christlichen Adel deutscher Nation", „Von der babylonischen Gefangenschaft der Kirche", „Von der Freiheit eines Christenmenschen") – denkwürdig auch in der Geschichte der deutschen Sprache – sind eine in Deutschland lange nicht mehr erlebte Kampfansage an das geistige Fundament der alten Kirche. Sie verkünden das Priestertum aller Menschen. Sie wollen den einzelnen Menschen das Recht geben, für sich in innerster Seele die Schrift zu deuten. Sie sind von dem berauschenden, stolzen Gefühl erfüllt, zwischen Gott und der Seele alle Mauern niederzureißen. Das kunstvolle System der Vermittlung, alles, worin nach katholischer Lehre Gottes Gnade aufgefangen wird, um sie dem Menschen mitzuteilen – oder auch zu versagen –, wurde hinweggefegt, und Gott und die Seele standen sich von Angesicht zu Angesicht gegenüber. Der Grundakkord des protestantischen Denkens war angeschlagen. Wurde der Glaube dadurch innerlicher, so wurde die Welt aber noch härter und erbarmungsloser. Die Religion war nicht weniger von dieser Welt, und die Mächte der Erde waren es noch mehr. Das ist der Hauch des großen erbarmungslosen Wirklichkeitssinnes, der dem Protestantismus anhaftet. Der Staat, die Macht und alle Gewalten der Wirklichkeit haben ihren Nutzen davon gehabt.

Die Reformation

Die Reformschriften schlugen die Grundnote des protestantischen Denkens an. Für die Kirchenordnung und die nationale Kirchenreform ließen sie alle Möglichkeiten offen. Von der späteren landeskirchlichen Ordnung war nicht einmal in den Grundzügen etwas zu bemerken. Das Wort: „Man weiß nie, was man begründet", hat sich nie stärker bewahrheitet. Die Möglichkeiten lagen noch ungeformt in der Tiefe. Wenn auch der Obrigkeit ganz allgemein die Aufgabe der Kirchenreform als Pflicht aufgegeben war, so war doch nicht gesagt, wer denn diese Obrigkeit sei, ob Kaiser oder Fürst. Im ganzen stellten diese ersten großen Manifeste Luthers doch einem freien Kirchenkonzil seine Aufgabe. Sie enthielten ein Programm universaler Kirchenreform, und nur mit großen Kämpfen löste sich Luther von der Vorstellung einer universalen Aufgabe. Auf einen großen Konvent des Reiches, der eine neue Kirchenordnung begründet und der Nation ein neues Kirchenregiment gibt, schienen diese Schriften Luthers zu deuten.

Wenn Luther hoffte, von dem Kaiser mehr als eine äußere Reform der Kirche erreichen zu können, dann war das heilige Narrheit. Die Reformation, zu der Luther schließlich gedrängt wurde, war nur möglich ohne den Kaiser, gegen den Kaiser, ohne das Reich und gegen das Reich. Nie konnte die Kraft der Reformation ausreichen, den geistigen und religiösen Umsturz auch nach Spanien und Italien zu tragen. Luther setzte noch im Herbst 1520 viele Hoffnungen auf den neuen Kaiser. In seiner Schrift „An den christlichen Adel deutscher Nation" verkündet er:

„Gott hat uns ein junges, edles Blut zum Haupt gegeben und damit viele Herzen zu großer guter Hoffnung erweckt."

Auf alle Fälle war jede Möglichkeit eines Bündnisses zwischen Kaiser und Reformator verschüttet, als über Luther der Kirchenbann verhängt wurde.

Luther ließ die Bannbulle öffentlich verbrennen: Eine große Demonstration gegen die Kirche. Die Reichsacht hätte automatisch folgen müssen. Aber Luther hatte zuviel Anhang unter den deutschen Fürsten und unter dem deutschen Volk. Alle schreckten davor zurück – einen Augenblick selbst der Kaiser –, eine solche Kraft nationaler Reform mutwillig zu zerschlagen. Daß die Zeit zur Reform und zur Wandlung gekommen sei, das war eine Vorstellung, die alle Herzen beherrschte. Niemand zweifelte daran, daß man in einem apokalyptischen Säkulum lebte. Eine Weissagung in den ersten Jahren des Jahrhunderts hatte gefragt:

„Wird eine neue Reformation, ein neues Gesetz, ein neues Reich und ein neuer Wandel geschehen, beide unter dem geistlichen und unter dem gemeinen Volk?"

Immer wieder greift man auf die Reformation des Kaisers Sigismund zurück, jene große Programmschrift, die sich den Namen des Kaisers ausborgte und die eine Neuordnung des Reiches und der Kirche „an Haupt und Gliedern" forderte. Die große Welle der Reformstimmungen hatte zur Folge, daß am 6. März 1521 der Augustinermönch Luther wider das förmliche Recht des Reiches unter Zusicherung freien Geleits zum Reichstag nach Worms entboten wurde, um sich dort vor Kaiser und Reich zu verantworten. Das war eine Wendung, die Epoche machte.

Luther dachte einen flüchtigen Augenblick an das Schicksal von Johannes Hus. Aber dann brach er auf zu einer Fahrt, die für ihn zum Triumphzug wurde. Das erste Auftreten vor dem Reichstag enttäuschte. Luther bat „mit sehr niedergelassener Stimme" um Bedenkzeit.

Am 18. April aber antwortete Luther mit einer wohlaufgebauten, in der Form maßvollen und in der Sache festen Rede. Die Stände möchten „das hoffnungsvolle Regiment des jungen Kaisers nicht belasten mit der Verfolgung des Wortes":

„Solange ich nicht durch die Heilige Schrift oder klare Vernunft widerlegt werde, kann und will ich nichts widerrufen, da gegen das Gewissen zu handeln beschwerlich und gefährlich ist. Gott helfe mir. Amen."

Es war die Stunde Luthers, aber es war auch die Stunde des jungen Kaisers. Luther hatte auf das Gewissen gepocht. Der junge Karl V. fühlte sich nun in seinem Gewissen angerührt. Er trat mit einer Erklärung vor den Reichstag, die sein ureigenstes Werk war. Es war ein Bekenntnis, das nicht weniger als die Worte Luthers aus der tiefsten Seele des Menschen kamen. Sein Gewissen erlaube ihm nicht, die Ketzerei eines Luther zu dulden. Zum Verteidiger des Glaubens sei er bestellt. Er wolle seiner Pflicht, seiner Verantwortung und seinem innersten Bekenntnis treu bleiben:

„Ihr wißt, daß ich abstamme von den allerchristlichsten Kaisern der edlen deutschen Nation, von den katholischen Königen von Spanien, den Erzherzögen von Österreich, den Herzögen von Burgund, die alle bis zum Tode getreue Söhne der römischen Kirche gewesen sind, Verteidiger des katholischen Glaubens, der geheiligten Bräuche, Dekrete und Gewohnheiten des Gottesdienstes, die das alles nach ihrem Tode als Vermächtnis hinterlassen haben und nach deren Beispiel ich bislang auch gelebt habe. So bin ich entschlossen, festzuhalten an allem, was seit dem Konstanzer Konzil gegolten hat. Denn es ist sicher, daß ein einzelner Bruder irrt, wenn er gegen die Meinung der ganzen Christenheit steht, da sonst die Christenheit tausend Jahre oder mehr geirrt haben müßte.

Nachdem wir gestern die Rede Luthers hier gehört haben, sage ich Euch, daß ich bedauere, solange gezögert zu haben, gegen ihn vorzugehen. Ich werde ihn nie wieder hören; er habe sein

Geleit; aber ich werde ihn fortan als notorischen Ketzer betrachten und hoffe, daß Ihr als gute Christen gleichfalls das Eure tut."

Zur Reform der Kirche und seinem Konzil mag der Kaiser bereit sein. Dazu ist er sogar verpflichtet. Das ist ein Vermächtnis der Kaiser vor ihm, die drängende Aufgabe der Stunde, eine glanzvolle geschichtliche Aufgabe, die vor den geschichtlichen Mächten und vor Gott erhöht. Wie aber kann dieser Mann seine Hand hergeben für die Zerstörung und Auflösung der Kirche? Gesinnung und Interesse, Herkunft und Art binden ihn an die universale Kirche. Er gebietet über ein Reich, in dem die Sonne nicht untergeht. Eine weltumspannende Aufgabe steht vor ihm. Wie sollte er sie erfüllen können ohne den weltumspannenden Glauben der Kirche. Die eine Katholische Kirche zu zerstören, wäre ihm gleichbedeutend damit, seinem Reich das Herz aus dem Leibe zu reißen. Eher würde die Sonne in ihrer Bahn stillestehn, als daß solches geschehen könnte.

Der Kaiser ist zur Reichsacht über Luther entschlossen. Die Fürsten sind weder für noch gegen ihn. Luther selbst stellt sich die Frage kaum – die entscheidende Frage –, welcher Hebel politischer Macht die Reform in Deutschland durchführen soll. Er, der Mönch, meint, daß „das Wort" allein genüge. Es ist aber die Frage gestellt, ob Deutschland von der Reformation insgesamt erobert und in eine neue weltliche und geistlich-religiöse Gestalt geprägt werden kann. Mit einem neuen Glauben ist es nicht getan. Nur durch eine geistlich-politische Revolution, die Umgestaltung der Nation an Haupt und Gliedern, ein neues weltliches und geistliches Regiment zugleich, kann diese Aufgabe erfüllt werden. Nicht durch ein Mönchlein kann dies vollbracht werden. Ein Staatsmann wäre notwendig gewesen. Zu der Bibel hätte

Rat unter dem Vorsitz des Kaisers im Jahrhundert der Reformation

das Schwert kommen müssen und zum Schwert die Bibel.

Es war einer der großen verhängnisvollen Augenblicke deutscher Geschichte, weil Geistliches und Weltliches zu sehr auseinanderklaffte. Augustin hatte schon in seinem Gottesstaat verkündet, daß Gott des Reiches nicht achte. So meinte nun auch Luther, daß es genüge, des Seelenheils sicher zu sein. Alles andere würde den Menschen dazugegeben werden. Nichts wurde dazugegeben – es sei denn Krieg, Not, Schande, der Untergang der Nation! Die Neutralitätserklärung der heiligen gottseligen Seele gegenüber dem Schicksal der Nation und der weltlichen Ordnung erwies sich als der eigentliche Fluch der großen Erneuerungsbewegung Deutschlands im 16. Jahrhundert.

Die Reichsacht, die gegen Luther jetzt ausgesprochen wurde, verkündete der Kaiser fast über den Kopf des Reichstags hinweg. Doch konnte der Reichstag auch keinen rechten Widerstand leisten. Die Verkündigung der Reichsacht stellte aber den Zusammenhang des Reiches auf eine schwere Probe. Alles

Die Reformation

hing davon ab, ob für die Landesherren, in deren Hand ja wesentlich die Vollzugsgewalt des Reiches lag, die Reichsacht noch unverbrüchliche Geltung besaß. Auf dem Heimweg von Worms wurde Luther von Reitern des Kurfürsten von Sachsen „gefangengesetzt" und damit in Sicherheit gebracht. Er blieb eine Zeitlang als „Junker Jörg" auf der Wartburg. In der „Schutzhaft" begann Luther seine deutsche Bibel-

Kurfürst Friedrich der Weise von Sachsen

übersetzung. Die deutsche Schriftsprache wurde dadurch im tieferen Sinne des Wortes geschaffen. Durch die Bibel Luthers wurde die deutsche Schriftsprache – weit über die Grenzen des Protestantismus hinaus – in der Seele des deutschen Volkes verankert (wiewohl rein wörtlich genommen Luther nicht die erste deutsche Bibelübersetzung geschaffen hat). Als das Reich – nicht zuletzt auch unter den Folgen der Reformation – zunehmend zerbrach, entstand hier eine Kraft, die die Deutschen geistig zusammenhielt und eine wesentliche Grundlage für das Werden der deutschen Nation gewesen ist. Selbst wo der politische, ja, nationale Zusammenhang zerrissen war (wie in der Schweiz etwa), blieb in der deutschen Schriftsprache, der Sprache der deutschen Bibel, ein letztes Band erhalten. Das Reich war sichtbar aus den Fugen. Luther lebte unangefochten. Die Reichsacht war Schall und Rauch. Bis 1522 schuf er auf der Wartburg die Übersetzung des Neuen Testaments. (Die Luther-Bibel insgesamt wurde 1534 fertig.)

Inzwischen fluteten die revolutionären Kräfte in Deutschland führungslos hin und her: Die revolutionären Fürsten, die revolutionären Städte, die revolutionären Reichsritter und die revolutionären Bauern. Diese große soziale und politische Revolutionsbewegung verdampfte zuletzt, weil ihr der Führer fehlte und das Haupt der deutschen Reformation, statt das Reich revolutionär neu zu ordnen und eine revolutinäre Streitmacht zu schaffen, nach dem besten Ausdruck für den hebräischen und griechischen Urtext der Bibel suchte. 1522 ging Luther zurück nach Wittenberg, um gegen die Schwärmer aufzutreten. Aber die Führung war bereits an die Fürsten übergegangen.

Illustration zu Luthers Übersetzung des Neuen Testaments, erstmals erschienen 1522 in Wittenberg

Abgründe: Die Revolte der Reichsritter und der Sturm der Landsknechte auf Rom

Der erste soziale und revolutionäre Ausbruch, der durch die Reformation ausgelöst wurde, war der Aufstand der Reichsritter.

Die Reichsritter, der reichsunmittelbare Adelsstand des Westens und Südens – im Norden waren sie schon den Territorialgewalten untertan –, waren in ihrer Stellung durch die Wandlungen der Kriegstechnik und durch den Niedergang des Reiches

Reichsritter und Landsknechte

zutiefst getroffen. Das Reich war im Niedergehen und führte als Reich kaum noch Kriege. Was sollten da noch Reichsritter? Der tiefste Haß dieser Reichsritter galt den umliegenden Fürsten, die diese reichsunmittelbaren Ritter zwingen wollten, gemeine Untertanen eines gemeinen deutschen Staates zu werden, und die nach der Auffassung der Reichsritter mit dem Blick der Hyänen das Verenden des deutschen Rittertums abwarteten. Die Reichsritter waren eine untergehende Klasse und kämpften um ihr Dasein und ihren Besitz mit der erbarmungslosen Wildheit der Sterbenden. Beutehungrig wie keine andere deutsche Klasse, schielten sie auf den Besitz der Kirche und auf die geistlichen Fürstentümer. Sie leiteten die großen Plünderungen ein, die den Hintergrund für die deutsche Glaubensumwälzung bildeten. Zwei große Namen leuchteten unter diesen Reichsrittern hervor, Ulrich von Hutten und Franz von Sickingen. Sie warfen sich beide dem deutschen Reformator, Martin Luther, an den Hals, der aus ihrem religiösen Eifer die irdische Gier herausspürte und sie sich fernzuhalten suchte. Die Reichsritter hatten geglaubt, als Luther seine Reformideen verkündete, eine Fahne zu haben, unter der sie den Aufstand gegen die Fürsten wagen konnten. Aber ihre Gegner, die Fürsten, verfügten über Heere, und die Reichsritter selbst bildeten nur lockere disziplinlose Haufen, in denen niemand befahl und niemand gehorchte und die sich nach der heftigen Anklage von Erasmus mehr mit „Wein, Würfelspiel und Dirnen beschäftigten als mit dem Evangelium". Die Reichsritter wurden daher zu Paaren getrieben. Franz von Sickingen fiel im Kampf, und Ulrich von Hutten war schon vorher jung an der Syphilis gestorben.

Luther war das geistige Haupt der Deutschen geworden, vermochte sie aber nicht politisch zu führen. Das weltliche Haupt der Deutschen, der Kaiser, war nicht mehr stark genug, die Reformation zu unterdrücken, die im Grunde hätte unterdrückt werden müssen, wenn sie nicht ganz Deutschland zu erobern vermochte. Luther übersetzte die Bibel, und der Kaiser führte Krieg gegen die Franzosen. Der fünfjährige Krieg zwischen dem Kaiser und dem Franzosenkönig lähmte die Kaisermacht im Reich und ließ die Reformation ungehemmt weiterschwelen. Die Reformation war ein Teil des säkularen Kampfes zwischen Karl V. und König Franz I. von Frankreich. Der letztere war durch die burgundische Erwerbung Habsburgs auf verzweifelte Weise eingekreist und versuchte nun, mit allen Mitteln den eisernen Ring aufzubrechen. Die deutsche Reformation und der Krieg mit Frankreich waren wie Welle und Wind verbündet, in jeder Notlage des Krieges mußte der Kaiser Zugeständnisse an die Protestanten machen, und in jeder Notlage Frankreichs suchte der französische König Hilfe bei der deutschen Reformation.

Seltsamerweise glaubten die Landsknechte, die Karls Krieg führten, für Luther zu Felde zu ziehen. Sie wollten nicht den Franzosenkönig, sondern den Papst gefangen nach Hause bringen und träumten von einem großen Strafgericht über den Papst, etwa von einem Scheiterhaufen oder einem Galgen irgendwo in Deutschland.

Zwei Ereignisse heben sich aus der Folge von Schlachten und Kämpfen heraus: die Schlacht von Pavia (1525), in der Franz I. gefangengenommen wurde, und die Erstürmung und Plünderung Roms, das Sacco di Roma (1527). Ein Heer von Landsknechten, unbezahlt und daher schon in Auflösung begriffen, wälzte sich auf Rom zu, voll gieriger Erwartung, in Leidenschaft entflammt und sich an den Bildern des großen heiligen Strafgerichts über die goldene, hochfahrende Stadt berauschend. Die Mehrzahl dieser Armee bestand aus Protestanten, ja aus Wiedertäufern und Menschen, in die ein religiöser Wahn und die unbändige Begierde der höchsten irdischen und überirdischen Seligkeit gefahren waren. Alle Ketzer und Wiedertäufer, die besessenen und heiligen Teufel schienen sich in dieser Armee ein Stelldichein zu geben.

Die Eroberung und die Plünderung Roms (das Sacco di Roma), gehört zu den großen schrecklichen Erlebnissen der Stadt, die sich tief in der Seele des Volkes eingebrannt haben. Wochenlang wütete die aufgelöste, von Blut, Gier, schmutziger Sinnlichkeit und religiöser Inbrunst in und her getriebene Soldateska. Eine teuflische Lust hatte die Landsknechte ergriffen, die Stadt zu entweihen und ihre Herrlichkeit zu entwürdigen und denen, die sich einer nahezu göttlichen Würde rühmten, zu zeigen, daß sie „übermalter Kot und nichts Besseres als die verkommensten und gemeinsten Bewohner der Stadt wären". Tief in den Herzen saß eine Furcht vor dem Gott, den man so beleidigte. Man wollte sich und der feindlichen Kirche beweisen, daß all diese Herrlichkeit ein Nichts wäre. So wurden Kirchen in Pferdeställe und Bordelle verwandelt. Man vergewaltigte die Nonnen und die vornehmen Römerinnen auf den Stufen der Altäre, man machte den Meßgewändern den Huren der Stadt zum Geschenk, man verrichtete die Notdurft in Monstranzen. Wochenlang wurden die Großen der Stadt gefoltert, damit sie das Versteck ihrer Schätze verrieten. So wie in den Konzentrationslagern Hitlers die vornehmsten und reichsten Männer die schändlichsten Arbeiten verrichten mußten, so wurden die Adligen der Stadt Rom in die schmutzigsten Beschäftigungen hineingestoßen. Der Geschichtsschreiber der Stadt Rom, Ferdinand Gregorovius, schildert ihr Schicksal:

„Zerlumpt und zerschlagen wankten sie in den Straßen umher oder lagen sie auf den Foltern, oder sie dienten dem rohen Kriegsvolk als Köche, Stallknechte, Wasserträger in ihren eigenen ausgeraubten Palästen."

Der Kardinal Cajetan, der einstmals über Luther zu

24 Die Reformation

Landsknechte in der Schlacht; nach Burgkmair

Gericht gesessen hatte, wurde von den deutschen Landsknechten durch die Stadt gezerrt, „bald mit Fußtritten fortgestoßen, bald herumgetragen, eine Packträgermütze auf dem Kopf". Den Herren Roms, die sich als etwas Besseres gefühlt hatten, sollte gezeigt werden, wie die Glorie der Welt vergeht; in ihrer Gegenwart wurden ihre Frauen und Töchter vergewaltigt. Es war den Landsknechten keineswegs gleichgültig, sondern sie sorgten dafür, daß die Adligen die Erniedrigung ihrer Frauen selbst miterlebten. Man genoß es, wie die Menschen zum Vieh wurden, wie sie sich in der Folter in geschlagene und elende Kreaturen verwandelten, wie sich in den Häusern die Frauen – oft die edelsten Roms – für ein Stück Brot wegwarfen und wie sich in den Palästen die alten Adligen unter der Peitsche kriechender Unterwürfigkeit erniedrigten.
Ein Landsknechtsführer, Schärtlin von Burtenbach, beschreibt diesen blutigen Mai folgendermaßen:

„Am 6. May haben wir Rom mit dem Sturm genommen, ob sechstausend Mann darin zu Tod geschlagen, die ganze Stadt geplündert, in allen Kirchen, und ob der Erd genommen, was wir gefunden, einen guten Teil der Stadt abgebrannt."
Den Zustand der Stadt beschreibt ein Spanier einen Monat danach:

„In Rom, der Hauptstadt der Christenheit, wird keine Glocke geläutet, keine Kirche geöffnet, keine Messe gelesen; es gibt weder Sonntag noch Festtag. Die reichen Läden der Kaufleute sind Pferdeställe; die herrlichsten Paläste sind verwüstet, viele Häuser verbrannt; die Türen und Fenster der anderen zerbrochen und fortgeschleppt, die Straßen in Misthaufen verwandelt; entsetzlich ist der Gestank der Leichen; Menschen und Tiere haben gleiches Begräbnis. Auf den Plätzen stehen die Tische gedrängt, auf denen um große Haufen Dukaten gewürfelt wird. Gotteslästerungen erfüllen die Luft. Ich weiß nicht, womit ich das vergleichen soll als mit der Zerstörung Jerusalems. Jetzt erkenne ich die Gerechtigkeit Gottes, der

Reichsritter und Landsknechte 25

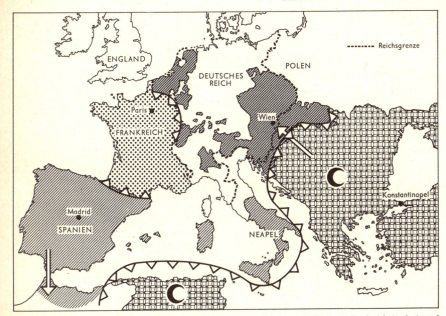

Die Situation Habsburgs zur Zeit Karls V. um 1530. Durch die Verbindung Habsburgs mit Spanien ist Frankreich eingekreist und dem Osmanischen Reich ein großer Gegner erwachsen.

nichts vergißt, wenn er auch spät kommt. In Rom wurden alle Sünden ganz offen geübt: . . . Simonie, Idolatrie, Heuchelei, Betrug. So können wir wohl glauben, daß das nicht durch Zufall gekommen ist, sondern durch göttliches Urteil."
In diesen Wochen starb der Geist der Renaissance. Der Herrlichkeit der Welt war in der Tat die Schminke abgewaschen worden. Niemand wagte mehr, wie es die Künder der Renaissance getan hatten, Größe und Glorie des menschlichen Geistes und der Vernunft auf den Schild zu heben. Man wußte wieder, was menschliche Gebrechlichkeit und Sünde waren. Die alte Kirche begann von diesem Monat an, sich wieder auf sich selbst zu besinnen und sich zu erneuern.
Die Schlüsselstellung Habsburgs, Oberitalien, war zunächst das Hauptziel des Kampfes. Karl V. mußte den Kampf um Mailand führen, wo die Franzosen gleichsam einen Nervenstrang der habsburgischen Machtstellung in den Händen hielten. Als der Kampf zu Ende war, hatte der Kaiser seine Herrschaft über Italien aufgerichtet. Die ungeheure strategische Stellung Habsburgs hielt. Das erste Stück wurde erst 1552 aus ihr herausgebrochen, und am Ende des Zeitalters der Reformation und Gegenreformation, beim West-

Landsknecht; nach Urs Graf

26 Die Reformation

fälischen Frieden, war sie nahezu schon in Stücke zerschlagen. Und über ihre Trümmer hinweg ging eine furchtbare Offensive Frankreichs, die über die Raubkriege Ludwigs XIV. und die Eroberung der Französischen Revolution zu dem Weltmachttraum Napoleons führte.

Aufstand ins Leere: Der Bauernkrieg

Die Raserei, die beim Sacco di Roma die Landsknechte beseelte, hatte sich inzwischen auch in Deutschland selbst entladen in Form der sogenannten Bauernkriege. Beim Bauernkrieg begegneten sich ganz irdische und einfache soziale Reformbestrebungen mit dem religiösen Radikalismus.
Der Bauernkrieg brach in die Reformation nahezu wie ein Unwetter von außen herein. Er ist eine der letzten Wellen der bäuerlichen Unruhen, die seit dem Beginn des 15. Jahrhunderts vor sich gingen, und bildet etwa mit dem englischen Lollardentum, der französischen Jacquerie eine einheitliche Erscheinung der europäischen Sozialgeschichte. Dieser Aufstand der Bauern war das ganze Jahrhundert hindurch schon mehr oder minder mit ketzerischen Strömungen verwoben, aber nur vereinigt hätten die religiöse Bewegung und der Bauernaufruhr die Welt umgestalten können.
Wie immer es um die gegenseitige Beeinflussung von Reformation und Bauernkrieg bestellt ist, der Bauernkrieg wurde zur großen Krise der Reformation, zu jener Krise aller Umwälzungen, welche die Entscheidung erzwingen und aus den Möglichkeiten eine harte, unerbittliche Notwendigkeit machen. Der politische Weg der deutschen Reformation – und damit das Schicksal der deutschen Nation für die nächsten Jahrhunderte – wurde durch den Bauernkrieg entschieden.
Die Reformation hatte einen tausendjährigen Zusammenhang der deutschen Geschichte zerrissen. Der Bauernkrieg ist nun die eigentliche Krise jener Revolution, die man Reformation heißt. In Revolutionen stellt sich dieser Augenblick zumeist ein: Es ist ihr großer furchtbarer Moment, in dem sich ihr Schicksal entscheidet, der Moment, da der rosenrote Schimmer, der sie umgibt, verfliegt und die furchtbare Wirklichkeit, die Wirklichkeit auch des eigenen Daseins an sie herantritt. Erdmassen der Tiefe bewegen sich mit der Revolution unter der Oberfläche, und wenn die Bewegung oben mit der unten nicht mehr Schritt hält, reißt die Decke, und ein Blick in den Abgrund öffnet sich. Als drohender Schatten gehört der Bauernkrieg zum Bild der Reformation wie die Gefahr zur Tat.
Der Bauernkrieg entbrannte vor allem in Süd- und Südwestdeutschland (Florian Geyer) und in dem sächsisch-thüringischen Herz der deutschen Reformation. Er fand jedoch praktisch nur in Thomas Müntzer einen Führer, der dem dumpfen Aufstand der Bauern durch Wort und Gedanken Ausdruck gab.
Thomas Müntzer gehört zu den großen Geschlagenen der deutschen Geschichte und scheint sich doch immer wieder zu erheben. An jeder großen Wende der deutschen Geschichte wartet eine Schar, die bereit ist, sich der Führung seines Geistes anzuvertrauen. Müntzer ist der Geist der unbedingten Revolution, ein Genius der ewigen Bewegung, die mächtigste deutsche Verkörperung des chiliastischen Revolutionärs, Künder einer Revolution, die in die Dämmerung des Geschichtslosen zu entführen scheint. Er veranschaulicht an einem entscheidenden Wendepunkt der deutschen Geschichte einen unvergänglichen geistigen Typus, der in unzähligen Masken ewig wiederersteht. Wenn immer das Leben der Nation bis in die Tiefe aufgewühlt ist, dann nimmt sie wie in einem ewigen Gespräch mit den Müttern neu zu Thomas Müntzer Stellung.
Er ist eine der flüchtigsten Erscheinungen der deutschen Geschichte, vielleicht nur noch Georg Büchner

Thomas Müntzer

Der Bauernkrieg

Ein Bauer predigt den Aufstand

vergleichbar. Als Persönlichkeit und handelnder Mensch ist er uns kaum faßbar. Er ist wie Unzählige neben ihm ein aus der Bahn geworfener Kleriker und trägt die furchtbare Last dieser Entwurzelung. Zeit seines Lebens ist er ein fahrender Gesell gewesen, von der inneren Unruhe seiner Seele und der Unbeständigkeit der äußeren Verhältnisse umhergetrieben. Er schloß sich rasch Luther an und ging eine Strecke Wegs mit ihm gemeinsam.

Mit den Ketzern und Sekten bricht ein Strom an die Oberfläche, der Jahrhunderte hindurch im Mittelalter unterirdisch dahinfloß: Eine ketzerisch-mystische Sektenbewegung, die aus uralten Häresien entsprang, dem später herrschenden Protestantismus fast ebenso fremd wie der katholischen Kirche, mit einem Bodensatz orientalischen Heidentums in der Tiefe, die Stimme einer Welt, ganz anders als das protestantische und katholische Europa. Schon einmal hatten diese revolutionären religiösen Kräfte Europa in Atem gehalten: In Gestalt des Hussitenkrieges. Der Brand schleuderte auch nach Deutschland Funken, die da und dort unter der Oberfläche weiterschwelten. Luther konnte sagen: Wir sind alle, ohne es zu wissen, Hussiten. Hussitische Einflüsse waren auch in Zwickau lebendig, wo Müntzer unter den Bergknappen agitierte. Müntzer versuchte, in Prag selbst zu wirken: Ein Maueranschlag, den er in Prag in Deutsch, Tschechisch und Lateinisch anbringen ließ, ist denkwürdig. Fast möchte es scheinen, als sei Müntzer ein letzter Ausläufer der großen revolutionären slawischen Bewegung, die vom Hussitenkrieg, Taboritentum bis zum Bolschewismus sich in einer großen furchtbaren Einheit bekundet, als wäre der Müntzersche Gedanke der chiliastischen Revolution ein slawischer Gedanke oder ein letzter Widerschein davon. Den Entwurf des Weltgeistes für die Gestalt eines Lenin hat man Thomas Müntzer genannt.

Die radikale Bewegung und die lutherische Reformation trennen sich bald endgültig. Thomas Müntzer erhebt sich für einen kurzen Augenblick zum großen Widersacher Luthers. Er erkennt nicht, was der nach Müntzers Meinung gottverlorene Mönch Luther in aller irdischen Klugheit weiß, daß die religiöse Bewegung in Deutschland nicht siegen kann, ohne daß sie einen Rückhalt an den Mächten hat, die da sind, sei es des Reiches, sei es der Fürsten. Die revolutionären Kräfte, die aufrührerischen Ritter, die Bauern, das Volk in den Städten, vermögen vielleicht als ein gewaltiger Antrieb zu wirken, wenn sie wie ein reißender Strom in ein Bett gelenkt oder wie der Dampf in Röhren geleitet werden. Sie hätten eine Welt zerschlagen können, wenn sie den festen Kristallisationskern gefunden hätten. So zerstäubten sie in einer schäumenden Welle, die zuerst leuchtend über den Fels sprang, dann aber in schmutzigen Rinnsalen versickerte.

Den Bogen vom Glänzenden zum Erbärmlichen beschreibt auch das Leben Thomas Müntzers. Er tritt den Mächtigen gegenüber als der bewaffnete Prophet, der von Gott entsandt ist, mit dem Schwerte in der Hand, die Ungläubigen zu zerstören. Seine Sprache ist vermessen, herausfordernd und prahlerisch. Er saugt sich voll mit dem Zorne der Propheten und Jehovas. Er will wider seine Feinde zerschmettern, als wären sie Tonkrüge. Dem Grafen von Mansfeld droht er, falls dieser ihn „den Schergen in die Fäuste spielen" würde, hunderttausendfach ärger mit ihm umzugehen als Luther mit dem Papste. Jetzt wechselt die demütig-vermessene Unterschrift „Thomas Müntzer. Ein Knecht Gottes" mit „Thomas Müntzer. Ein Zerstörer der Ungläubigen" ab, und bald zeichnet er mit „Thomas Müntzer mit dem Schwert Gidionis". Dem Kurfürsten von Sachsen verheißt er, daß ihm das Schwert genommen werde und dem „inbrünstigen Volke gegeben zum Untergange der Gottlosen". Er pocht im Umgang mit dem Kurfürsten von Sachsen auf den „unüberwindlichen Geist göttlicher Weisheit" und kündet ihm an, daß daran die stolze Macht des Fürstentums kläglich zerschellen werde. Alle jene, die dieses Geistes sind, werden – so verheißt Thomas Müntzer – binnen kurzem zu Herren über die Throne der Welt erhoben werden.

Müntzer gründet in Allstedt einen „Bund", das Vorbild des englischen Covenant wie der revolutionären Klubs von 1793. Auf diesen Bund gestützt, führt er ein revolutionäres Regiment, kurz und vergänglich, wie es war.

28 Die Reformation

Die „Ausgedrückte Entblößung des falschen Glaubens der ungetreuen Welt" (1523) ist eine große Programmschrift der Bewegung, die sich jetzt anschickt, mit Luther um die Führung der religiösen Revolution zu ringen. Luther war aber schon auf dem Plan. In einem Briefe „an die Fürsten von Sachsen von dem aufrührerischen Geist" griff er den „Lügengeist" an, der da „fährt zu mit Ungestüm und rumoret nach seinem Mutwillen":

„Was sollte der Geist wohl anfangen, wenn er des Pöbels Anhang gewänne?"

Thomas Müntzer blieb nichts schuldig. In der „hochverursachten Schutzrede wider das geistlose, sanftlebende Fleisch zu Wittenberg" fällt er mit einem Orkan der Beschimpfung, des Sarkasmus, giftigen Hohns und eines Hasses, der wie Geifer vom Munde tropft, über den „Dr. Lügner", „Vater Leisetritt" her, den, in seinem „eigenen Sötlein gekocht", der Teufel fressen möge. Man muß schon Georg Büchners „Hessischen Landboten" nehmen, um in der deut-

Bundschuhfahne

schen Geschichte ein revolutionäres Dokument von gleicher Wucht und Wildheit zu finden. Die „Schutzrede" ist ohne Zweifel eine Abrechnung großen Stils mit den neuen sozialen Mächten, die durch die Reformation die Führung an sich gerissen haben. Für den Gegner ist man ja immer Anhänger der materialistischen Geschichtsauffassung, und so zeichnet Thomas Müntzer Luther als den Spielball der Gewalten der Plünderung, die die Reformation entfesselt habe. „Böhmische Geschenke" an Kirchen und Klöster habe Luther dem Adel gegeben und dem Adelsvolk „das Maul gar wohl geschmiert":

„Mönch, willst du tanzen, so hofiert dir die ganze Welt."

Mit dem scharfen Auge des Hasses sieht Müntzer, wie durch die Reformation alle Mächte in Bewegung geraten sind und der alte Bau des Reiches von tausendfachen revolutionären Kräften – dem revolutionären Adel, dem revolutionären Fürstentum, der revolutionären neuen Kirche, für Müntzer dem ganzen revolutionären Herrentum – unterhöhlt wird. Ebenso wie Müntzer das Bild einer furchtbaren Umwälzung des deutschen Lebens zeichnet, so schleudert er Luther höhnisch entgegen:

„Und du bist kein aufrührerische Geist!"

Müntzer war nur der Führer von Revolten gewesen; ein großer Revolutionär ist er nicht zu nennen. Seine Ideen waren zu sehr auf flüchtige Begehrlichkeiten, unstete Aufbegehrungen, Aufwallungen und kurzlebige Interessen eingestellt. Aber nun schien Thomas Müntzer eine große Chance und eine Wirksamkeit auf größerer historischer Bühne zu winken.

Den Namen Bauernkrieg verdient der Bauernaufstand kaum. Es hat keine Kämpfe kriegerischer Form gegeben, kein Naseby und kein Marston Moor wie in England. Überschwemmten zunächst die Bauern nahezu kampflos die dem Aufstand verfallenen Gebiete, so wurden sie zumeist – wie Straßenhaufen von der Polizei heute – zerstreut, als die Herren ihre Streitmacht zur Stelle hatten. Dann und wann wurden Tausende von Bauern niedergemetzelt, ohne daß es den Gegner mehr als ein paar Reisige gekostet hätte. Neben den Herren waren auch die kirchlichen Gewalten gegen die Bauern aufgeboten. Auf katholischer Seite verstand es sich von selbst. Da war meist noch Herrengewalt und Kirchenamt vereinigt. Auf protestantischer Seite wandte sich Luther in berühmten Streitschriften gegen die „aufrührerischen mörderischen Rotten der Bauern". In einer verbissenen Anstrengung schleuderte er die Gewalten weg, die sich an sein religiöses Werk hängten. Er sah unter der eigenen religiösen Reform einen Abgrund sich öffnen. Der Teufel rühre dort die Grundsuppe, meinte er. Er stand vor der Gefahr, daß sich seine Revolution in eine Folge von Revolten und sozialen Eruptionen auflöste. So wandte er sich mit kochender Wut gegen die Bauern:

„O Herrgott, wo solcher Geist in den Bauern auch ist, wie hohe Zeit is's, daß sie erwürgt werden wie die tollen Hunde."

Thomas Müntzer zog als Prediger mit den Haufen der Bauern. Der englische Rebell, Cromwell, ermahnte ein Jahrhundert später die Heiligen, die unter seinem Befehle kämpften: Vertraut auf Gott und haltet euer Pulver trocken. Müntzer dagegen meinte, das Pulver bleibe trocken, wenn man nur auf

Gott vertraue. Er hatte sich in seine Rolle als der neue Gidion hineingesteigert, als der Krieger und Prophet des Herrn, dessen Schwert der Geist Gottes unwiderstehlich macht. So war er blind für die Wirklichkeit der Dinge geworden, und es ist nicht ganz ausgeschlossen, daß er, wie die Berichte erzählen, den Bauern Unverwundbarkeit im Kampfe verhieß. Aber die ersten Kugeln, die in der sogenannten „Schlacht" von Frankenhausen in den bäuerlichen Haufen einschlugen, brachen den Zauber. Die Bauern wurden auseinandergetrieben wie ein Rudel Wild. Müntzer wurde nach einigen Tagen gefangen. Er „widerrief" auf der Folter und starb von Henkershand. Das „Antlitz des Teufels in seinem höchsten Grimme" hat ihn Luther genannt.

Die geistige Revolution, die Müntzer und die Seinen einleiteten, war der Muttergrund unzähliger geistiger Bewegungen in Deutschland. Sie hat frühzeitig schon, bereits bei Müntzer, ihre Formel gefunden: Geist gegen Buchstaben. Man empörte sich gegen den „Fetzen Papier" – wie ein Bewunderer Müntzers, Hugo Ball, es nannte –, den „Fetzen Papier", auf dem das geschriebene Wort die Wahrheit Gottes mitteilen soll. So wandte sich Müntzer gegen die „hinterlistige Dieberei des Buchstabens". Der Geist wehe, wie es ihm gefalle, und er sei nicht in das enge Gehäuse des menschlichen Wortes zu bannen:

„Sollte Gott an die Kreatur sich anbinden lassen!"

„Gott redet nicht mehr", darin erschöpfe sich die Weisheit der Welt. So stellt Müntzer nach dem Vorbild Joachim von Fiores das ewige Evangelium in der Menschenbrust gegen die geschriebene Bibel, die ja nur eine verächtliche, zufällige geschichtliche Tatsache sei. Wie es einmal in die Bücher geschrieben ist, ist es in der Luft verweht, meint Müntzer:

„Gott hat nicht geredet, Gott redet.

Darum haben die Propheten die Weise zu reden: ,Dies sagt der Herr'. Sie sprechen nicht: ,Dies hat der Herr gesagt', als ob es vergangen wäre, sondern sie sagen's in gegenwärtiger Zeit."

So wird das geistige Leben zu einer unaufhörlichen Kette schöpferischer Handlungen, die aus dem unerforschlichen dunklen Abgrund des Seins hervorbrechen. Das flutende Leben soll nicht zur festen Form erstarren: Gott hat nicht gesprochen, Gott spricht. Die Zertrümmerung der Form ist die tief innere Lust der Spiritualen, der homines spirituales, die, vom „Geist" erfüllt, sich über die äußeren Ordnungen erheben. Das Wort des russischen Anarchisten Bakunin: „Die Lust der Zerstörung ist eine schaffende Lust", ist aus Müntzerschem Geist geboren. Der „Geist" erhebt sich vor allem gegen die geschichtlichen Ordnungen, den Körper, der den Geist der Völker gefangenhält. Ein russischer Futurist hat in moderner Sprache Müntzers spiritualistische Forderung wiederholt:

„Wir haben das Kleid der Geschichte zerrissen.

Unser Geist ist erwacht. Wir sind alles. Die Flamme und die siegende Helle, uns selber Gottheit, Richter und Gesetz."

Aufständische Bauern

Ist der Staat nach einem Wort von Friedrich Engels – einem Nachklang chiliastischen Geistes – auf die „Angst vor dem Menschen" gegründet, so wendet sich Müntzer gegen die „henkerische Furcht des Bösen", auf die Fürstenmacht gegründet sei. Der Glaube an die Güte der Menschennatur hat in den letzten Jahrhunderten eine revolutionäre Gewalt ohnegleichen entfaltet: Auf seinem Boden sind die großen Utopien der Menschheit erwachsen. Die Spiritualen haben den ersten großen zerstörerischen Optimismus der Moderne begründet. Sie glauben an die Vergeistigung, ja an die Vergottung des Menschen auf Erden.

„Wir fleischlichen Irdischen", schreibt Müntzer, „sollen Götter werden durch die Menschwerdung Christi ..., auf daß das irdische Leben sich schwenke in den Himmel."

Müntzer ist ein Prophet der revolutionären Gewalt wie all die Künder der großen irdischen Glückseligkeit. Was wiegt schon ein einzelnes Menschenleben gegen die Myriaden glückseliger und gottgleicher Menschen, gegen die goldene Welt in Frieden und Eintracht, als deren Widersacher dieser einzelne Mensch niedergeschlagen werden muß. Den „Heiligen", die Gottes Reich in sich tragen, war alle Macht über die Erde gegeben, auf daß sie alles zerstören, was nicht von „Geistes Gnaden" ist.

30 Die Reformation

Fast alles irdische, unvollkommene, gemeine Leben ist verdammt vor der Herrlichkeit des Geistes. „Die Gottlosen haben kein Recht zu leben", ruft man so aus. Gottlos aber ist in den Augen der Heiligen die Masse der Menschen. Von Gott erwählt ist nur eine kleine Minderheit. Verworfen sind die Nationen und die Kirchen, in denen die Mehrheit des Volkes betet. Nur wer zu Müntzer als dem neuen Messias schwört, der ist von dem Fluche ausgenommen, den Jehova und sein Prophet Thomas Müntzer mit dem Schwerte Gidions in der Hand über die Gottlosen ausgesprochen haben.

So schlägt aus der Bewegung Müntzers die wilde, rasende Gewalt hervor, die alles ausrotten will, was sich gegen den Gott auflehnt, den Thomas Müntzer meint. Die Erde der Unvollkommenen mit all ihrem Reichtum ist eine Beute der Heiligen, denn die Gottlosen haben kein Recht auf Leben, auf Besitz und Glück. Der Herr hat ja diese Erde, alles, was auf ihr glänzt, grünt, blüht und reift, seinen Heiligen gegeben. Das hat Jahrhunderte später der Hussit und Wiedertäufer des 20. Jahrhunderts, Adolf Hitler, genauso gesagt: Die Andersdenkenden haben kein Recht zu leben. Wo sie sich widersetzen, so verkündeten es Thomas Müntzer und Adolf Hitler zugleich, „erwürge man sie ohne alle Gnade":

„Wo sie aber das Widerspiel treiben, erwürge man sie ohne alle Gnade. Anders kann die christliche Kirche zu ihrem Ursprung nicht wieder kommen. Man muß das Unkraut ausraufen aus dem Weingarten Gottes in der Zeit der Ernte. Dann wird der schöne rote Weizen beständige Wurzeln gewinnen und fein aufgehen. Die Engel aber, die ihre Sichel dazu schärfen, sind die ernsten Knechte Gottes, die den Eifer göttlicher Weisheit vollführen."

An der Schwelle des 19. Jahrhunderts schien Thomas Müntzer noch einmal zu erstehen:

„Einen neuen Messias", schrieb der Frühsozialist Wilhelm Weitling, „sehe ich mit dem Schwerte kommen, um die Lehren des ersten zu verwirklichen."

Das Tausendjährige Reich der Wiedertäufer

Seltsamerweise schoß, zehn Jahre nachdem der Bauernkrieg in Blut erstickt worden war, die radikale Bewegung in den Städten noch einmal hoch. Als die Führer der Wiedertäufer nach dem Zusammenbruch ihrer Bewegung aufs Rad gebunden wurden, hatten sie Gelegenheit, sich darüber Gedanken zu machen, ob es nicht besser gewesen wäre, den aufrührerischen Bauern zu helfen.

Die Schwarmgeister bemächtigten sich 1534 der Herrschaft in Münster und errichteten dort für zwei Jahre eine Republik der Heiligen, ein neues Jerusalem und das Tausendjährige Reich. Sie nannten sich Wiedertäufer und fühlten sich als Erwählte und Heilige. Johann von Leyden, Knipperdollink und Bockelson waren die Führer und Propheten des Unternehmens, das mannigfach an das zweite „Tausendjährige" Reich der deutschen Geschichte im 20. Jahrhundert erinnert. Bockelson nannte sich zuletzt König von Jerusalem und hielt sich über menschliches Gesetz erhaben. Nach alttestamentarischem Vorbild führte er die Vielweiberei ein und zwang auch seine Anhänger dazu, weil er wußte, daß das moralische Chaos, Schuld und Verbrechen allen den Rückweg versperren würden. Wie die anderen Schwarmgeister vertraute er auf das innere Licht, auf Verzükkungen und epileptische Erregungen. Unter Krämpfen erfahre der Mensch die Wahrheit, und am Rande der Nacht und des Wahns suche er die Erkenntnisse. Da er in den Erregungen etwas Göttliches sah, kam er schließlich dazu, auch seiner Sinneslust Heiligkeit zuzuschreiben. Wie ein Magnet zog er die kranken Seelen und abenteuerliche und zweifelhafte Existenzen an. Er aber fühlte sich geborgen in der göttlichen Erwählung. Erwählte schreiten nach seiner Ansicht unangefochten durch Schmutz, Blut und Sünde hindurch; „ein Kübel Unrat verunreinigt den Ozean nicht". Wie schon Thomas Müntzer verkündet hatte, hatten auch in Münster unter der Herrschaft der Heiligen die Gottlosen kein Recht zu leben. Bockelson vollstreckte mit eigener Hand Todesurteile, und aller Besitz in den Händen von Menschen, denen die göttliche Erleuchtung nicht zuteil geworden war, verfiel an die Erwählten. Je mehr sich das Tausendjährige Reich seinem grausigen Ende zuneigte, um so wilder rasten Raub und Mord. Die Menge wurde in ihrer teuflischen Heiligkeit von einer unheimlichen und unflätigen Lust der Schändung und der Erniedrigung bewegt. Die aufgewühlten Geister erhofften sich Seligkeit durch Zerstörung und Beschmutzung. Man besudelte mit Kot die Dombibliothek, zersägte die Altarbilder zu Abtrittsbrettern. Mit dem Hammer wurde das Taufbecken zerschlagen, die Heiligenstatuen wurden zu Schießübungen verwandt. Die Schatzkammern des Münsters und der Kirchen schienen den neuen Herren ewigen Reichtum zu verbürgen.

Aber die Republik der Heiligen nimmt ein grauenvolles Ende. Bald geht der Hunger um, als der Bischof die Stadt belagert. Es ist ein Vorgeschmack auf die Schrecken des Dreißigjährigen Krieges und lehrt die Deutschen zum ersten Male, wozu der Hunger die Menschen fähig macht. Zuerst wird alles totgeschlagen, was sich in der Wut des Hungers gegen die teuflischen Teufel auflehnt, die über die Stadt regieren, und was fliehen will. Dann aber läßt das neue Jerusalem die Menschen ziehen. Es ist gut, wenn sich die Esser in der Stadt verringern, aber das Eigentum,

Die Wiedertäufer 31

Bilderstürmer

Haus und Habe der Flüchtigen verfällt. Man reißt ihnen noch am Stadtrand die Kleider, damals ein wertvoller Besitz, vom Leibe, wo sie entweder in die Stadt und die Greuel des Hungers zurückgetrieben werden oder wo die Landsknechte des Bischofs die Männer erschlagen und die Frauen im Niemandslande ein Leben der Schande und der Verzweiflung führen lassen. Die Landsknechte verwirken ihr Leben, wenn sie jemanden mit einem Stück Brot in die Stadt zurücklassen. Ähnlich wird es ja der Kardinal Richelieu handhaben, der bei der Belagerung von Rochelle jeden Soldaten vierteilen läßt, der einer Frau aus der verhungernden Stadt für ihre Hingabe ein Stück Brot gibt. So wird aus dem König von Jerusalem, wie ein zeitgenössischer Bericht sagt, ein „Monstrum und ein Schauspiel".

Der triumphale Einzug des Bischofs muß nach der Kapitulation der Stadt wegen der zahllosen Leichen um vier Tage verschoben werden. Die Stadt muß alles über sich ergehen lassen, was in der damaligen Zeit jeder eroberten Stadt nach einer längeren Belagerung zuteil wurde: Haussuchungen, Denunziationen, Plünderung, Schändung und Mord.

„Es werden", heißt es in einem zeitgenössischen Bericht, „noch täglich welche gefunden und erstochen, und so manchen Wiedertäufer, der sich tagelang auf dem Dachboden und im Keller versteckt hat, treibt allmählich Hunger und peinigender Durst ans Tageslicht und somit auch in die Spieße und Hellebarden der mordenden Soldateska."

Die eroberte Stadt war schrecklich anzusehen:

„In allen Gassen lagen die Toten. Das Weibergeschrei schallte aus allen Orten. Es lagen in vielen Häusern die vom Hunger Gestorbenen noch unbegraben aufeinander, und es ist ein übler, großer Gestank und sonst viel andere Unlust in der Stadt und ein jämmerliches Wesen."

Nicht zum letzten Mal in der deutschen Geschichte wurde der Grundsatz „mitgegangen, mitgehangen" mit erbarmungsloser Rücksichtslosigkeit angewandt. Denn der Krieg gegen die aufrührerische Stadt war teuer, und leicht konnte einer jetzt zum Wiedertäufer werden, den man plündern durfte.

Das war das Ende eines schauerlichen Experiments

Johann Bockelson

und die erste Generalprobe in der deutschen Geschichte für die Herrschaft all derer, die sich durch

Erleuchtung zum Weltgeist oder durch das Blut zum Übermenschen erhoben fühlen, die Generalprobe für das 20. Jahrhundert und Hitler.
Mit dem Zusammenbruch des münsterischen Aufruhrs war die letzte radikale und sozialrevolutionäre Welle der Reformationszeit verebbt. Fortan blieb die Reformation das Werk der überkommenen staatlichen Gewalten.

Der Religionsfriede und seine Kriege

Das Schwert hielt blutige Ernte im Reich. Der Kaiser stand bis 1529 im Krieg mit Frankreich und konnte seine Macht nicht für die Ordnung der deutschen Dinge einsetzen. Der geistige Reformator Deutschlands, Luther, aber war der Meinung, daß es ihm nicht zukomme, Deutschland politisch und sozial zu ordnen. Alle unbewaffneten Propheten sind zugrunde gegangen, hatte ein halbes Jahrhundert vorher Machiavelli erklärt; die Reformation dieses unbewaffneten Propheten Luther hat ihr natürliches Ziel nicht erreicht. In dem Jahrzehnt der Abwesenheit des Kaisers nahm die Reformation führungslos wie ein Waldbrand ihren Fortgang, ohne – eben wegen dieser Führungslosigkeit – das ganze Deutschland gewinnen zu können.

Mehr als ein Jahrzehnt war vergangen, bevor der Kaiser die Hand frei bekam, um seine ganze Kraft gegen die protestantische Bewegung einzusetzen. Als der erste Waffengang mit Franz I. seinen Abschluß gefunden hatte, war es zu spät. Die protestantische Bewegung hatte schon festen Boden gewonnen.

Der Krieg gegen Frankreich und der Kampf gegen den Protestantismus hingen zusammen wie die Wassersäulen von kommunizierenden Röhren. Die Fürsten wurden immer hin und her gerissen zwischen der Treue zu ihrem Glauben und der Loyalität gegenüber Kaiser und Reich. Durch Zugeständnisse vermochte der Kaiser im Jahre 1544 die deutschen Fürsten dazu zu bewegen, seinen Krieg gegen Frankreich tatkräftig zu unterstützen, mit der Folge, daß der französische König sich im Frieden in einem Geheimartikel dazu verpflichten mußte, die deutschen Fürsten und den deutschen Protestantismus nicht weiter zu unterstützen.

Martin Luther ist 1546 im Dunkel und in der Verzweiflung gestorben. Er rief in die Zukunft hinein, und aus der Tiefe hatten Haß und Gier geantwortet. Er sah den großen Krieg gegen den Protestantismus voraus und sprach immer mehr von dem tyrannos universalis, dem großen universalen Tyrannen, der nicht nur die Körper knechten, sondern auch die Seele unterwerfen, über den Glauben gebieten und sich selbst an die Stelle Gottes setzen möchte.
Der Aufruhr Thomas Müntzers und die Herrschaft der Wiedertäufer in Münster waren noch ein Possenspiel des Teufels gewesen. Aber der Teufel war dabei, so sagte Luther immer wieder, die Grundsuppe umzurühren. Eine Möglichkeit und eine Gefahr der deutschen Geschichte war aufgezeigt.
Der erste deutsche Religionskrieg (der Schmalkaldische Krieg von 1546/47) trägt den Namen des protestantischen Fürstenbundes, der nach dem Augsburger Reichstag zu Schmalkalden geschlossen wurde, so wie die Union (Protestantischer Fürstenbund) und die Liga (Katholischer Fürstenbund) den Auftakt für den großen furchtbaren Krieg von 1618 bis 1648 bilden. Die Frontbildung vollzog sich keineswegs allein nach religiösen Gesichtspunkten. Sonderwünsche und Sonderinteressen durchkreuzten immer wieder die großen Fronten. Insbesondere die Sache der deutschen Fürstenlibertät, der Freiheit und Unabhängigkeit des deutschen Einzelstaates, erwies sich immer wieder stärker als alle religiösen Rücksichten. Die katholische „Liga" – der Gegenbund gegen die „Schmalkaldener" wurde 1538 in Nürnberg geschlossen – war alles andere als ein Hilfsmittel der Reichsgewalt. Sie trug zur Aushöhlung der Kaisermacht und der Reichsgewalt nicht weniger bei als der protestantischen „Rebellen". Die Entscheidung ging zunehmend an die Fürstenbündnisse über. Der Sieg der Gegenreformation wurde auf die Dauer ebensosehr zu einem Sieg der Landesherren wie der Sieg der Reformation. Während die Erde noch bebte und die unterirdischen Kämpfe weitergingen, waren die organisierten Fronten nur starrer geworden. Die Schatten des Religionskrieges lagen über Deutschland, und oftmals wurde Deutschland nur im letzten Augenblick davor zurückgerissen. Immer wieder gab es Entspannungen und Kompromisse.

Der Kampf zwischen den Konfessionen wogte hin und her in Deutschland. Das Bild wandelte sich jeden Tag. Praktisch war es ein religiöser Bürgerkrieg, in dem Sieger und Besiegte ständig wechselten. In den einzelnen Territorien war einmal der Fürst, ein andermal die Ständeschaft protestantisch, und ein andermal war es umgekehrt. Wenn heute ein Lehrbuch konfessionelle Grenzlinien irgendeines Jahres zeichnet, dann geht es nie ohne große Vereinfachungen. Immerhin ist das Bekenntnis eines Reichsstandes vor dem Reichstag zum neuen Glauben eine eindeutige Tatsache. Dieses Bekenntnis legten auf dem zweiten Speyrer Reichstag (1529) die Staaten Sachsen-Wittenberg, Hessen, Lüneburg, Mecklenburg, Anhalt, Mansfeld, Magdeburg, die Städte Straßburg, Nürnberg, Ulm, Konstanz und einige mehr ab. Auch war das Bekenntnis des ehemaligen Ordenslandes Preußen zum neuen Glauben ziemlich klar und unumstritten.

Verdammungen des neuen Glaubens, besonders auf den Reichstagen zu Speyer 1526 und 1529, änderten

Der Religionsfriede

an dem Gang der Geschehnisse so wenig wie der Protest der neugläubigen Stände, von dem der neue Glaube seinen Namen erhielt (Protestantismus).
Friedensschlüsse zwischen den beiden Konfessionen, „Verständigungen", alle Abmachungen über die Entflechtung der beiden Religionsgruppen bedeuteten soviel wie die großen heftigen Spannungen und die wilden Kriegsansagen auf beiden Seiten. Das Gleichgewicht der Macht in Deutschland erlaubte in Wahrheit keiner Gruppe, über die andere wirklich zu obsiegen. Aber es war auch noch keine Gruppe so weit, der Hoffnung auf den Sieg zu entsagen und auf die Ausbreitung der eigenen Konfession zu verzichten. Der Friede war nie ein Friede und der Krieg war nie ein rechter Krieg. Der Strom der Entwicklung ging in Deutschland weiter und kümmerte sich kaum um die Beschlüsse der Reichstage, die meist schon im nächsten Vierteljahr nichts als Papierschnitzel waren.
Auf dem Reichstag von Augsburg (1530) wiederholte der Kaiser den Versuch, durch die Erneuerung der Wormser Beschlüsse die kirchliche Einheit des Reiches wiederherzustellen. Erfolg hatte er nicht. So blieb das wichtigste Ereignis des Augsburger Reichstags, daß die erste durchgeformte protestantische Glaubenslehre, die Confessio Augustana, dem Reichstag vorgelegt wurde. Mild und versöhnlich hatte sie Melanchthon, der humanistische Helfer Luthers, ein gelehrter Mann mit vielen Ängsten in seiner Philologenseele, gestaltet. Von nun an besaß der Protestantismus ein festes Lehrgebäude. Der geistige Riß im deutschen Leben war kaum mehr zu heilen.
Der Augsburger Reichstag hatte die protestantische Welle nicht eindämmen können. Auch der „Religionsfriede" von Nürnberg vermochte das nicht. Im Nürnberger Religionsfrieden (1532) mußte der Kaiser schon wieder – mit zahllosen Vorbehalten und Verklausulierungen – den neuen Glauben zulassen und bestätigen. Die Zulassung war freilich bis zum nächsten Konzil befristet. Der Kaiser wollte dadurch noch einmal sein Programm der Reichskirchenreform verkünden.
Jeder Religionsfrieden hatte nur zur Folge, daß die beiden Gruppen militärische Vorbereitungen trafen. Wie in jedem Drama gab es Verzögerungen, Abrüstungsverhandlungen und Ausgleichsversuche, das gewohnte Zurückschrecken der Menschen vor dem Unvermeidlichen. Je mehr das Reich in zwei Konfessionen auseinanderfiel, desto mehr häuften sich die Religionsgespräche, die von Anfang an völlig aussichtslos waren, die aber vor allem die Protestanten zur Beruhigung ihrer obrigkeitsfrommen Seele brauchten. Beim Kaiser wuchs die Neigung, solche Religionsgespräche vorzuschlagen, immer dann, wenn er sich in ernsthaften außenpolitischen Schwierigkeiten befand (so gegenüber den Franzosen und den Türken).
1546 brach der Krieg aus – der Schmalkaldische Krieg geheißen –, der die Entscheidung über Deutschlands Zukunft zu verheißen schien. Entscheidend und vernichtend schien auch der Sieg des Kaisers. In der Schlacht bei Mühlberg wurde der Kurfürst von Sachsen geschlagen und gefangengenommen. Er verlor die Kurwürde an den Verbündeten des Kaisers, das Haupt der anderen sächsischen Linie, Moritz von Sachsen, der in den nächsten Jahren eine so verhängnisvolle Rolle spielen sollte. Auch das andere Haupt des Schmalkaldischen Bundes, Philipp von Hessen, geriet in die Hände des Kaisers. Dem Sieger der Schlacht von Mühlberg – so hat ihn Tizian in majestätischer Größe und Herrlichkeit dargestellt, „über das Schlachtfeld von Mühlberg reitend" – schien die Bahn frei.
Aber auf dem Höhepunkt der Macht sah Karl V. gleichsam über Nacht sein System zusammenbrechen und all seine Pläne endgültig und unwiderruflich scheitern. Nicht nur hatte der Schmalkaldische Krieg keineswegs die Wiederherstellung des katholischen Glaubens in Deutschland gebracht. Diese strebte der Kaiser auch wohl gar nicht mehr an. Sein Traum war noch immer die erneuerte und gereinigte Kirche, wie sie durch ein großes Reformkonzil aus der Taufe gehoben werden sollte. Aber er hatte es jetzt mit einer anderen Kirche zu tun. Die Kirche von 1546 glaubte sich selbst reformieren und regieren zu können.
Der Zusammenhang zwischen Renaissance und katholischer Kirche lockerte sich, der lange gewaltet hatte. Eine härtere, ernsthaftere religiöse Note kehrte in die katholische Kirche zurück. Eine vom Geist der im letzten Grunde heidnischen Renaissance durchsetzte Kirche wäre vom Protestantismus überall dort mühelos hinweggefegt worden, wo überhaupt noch ein Hauch religiösen Lebens zurückgeblieben war. Aber unter dem Feuersturm des Sacco di Roma und der protestantischen Revolte erwuchsen auch der katholischen Kirche neue Kräfte des Widerstands.
Der Papst hatte das Konzil für 1545 nach Trient einberufen. Aber das Konzil war nicht mehr das Reformkonzil, das der Kaiser lange angestrebt hatte. Die Zeit der Renaissance-Päpste ohne wahrhaft inneres religiöses Interesse war vorbei. Von Paul III. an bestiegen wieder Menschen von sittlichem Ernst und religiösem Wollen den päpstlichen Thron. Sie wollten die kirchlichen Mißstände beseitigen und die Sitten bessern. In dieser religiösen Ernsthaftigkeit näherte sich der Katholizismus innerlich dem Protestantismus; Lehre und Dogma der katholischen Kirche wurden dem Protestantismus gegenüber nur um so schroffer und starrer. Sie war jetzt schon – für das Schicksal der deutschen Glaubensspaltung hat dies ebenso wie das Sacco di Roma unermeßliche Folgen gehabt – zu sehr innerlich erstarkt, um vom Kaiser eine Reform aufzwingen zu lassen. Dem Kaiser war ein Trumpf im Spiel um die deutsche Reichsordnung aus der Hand geschlagen. Anstatt zuerst die Kirchenreform zu behandeln, beschäftigte sich das Konzil vor allem mit der Festlegung des Dogmas. Auch wenn

34 Die Reformation

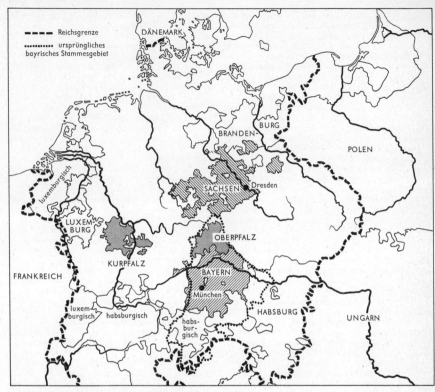

Sachsen und Bayern 1547. Der Begriff Sachsen hat sich endgültig mit dem Gebiet um Dresden verbunden, wie es unter mannigfachen Veränderungen bis 1945 bestanden hat

der Protestantismus in den Schranken der Reform nach dem Wunsch des Kaisers geblieben wäre: Die Kirche war zu dieser „Reform" nicht mehr bereit.
So war des Kaisers kirchliches Programm gescheitert. Seine Reformpläne für das Reich selbst sind nicht weniger gescheitert, und darüber ist es zu Karls V. größter Niederlage gekommen. Nach dem Siege über die Schmalkaldener nahm Karl V. die Reichsreformpläne wieder auf, an denen sich Maximilian I. versucht hatte. Durch seinen „Reichsbund"-Plan wollte er sich ein stehendes Heer schaffen, auf dem sich dann die selbstherrliche Macht des Kaisers und des Reiches erheben sollte. Maximilian I. und Wallenstein gleich wollte Karl V. durch eine stehende Heeresmacht die fürstliche Unabhängigkeit brechen und die partikularen Gewalten unter die Reichsmacht zwingen. Auf diese Revolution des kaiserlichen Absolutismus ist dann die „Fürstenrevolution" des Jahres 1552 geprallt. Es war Moritz von Sachsen, Karls einstiger Verbündeter, der den Aufstand führte.

Der Kaiser hatte alle Warnungen in den Wind geschlagen. Moritz hatte in größter Verschlagenheit verhandelt und den Krieg gegen Karl in die Wege geleitet. Lange führte er den Kaiser an der Nase herum und schlug dann plötzlich los. Karl wäre beinah in Innsbruck gefangengenommen worden und entkam nur mit Mühe nach Kärnten.

Moritz wandte sich an die deutsche Nation mit einem großtönenden Aufruf:

„Wir haben den gegenwärtig elenden Zustand des inniggeliebten Vaterlandes mit angesehen. Wir haben gesehen, wie – gegen den Eid des Kaisers – die Deutschen mit fremdem Kriegsvolk überzogen,

Der Religionsfriede

wie ihre Rechte und Sicherheit verletzt wurden, wie man die deutsche Nation in unerträgliche, viehische, erbliche Knechtschaft, Fron und Dienstbarkeit bringen wollte."

Den Sieg über Karl V. hat Deutschland teuer genug bezahlen müssen. Die Verschwörer gegen Karl V. schlossen ein Bündnis mit dem Franzosenkönig und bezahlten als Preis seiner Hilfe die Bistümer Metz, Toul und Verdun. In erbitterten Kämpfen hat Karl V. vor Metz das Schicksal noch zu wenden gesucht, um diese Freiheit für das Reich zu retten.

Denn jetzt ging auch schon Frankreich das Bündnis mit der deutschen Fürstenlibertät ein, dem „Souveränitätsschwindel" der deutschen Fürsten, den Bismarck wie die Pest hassen wird. Frankreich nimmt die Rebellion der deutschen Territorialherren gegen das Reich unter seinen Schirm, schützt ihre Unabhängigkeit und gottverdammte Selbstherrlichkeit, jene Freiheit des Reichsverrats, die sich folgerichtig „Libertät" nennt.

Am Anfang handelt Frankreich aus reiner Notwehr, denn es wird von einem ehernen Ring der Habsburger Macht zusammengepreßt. Die große weltgeschichtliche Offensive Frankreichs, deren Impulse noch im Siegeszug Napoleons in Deutschland durchglühen, ist ein majestätischer Hintergrund der deutschen Geschichte wie ein glühendroter Abendhimmel hinter Burgen und Ruinen. C. J. Burckhardt schildert die weltgeschichtliche Lage Frankreichs und Deutschlands gegen Mitte des 16. Jahrhunderts:

„Wohin immer die Könige von Frankreich sich am Ende des 16. Jahrhunderts wandten, jenseits der Marken ihres schwer erschütterten Reiches trafen sie überall auf die habsburgische Macht der damaligen Welt; und immer noch war der Druck der habsburgischen Einkreisung so schwer, daß beständig der Einbruch der noch unvollendeten französischen Grenzen drohte. Der schwachen, der ungeschützten, offenen Stellen am Körper des französischen Reichsgebietes waren viele, und sodann vor allem: Auf die innere Struktur des Landes war noch kein Verlaß, Bürger und Städte trugen zeitweise fast allein den nun bewußt werdenden nationalen Gedanken, und sie schirmten das Königtum; die aus der Feudalität überkommenen, allzu stark gewordenen Großen des Reiches dagegen spielten mit dem Hochverrat, und der kleine und mittlere Adel stellte sich in den Dienst des Meistbietenden; was endlich die Protestanten betrifft, so waren sie gefährlicher: Ein Staat im Staate. Der König von Frankreich hatte sich zu behaupten gegen die Habsburger in Madrid und Wien, der spanisch-deutschen Weltmacht, zugleich gegen die mächtigsten Territorialherren seines eigenen Landes und die religiösen Parteiungen, die je nach der Lage ihres inneren Kampfes mit dem Ausland Bündnisse schlossen."

Seuche hatte Seuche in Frankreich abgelöst, Hungersnot Hungersnot. Nahezu zehn Bürgerkriege hatte Frankreich seit der Reformation erlebt. Nun war es unter der Führung des Königtums im Vergleich zu Deutschland zur festgefügten Einheit geworden und reichte anderen Völkern, vor allem dem deutschen, das Gift, das es selbst ausgeschieden hatte.

Im Spiegel der vergangenen Not Frankreichs hätte Deutschland seine Zukunft schauen können. So wird Deutschland im Dreißigjährigen Krieg und nach dem Dreißigjährigen Krieg aussehen. Die französischen Könige haben zwei große Verbündete gegen das Reich, die Türken und die deutschen Fürsten, von denen einige Rebellen gegen das Reich sind, weil sie dem Protestantismus anhängen. Nie war die Macht des Reiches größer gewesen als im 16. Jahrhundert. Nie wieder sollten die Deutschen so geborgen in einer solchen gigantischen Schutzstellung leben. Die Deutschen haben aber selbst die Hand dazu geliehen, um diese Schutzstellung zu zerschlagen, weil deren Träger fremder Nationalität und fremden Glaubens waren – der unsterbliche Zwiespalt der deutschen Geschichte.

Dieses Bündnis zwischen der französischen Krone und der deutschen Fürstenlibertät wird vollzogen, während im gleichen Atemzug die französische Monarchie den eigenen Protestantismus und die eigenen Vasallen in den Staub beugt. Der deutschen Geschichte des kommenden Jahrhunderts wird dieses Bündnis das Gepräge geben. Im Westfälischen Frieden sollte das System Frankreichs, im Bunde mit den deutschen Fürsten und den partikularen Interessen gegen das Reich anzurennen, seine Krönung finden. Die deutsche Fürstenlibertät wurde europäisches Verfassungsrecht und Frankreich ihr Garant. Im Bündnis mit den deutschen Fürsten hat Frankreich schließlich die Weltstellung Habsburgs zerstört, und im Bündnis mit Frankreich hat sich auf der anderen Seite die deutsche „Fürstenlibertät" behauptet.

Der Passauer Vertrag (1552), der dann durch den Augsburger Religionsfrieden Reichsgesetz wurde, zog nun das Fazit aus den Kämpfen dieser schicksalsschweren Jahre seit der Reformation. Die Reichskirchenordnung war endgültig gescheitert, die religiöse Einheit der Nation endgültig dahin. Es sollte nicht nur einem Glauben abgeschworen werden, es sollte Vermögen, Besitz, Kirchen- und Klosterland zurückgegeben werden. Ganze Staaten hätten sich wieder auflösen müssen, und die große Güterumwälzung hätte – ein in der Geschichte nie geglücktes Unterfangen – nach rückwärts neu getan werden müssen. Die Konfessionen standen sich jetzt als nicht mehr zu erschütternde Mächte des deutschen Lebens gegenüber – in Landeskirchen organisiert oder in ihrem Bestande von der landesherrlichen Macht abhängig. Das Leben des Deutschen Reiches wurde fortan auf dem Territorial- und Konfessionsstaat ruhen.

Der abschließende Augsburger Religionsfriede (1555)

war ein Friede des Status quo. Den Landesfürsten gab er das Recht, die Religion der Untertanen zu bestimmen, wie es dann später der Westfälische Friede noch einmal festgelegt hat. Den Untertanen verblieb nur das Recht auf die Auswanderung. Der Besitzstand an Kirchengut vom Jahre 1552 wurde anerkannt und damit die ganze ungeheure Vermögensumwälzung der Reformation sanktioniert. Später sollte sich erweisen, daß dieser Friede ein Waffenstillstand gewesen war. Die Reformierten, die Anhänger des Calvinismus, waren vom Religionsfrieden ausgeschlossen. Die katholischen Stände hatten versucht, gegen die weitere Ausdehnung des Protestantismus einen Damm aufzurichten – in einer Zeit, da der Protestantismus voll des aggressivsten Elans war. Der „geistliche Vorbehalt" bestimmte nämlich, daß ein Kirchenfürst, der zum neuen Glauben übertreten würde, Land und Herrschaft verlieren solle. Der „geistliche Vorbehalt" hätte, durchgeführt, den katholischen Glauben in allen geistlichen Herrschaften, deren es nicht wenige gab, verewigt. Klar war weder sein Wortlaut noch seine Rechtsgültigkeit. Er wurde zu einer fruchtbaren Quelle gelehrter Abhandlungen und politischer Streitigkeiten. Für den Augenblick brachte der Friede die Ruhe für Deutschland, aber auch eine Lähmung. Das religiös gespaltene Deutschland konnte in den Weltkämpfen kaum mehr recht handeln.

Am Rande der Katastrophe

Auf die glänzenden Erscheinungen Maximilians I. und Karls V. folgten nüchternere und engere Naturen, Ferdinand I. (1556 bis 1564) und Maximilian II. (1564 bis 1576). Sie hatten nach der habsburgischen Erbteilung in die spanische und die österreichische Linie auf die weltumspannende Politik Karls V. verzichtet und waren auch als Kaiser wesentlich habsburgische Territorialherren. Ihr Interesse konzentrierte sich auf die Hausmacht im Südosten. Ihr wesentliches Anliegen war der Türkenkrieg. Zu schwach, die Last des Kampfes gegen den Islam und die Bürde der Reichspolitik allein zu tragen, waren sie von spanischer Hilfe abhängig. Das große habsburgische Machtsystem und seine gewaltige strategische Stellung, die von Spanien über Italien bis in die Niederlanden reichte, hatten nach dem Tod Karls V. kein Haupt und keinen einheitlichen Gedanken mehr. Aber mit wechselndem Schwergewicht, das allzu häufig in Spanien ruhte, hielt das Machtsystem noch zusammen.
Der „Religionsfriede" konnte den revolutionären Umschmelzungs- und Umwälzungsprozeß nicht aufhalten, den die Reformation eingeleitet hatte. Ein Prozeß der Säkularisation geistlicher Besitzungen war im Gange, der für die Landkarte und den politischen Aufbau des Deutschen Reiches nicht weniger revolutionäre Folgen hatte als die große Flurbereinigung der napoleonischen Zeit. Waren die protestantischen Stände immer bereit, noch ein Stück aus dem katholischen Besitzstand herauszubrechen, verstummte auf katholischer Seite die Forderung nie ganz, zu der „Rechtslage" zurückzukehren, d. h. von den Protestanten die Herausgabe alles dessen zu fordern, was nach 1552 erworben worden war. Das hätte die deutsche Staatenwelt von Grund aus aufgewühlt und alle Besitzverhältnisse erneut umgewälzt. So lebte Deutschland in einem latenten Kriegszustand.
Vor allem um die Städte wurde gerungen, ob sie nun Reichsstädte, Bischofsherrschaften oder Stifte darstellten. Die nicht als Reichsstand anerkannten Stifte und Städte fielen an die benachbarten Fürsten. Die als Reichsstand anerkannten Bistümer und Stifte bekamen häufig Mitglieder der angrenzenden Fürstenhäuser als Bischöfe oder Administratoren. Protestanten wurden Bischöfe und Bischöfe protestantisch. Einige Reichsstädte sprachen sich das „Recht zur Reformation" (jus reformandi) zu und traten zur neuen Lehre über, worauf sie meist in Reichsacht getan wurden. Diese blieb wirkungslos, wenn nicht ein katholischer Fürst in der Nähe sie vollstreckte und sich die Stadt als Beute holte. Der Kampf um Städte, Stifte und geistliche Füstentümer führte das Reich immer wieder an den Rand des großen Krieges. So wurde gerungen: Um den Besitz von Köln (Kölnischer Krieg), wo sich schließlich ein katholischer Wittelsbacher 1583 als Herr behauptete; um Straßburg (Straßburger Kapitelstreit), wo 1592 eine protestantisch-katholische Doppelwahl bei der Besetzung des erzbischöflichen Stuhles stattfand und nach über einem Jahrzehnt weitreichender, mit allen Weltgegensätzen sich verschlingender Kämpfe die katholische Sache sich 1604 endgültig behauptete; um Aachen (Aachener Streit), wo die protestantische Herrschaft 1598 gebrochen wurde; um Donauwörth (Donauwörther Händel), gegen das der Herzog von Bayern, Maximilian, 1608 die Reichsacht vollstreckte und in dem er die Rekatholisierung durchführte; vor allem um Jülich-Kleve (Jülich-Klevener Erbfolgestreit 1609–1614), dessen rechtliche Natur nur nach jahrelangem Studium erfaßt werden kann, ein Streit zwischen Brandenburg und Pfalz-Neuburg um deutsches Land, wie es ihn hundertfach in Deutschland gab, bedeutsam nur, weil die Großmächte die beiden besitzhungrigen deutschen Kleinfürsten als Bauern in ihrem Schachspiel benutzten, weil die Niederlande, England und Frankreich zugunsten des Brandenburgers und das Reich und Spanien für den Pfälzer aufmarschierten, ein Streit, der bei den beiden deutschen Fürsten zu einem Religionswechsel führte (beim Brandenburger zum calvinistischen Bekenntnis

Die Gegenreformation

und beim Neuburger zum katholischen), ein Erbstreit, der die betroffenen Kanzleien zur Verfertigung der waghalsigsten Ahnentafeln bewegte u. der schließlich durch die Ermordung König Heinrichs IV. v. Frankreich kurz vor seinem Auszug zum Kriege gegen das Reich und eine nach Monaten des Feilschens zustande gekommene Aufteilung des umstrittenen Gebiets beigelegt wurde. Die „Verständigung" schob den europäischen Krieg (den Dreißigjährigen Krieg) um ein paar Jahre hinaus. Immerhin hatte Brandenburg am Rhein Fuß gefaßt und war der Brandenburger Calvinist geworden, was zuletzt den brandenburgisch-preußischen Staat, als die Hohenzollern sich zu rechten Calvinisten entwickelten und es selbst als Atheisten blieben (Friedrich d. Gr.), zutiefst prägte. Den calvinistischen Fürsten fehlte die unpolitische Gottseligkeit des Luthertums. Die Machtgruppen im Reich hielten den trivialen Länderschacher für einen ausreichenden Grund, den europäischen und deutschen Krieg zu beginnen. 1608 war zwischen den protestantischen Reichsständen – unter Führung des calvinistischen Pfälzers – die „Union" geschlossen worden, 1609 antwortete Maximilian von Bayern mit der Gründung der katholischen „Liga". Der eigentliche Kriegstreiber war König Heinrich IV. von Frankreich gewesen, der einstige Hugenotte, dem Paris eine Messe wert gewesen war, der aber jetzt den Kreuzzug gegen das alte Abendland entfesseln wollte. Hinter diesem Kriegszug Heinrichs IV. stand Frankreichs „großer Plan", den Sully unter Heinrich IV. in der utopischen Gewandung einer europäischen Heilsordnung verkündet hatte. Frankreich – so formuliert es ein moderner Historiker – träumte damals laut. Der „große Plan" war, die deutschen Fürsten, die gegen die „Knechtschaft Habsburgs" rebellierten, unter dem Protektorat Frankreichs zu einigen und der Freiheiten und Rechte Deutschlands, die „germanischen Libertäten", unter den Schutz dieses „Völkerbundes" zu stellen. Das Schema für die deutsche Fürstenkonföderation unter einem ausländischen Protektorat des Westfälischen Frieden, für die späteren „Rheinbünde", ja für den Frieden von Versailles war damit entworfen. Der deutschen Geschichte hat dieser „große Plan" tiefe Spuren aufgedrückt. Wiederholt schien uns der Kampf zwischen den katholischen und protestantischen Staaten in einen Bürgerkrieg aufzulösen, dessen Front mitten durch Völker und Länder hindurchging. Dem entsprach es, daß allenthalben Lehren des Rechts auf Widerstand verkündet wurden. Althusius verkündete in seiner „Politica" (1603), daß der Widerstand gegen ungerechte Herren nicht Aufruhr, sondern Wahrung der eigenen verletzten Rechte sei. Althusius benützte zur Ausarbeitung dieses Widerstandsrechtes die Lehre vom Gesellschaftsvertrag, wodurch er zu einem Vorläufer Rousseaus wird, sich selbst auf Epikur stützend, der im Altertum bereits die Lehre aufgestellt hatte, daß die Menschen freiwillig einen Vertrag zur Gründung des Staates eingegangen seien. Doch fügte Althusius von sich aus hinzu, daß dieser Vertrag kündbar sei. Der Vertrag erlischt, wenn er von einer Seite gebrochen wird. Rechte und Verpflichtungen, die aus dem Vertrage fließen, erlöschen dann. Wird nicht mehr nach dem Willen und Wohle des Volkes regiert, dann unterliegt auch das Volk nicht mehr der Gehorsamspflicht. Das Volk widersteht dann zu Recht der ungerecht gewordenen Obrigkeit und vermag ihr seine Vollmacht zu entziehen.

Karl V. legte als ein gebrochener Mann die Krone nieder. Die Welt, für die er gekämpft hatte, war in Trümmern. Nach der Abdankung Karls V. trat die Erbteilung erst deutlich ins Licht, die das Habsburger Haus im wesentlichen schon zu Beginn der Regierungszeit Karls V. beschlossen hatte.

Die Niederlande und die unter blutigen Kämpfen errungenen italienischen Besitzungen Habsburgs (vor allem Neapel und Mailand) fielen an die spanische Linie. So vollendete sich eine Tragödie des deutschen Volkstums, der Verlust des niederländischen Volkes. Bis zur Schwelle der Neuzeit war das Niederländische eine der Hochsprachen der Deutschen gewesen. Unter die Herrschaft Spaniens mit seinem unerbittlichen Katholizismus gestellt, erhoben sich die protestantischen, vorwiegend calvinistischen Niederländer zu einem Freiheitskampf, der 1579 durch die Utrechter Union die nationale Selbständigkeit der Niederlande begründete und nach achtzig Jahren des Freiheitskrieges schließlich durch den Westfälischen Frieden die internationale Anerkennung der niederländischen Unabhängigkeit erfocht. Die Niederlande sind mit dem Westfälischen Frieden endgültig aus dem Reichsverband ausgeschieden. Sprachlich, politisch, völkisch haben die Niederlande – einst ein deutscher Stamm wie die anderen auch – eine eigene Entwicklung genommen. Sie haben auch nicht mehr wie die Schweizer, die wie sie ihre eigene politische Entwicklung genommen haben, die deutsche Schriftsprache übernommen. Der deutsche, besonders der lutherische Protestantismus hat den Niederländern in ihrem Freiheitskampf wenig Hilfe gebracht. Im Kampf um den Glauben aber wurden die Niederländer zur Nation.

Die Zeit von 1555 bis 1618 hat man die Zeit der Gegenreformation genannt, hauptsächlich weil der Katholizismus sich in offensiver Verteidigung behauptete und das Gesetz des Handelns an sich zu reißen schien.

Aber der Katholizismus hat sich in diesen Jahren auch innerlich gefestigt. Geistig bisher vollkommen in die Defensive gedrängt, war er jetzt wieder zur Gegenoffensive fähig. Der Jesuitenorden, nach militärischen Grundsätzen organisiert, durch einen eisernen Gehorsam geleitet, der stillschweigenden Gehorsam gestellt, wurde Rückgrat der katholischen Gegenwehr gegen den protestantischen Ansturm. In Köln, Dillingen und Ingolstadt vor allem schuf er

38 Die Reformation

Eine reformierte Kirche, vollkommen schmucklos; im Mittelpunkt steht nicht der Altar, sondern die Kanzel

sich Zentren seiner missionarischen Wirksamkeit. In manchen katholischen Ländern wurde er geradezu zum geistigen Generalstab einer Reorganisation des geistlichen und kulturellen Lebens. Man entlehnte dem Protestantismus Einrichtungen, Visitationen, und paßte sich ihm in einer Art ,,nachahmerischer Opposition" an, um das katholische Leben zu reorganisieren. Der Katholizismus entfaltete eine neue Kraft des Widerstandes und auch des Angriffes.

Trotzdem war auf vielen Fronten in dieser Zeit der ,,Gegenreformation" der Protestantismus im Fortschreiten begriffen. Auf der einen Seite drang die kriegerische, ja revolutionäre Form des Protestantismus, der Calvinismus, in Deutschland voran. Die Rheinpfalz insbesondere wurde die Hochburg des Calvinismus. Der Augsburger Religionsfriede galt für die ,,Reformierten" nicht. Ihr Dasein hatte also schon etwas Rebellisches an sich. Die Lutheraner gaben das Widerstandsrecht gegen die Autorität des Kaisers nur mit den vielfältigsten Verklausulierungen zu. Auf calvinistischer Seite wurde es offen gepredigt. Die ,,Korrespondierenden" - so nannte man die organisierte Gruppe des Calvinismus - lehnten sich wiederholt gegen Reichstagsbeschlüsse auf, ja sabotierten zuweilen den Türkenkrieg der Habsburger. Sie schwächten zwar die Einheit des deutschen Protestantismus und beunruhigten die ängstlichen Gemüter der Lutheraner, aber sie machten die Möglichkeit

sichtbar, daß der Protestantismus noch einmal das höchste Spiel wagen werde.

Dieser kriegerische Protestantismus bekam seine Chance, als um die Wende vom 16. zum 17. Jahrhundert nahezu die ganzen habsburgischen Erblande von der Laienkelch-Bewegung und protestantischen Strömungen durchsetzt waren. Im ganzen Adel der deutschen Nation griff diese ,,utraquistische" Bewegung um sich. Selbst das gegenreformatorische Bayern mußte sie lange dulden. Im Habsburger Staat bedeutete das alles durchdringende Wachsen der protestantischen Bewegung eine Bedrohung und Krise des ganzen Staatsgefüges. Aus dieser Krise des Habsburger Staates schlug dann auch die Flamme empor, die den großen Brand des Dreißigjährigen Krieges entzündete. Die ,,Historischen Adelsnationen" (die Ungarn und die Böhmen vor allem) waren es, die sich der protestantischen Bewegung verschrieben hatten. Diese ging fast überall mit den Adelsrevolten gegen den absoluten Staat der Monarchie Hand in Hand. In Böhmen schmolz die katholische Bevölkerung zu einer bedeutungslosen Minderheit zusammen. Ungarn wurde zu einer Hochburg des Calvinismus. In Oberösterreich hatte der Protestantismus die Oberhand. Wien sah jahrelang keine Fronleichnamsprozessionen. Manchmal hatte es den Anschein, als fielen die ganzen habsburgischen Erblande dem Protestantismus als reife

Wallfahrtskirche Vierzehnheiligen, erbaut von Balthasar Neumann ab 1745, ein typisches Beispiel des süddeutschen katholischen Barocks

Frucht in den Schoß. Wer weiß, ob es dann nicht um den deutschen Katholizismus geschehen gewesen, wenn der habsburgische Eckpfeiler herausgebrochen wäre. Die revolutionäre Krise stellte Habsburg im Jahre 1618 noch einmal vor die ganz großen Entscheidungen.

Dieser Staat, der in seinen Grundfesten wankte, war dabei noch von den schwersten außenpolitischen Gefahren umklammert. Gegen den Islam kämpfte er im wesentlichen einen defensiven Kampf, der zudem neue Verluste an das vordringende Osmanentum nicht verhindern konnte. Über Ofen, dem heutigen Budapest, wehte seit 1541 der Halbmond. Noch Maximilian II. zahlte Tribute an die Türken. Ungarn pendelte zwischen habsburgischer und türkischer Lehnshoheit hin und her, und der ungarische Adel erkaufte sich seine Machtstellung nicht zuletzt dadurch, daß er Habsburg und den Islam gegeneinander ausspielte. Viel stärker tat dies noch das Fürstentum Transsylvanien (Siebenbürgen), ein Staatsgebilde, das sich, unter der Führung einander folgender ungarischer Adelsgeschlechter zwischen Habsburg und den Osmanen pendelnd, behauptete. In Transsylvanien hatte (wie in etwas schwächerem Maße in Ungarn) der Calvinismus eine Heimat gefunden. Bethlen Gabor, der Herr über Siebenbürgen, gehört zu den großen Gestalten des europäischen Calvinismus.

Dieser calvinistische Staat (dann und wann unter türkischer Oberhoheit) war eine Drohung an der Flanke des habsburgischen Staates, die mehr als einmal zusammen mit der islamischen Drohung und all den andern Gegensätzen gegen Habsburg ihr Werk getan hat.

Um das Maß vollzumachen, wurden jetzt Männer zur Kaiserwürde und zur Führung des habsburgischen Staates berufen, die in ihrer seltsamen und dunklen Art zu den finsteren Tagen zu gehören scheinen, deren Heraufkunft sie beschleunigten.

Rudolf II. (1576–1612), hochbegabt und in Künsten und Wissenschaften gebildet, hat eine „Verfinsterung" der Kaiserwürde herbeigeführt. In späteren Jahren hat sich der Kaiser – von einer dumpfen Menschenscheu gepeinigt – ganz von der Welt zurückgezogen. Niedere Kreaturen hatten sein Vertrauen, und er verbrauchte sich in Liebhabereien, müßigen Spielen, verlor sich an die Wahnwelt künstlerischer und wissenschaftlicher Spekulationen. Vor den Staatsgeschäften hatte er in zunehmendem Maße eine krankhafte Furcht. Von der Politik blieb seinem umnachteten Geist schließlich nichts mehr als die Verschwörung, ein Spiel ins Leere hinein, wo der Kaiser die geistvollsten Kombinationen entwarf – und alle Einsätze schon längst verspielt waren. Die Herrschaft Rudolfs II. hat über die Macht im Habsburger Staat geradezu eine Lähmung gebracht. Dabei wurden die Mächte des Aufruhrs immer wieder durch die Willkürakte und die Parteilichkeit des Kaisers gereizt. So ist es im zerrütteten Staat auch noch zu einem Bruderkrieg gekommen, den Grillparzer in seinem Drama „Ein Bruderzwist in Habsburg" dargestellt hat. Der Bruder des Kaisers, Matthias, erhob sich gegen Rudolf, als die ganzen habsburgischen Lande vor dem offenen Aufruhr standen. Nur mußte auch Matthias für die Unterstützung der Stände im Kampfe gegen Rudolf bezahlen. 1609 erteilte er den böhmischen Ständen den „Majestätsbrief", der ihnen die religiöse Duldung sicherte. Rudolf war im Kampf mit seinem Bruder bereit, sich allen Mächten in die Arme zu werfen. Er hat mit dem Plan gespielt, mit Hilfe der Union, des protestantischen Fürstenbundes, Matthias zu vertreiben. Jeder der Pläne des Kaisers Rudolf hätte die Welt in Brand gesetzt. Rudolf II. ist schließlich in Gefangenschaft in geistiger Umnachtung gestorben.

Nach seiner erzwungenen Abdankung wurde sein Bruder Matthias (1612–1619) sein Nachfolger. Matthias' Regierungszeit bedeutete Ausgleich und Gleichgewicht, wobei der Protestantismus in den österreichischen Erblanden die Trümpfe in der Hand behielt.

Schon aber rüstete sich der Katholizismus zum Gegenstoß. In Erzherzog Ferdinand (als deutscher König und römischer Kaiser Ferdinand II., 1619 bis 1637) fand die Gegenreformation ein ergebenes Werkzeug. Er ist der Kaiser der deutschen Gegen-

Die Reformation

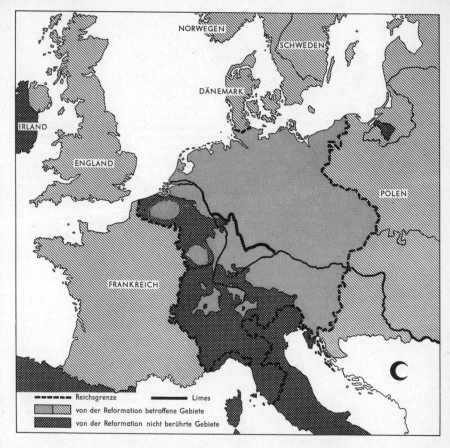

Die Ausbreitung der Reformation innerhalb und außerhalb des Reiches bei Ausbruch des Dreißigjährigen Krieges 1618. Fast ganz Europa ist protestantisch

reformation schlechthin, ein treuer Diener seiner Kirche, Zögling der Jesuiten, neben Maximilian von Bayern die stärkste Stütze des katholischen Glaubens in einer Stunde der größten Gefahr für die römische Kirche.

1617 unterschrieb er einen Familienvertrag, der dem Hause Österreich die Unterstützung Spaniens zusicherte. Gegen die Übereignung der elsässisch-oberrheinischen Besitzungen an die spanischen Habsburger verpflichtete sich die katholische Macht schlechthin, das über Gold und Waffen verfügende Spanien, zur Hilfeleistung. Spanien schloß damit den Ring um Frankreich und machte das strategische System, das von Spanien über Neapel und Mailand zu den Niederlanden reichte, geschlossen und vollständig. Damit gewann Ferdinand, den die Kurfürsten gegen die Stimme allein des Pfälzers zum Kaiser gewählt hatten, jenen Rückhalt und die Unterstützung, die Habsburg und die katholische Sache an den spanischen Waffen während des Dreißigjährigen Krieges gehabt haben.

Prag 1618: Der Sturz in den Krieg

Der Tod von Matthias entfesselte den Sturm. Die Parteien in Böhmen standen sich schon lauernd und mißtrauisch gegenüber, jede in Angst vor dem Gewaltstreich der anderen, jede damit umgehend, dem Schlag der anderen Partei durch die eigene Tat zuvorzukommen, wie es immer der Fall ist, wenn die Ordnungen sich auflösen und die Gesellschaft zum Zustand der Natur zurückkehrt.

Prag hat sich wiederholt als die Wiege der Weltkriege erwiesen. Der böhmische Aufstand vom Jahre 1618 leitete den Dreißigjährigen Krieg ein, durch den Deutschland als selbständige politische Gewalt in Europa endgültig zermahlen wurde. Deutschland begann den Krieg; dann wurde es ein Krieg um Deutschland, und zuletzt war das Reich nur noch Schlachtfeld. Wie die Aasgeier wurden die fremden Heere, die Spanier, die Dänen, die Schweden und zuletzt die Franzosen vom deutschen Krieg angelockt. Der Friede wurde zuletzt nicht mit Deutschland, sondern über Deutschland geschlossen.

In Böhmen wogten seit langem die Kämpfe und Gegensätze zwischen der landesfürstlichen Gewalt auf der einen Seite und den Ständen auf der anderen Seite, den Katholiken einerseits und den Protestanten andererseits hin und her. Der ständische Adel war vorwiegend protestantisch, hussitisch und tschechisch. Die böhmische Revolte war einer der großen Aufstände der Slawen in Europa. Den Anlaß – mehr war es nicht – für den großen Aufstand bildeten Zusammenstöße, wobei protestantische Kirchen auf dem Boden katholischer Herren niedergerissen wurden. Die Revolution konnte glücken, weil die Protestanten durch den sogenannten Majestätsbrief vom Jahre 1609 das Recht der Organisation erhalten hatten. Ihnen war eine Vertretung, die sogenannten Defensoren, zugestanden worden. Diese beriefen nun nach vielfältigen Krawallen einen Protestantentag nach Prag. Am 23. Mai 1618 warfen die Abgesandten dieser Versammlung die kaiserlichen Statthalter aus der Burg in Prag, dem Hradschin, durchs Fenster in den Burggraben hinab. Das war der sogenannte Fenstersturz von Prag. Den Statthaltern geschah wenig, weil sie auf einem Misthaufen landeten. Aber Deutschland versank in einem Meer von Blut und Tränen. Die revolutionären Stände bildeten einen Landtag – eine der ersten revolutionären Nationalversammlungen der europäischen Geschichte – und stellten ein Heer auf.

Darauf verweigerten die Stände dessen Nachfolger die Huldigung und beanspruchten für sich das Recht der Königswahl. Am 22. August verkündeten sie die Absetzung Ferdinands und wählten den Führer der Union, den Kurfürsten Friedrich von der Pfalz, zum König.

Der Teufel nahm den Tod in seinen Dienst und ließ am 20. März 1619 Kaiser Matthias sterben.

Kurfürst Friedrich von der Pfalz nahm diese Wahl an, die eine Kriegserklärung und ein Sturmsignal war. Der calvinistische Pfälzer als Herr über Böhmen, der als Haupt einer kriegerischen, eroberungslustigen deutschen Partei seine Stellung in Böhmen nur als das Sprungbrett für den großen Entscheidungskampf auffassen konnte, bedeutete das Ende Habsburgs, das Erlöschen des Katholizismus in Österreich, vielleicht den Todesstoß für den Katholizismus im Reiche insgesamt, bedeutete ein anderes Deutschland und eine andere Welt. Fürwahr eine ungeheure Entscheidung.

Kurfürst Friedrich V. von der Pfalz, der Winterkönig

Das Ende Habsburgs schien gekommen zu sein. Überall loderte der Aufstand empor. Ungarn und Österreich wollten protestantisch werden, und das ganze Reich schien in der protestantischen Flut zu ertrinken. Habsburg aber hatte den Herrscher, wie ihn eine solche Stunde braucht. Ferdinand II. (1619-1637) war ein mäßig begabter, sehr weicher und sehr frommer Herrscher. Aber er blieb unerschütterlich auch in Lagen, in denen ein Herrscher leicht nachgegeben hätte, der mehr auf die politische Notwendigkeit als auf sein Gewissen gehört hätte. Seinen Beichtvätern gehorsam, scheute Ferdinand II. vor keiner Gefahr zurück. Er war entschlossen, das Äußerste zu wagen, um die böhmische Revolte niederzuschlagen.

Ferdinand war bereit, einen hohen Preis für die Niederwerfung des Aufstandes in Böhmen zu zahlen. Das eigene Heer war zu schwach und zu unzuverlässig. So erbat sich Ferdinand die Hilfe des Heeres der Liga, d. h. vor allem des Herzogs Maximilian von Bayern. Der Herzog verlangte Erstattung der Kriegskosten und Übertragung der pfälzischen Kurwürde auf die bayrische Linie der Wittelsbacher. Damit stand fest, daß die Niederlage der böhmischen Rebellen kein Sieg des Kaisers sein würde. Bayern war auf dem Wege, zu einer großen deutschen Territorialgewalt zu werden. Der Kaiser konnte in dem heraufziehenden Konflikt nicht mehr siegen, als Bayern ihn siegen lassen wollte.

Die Liga, der Bund der katholischen Fürsten, war zum Eingreifen in Böhmen bereit. Die Union, der Bund der protestantischen Fürsten, aber gab praktisch den Pfälzer preis. Durch den Ulmer Vertrag vom 3. Juli 1620 schloß die Union mit der Liga ein Abkommen, sich gegenseitig in Böhmen freie Hand

42   Die Reformation

Der Prager Fenstersturz 1618. Die kaiserlichen Statthalter Martinitz und Slawata werden aus einem der Schloßfenster geworfen

zu lassen und im Reich sich nicht anzugreifen. Da Kursachsen sich mit einem heftigen Ruck von dem Pfälzer distanzierte, bekam nun das bayrische Heer in Böhmen freie Hand und hatte überdies im Reiche selbst den Rücken frei. Im Herbst 1620 marschierten die Truppen der Liga und des Kaisers auf Prag und schlugen in wenigen Stunden am Weißen Berg am 8. November 1620 das böhmische Heer. Der Pfälzer, der einen Winter lang König gewesen war – der „Winterkönig" –, flüchtete aus Böhmen. Die Revolutionsregierung zerfiel, und über Böhmen ging ein schreckliches Strafgericht nieder.

Die Schlacht am Weißen Berg ist eine der großen Entscheidungsschlachten der Weltgeschichte und stellt einen Wendepunkt der deutschen Geschichte dar. Böhmen brauchte drei Jahrhunderte, um die Folgen der Schlacht am Weißen Berg zu überwinden. Erst als Masaryk im Dezember 1918 in die Prager Burg, den Hradschin, einzog, von dem damals die kaiserlichen Statthalter herabgestürzt worden waren, hatten die Tschechen das Gefühl, daß nun das Schicksal Vergeltung für die Schlacht am Weißen Berg geübt hatte.

In den Alpenländern, in Schlesien und in Ungarn wird der Protestantismus ausgetreten. Wer den Glauben nicht preisgibt, verliert die Heimat, wenn er nicht gar auf dem Scheiterhaufen endet. Rom erhebt sich aus der Flamme und ersteht mit neuer Macht. Das schier im Protestantismus ertrinkende Habsburg wird erneut zum gewaltigen Vorkämpfer der katholischen Sache. In ein paar Monaten wird die mächtige protestantische Bewegung in den ganzen österreichischen Erblanden ausgerottet. Von ihr, die eben noch die Herrschaft im Habsburger Reich anzutreten schien, bleibt kaum eine Spur zurück. In Böhmen hat sich aus dem Besitz des gerichteten, verfemten und flüchtigen Adels eine neue katholische Herrenschicht gebildet. Überall brennen die Scheiterhaufen für die Ketzer. Da und dort ziehen vertriebene Protestanten einer neuen, noch unbekannten Heimat zu, an Galgen und Richtstätten und niedergebrannten Dörfern vorbei. Das ist die Frucht der großen verwegenen Tat des Pfälzers, die mit einem Schlag ein neues Europa schaffen wollte. Ist es schon zu Ende damit? Wird sich Habsburg mit der Abweisung des Angriffes begnügen? Wird es nicht selbst zum Angriff schreiten?

Jakob, der König von England, der Schwiegervater des Winterkönigs, möchte haben, daß Habsburg sich mit der Absetzung des Winterkönigs und der Niederschlagung der Revolution in Böhmen begnüge. Jakob hat die Revolte Böhmens verurteilt. Er hat mißbilligt, daß sein Schwiegersohn eine mit dem Ludergeruch der Revolution behaftete Krone annahm. Er hat verdammt, daß man einen Anschlag auf das Gleichgewicht Europas und die bestehende staatliche und kirchliche Ordnung des Abendlandes unternahm. Der Winterkönig bekam von ihm auch nicht die geringste Hilfe. Jakob mochte nicht zum Helfershelfer der Revolution werden.

Über dem Winterkönig aber braut sich das Verhängnis zusammen. Die Wiener Hofburg ist in ihrer Not Schuldverpflichtungen eingegangen, die sie tiefer und tiefer in eine Feindschaft auf Leben und Tod gegen ihn ziehen muß, um sich von ihm den Kriegsgewinn zu holen, mit dem die Schuld abgetragen werden soll.

Der Napoleon Habsburgs: Wallenstein

Habsburg hat dem Herzog von Bayern das pfälzische Kurfürstentum versprochen, das ist der Preis, den sich der Bayer für seine Hilfe ausbedungen hat, und Maximilian von Bayern ist unbeugsam in seinem Willen, den Preis des Krieges einzustreichen. Die Wiener Politik trägt fortan Fesseln, und wie sehr sie auch in manchem Augenblick die Verständigung wünschen mag, sie muß tun, was unvermeidlich den Krieg zwischen den Religionsparteien in Deutschland auslöst. Über Friedrich von der Pfalz wird die Reichsacht verhängt. Nachricht über Nachricht kommt nach London, daß spanische Truppen in den Spanischen Niederlanden sich in Marsch setzen, um mit Gewalt die Rheinpfalz in Besitz zu nehmen. Für Spanien ist die Pfalz eine wichtige Verbindungsstraße zwischen seinen italienischen und niederländischen Besitzungen. Die Besetzung ist eine Herausforderung Frankreichs, das noch mehr als bisher durch die habsburgischen Lande umklammert wird, eine Herausforderung der deutschen protestantischen Fürsten, eine Herausforderung Englands. Die Besetzung hieße Krieg, wenn die betroffenen Mächte entschlossen wären, ihre Machtinteressen mit dem üblichen Mittel zu schützen. Spanien will zwar den europäischen Krieg nicht; dieser Krieg geht über seine Kraft. Aber seine Gegner sind noch uneins, unfertig und unentschlossen. Vielleicht kann Spanien doch ohne Kampf einen großen Machtvorteil einheimsen, den man unter gewöhnlichen Umständen nur durch Krieg erringt. Der Einfall Spaniens in die Pfalz gehört zu den großen weltgeschichtlichen Bluffs, bei denen man – die Annexion Bosniens durch Österreich im Jahre 1908 und der Abessinienkrieg Mussolinis von 1935 sind Beispiele dafür – durch Verwegenheit und Unverschämtheit mit schlechten Karten ins Spiel gewinnt. Der kalte Vorsatz triumphiert dabei über Verwirrung und Unklarheit, und die Mächte weichen vor dem echten oder gespielten Wahnwitz zurück, der bereit erscheint, sich selbst mit den anderen in die Luft zu sprengen. Alles hängt davon ab, wie England sich zu der Aggression Spaniens verhalten wird. Die Machthaber Spaniens wissen, daß sie nicht gleichzeitig einen großen Land- und Seekrieg führen können, daß sie also ihr Spiel nur spielen können, wenn England beiseite steht. Wie oft in der Geschichte, wie vor dem ersten Weltkrieg, wie in den Jahren 1933 bis 1939 ist England in der Lage, durch Festigkeit und Unbeugsamkeit einen Weltkrieg zu verhindern, für den die Deutschen das Schlachtfeld stellen und das die deutsche Geschichte so sehr bestimmt, daß sie schließlich aufhört, Geschichte und deutsch zu sein. Die Schwäche Englands bedeutet, wie so häufig in der Geschichte, den Krieg in Europa. Spanien wird den großen Sprung nicht wagen, wenn es davon überzeugt ist, daß England marschieren wird. Aber Spanien ist überzeugt, daß England nicht marschieren wird.

Inzwischen wechselten drei Viertel des böhmischen Bodens den Besitzer; der ganze protestantische Adel wurde enteignet. Wenn man im Nationalitätenstreit von einer „Germanisierung" Böhmens durch diese Gegenreformation gesprochen hat, so ist dies unrichtig. Den deutschen protestantischen Adel in Böhmen hat es nicht weniger hart getroffen. Das Land soll durch Krieg, Hunger und Austreibungen nicht weniger als zwei Drittel seiner Einwohner verloren haben. Den Kaiser hetzte dabei die Finanznot seines Staates vorwärts. Man sah, wie das Reich von einer Krise ergriffen war, die alle Verhältnisse von Grund aus umwühlte.

Überall sind die Augen auf England gerichtet: In Böhmen, wo der protestantische Adel in Blut und Elend zugrunde geht, in den Alpenländern Habsburgs, wo die Protestanten außer Landes gejagt werden, in der Pfalz, wo man mit Angst und Grauen das Nahen der spanischen Regimenter mit dem Galgen, den Reisighaufen und Henkern der Inquisition erwartet. Elisabeth, die Frau des Winterkönigs, fleht zum Vater, daß er ihr das Heim erhalten möge. Wird der König von England helfen? Das protestantische Europa sieht zu ihm auf wie zu einem Heiland.

Jakob I. glaubte, man solle Spanien nicht „reizen". Der König von England meinte, man könne die europäische Lage auf das Jahr 1618 zurückschrauben. Aber der Kaiser hatte Schuld und Schulden des Krieges zu bezahlen. Maximilian verlangte sein „Stück Fleisch", die Oberpfalz. Die Oberpfalz brauchte der Kaiser, um dem Bayern die Kriegskosten zu bezahlen, wie er es versprochen hatte. Zwar bot sich in Böhmen eine gigantische Beute dar. Aber der Besitz aufrührerischen Adels fiel nachdrängenden beutehungrigen Schichten in die Hände, da der Kaiser den Apparat nicht hatte, um solch einen Besitz festzuhalten und zu verwalten. Die Reichsacht über den Pfälzer verhängte daher der Kaiser eines bettelarmen Reiches. Er konnte die Landesfürsten nur bezahlen, indem er ihnen erlaubte zu rauben. Als die Reichsacht verhängt war, marschierten die spanischen Legionen mit vollendeter Präzision in die Pfalz ein. Spanien hatte England den Fehdehandschuh hingeworfen. Jakobs Traum einer europäischen Verständigung hatte nur europäischen Krieg entfacht.

Die Spanier hatten allerdings dem König von England die Hoffnung gelassen, daß dessen Schwiegersohn die Pfalz behalten könne, wenn der gesetzwidrige, auch von Jakob mißbilligte Griff nach der böhmischen Königskrone rückgängig gemacht sei. Sie hätten keine Absichten zu marschieren, aber sie wüßten auch nicht, was der Kaiser tun werde und was nichts·ohne Spanien tun konnte. Die Reichsacht binde auch sie, obwohl sie versuchen würden, sie zu verhindern. Das sagten sie so, wie es Diplomaten zu sagen pflegen, mit Klauseln, Wenn und Aber, Vielleicht und Falls-Möglich. Zu verstehen war es für jeden, der die Sprache der Diplomaten versteht. Könige und Außenminister haben sie eben zu verstehen, und dürfen kein Versprechen glauben, das der andere gar nicht erfüllen kann. Nichts hätte Spanien bewegen können, die Inter-

44 Die Reformation

vention zu unterlassen, außer die Drohung der britischen Flotte. Nicht viel hat gefehlt, und Spanien zusammen mit der Macht des habsburgischen Kaisers hätte im Nord- und Ostseeraum, wohin sich das wirtschaftliche Schwergewicht Europas verlagert hatte, wieder Fuß gefaßt, und die deutsche Geschichte wäre zu einem Kapitel der spanischen geworden.

Alle Hoffnungen waren jetzt verweht, daß je die Pfalz durch die große europäische Verständigung zurückzugewinnen wäre. Nun bereitete man sich darauf vor, durch Krieg zu holen, was der zu Spuk und Traum verflüchtigte Friede nicht bringen konnte. Nach allen Richtungen wurden Botschafter ausgesandt, um Bündnisse gegen Spanien und den Kaiser in die Scheuer zu bringen. Man machte sich auf die Suche nach Söldnerstaaten, die dem König von England und seinem Schwiegersohn die Pfalz zurückerobern würden. Nach Venedig, Savoyen, Holland, Dänemark, Schweden und den norddeutschen Fürstentümern gingen die Sondergesandten Englands. Aber man mußte das Billigste nehmen, was einem angeboten wurde. Viel eigene Macht konnte England in ein Bündnis nicht einbringen. Das Geld fehlte, um den Krieg des Pfälzers und der Deutschen richtig zu unterstützen und zu finanzieren. Die Ohnmacht lockte Spanier, Schweden und Franzosen ins deutsche Land hinein.

Gustav Adolf, der König von Schweden, wäre zu einem großen erfolgverheißenden Kriegszug bereit gewesen. Er hatte sich in den baltischen Randstaaten zur kriegerischen Laufbahn vorbereitet und hatte Kraft, Stärke, Kühnheit und Weisheit an den Tag gelegt. Allenthalben war man überzeugt, daß Gustav Adolf der kommende Kriegsheld Europas sein werde. Er hatte seinen Feldzugsplan bereit. England sollte ein Drittel der Kosten übernehmen. Aber Gustav Adolf hatte den Sinn für die Wirklichkeit, das Gefühl für Maß und Zeit. Für eine halbe Unternehmung war er nicht zu gewinnen. Was er forderte, war für einen Kriegszug, wie er allein Erfolg versprach, lange nicht zuviel. Aber es war weit mehr, als ein englischer König, der sich weder durch ein Parlament noch gegen ein Parlament Geld zu verschaffen wußte, bieten konnte. Der König von Dänemark war aus leichterem Metall gebaut. Er war mit sechstausend Mann Fußsoldaten und tausend Reitern zufrieden. Wenn England diese unterhalte,

König Jakob I. von England

dann wolle er den Krieg gegen den Kaiser beginnen. Britische Subsidien genügten damals in aller Regel allein schon, um einen kleinen Fürsten des Kontinents zum Kriege zu bewegen. Aber Christian von Dänemark hatte auch Furcht vor der kaiserlichen Übermacht und machte sich zudem Hoffnungen auf Osnabrück und Halberstadt, die zu den alten deutschen Reichsstiften gehörten, auf welche Beute alle Fürsten in einiger Nähe lauerten. Der König von Dänemark versuchte seit langem, seinen Einfluß in Nordwestdeutschland auszuweiten; er besaß bereits Verden und glaubte eine Anwartschaft auf Bremen zu haben. Die Staaten waren damals alle locker zusammengefügt und vielfach durch fremdes Gebiet unterbrochen. Der reine „Flächenstaat" war noch nicht ausgebildet. Vor allem störte es damals keinen europäischen Fürsten, Untertanen fremder Nationalität zu haben.

Jahrelang liefen die Verhandlungen. Jahrelang bemühte sich der Dänenkönig um den niedersächsischen Reichskreis, der ihm als Sprungbrett für seine deutschen Pläne dienen sollte. Nach der Schlacht am Weißen Berg hatten sich die beiden großen Landsknechte der Zeit, Christian von Braunschweig und Ernst von Mansfeld nach Nordwestdeutschland durchgeschlagen, lau und vorsichtig vom niedersächsischen Kreis unterstützt. Als Tilly, der Feldherr der Liga, heranrückte, unterwarfen sich die niedersächsischen Stände und überließen Christian von Braunschweig seinem Schicksal, der daraufhin von Tilly vernichtend geschlagen wurde (1623). Aber die Fürsten Nordwestdeutschlands bangten um ihre Beute, die Bistümer und Stifte, die sie sich gerissen hatten. Christian von Braunschweig, der größte und rücksichtsloseste Söldnerführer auf protestantischer Seite war z. B. Bischof von Halberstadt. Die niedersächsischen Fürsten warteten daher auf die Stunde, um die Herrschaft Tillys abschütteln zu können. 1625 schien es soweit zu sein; das Bündnis zwischen Dänemark, Holland und England kam unter Dach. Der mutig gewordene niedersächsische Reichskreis unterstellte sich daher dem Dänenkönig. Der niedersächsisch-dänische Krieg begann. Aus dem deutschen Krieg war ein europäischer Krieg geworden, bis er sich schließlich zu einem Weltkrieg ausdehnte, der auf deutschem Boden ausgefochten wurde.

In der Bedrängnis trat der Kaiser nun auch mit einer eigenen Streitmacht auf den Plan. Wallenstein, eine der rätselhaftesten Figuren der deutschen Geschichte, betrat die historische Bühne. Der Kaiser beauftragte ihn, ein Heer auszuheben. Auf eigene Kosten, als ein großer Condottiere, stellte nun Wallenstein ein Heer auf die Beine. Von ihm war das Heer besoldet, ihm gehörte die Beute des Krieges. Es offenbarte sich sogleich ein großartiges Organisationstalent in Wallenstein. Er war als Aufkäufer des konfiszierten Vermögens in Böhmen zu seinem verwirren-

Herzog Maximilian I. von Bayern

den Reichtum gelangt. Er war ein großer „Unternehmer", ein wirtschaftlicher Eroberer. Als Feldherr hat er sogleich ein ungeheures Kontributions- und Steuersystem durchgeführt, das in der Geschichte des deutschen Staates und der deutschen Verwaltung etwas Neues bedeutete. Der Krieg sollte nach dem Willen Wallensteins den Krieg nähren. Aus neuen Geldquellen wuchsen neue Truppen und aus neuen Truppen neue Geldquellen.

Mißtrauisch sah die Liga, wie die Macht Wallensteins den Kaiser nach und nach aus der Abhängigkeit von den ligistischen Truppen befreite. Zwischen dem Führer der Armee der Liga und Wallenstein hat das schlechteste Einvernehmen geherrscht.

Doch sogar getrennt haben sie in den Schlachten an der Dessauer Brücke (Wallenstein gegen Ernst von Mansfeld, April 1626) und bei Lutter am Barenberge (Tilly gegen den König von Dänemark, August 1626) gesiegt. Die protestantische Sache hat damit entscheidend verloren. Deutschland lag der kaiserlich-ligistischen Armee zu Füßen.

Unter den Siegern aber wurde die Entscheidungsschlacht ausgefochten, die das deutsche Schicksal so tief berührte wie die religiöse Frage, die Schlacht zwischen Reichsmacht und Fürstengewalt. In Wallenstein erwachten die alten Pläne Maximilians I. und Karls V. wieder. Gestützt auf seine Heeresmacht wollte Wallenstein die Reichsgewalt über die Fürstenlibertät erheben. Das Wort Karls V. in Worms: „Ich will, daß das Reich nicht viele, sondern einen Herren habe", klang wieder auf. In tiefster Seele Wallensteins mögen Zweifel gewaltet haben, wer der Herr Deutschlands sein solle, der Kaiser oder er selbst. Aber kein Zweifel bewegte ihn, daß Deutschland nur einen Herrn haben könne. Wallensteins Macht und Pläne prallten so gegen den alten Reichsbau an. Ranke nennt das System Wallensteins den größten Einbruch in die deutsche Reichsverfassung, den man seit Jahrhunderten erlebt habe. Eine kurfürstliche Flugschrift gegen Wallenstein spricht davon, daß Wallenstein die aristokratische Verfassung des Reiches in eine monarchische umwandeln wolle. Die Stände des Reiches haben Wallenstein als einen großen „Gleichmacher" gescholten. Die vielfältigen, bunten Rechte des Heiligen Römischen Reiches Deutscher Nation wolle er unter seiner Militärgewalt, unter der zentralistischen und absoluten Macht des einen Herrschers einebnen.

Zu der inneren Macht wollte Wallenstein dem Reiche auch die außenpolitische Größe geben. Große Pläne barg sein Geist. Sie waren er, der ein cäsarischer Führer gewesen ist, und besaßen die Wucht des ungefesselten Wirkens, der traditionslosen illegitimen Gewalten und des großen ungehemmten Planes. Was auch an Irrlichtern um sie schweben mochte, so war ein großer Zug schöpferischer Phantasie ihnen doch zu eigen. Wallenstein trug sich mit Plänen, die große neugebildete Macht des kaiserlichen Hauses gegen die Türkei zu werfen und die Macht Habsburgs bis zum Goldenen Horn auszudehnen. Im Norden wollte er die deutschen Seestädte unter Habsburger Führung stellen und die Herrschaft des Reiches über die Ostsee errichten. Er war der erste, der den Gedanken einer deutschen Flotte und der Seeherrschaft des Reiches gehabt hat. Hier hat er die erste große Niederlage erlitten. Stralsund, das er zum Eckpfeiler seiner und der habsburgischen Machtstellung machen wollte, hat ihm – von Dänemark und Schweden unterstützt – erfolgreich Widerstand geleistet. Der Lübecker Friede von 1629 brachte den Verzicht auf die großen Pläne im Norden.

Wallensteins große Pläne prallten so überall gegen ehernen Widerstand. Die überkommenen Mächte waren noch nicht erschüttert genug, als daß Wallensteins große napoleonische Neuschöpfung möglich gewesen wäre. Der Kaiser vor allem wagte es nicht, den kühnen revolutionären Plänen seines Feldherrn die Hand zu bieten. Den frommen Ferdinand erschreckte die religiöse Gleichgültigkeit Wallensteins. Denn Wallenstein, in seiner Jugend selbst Protestant, nicht einmal von einem Anfluge des Hussitentums frei, erinnert am ehesten noch an die französischen „Politiker", jene Gruppe von französischen Staatsmännern, die inmitten eines furchtbaren Religionskrieges die Idee des Staates und der Nation gegen die religiösen Parteiungen gesetzt haben. Die monarchische Revolution, die Wallenstein durchführen wollte, stieß in Deutschland auf eine „Aristokratie" von Monarchen selbst. Das territoriale Fürstentum, selbst vom revolutionären Geist des neuen Monar-

46 Die Reformation

chentums erfüllt, selber Zerstörer aristokratischer Rechte in seinen Territorien, hielt dem revolutionären Anprall der Reichsgewalt stand. Auf dem Kurfürstentag von Regensburg im Jahre 1630 wurde Wallenstein gestürzt. Es war ein voller Sieg des kurfürstlichen und partikularen Interesses über das kaiserliche.
Die Revolution der deutschen Reichseinheit hatte der Kaiser so preisgegeben. Dafür versuchte er den religiösen Umsturz. Nichts anderes war es nämlich, was das sogenannte Restitutionsedikt von 1630 bedeutete. Die Protestanten sollten alles Kirchengut (Stifte, Bistümer darunter) herausgeben, das sie seit 1552, dem Stichtag des Augsburger Religionsfriedens, erworben hatten. Das war nicht wenig; denn der Protestantismus hatte seit 1552 eine große Expansionskraft entfaltet. Die Besitz- und Staatsordnung Deutschlands hätte des Restitutionsedikt noch einmal revolutioniert; einige Staaten hätte es geradezu gesprengt. Aus dem Deutschen Reich hätte es ein vorwiegend katholisches Land gemacht und den Protestantismus an den Rand des deutschen Lebens gedrückt. Aus dem Protestantismus wäre vielleicht, wie ein moderner Historiker gesagt hat, eine konfessionelle Rarität geworden. Aber der Weg schien für die gegenreformatorischen Mächte frei. Von den Truppen Tillys begleitet, zogen die „Restitutionskommissionen" durch das Land. Für den Protestantismus aber kam die Rettung von außen. Wie 1619 war das Bild wiederum plötzlich verändert. Die unangefochtene Machtstellung des Katholizismus wurde nun wieder jäh bedroht.

Schlachtfeld Europas: Schweden und Frankreich greifen ein

Als Wallenstein und der Kaiser die Hand nach der Herrschaft über die Ostsee ausgestreckt hatten, wollten sie einen Schlag gegen die Machtstellung, ja gegen das Dasein Schwedens führen. So ist 1630 das Eingreifen des Schwedenkönigs in den deutschen Krieg erfolgt. Gustav Adolf griff aber in den deutschen Krieg ein, gerade als die Bedrohung scheinbar schwächer geworden war. Der Kaiser hatte die schwedische Machtstellung an der Ostsee bedroht, und jetzt wurde durch den Sturz Wallensteins ein Eingreifen Gustav Adolfs in den deutschen Krieg in militärischer Hinsicht sehr erleichtert. Hinter Gustav Adolf und den deutschen Fürsten spielten die Franzosen ihr altes Spiel, den Krieg in Deutschland weiterglühen zu lassen. Auf dem Regensburger Kurfürstentag waren es vor allem die Gesandten Frankreichs, die zum Sturz Wallensteins maßgeblich beigetragen hatten. Die Franzosen knüpften auch die Fäden zwischen Gustav Adolf und den protestantischen Herrschern Norddeutschlands und auch Englands. Gustav Adolf hat dann Brandenburg und Sachsen zum Anschluß gezwungen. Für sie war die Zeit des Lavierens vorbei, sonst wären sie zwischen den Fronten zerrieben worden.
Am 10. Mai 1631 wird Magdeburg durch die Truppen Tillys im Sturm genommen. Es folgt eine Orgie des Mordes, der Schändung und der Plünderung durch die zügellosen Soldaten Tillys. Die Stadt wird durch eine plötzlich an verschiedenen Stellen ausbrechende Feuersbrunst mit Ausnahme des Domes in Asche gelegt. Entgegen der Legende hat nicht Tilly den Befehl zur Einäscherung der Stadt gegeben, und ob der schwedische Verteidiger Falkenberg lieber die Stadt in Blut und Grauen untergehen als in die Hand Tillys fallen lassen wollte, ist ungeklärt. Aber den Deutschen liegt dieser von den Schrecken der Apokalypse umwitterte Untergang. Die Zerstörung Jerusalems, die Selbstzerstörung eines Volkes im Wahn und in der Besessenheit, hat sich in der deutschen Geschichte vielfach wiederholt. Der große Feind Israels, Adolf Hitler, ist 1945 an derselben rasenden Auflehnung gegen Wahrscheinlichkeit und Wirklichkeit zugrunde gegangen, entschlossen, lieber sich selbst und sein ganzes Volk zu zerstören, als sich dem tödlich gehaßten Feind zu unterwerfen. Friedrich Schiller hat auf Grund der geschichtlichen Quellen mit dichterischer Kraft die grauenvollen Tage Magdeburgs geschildert:

„Eine Würgeszene fing jetzt an, für welche die Geschichte keine Sprache und die Dichtkunst keinen Pinsel hat. Nicht die schuldfreie Kindheit, nicht das hilflose Alter, nicht Jugend, nicht Geschlecht, nicht Stand, nicht Schönheit können die Wut des Siegers entwaffnen. Frauen werden in den Armen ihrer Männer, Töchter zu den Füßen ihrer Väter mißhandelt, und das wehrlose Geschlecht hat bloß das Vorrecht, einer gedoppelten Wut zum Opfer zu dienen. Keine noch so verborgene, keine noch so geheiligte Stätte konnte vor der alles durchforschenden Habsucht sichern. Dreiundfünfzig Frauenspersonen fand man in einer Kirche enthauptet. Kroaten vergnügten sich, Kinder in die Flammen zu werfen – Pappenheims Wallonen, Säuglinge an den Brüsten ihrer Mütter zu spießen ... Fürchterlich war das Gedränge durch Qualm und Leichen, durch gezückte Schwerter, durch stürzende Trümmer, durch das strömende Blut. Die Atmosphäre kochte, und die unerträgliche Glut zwang endlich selbst diese Würger, sich in das Lager zu flüchten. In weniger als zwölf Stunden lag diese volkreiche, feste, große Stadt, eine der schönsten Deutschlands, in der Asche, zwei Kirchen und einige Hütten ausgenommen ... Am 13. Mai erschien endlich Tilly selbst in der Stadt, nachdem die Hauptstraßen von Schutt und Leichen gereinigt waren. Schauder-

Deutschland als Schlachtfeld

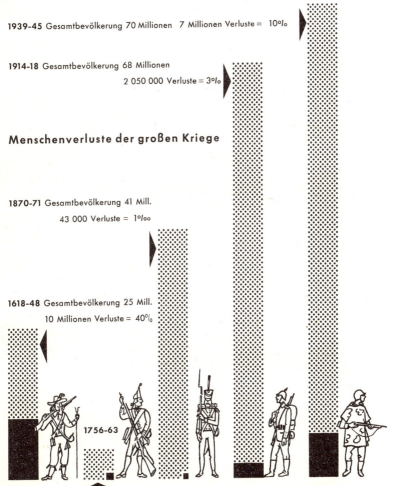

Menschenverluste der großen Kriege

1939-45 Gesamtbevölkerung 70 Millionen 7 Millionen Verluste = 10%

1914-18 Gesamtbevölkerung 68 Millionen 2 050 000 Verluste = 3%

1870-71 Gesamtbevölkerung 41 Mill. 43 000 Verluste = 1‰

1618-48 Gesamtbevölkerung 25 Mill. 10 Millionen Verluste = 40%

1756-63 Bevölkerung 4½ Millionen 675 000 Verluste = 15% *(nur die preußischen Zahlen)*

haft gräßlich, empörend war die Szene, welche sich jetzt der Menschlichkeit darstellte! Lebende, die unter den Leichen hervorkrochen, herumirrende Kinder, die mit herzzerschneidendem Geschrei ihre Eltern suchten, Säuglinge, die an den toten Brüsten ihrer Mütter saugten! Mehr als sechstausend Leichen mußte man in die Elbe werfen, um die Gassen zu räumen; eine ungleich größere Menge von Lebenden und Leichen hatte das Feuer verzehrt; die ganze Zahl der Getöteten wird mit dreißigtausend angegeben."

Im November 1631 schlug Gustav Adolf bei Breitenfeld den noch unbesiegten Tilly. Von nun an trug er in einem grandiosen Siegeszug den Krieg ins Herz

48 Die Reformation

der Gegenreformation, das Land Maximilians von Bayern. Man konnte sagen, er wäre der Herr Deutschlands. Aus den protestantischen Staaten schuf er einen Bund, dessen ausschließlichen militärischen Oberbefehl er innehatte.

Sein Kanzler Oxenstierna, der sein Werk fortsetzte, hat in der Konföderation von Heilbronn (1633) diesem ersten deutschen Fürstenbund unter ausländischem Protektorat und ausländischem militärischem Oberbefehl feste Formen gegeben.

Das Restitutionsedikt war ein Stück Papier und eine fromme Hoffnung geworden. In der höchsten Gefahr wurde Wallenstein zurückgeholt. Selbstherrlicher als je zog er ins Feld. Als der Abfall Sachsens unter dem Druck der Wallensteinschen Heere drohte, wandte sich Gustav Adolf 1632 nach Norden. Bei Lützen ist es zwischen ihm und Wallenstein zur Schlacht gekommen. Die Gegner hielten sich die Waage. Aber Schwedens König, Gustav Adolf, starb in der Schlacht den Soldatentod.

Der Streit ist heute noch nicht verstummt, ob der Zug Gustav Adolfs nach Deutschland ein Segen oder Unsegen für das Deutsche Reich gewesen sei. Lange hat der Mann, dessen Politik den Deutschen die besten Ostseehäfen entriß, der ihnen den Weg aufs Meer versperrte, der die Verfassung der deutschen Ohnmacht, den Westfälischen Frieden, am meisten von allen vorbereitet hat, in weiten Schichten der Bevölkerung als Befreier der Deutschen gelebt. Der deutsche Protestantismus wäre ohne ihn wahrscheinlich dem katholischen Ansturm erlegen. Ein nordisches Reich schien Gustav Adolf zu begründen, ein neues Imperium zu schaffen, das an Stelle des spanisch-habsburgischen treten und vielleicht den Aufstand Heinrichs des Löwen gegen das „römische" Reich fortsetzen würde. Große Entscheidungen schlossen so Sieg und Untergang des schwedischen Soldatenkönigs in sich.

Jetzt schien Wallenstein an der Reihe zu sein. Würde er dem schwedischen Gedanken seine Gedanken, dem schwedischen Reichsplan einen anderen entgegenstellen können? Die Zeit zwischen seiner Rückkehr und seinem Tode ist ein dichtes, undurchdringliches Gewirr von Verhandlungen und Plänen. Wallenstein gefiel sich darin, ein kompliziertes System von Verbindungen und Rückverbindungen zu schaffen. Aber durch das wirre Spiel hindurch zieht sich doch wie ein Leitfaden ein großer Gedanke hindurch: Religionsfriede im Reich, Verständigung mit Sachsen und Brandenburg vor allem, um die Eindringlinge von deutschem Boden zu vertreiben. Die kaiserliche Unterstützung war er dabei nicht, weder bei seinen Plänen, den Kaiser zum wirklichen Herrn in Deutschland zu machen, noch bei seinen Friedensplänen. Wie weit Kabale und Intrige gediehen waren, wissen wir nicht und können es wohl kaum je wissen. Sicher aber ist, daß die Pläne Wallensteins nur zu verwirklichen waren, wenn er zum Revolutionär wurde und

König Gustav Adolf von Schweden

die Geschicke des Reiches in seine eigene Hand nahm. Als er aber von der Plattform absprang, die ihn bisher trug, von der kaiserlichen legitimen Macht nämlich, um auf sein eigenes Werk zu bauen, sprang er ins Leere. Am 24. Januar 1634 setzte Ferdinand II., den Wallenstein zum „Monarchen der Welt" machen wollte, Wallenstein in einem Geheimerlaß ab und befahl später, ihn lebend oder tot in Gewahrsam zu nehmen. Am 25. Februar 1634 ist Wallenstein ermordet worden. Im selben Jahr trugen die kaiserlichen Waffen noch einmal einen Sieg bei Nördlingen davon. Jetzt schien die letzte Möglichkeit gegeben, einen Frieden abzuschließen, der die Integrität des Deutschen Reiches wahrte. Der Prager Friede, der zwischen dem Kaiser und Kursachsen vereinbart wurde und dem die wichtigsten evangelischen Reichsstände, Brandenburg darunter, beitraten, war diese letzte Chance. Für die evangelischen Reichsstände enthielt der Friede manche schmerzliche Bestimmung. Den Protestantismus in den habsburgischen Erblanden und in Süddeutschland gaben die Bestimmungen des Prager Friedens preis. Dem Kaiser hätte der Friede seine Stellung im Reiche zurückgegeben. Alle Fürstenbünde sollten aufgelöst werden, und die Reichsstände und der Kaiser sollten sich vereinen, um alle fremden Truppen vom deutschen Boden zu verjagen. Die Schweden sollten allein mit Geld abgefunden werden. Es war so die letzte Chance für einen Frieden, der dem Reich die Unabhängigkeit und die Unversehrtheit erhalten hätte. Aber die jähe Umkehrung des Bündnisses war schwierig, und den Fremden war die Beute nur mit Gewalt zu entreißen. Zu dieser großen Kraftanstrengung eines deutschen Befreiungskrieges war man keineswegs willens. Der Krieg ging weiter, und jetzt wurde er eindeutig zu einem Krieg fremder Mächte gegen das Reich, die sich immer tiefer in seinen Körper hineinfraßen.

Die Deutschen und selbst die deutschen Fürsten waren des Krieges längst müde. Ohne die ausländische Intervention wäre wohl bald ein Friede

Das Heidelberger Schloß. Das Schloß, dessen Baubeginn in das 13. Jahrhundert fällt, dessen entscheidende Bauperiode aber in der Renaissance zwischen 1544 und 1632 liegt, hat wohl mehr Bewunderer gesehen als irgendeine andere deutsche Ruine. Der Sitz der Pfalzgrafen war eine der größten und schönsten deutschen Schloßanlagen überhaupt, steht aber zeitlich erst am Anfang der Blütezeit der Schlösser, die sich bis Ende des 18. Jahrhunderts erstreckte. 1688–1693 in den Pfalzkriegen Ludwigs XIV. von Frankreich mehrfach zerstört, wurde die Heidelberger Schloßruine so recht eigentlich von den Romantikern entdeckt. Hier traf sich ein dichtender Freundeskreis (unter Einschluß der Frauen), wie er für die Romantik typisch ist, wurde des „Knaben Wunderhorn" von Brentano und Arnim gesammelt, eine erste Bestandsaufnahme deutscher Volkslieder, hier dichtete Hölderlin und begegnete Goethe Marianne v. Willemer, der Suleika des „Westöstlichen Divans", oder trafen sich Studenten und Urburschenschafter in „teutscher Tracht", konterfeit von Fohr, einem der genialen romantischen Künstler.

Landesfürsten und Ritter. Die niedergehenden Reichsritter, sichere Beute der Fürsten, suchten angesichts der sozialen und geistigen Gärung der Zeit durch den Raub geistlicher Fürstentümer eine neue Herrlichkeit zu erringen. Ihre Führer, Franz von Sickingen (o. l.) und Ulrich von Hutten (o. r.), kamen dabei kläglich um. Sieger waren die Fürsten; ihr Schicksal ist wechselhaft. Johann der Beständige von Sachsen (u. l.) schuf die sächsische evangelische Landeskirche und begründete den Bund der protestantischen Fürsten (Schmalkaldener Bund). Sein Sohn, Johann Friedrich, Haupt der Ernestinischen Linie der Wettiner, wegen seiner Schwäche der Großmütige genannt (u. r.), unterlag in der Schlacht bei Mühlberg — in der Folge Kurwürde und einen Teil seiner Lande verlierend — gegen weder schwache noch großmütige Sieger.

Der Gegensatz der Kirchen. Der Gegensatz der zwei Konfessionen prägte sich vor allem im Kirchenbau aus. Die katholische Religion betrachtete das Bild, den Glanz von Gotteshaus und Gottesdienst als Mittler zwischen der menschlichen Seele und Gott. Heilig und schön war kein Gegensatz. Der Baustil der Gegenreformation ist das Barock, der „Jesuitenstil", wie man gesagt hat. Er ist gekennzeichnet, wie die Kirche in Zwiefalten (u.), erbaut 1738—1765, zeigt, durch die wuchernde Fülle der Formen, durch Glanz und Farbe, durch das Streben nach dem Prunkvollen und Prächtigen. Die protestantische Kirche will die Strenge und Härte des Glaubens widerspiegeln. Teils beseitigten die Evangelischen einfach aus den alten Kirchen „Flitterkram", die „Götzenbilder" (die Heiligenstatuen). Die Kirche St. Marien in Utrecht (der „gesäuberte Tempel") (o.) ist ein Beispiel dafür.

Wallenstein. Albrecht von Wallenstein, altem, aber verarmtem böhmischen Adel entstammend, hatte sich mit den Mitteln der Zeit ein Vermögen geschaffen. Als ein Spieler baute er auf die „Fortune" und die Sterne. So setzte er ein Vermögen aufs Spiel, um eine Armee aufzustellen. Das Kriegsglück mußte das eingesetzte Geld zurückbringen und Gewinn dazu. Es bedurfte moderner Organisatoren, um eine Armee neuen Stils auf die Beine zu stellen. Händler, Techniker, Erfinder und Verwalter wurden für den Krieg so notwendig wie Soldaten. Wallenstein wollte mit seinem modernen Heer den Kaiser oder sich zum allgebietenden Herrn über Deutschland machen. Die Landesfürsten haßten ihn, der Kaiser fürchtete ihn. Als der Kaiser befahl, ihn zu ergreifen, schien es den Kreaturen des Kaisers sicherer, sich durch den Tod Wallensteins vor dessen Wiederkehr und Rache zu schützen (u.).

zustande gekommen. Das bestimmte den eigentlichen Herren über Frankreich, den Kardinal Richelieu, dazu, nun offen in Deutschland einzugreifen. Der Kardinal, der in Frankreich mit rücksichtsloser Gewalt die Rechte und Privilegien der Hugenotten beseitigt hatte, trat in Deutschland als der große Beschützer des Protestantismus auf. Seit Richelieu gehörte es zu den Grundsätzen der französischen Außenpolitik, die Libertäten der deutschen Fürsten gegen das Reich zu beschützen, d. h. die deutsche Zwietracht und Staatenwelt als ein Unterpfand der französischen Machtstellung in Europa zu erhalten. Schon 1632 hatte Richelieu in einem Gutachten die Möglichkeiten erwogen

„... daß man das ganze Haus Habsburg absolut ruinieren und damit auf immer von der Furcht, der Eifersucht und den Ausgaben frei sein könnte, zu denen seine Größe seit langer Zeit Frankreich nötigte, daß man aus den Trümmern Nutzen ziehen und der König sich zum Chef aller katholischen Fürsten der Christenheit und infolgedessen zum mächtigsten Herrscher Europas machen könnte..."

Richelieu gab nun das „verdeckte" Spiel gegen Spanien preis. 1635 schloß er zu St-Germain, wo Frankreich mehr als einen Vertrag des Unheils unterzeichnet hat, mit Bernhard von Weimar, einem der fähigsten und entschlossensten protestantischen Heerführer, einen Bündnisvertrag. Bernhard sollte am Rhein im französischen Solde eine Armee aufstellen. Es war Glück für Frankreich, daß Bernhard 1639 starb und alle seine Eroberungen, die wichtigste davon Breisach, in Frankreichs Hände übergingen. Frankreich hatte in Habsburgs Machtsystem die erste große Bresche geschlagen, eine Festung am Oberrhein in den Händen, den Verbindungsweg von Spanien nach den Niederlanden unterbrochen und damit einen Nervenstrang der spanisch-habsburgischen Macht zerschnitten. Der Weg für Frankreichs große Offensive auf der ganzen Rheinfront stand offen.

Nach Frankreichs Eingreifen in den Krieg neigte sich die Waagschale immer mehr zugunsten der Gegner des Kaisers. In konzentrischen Angriffen drangen die schwedischen Armeen vom Norden und die französischen Heere von Westen – unter der Führung der besten Generäle der Zeit: Banér, Wrangel, Torstenson, Turenne – nach Deutschland vor. Die ganze Machtstellung des Kaisers, die 1630 errungen war, zerbrach in Stücke. Von nun an waren alle Versuche, das katholische Deutschland wiederherzustellen und die absolute Kaisermacht und Reichsgewalt zu schaffen, ein Wahnwitz. 1637 war auf den strengen, harten Gegenreformator Ferdinand II. Ferdinand III. gefolgt (1637 bis 1657), der ahnte, daß das Ziel seines Vaters nur ein Traum war.

1618 hatte ein hochgemuter Narr, der pfälzische Kurfürst, der Winterkönig, der teuflischen Herrlichkeit der Papstkirche den Todesstoß versetzen wollen. Er hatte von einem Deutschland geträumt, das nur einen Glauben habe. Dreißig Jahre kroch nun der Auswurf Europas wie ein bösartiger und giftiger Heuschreckenschwarm über Deutschland hinweg, die Soldateska aller Länder, die Landsknechte und Söldner, die vom Krieg und für den Krieg lebten, Menschen, die sich an den Tod und an ein Leben ohne Gnade verkauft hatten, Panduren, Kroaten, Spanier (mit Arabern dazwischen), Franzosen, Schweden, Wallonen usf. Für alle mußte der Krieg den Krieg ernähren. Das Land, in dem sie einquartiert waren, mußte sie unterhalten. Es waren oft die ärmeren Gegenden, weil die reicheren meist mächtig genug waren, das Soldatenpack fernzuhalten. Diese Söldner hatten eine Technik der Plünderung entwickelt, sie folterten voll Genuß und Kennerschaft, wie in dem deutschen literarischen Werk der Epoche „Der abenteuerliche Simplizissimus" von Grimmelshausen anschaulich und leider allzu lebenswahr beschrieben wird:

„Sie... machten von Tuch, Kleidungen und allerlei Hausrat große Päck zusammen, als ob sie irgends einen Krempelmarkt anrichten wollten; was sie aber nicht mitzunehmen gedachten, ward zerschlagen und zugrunde gerichtet; ...

Unser Magd ward im Stall dermaßen traktiert, daß sie nicht mehr daraus gehen konnte. Den Knecht legten sie gebunden auf die Erd, steckten ihm ein Sperrholz ins Maul und schütteten ihm einen Melkkübel voll Jauche in den Leib; das nannten sie einen schwedischen Trunk. Sie zwangen ihn, etliche mit den Reutern anderwärts zu führen, allda sie Menschen und Vieh hinwegnahmen...

Da fing man erst an, die Steine von den Pistolen und anstatt deren der Bauren Daumen aufzuschrauben und die armen Schelmen so zu foltern, als wenn man hätte Hexen brennen wollen, maßen sie auch einen von den gefangenen Bauren bereits in den Backofen steckten und mit Feuer hinter ihm her waren, ohngeachtet er noch nichts bekannt hatte. Einem andern machten sie ein Seil um den Kopf und drehten es mit einem Holzbengel zusammen, daß ihm das Blut zu Mund, Nas und Ohren heraussprang. In summa, es hatte jeder sein eigne Erfindung, die Bauren zu peinigen, und also auch jeder Baur seine besondere Marter."

Unter dieses Kapitel der deutschen Geschichte setzt Grimmelshausen einen bitterbösen Schlußstrich:

„Hunger und Durst, auch Hitz und Kält,
Arbeit und Armut, wie es fällt,
Gewalttat, Ungerechtigkeit
Treiben wir Landsknecht allezeit."

„Denn fressen und saufen, Hunger und Durst leiden, buhlen, würfeln und spielen, schlemmen und demmen, morden und wieder ermordet werden, totschlagen und wieder zu Tod geschlagen werden, ängstigen und wieder geängstigt werden, plündern und wieder geplündert werden, Jammer anstellen und wieder jämmerlich leiden, in summa nur verderben und beschädigen, verderbt, beschädigt werden – war ihr ganzes Tun und Wesen. Weder Winter noch Sommer, Vater noch Mutter, Brüder und Schwestern, weder Gefahr ihrer eignen Leiber, Seelen und Gewissen, ja weder Verlust des Lebens noch des Himmels oder sonst irgend ander Ding verhinderte sie daran. Sie webten in ihren Werken immer emsig fort, bis sie endlich in Schlachten, Stürmen, Feldzügen und in den Quartieren selbst verdarben und krepierten, bis auf etliche wenige, die in ihrem Alter die allerbesten Bettler und Landstürzer abgaben."

Der Westfälische Unfrieden

Nach unsagbaren Verwüstungen Deutschlands ist 1648 zu Osnabrück und Münster der Westfälische Friede geschlossen worden.

Die Verträge des Westfälischen Friedens stellen ein ungeheures Dokument dar. Der Friede war die „deutsche Verfassung" der nächsten Generationen; er trug die Unterschriften der großen Mächte Europas, die so zu Garanten der deutschen Verfassungsordnung und zu Protektoren der deutschen Ohnmacht wurden. Der Friede wurde zum Reichsgrundgesetz erklärt und auf diese Weise ein Freibrief für alle Einmischungen des Auslandes.

Für das deutsche Verfassungs- und Kirchenrecht zog er das Fazit der Kämpfe von nahezu eineinhalb Jahrhunderten. Der territoriale Konfessionsstaat, der sich als die siegreiche Macht dieser Zeit behauptet hatte, erhielt die endgültige verfassungsrechtliche Anerkennung. Das Recht des Landesherrn, die Religion seiner Untertanen zu bestimmen, wurde jetzt selbstverständlicher Grundsatz. Die Calvinisten standen jetzt außerdem gleichberechtigt neben den Katholiken und Protestanten.

Die Scheidelinie zwischen den Konfessionen ist im wesentlichen bis heute so geblieben, wie sie der Westfälische Friede zog. Der Vertrag zog Bilanz aus der großen Umschichtung des Zeitalters der Reformation und Gegenreformation und machte den Schlußstrich unter Verlust und Gewinn. Die Glaubensspaltung hatte für die nächsten Jahrhunderte ihre endgültige Gestalt gefunden.

Daneben wurden die landesherrlichen Souveränitätsrechte verbrieft, einschließlich des Rechtes, Bündnisse mit ausländischen Mächten zu schließen, „sofern sie nicht gegen Reich und Kaiser gerichtet seien" – eine wesenlose Einschränkung, die in der Praxis zu nichts anderem als wortreichen Erklärungen beim Abschluß von Bündnissen gegen das Reich nötigte. Eine Reichsgewalt in einem echten Sinne des Wortes bestand seit dem Westfälischen Frieden nicht mehr. Die wichtigsten deutschen Territorialstaaten, die bis zur Reichsgründung durch Bismarck die Geschicke Deutschlands tragen sollten, sind jetzt fest begründet.

Bayern wird Kurfürstentum und behält die Oberpfalz, während die Rheinpfalz die neugeschaffene achte Kurstelle bekommt.

Brandenburg vermochte die Einschnürungen durch die schwedischen Eroberungen nicht zu hindern. Es gewann zwar Teile Hinterpommerns, doch Vorpommern war für Brandenburg zunächst verloren. Aber mit dem Erwerb der Stifte Halberstadt und Minden und der Anwartschaft auf Magdeburg, als Herr über Preußen und Besitzer von Kleve am Rhein, ging der Kurfürst von Brandenburg aus dem Dreißigjährigen Krieg als einer der entscheidenden Territorialherren des Deutschen Reiches hervor. Der Kurfürst von Brandenburg hatte vor allem die Last der schwedischen Eroberungen zu tragen, die

Zu Münster, in einem typisch gotischen Rathaus, erbaut um 1335, wurde 1648 der Westfälische Friede geschlossen

Der Westfälische Unfrieden

ihm die große Aufgabe für die nächsten Jahrzehnte stellte. Vorpommern (das wichtige Stettin), die wichtigeren Teile Hinterpommerns, das Bistum Bremen (ohne die Stadt), Verden, Wismar neben einer beträchtlichen Kriegsentschädigung waren Schwedens Beute. Auch wurde Schweden für diese Gebiete „Reichsstand". Das Deutsche Reich war von der Ostsee abgeriegelt. Nur hatte Schweden seinen Höhepunkt bereits überschritten. Diese Eroberungen waren die äußersten Vorposten eines Staates, der bald schon überall in der Defensive stehen sollte. Es bedurfte langer schwerer Kämpfe, den Weg zur Ostsee durchzubrechen. Aber nach dem epochemachenden Werk des großen Gustav Adolf waren die schwedischen Eroberungen durch den Westfälischen Frieden doch nur noch eine Episode.

Anders die französischen Erwerbungen des Westfälischen Friedens. Sie waren Ausfalltore einer großen säkularen Offensive Frankreichs, der Anfang eines gewaltigen Ringens, das bis zum Spanischen Erbfolgekrieg der europäischen Geschichte das Gepräge gab. Frankreich erhielt die Feste Breisach sowie ober- und unterelsässische Gebietsteile. Metz, Toul, Verdun schieden endgültig aus dem Reichsverband aus. Der

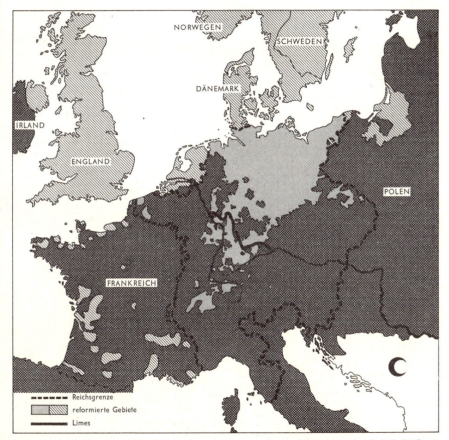

Die Grenze der Konfessionen nach dem 30jährigen Krieg: im großen gesehen parallel zum „Limes" verlaufend, der Grenze zwischen dem romanischen und germanischen Teil Deutschlands

Friede verpflichtete den Kaiser im Kampf zwischen Spanien und Frankreich, Spanien keine Hilfe zu leisten. Einstmals von einer tödlichen Umklammerung Spaniens umfaßt, hatte Frankreich jetzt ein wesenhaftes Stück aus der spanischen Machtstellung herausgebrochen und das gewaltige habsburgische Machtsystem auseinandergeschlagen. Jetzt kann Frankreich endgültig von der Defensive zur Offensive übergehen. Was Richelieu und Mazarin begannen, gewann unter Ludwig XIV., der Französischen Revolution und Napoleon seinen Höhepunkt. Der „Sonnenkönig", die Revolutionsgenerale und Napoleon rannten in ununterbrochenen Angriffskriegen gegen die Niederlande und die Rheinlande an. Aber zuletzt blieb Frankreich doch auf sein gewohntes Gebiet beschränkt. Die Verheißung des Westfälischen Friedens sollte sich nicht erfüllen.

Die großen Verluste des deutschen Volkstums, die das Deutsche Reich in den zwei vorhergehenden Jahrhunderten erfahren hat, den Verlust der Schweiz und der Niederlande, hat der Westfälische Friede nicht geschaffen, aber verbucht und endgültig festgelegt. So gehört der Westfälische Friede zu den seltenen Dokumenten der Geschichte, in denen eine ganze Epoche Inventar aufnimmt.

Was Deutschland angeht, so fehlt an wichtigeren Eintragungen nur der Verlust der baltischen Lande. Schweden, Polen und Rußland, das jetzt anfängt, in die große Weltpolitik einzutreten, spielen ihr Spiel um die baltischen Lande, ohne daß das Reich irgendwie in den Kampf um diesen deutschen Volksboden eingreift. Das Reich kann keinen Schutz mehr gewähren, und das baltische Land unterwirft sich der polnisch-schwedischen Herrschaft, um der Beherrschung durch das Russentum zu entgehen, bis es schließlich im Nordischen Krieg doch die Beute des großen russischen Imperiums wird.

Nimmt man eine Karte zur Hand und zeichnet die Grenzen des heutigen Protestantismus ein und trägt dann in diese Karte die Grenzen des alten Römischen Reiches ein, wird man sehen, daß sich die beiden Grenzen beinahe decken. Der eigentliche politische und historische Raum des Katholizismus ist also das alte Römische Reich. Auf diesem Boden entfaltet sich der Katholizismus in seiner eigentlichen Kraft. Aus diesem Boden zieht er seine geistige und geschichtliche Nahrung. Der Protestantismus ist im wesentlichen in den Raum eingesperrt worden, der von alten geschichtlichen Mächten geschaffen wurde. Der Limes, die große Grenzmauer des alten Römischen Reiches gegen die Barbaren, war längst vermodert und verfallen. Aber ein Jahrtausend später bricht sich an ihm die Flut der protestantischen Bewegung, eine unsichtbare, beinahe nur noch geistige Grenze hat lebendige geschichtliche Bewegungen voneinander geschieden.

Das Deutsche Reich als solches ging aus dem Westfälischen Frieden bewegungsunfähig hervor. Nach dem Willen der Reichsstände sollte es auch nur noch zur Defensive fähig sein. So hat das Reich in die Weltkämpfe kaum mehr eingegriffen. Als zukunftskräftige Macht war das alte Reich erledigt. Mit der reinen Bewahrung war es nicht mehr getan. Was das Reich an Größe und bewahrungswürdiger Vergangenheit in sich schloß, mußte in Revolutionen neu erkämpft und erorbert werden.

DAS ZEITALTER DES ABSOLUTISMUS

1655 Schweden und Brandenburg beginnen Krieg gegen Polen (1657 Frontwechsel Brandenburgs; Bündnis mit Polen und Österreich)
1658 Leopold I. wird zum deutschen Kaiser gewählt (bis 1705)
1660 Der Friede von Oliva beendet den Krieg zwischen Schweden einerseits und Brandenburg, Österreich und Polen andererseits (Preußens völkerrechtliche Unabhängigkeit anerkannt)
1663 Der Reichstag zu Regensburg tagt fortan in Permanenz
1667 Ludwig XIV. führt seinen ersten Eroberungskrieg und wird durch den Dreibund England-Holland-Schweden zum Frieden von Aachen gezwungen (1668)
1670 Die Franzosen besetzen Lothringen
1672 Ludwig XIV. entfesselt den zweiten Eroberungskrieg gegen Holland (bis 1678)
      Der Kaiser und der Große Kurfürst treten an die Seite der Niederlande. Auch das Reich erklärt Ludwig XIV. den Krieg (1674)
1675 Die Schweden fallen – von Frankreich ermutigt – in Brandenburg ein und werden vom Großen Kurfürsten nach einem plötzlichen Rückmarsch vom Rhein bei Fehrbellin (28. VI.) geschlagen
1679 Ludwig XIV. behält in dem Frieden von Nymwegen seine Eroberungen
1679 Der Große Kurfürst muß im Frieden von St-Germain seine gegenüber Schweden errungenen Erfolge preisgeben und wendet nun die Front durch ein Bündnis mit Frankreich; Ludwig XIV. setzt die Reunionskammern ein, um methodisch Gebiete aus dem Deutschen Reich herauszubrechen
1681 Ludwig XIV. gewinnt kraft der Reunionspolitik und eines Systems der Infiltration Straßburg (30. 9.)
1683 Die Belagerung Wiens durch die Türken wird durch die Schlacht am Kahlenberg und den Sieg des deutschen Reichsheeres unter Johann Sobieski von Polen aufgehoben (12. 9.)

Chronologie 53

1684	Ludwig XIV. und das Deutsche Reich schließen einen zwanzigjährigen Waffenstillstand
1685	Nach der Aufhebung des Duldungsedikts von Nantes finden 20000 Hugenotten in Brandenburg Aufnahme
1686	Die Österreicher erobern Budapest, und der ungarische Reichstag (1687) überträgt die erbliche Thronfolge auf das Haus Habsburg
1688	Friedrich III. wird nach dem Tod des Großen Kurfürsten Herrscher über Brandenburg (bis 1713)
	Ludwig XIV. unternimmt den dritten Eroberungskrieg (Pfälzischer Krieg), wogegen sich in Wien ein Bündnis zusammenfindet. Kurfürst Max von Bayern erstürmt Belgrad
1692	Hannover erhält die neunte Kurwürde
1697	Der Friede von Rijswijk bedeutet den Wendepunkt im Krieg gegen Ludwig XIV.
	Kurfürst Friedrich August von Sachsen läßt sich zum König von Polen wählen (als solcher August II., August der Starke)
	Prinz Eugen von Savoyen, seit 1693 führender General Habsburgs, siegt bei Zenta über die Türken
1699	Im Frieden von Carlowitz zwischen Habsburg und der Türkei tritt die letztere förmlich Ungarn ab
1700	Der Nordische Krieg zwischen Schweden, Rußland, Polen und Dänemark bricht aus (bis 1721)
1701	Preußen wird Königreich (18. 1.)
	Die Ansprüche des Habsburgers Karl und des Bourbonen Philipp auf Spanien führen zum Spanischen Erbfolgekrieg (bis 1714)
1704	Das habsburgische Heer unter Prinz Eugen und das britische Heer unter Marlborough siegen bei Höchstädt über die Franzosen
1705	Joseph I. wird zum Kaiser gewählt (bis 1711)
1711	Karl VI. wird zum Kaiser gekrönt (bis 1740), was infolge der nun drohenden Vereinigung von Spanien und Österreich die Engländer friedenswillig macht
1713	Im Frieden von Utrecht wird Philipp V. als König von Spanien anerkannt
	Friedrich Wilhelm I. folgt Friedrich I. auf dem Throne von Preußen nach (bis 1740)
	Karl VI. erläßt die Pragmatische Sanktion (Unteilbarkeit der habsburgischen Erblande und weibliche Erbfolge)
1717	Prinz Eugen erobert Belgrad
	Die allgemeine Schulpflicht wird in Preußen grundsätzlich eingeführt
1718	Das Osmanische Reich tritt im Frieden v. Passarowitz Belgrad und das nördliche Serbien an Österreich ab
1720	Schweden tritt an Preußen Stettin und Vorpommern bis zur Peene ab
1721	Der Nordische Krieg wird durch den Frieden von Nystad beendigt, der die Ostseeprovinzen, das einstige Herrschaftsgebiet des Deutschen Ritterordens, zu Besitzungen Rußlands macht
1730	Kronprinz Friedrich versucht vergeblich nach schweren Konflikten mit dem Vater Friedrich Wilhelm I. zu fliehen (sein Begleiter Katte wird hingerichtet, er selbst „begnadigt")
1736	Prinz Eugen stirbt im Alter von 73 Jahren
1740	Friedrich II., genannt der Große, wird König von Preußen (bis 1786)
	Die Thronbesteigung Maria Theresias als Herrscherin über die habsburgischen Erblande (bis 1780) löst den Österreichischen Erbfolgekrieg aus (bis 1748)
	Friedrich II. beginnt mit einem Einfall in Schlesien den Ersten Schlesischen Krieg (bis 1742)
1742	Wahl des Kurfürsten von Bayern zum Kaiser (Karl VII., bis 1745). Habsburg tritt im Frieden zu Breslau Schlesien an Preußen ab. Zwischen Preußen und Österreich bricht der Zweite Schlesische Krieg aus
1745	Nach dem Tode Kaiser Karls VII. kommt der Frieden von Füssen zustande (Verzicht des bayrischen Kurfürsten auf seine Ansprüche auf Niederösterreich)
	Der Gemahl Maria Theresias, Franz v. Lothringen-Toscana wird zum deutschen Kaiser gewählt (bis 1765)
1756	Friedrich II. entfesselt durch einen Einfall in Sachsen den sich zusammenbrauenden Siebenjährigen Krieg (bis 1763; Sieg Friedrichs über die Sachsen, Niederlagen bei Kolin und Kunersdorf, Sieg über die Franzosen bei Roßbach, über die Russen bei Zorndorf, Siege bei Leuthen, Liegnitz und Torgau über die Österreicher)
1757	Das Reich, Frankreich und Rußland greifen gegen Friedrich in den Krieg ein, während sich das mit Frankreich um Nordamerika kämpfende England mit Preußen verbündet
1762	Durch die Thronbesteigung des schwachsinnigen Peter III. in Rußland wird Friedrich II. aus hoffnungsloser Lage gerettet
1763	Friede von Hubertusburg; Preußen behält Schlesien und England Nordamerika
1765	Joseph II. (geb. 1741) wird zum Kaiser gewählt (bis 1790), hat aber die Herrschaft mit seiner Mutter zu teilen
1772	Bei der ersten Teilung Polens beseitigt Preußen durch den Erwerb von Westpreußen den Korridor zwischen Ostpreußen und Brandenburg

1778 Österreich greift nach Bayern und gerät deshalb in Krieg mit Preußen (Bayrischer Erbfolgekrieg, bis 1779)
1780 Maria Theresia stirbt im Alter von 63 Jahren
1781 Joseph II. hebt die Leibeigenschaft in den habsburgischen Landen auf und beginnt mit der Auflösung der Klöster
1784 Joseph II. schließt ein Konkordat mit der Kurie (20. 1.)
1785 Ein neuer Anschlag Josephs II. auf Bayern veranlaßt Friedrich II. zur Gründung des deutschen Fürstenbunds
1786 Friedrich II. stirbt im Alter von 74 Jahren, Friedrich Wilhelm II. von Preußen besteigt den Thron (bis 1797)

Die Geburt Preußens: Der Große Kurfürst

In der Zeit nach dem Westfälischen Frieden beginnen die beiden Mächte ihren Aufstieg, die einstmals vor der Aufgabe stehen werden, das Reich neu zu schaffen: Österreich, das jetzt als ein neuer und anderer Staat emporwächst, noch mit dem alten Kaisertum verbunden und mit dem alten Reich verstrickt, ehrwürdig und belastet zugleich durch Tradition und Vergangenheit, aber dank seiner Großmachtstellung doch auch des revolutionären Angriffes auf die alte Reichsverfassung fähig – Preußen, eine ganz junge revolutionäre und unbeschwerte Macht, die das völlig Neue in der deutschen Geschichte bedeutet.
Die beiden Mächte werden später um das Reich ringen. Nach dem Westfälischen Frieden aber haben beide Staaten all ihre Kräfte – unbekümmert um das Reich und oft zum Schaden des Reiches – darauf verwandt, den eigenen Staat zu stärken und aus ihm eine geschlossene Macht zu formen. Brandenburg-Preußen muß die zersplitterten Gebiete zusammenfassen, das vom Stammland getrennte Ostpreußen territorial vereinen und die schwedische Umklammerung vom preußisch-brandenburgischen Staate lösen. Österreich muß den furchtbaren Druck des Osmanentums beseitigen und sich von seiner Einschnürung durch die türkische Herrschaft frei machen. Daran haben beide Staaten ihre Kraft verwandt und zum Teil verbraucht. Beide Mächte wenden in einem gewissen Maße ihr Gesicht nach Osten. Die Zeche hat der deutsche Westen bezahlt und hätte sie wahrscheinlich in einem noch furchtbareren Maße bezahlt, wenn nicht der französische Vormarsch gegen den Rhein und Belgien auf ein europäisches Gegenbündnis geprallt wäre.
Die Hohenzollern geboten am Ende des Dreißigjährigen Krieges über etwa eine halbe Million Menschen. Der weit verstreute Besitz war ein unüberschaubares Gewirr von verschiedenen Ländern, verschieden regiert, verschieden verwaltet und verschieden besteuert. Das Finanzwesen der hohenzollernschen Besitzungen war ungeordnet, ein ebenso malerisches wie schmutziges Durcheinander, das einzelne groß, die Steuereinnehmer fett und reich, aber die Krone arm machte. Ein Großteil der Einnahmequellen war vorweg verpfändet. Die fünfzigtausend Hufe, die im Herzogtum Preußen in fiskalischem Besitze waren, erbrachten etwa sechstausend Gulden Einnahmen. Das kurfürstliche Einkommen in der Mark war während des Dreißigjährigen Krieges von zweihundertsechzigtausend Taler auf fünfunddreißigtausend Taler gesunken. Wiederholt mußte man fünfzehn Taler vom Berliner Magistrat für die Hofküche borgen. Das etwa sechstausendfünfhundert Mann starke Heer, das der Große Kurfürst übernahm, war ein verwilderter Söldnerhaufe, an dem der Blut- und Ludergeruch des Dreißigjährigen Krieges haftete. Dieses Heer war nicht besser als eine Räuberbande, die den Namen des Kurfürsten als Vorwand für ihre Schändlichkeiten gebrauchte.
Mühselig und beschwerlich war daher auch das Werden des preußischen Staates. Die ersten Fundamente der preußischen Macht hat der Große Kurfürst (1640 bis 1688) gelegt. Er schuf die Grundmauern des stehenden preußischen Heeres, und unter ihm hat die preußische Armee ihren ersten Waffenruhm davongetragen. Er brachte nach Preußen den calvinistischen Geist, den Geist eines strengen, herben Protestantismus, dessen Losungsworte Pflicht, Disziplin, Entsagung waren und der eine Art Kälte ausstrahlte. Er hat die ersten Kämpfe des Soldaten- und Beamtenstaates gegen den ständischen Adel durchgefochten, bis dann Friedrich Wilhelm I. die monarchische Gewalt als den „rocher de bronze" errichten konnte.
Der brandenburgisch-preußische Staat, wie er aus dem Westfälischen Frieden hervorging, schrieb ihm die Aufgabe vor. Preußen, der Ordensstaat, über den die Hohenzollern ebenso wie über Brandenburg herrschten, stand noch unter polnischer Oberhoheit. Schweden umklammerte und sprengte den Hohenzollernschen Besitz. Am Rhein und im Raum der Weser erwarben die Hohenzollern Kleve, Mark, Ravensberg (1614) und das Bistum Minden (1648). Daraus erwuchsen die Aufgaben der Außenpolitik, der Gesetzgebung und der Verwaltung für die innere Verschmelzung und Vereinigung des brandenburgisch-preußischen Besitzes. Dieser Hohenzollernstaat war ein Reich der Grenzen. Es war zusammengehungert, zusammengespart und zusammenerobert worden. Im märkischen Sand bildete sich wider alle

Der Große Kurfürst 55

Brandenburg 1525

Wahrscheinlichkeit und wider die Natur der Mittelpunkt einer neuen Macht in Norddeutschland, getragen von einem Land, dem die Fettigkeit der Erde fehlte und das nichts hatte als das Schwert, sein Glück in der Welt zu machen.
Um den Großen Kurfürsten spann sich sogleich ein Kranz von Sagen und Legenden. Er hatte Eindruck auf das Volk gemacht. Als ein packender Anblick wird es geschildert, wenn der mittelgroße, aber in seinem starken Körperbau stattliche Mann mit der mächtigen Adlernase, den kühnen, etwas listigen Zügen und seinen dunkelblauen scharfen Augen, die im Kampfeseifer „wie zwei feurige Kometen" leuchteten, auf einem schweren, auffallenden Schimmel über das Feld dahersprengt und mit schnellen Gebärden und kräftiger Stimme seine Befehle erteilt. In diesem Antlitz schien immer ein Gewitter zu grollen, und doch sprach aus ihm zugleich Herzensgüte. Ein schmuckloser Hut mit breiter Krempe bedeckte das Haupt. Lang wallte sein Haar herab.
Ein Leben lang pflegte er sich holländisch zu kleiden, als Wien spanisch war und Deutschland anfing, „französisch" zu werden. Am Hofe des Kurfürsten von Brandenburg wehte holländische Luft, der Geist des calvinistischen Kämpfertums und der kleinen zähen und armen Völker, die sich nach ihrer Weltansicht mit der Bibel in der einen Hand und mit dem Schwert in der anderen gegen die stolzen gold- und purpurglänzenden Großmächte behaupteten; die Niederlande gegen Spanien mit seinen amerikanischen Gold- und Silbergruben, Cromwell gegen dasselbe Spanien, die Niederlande außerdem gegen das herrische und nach der europäischen Vorherrschaft strebende Frankreich, Preußen gegen die hochfahrende Kaisermacht.
Friedrich der Große hat in seinen Denkwürdigkeiten des Hauses Brandenburg dem Großen Kurfürsten ein Denkmal gesetzt, dem Manne, der wie das Idealbild des eigenen Vaters war, so wie der Vater in seinem tiefsten und guten Kerne ohne seine barbarische Härte und die Herausforderung durch einen zum Französling entarteten Sohn gewesen wäre:

„Seine hervorragenden Fähigkeiten paßten sich immer den jeweiligen Umständen an, so daß sein Wesen bald heldenhaft erhaben, bald milde und hilfreich erschien. Es ist nur ein Vorteil, wenn die meisten Menschen vor der erfolgreichen Verwegenheit ehrgeiziger Naturen auf den Knien liegen. Der strahlende Glanz kriegerischer Tugenden ver-

56 Das Zeitalter des Absolutismus

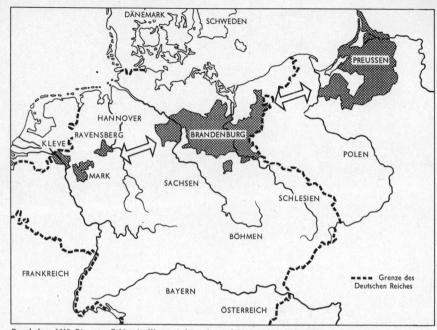

Brandenburg 1618. Die ersten Gebiete im Westen sind erworben und ebenso außerhalb des Reiches wie Preußen, nach dem später alle Gebiete benannt werden. Die Gebiete sind durch breite Korridore voneinander getrennt

dunkelt in ihren Augen die unscheinbare Art bürgerlicher Tüchtigkeit. Friedrich Wilhelm war ebenso bewundernswert an der Spitze seine Heere, wie an der Spitze seines Geheimen Rates, wenn er seinem Volke Recht sprach. Im jugendlichen Lebensalter, das sich in der Regel nur durch Verirrungen kennzeichnet, gab er Proben kluger Umsicht... Sein hochherziger, gütiger, edler, menschlicher Charakter verleugnete sich niemals. Er ward der Neubegründer und Verteidiger seines Vaterlandes, der Schöpfer von Brandenburgs Macht, der Schiedsrichter für seinesgleichen, der Stolz seines Volkes."

Das außenpolitische Werk des Großen Kurfürsten ist verknüpft mit den großen europäischen Verwicklungen, die Bild und Geist des Reiches, des habsburgischen Staates und der deutschen Territorialstaaten geformt hatten. Schweden hatte sich an der Südküste der Ostsee im Bunde mit Frankreich festgesetzt. Dies Bündnis umklammerte noch immer Deutschland, und die schwedische Stellung an der Ostsee wurde unter derselben Mächtekonstellation gehalten, unter der sie errungen worden war.

Im Schwedisch-Polnischen Krieg von 1655 bis 1660 wechselte der Große Kurfürst mit blitzartiger Schnelligkeit Fronten und Freundschaften und kämpfte hintereinander auf beiden Seiten. Militärisch hatte damals der Große Kurfürst die Schweden schon bezwungen. Aber das Eingreifen Frankreichs zwang ihn, alle Eroberungen wieder herauszugeben. Die schwedische Umklammerung blieb. Aber im Frieden von Oliva fiel die polnische Oberhoheit über Preußen. Bisher waren die Hohenzollern als Kurfürsten von Brandenburg dem Reich, als Herren des Ordensrittertums Ostpreußen Polen untertan. In letzterer Eigenschaft hatten sie nunmehr keinen Herrn mehr über sich, aber ein Korridor lag zwischen Preußen und Brandenburg.

Das Reich in der Zange zwischen Frankreich und dem Islam

Im Reich und über Habsburg regierte Kaiser Leopold I. Er war für die Kirche erzogen worden, und erst der Tod seines älteren Bruders, des Königs Ferdinand IV., berief ihn zu politischen Aufgaben. Wuchs

Das Reich in der Zange

und Haltung waren unansehnlich, das Gesicht durch die herunterhängende Unterlippe entstellt, die berühmte Habsburger Lippe, der Blick war halb erloschen, das Antlitz düster und unheimlich. Er überließ die Regierung seinen Ratgebern. Die Fäulnis und Verwahrlosung im Staate nahmen zu. Das Reich war durchsetzt wie von Maden mit unendlich vielen Staatsbeamten, die keinen Zweck erfüllten. Es gab zwanzig voneinander getrennte Staatskassen, fünfundzwanzigtausend Kammerbeamte, die voneinander nichts wußten und von denen die Regierung nichts wußte. Die passive Widerstandskraft war in dem Kaiser sehr ausgebildet. Von Niederlagen nahm er kaum Notiz, und wenn man ihn am Boden wähnte, hielt er an seiner Sache unbeirrt fest. Unerschütterlich war sein katholischer Glaube, und gegen protestantische und freidenkerische Strömungen ging er mit einer Härte vor, die sein schlaffes Wesen kaum vermuten ließ.

Deutschland war in diesen Jahrzehnten in tödlicher Gefahr. Viele Deutsche meinten damals, sie hätten nur die Wahl, türkisch oder französisch zu werden. In der Zange einer großen französischen und osmanischen Eroberung befand sich damals das Reich.

Gestützt auf eine zentralisierte Verwaltung, trefflich geordnete Finanzen und eine ebenso zahlreiche wie vorzügliche Armee, verteidigt durch Hunderte von Festungen, in allen diesen Dingen jeder anderen Macht weit überlegen, konnte das Frankreich Ludwigs XIV. mit unwiderstehlicher Gewalt in die Weltereignisse eingreifen. Nichts Geringeres als die vorherrschende Macht in der Christenheit – das arbitrium rerum, nach dem Ausdruck von Leibniz – hatte Ludwig sich als Ziel gesetzt. Das spanische Reich (und mit ihm die südlichen Niederlande) schien fast wehrlos vor den Augen des Franzosenkönigs zu liegen. Seltsam, wie dieser König die größten Ziele mit den trivialsten Begründungen verfocht. Nach dem Tode seines Schwiegervaters Philipp IV. von Spanien stellte er die Behauptung auf, die südlichen Provinzen der Spanischen Niederlande (des heutigen Belgiens) seien seiner Gemahlin durch das sogenannte Devolutionsrecht – ein in manchen Teilen Belgiens bestehendes rein privates Vorzugsrecht der Kinder erster Ehe – zugefallen. Nur waren es mit Papierschnitzeln und Pergamenten Königreiche doch nicht zu erobern. Der König fiel in die Spanischen Niederlande ein und eroberte eine Reihe wichtiger Festungen. Damit trat er aber die Seemächte, Holland und England, auf den Plan, die fortan bis tief in den Spanischen Erbfolgekrieg hinein recht eigentlich den Krieg gegen Frankreich führten. Was sich vollzieht, ist ja nur der erste Versuch Frankreichs, seine Macht die ganze Nordseeküste entlang über die Spanischen Niederlande und Holland vorzuschieben. Als der Versuch in der Zeit der Französischen Revolution und Napoleons Erfolg hatte, führte er zu einem Kampf auf Leben und Tod zwischen England und Frankreich. Säkulare weltpolitische Fronten bildeten sich also jetzt, die in der deutschen Geschichte tiefe Spuren hinterlassen haben. Für Holland waren die Spanischen Niederlande der Gürtel, der sie von der französischen Macht trennte. Englischholländischer Widerstand vor allem hat den Vormarsch Frankreichs aufgehalten, und der Friede von Aachen 1668 brachte dem Franzosen nur zwölf Grenzfestungen ein, keine kleine Erwerbung, aber doch unbedeutsam angesichts des weit gesteckten Zieles.

Auch Schweden hatte diesmal an der Seite der Seemächte gestanden: Die Frontbildungen verwirrten sich in dieser Zeit immer wieder durch zufällige Umstände. Der wichtigste dieser Umstände war, daß unter den katholisch gewordenen Stuarts die außenpolitische Linie Englands unklar wurde.

Frankreichs große Offensive, die so tief in Deutschlands Geschicke eingriff, hatte aber seit den Tagen Richelieus ein ganz anderes Gesicht bekommen, und das gab allen Beziehungen des Reiches, des Kaisers und der deutschen Territorialstaaten zu Frankreich ein anderes Gesicht. Richelieu hatte den Aufstieg Frankreichs auf das Bündnis mit den deutschen Fürsten gegründet; Mazarin und Ludwig XIV. setzten die Politik der Ermutigung der deutschen Länderherrlichkeit fort. Allerdings hörte Frankreich auf, Schützer des europäischen Protestantismus zu sein. Jetzt richtete sich der Hauptstoß der französischen Offensive gegen die protestantischen Niederlande, die einst ihre Unabhängigkeit im Bunde mit Frankreich erfochten hatten. Die Aufhebung des Ediktes von Nantes 1685, die den französischen Protestanten alle Duldung nahm, die Thronbesteigung Jakobs II. in dem gleichen Jahre mit seinen Plänen einer katholischen Restauration Englands und der Krieg gegen die Niederlande waren der letzte Vorstoß der europäischen Gegenreformation, die letzte große weltpolitische Bedrohung des europäischen Protestantismus. Nicht mehr Habsburg, sondern Frankreich – für die deutsche Geschichte war es nicht ohne Einfluß – versuchte jetzt den vernichtenden Schlag gegen den europäischen Protestantismus. Wie konnte es anders sein, als daß Brandenburg-Preußen in vorderster Front gegen Frankreich stand, als der französische König sich 1672 zum großen Vormarsch anschickte. Für den Großen Kurfürsten galt es, den schwedisch-französischen Ring zu sprengen, der auch Brandenburg um den Hals lag. Frankreich hatte mit dem Westfälischen Frieden sich die große Aufmarschstellung zu seiner Offensive bereitet. Mit dem Besitze von Breisach stand der Weg nach Süddeutschland offen. Das spanisch-habsburgische Machtsystem war gesprengt und Spaniens Verbindungsstraßen zerschlagen. In einer Flugschrift ließ der Große Kurfürst sein Vorgehen verteidigen. Brandenburg wolle nicht das Schicksal erleiden, das Polyphem dem Odysseus bestimmte.

Nur eben verfingen solche antiken Beispiele bei den

deutschen Fürsten nicht, die nur an ihr kleines Fürstentum dachten und in ihrem Herzen kaum mehr verspürten als Angst. Bayern stellte für französisches Geld eine Feldarmee von etwa zehntausend Mann auf. Münster und Kurköln schlossen sich zusammen, als die Heere des Brandenburgers anmarschierten. Der Verwandte des Großen Kurfürsten, der Kurfürst Karl Ludwig von der Pfalz, dachte mehr an die Nähe der Franzosen als an die nahen Verwandtschaftsbande mit dem Brandenburger. Der Erzbischof von Mainz beschloß, den Franzosen nichts in den Weg zu legen, und betete nur im stillen Kämmerlein für den Sieg des brandenburgischen Ketzers. Viel schlimmer war, daß Habsburg den Brandenburger verriet. Mit Frankreich schloß die Hofburg 1671 hinter dem Rücken des Verbündeten einen Vertrag. Darin hieß es, daß Frankreich sich nicht dadurch täuschen lassen solle, daß die kaiserliche Armee an der Seite des Kurfürsten aufmarschieren werde. Der Effekt werde beweisen, daß sie nichts tun würde, und wäre „alles, was geschehen, nur zum Scheine und um die Apparition zu salvieren, geschehen". Der preußische Rechtsgelehrte Samuel Pufendorf erklärte, man habe nur das wilde brandenburgische Pferd zügeln wollen. So wurde am Rhein ein Krieg ohne Krieg geführt. Die Armeen marschierten zwecklos auf grundlosen Wegen hin und her. Gesundheit und Mannszucht der Truppe verfielen. Man spottete, daß der Große Kurfürst offenbar die Kinder Israels in der Wüste nachahmen wolle.

Ausschreitungen gab es vielfach, und der Große Kurfürst mußte darauf achten, daß nicht unter seinen Truppen die protestantische Wut ausbrach. Schließlich führte er an der Seite des katholischen Habsburgs den Krieg. Als Gewalttätigkeiten gegen katholische Kirchen und Geistliche vorkamen, ließ er die Schuldigen sofort erschießen und meldete das dem Kaiser. Aber der Krieg wurde immer aussichtsloser, und die brandenburgische Armee drohte am lebendigen Leibe zu zerfallen. So entschloß sich der Große Kurfürst, Frieden zu schließen:

„Mit meinem Ruine ist niemand gedient."

Der Große Kurfürst wurde nur wankend in seinem Entschluß, als der Bischof von Münster, Graf Galen, in seine westfälischen Gebiete einbrach:

„Von einem Pfaffen werde ich mich nicht vexieren lassen."

Zuletzt warf der Große Kurfürst das Steuer völlig herum. Bei den Verhandlungen versuchte er, sich auf Kosten seiner alten Verbündeten zu vergrößern. Die Franzosen versprachen ihm auch Geld. Nur war der Große Kurfürst froh darüber, daß der Sündenlohn unregelmäßig eintraf:

„Ich sehe wohl, daß kein Geld vorhanden ist und daß man den Narren mit mir spielt. Ich bin recht erfreut darüber. Denn wenn sie ihr Versprechen nicht halten, so bin ich auch nicht schuldig, dem meinigen nachzukommen."

Schließlich war aber die Wirklichkeit des zerstörerischen Angriffs Frankreichs, der die Barriere vor dem Deutschen Reich einzudrücken drohte, stärker als Konstruktionen der Fürstenkabinette. Das Reich ergriff 1674 zur Verteidigung der Niederlande endlich doch die Waffen, und der Große Kurfürst nahm auch seinerseits den Krieg mit Frankreich wieder auf. Da versuchte Frankreich das Spiel des Dreißigjährigen Krieges noch einmal, nämlich durch den Flankenangriff der Schweden die Front erschüttern zu lassen, die dem eigenen Vormarsch im Wege stand. Von Frankreich gerufen, stürzten sich die Schweden auf Brandenburg, dessen Kurfürst in vorderster Front gegen Frankreich kämpfte, und hielten es für eine leichte Beute.

Der Große Kurfürst versuchte wieder die öffentliche Meinung in Deutschland zu beeinflussen. In einer Flugschrift „Teutschlands wahrhaftes Interesse bei jetzigen Konjunkturen" erinnerte der Kurfürst seine „redlichen Deutschen" an die frühere machtvolle Herrlichkeit ihres Vaterlandes:

„Unsere Voreltern seind der ganzen Welt formidable gewesen."

Das könne wieder eintreten, wenn die deutschen Fürsten einig wären. Jetzt suche man „Kurbrandenburg den Garaus zu machen". „Frankreich und Schweden" hätten es auf die Deutschen abgesehen. Frankreich sei ebenso gefährlich, wenn es das Reich mit „Ruten peitscht", als wenn es „Karessen" austeilt. Noch gefährlicher aber fast seien die Schweden, diese „schönen liberatores Germaniae und vermeineten defensores fidei". Man wisse ja, wie sie im Dreißigjährigen Kriege in Deutschland gehaust hätten. Man brauche „nur die Jahreszahl der wiederaufgerichteten Städte, Ämter, Dörfer und Schlösser anzuschauen ... Mit teutschem Blute und Gute sein die Schweden groß geworden". Es wäre nicht vor Gott und der Nachwelt zu verantworten, wenn man jetzt Kurbrandenburg steckenließe.

Die Schweden führten Krieg, wie es damals üblich war, sie mordeten, brandschatzten, schändeten und folterten. Es war nicht mehr das Heer Gustav Adolfs. So befahl der Große Kurfürst, alle Schweden, deren man sich bemächtigen könne, niederzumachen, ihnen die Hälse zu brechen und auch keinen Pardon zu geben.

In Gewaltmärschen eilte der Große Kurfürst vom Rhein zum „Rhin", einem kleinen Flüßlein nördlich von Brandenburg. In zwanzig Tagen wurden über vierhundert Kilometer zurückgelegt. Für den 10. Juni hatte Friedrich Wilhelm einen allgemeinen Buß- und Bettag angesetzt, an dem über Jeremias 20, Vers 11 und 12, gepredigt werden sollte. Darin hieß es:

„Laß mich Deine Rache an ihnen sehen."

Die Schweden wurden ziemlich überrascht. Der Kurfürst ordnete gegen den Rat einiger Generale den sofortigen Angriff an. Der Feind wäre jetzt so nahe und müsse „Haare oder Federn" lassen. Bei Fehrbellin wurden am 28. Juni 1675 die Schweden ent-

scheidend geschlagen.
In Deutschland machte der Sieg großen Eindruck. Ein überall umlaufendes Lied feierte den Sieg des Kurfürsten:

„Der Große Kurfürst ging mit Macht,
Um Frieden zu erlangen.
Bald kam der Schwed aus Mitternacht,
Durch Frankreichs Geld getrieben,
Mit seiner Lapp- und Finnenmacht,
Ließ sehr viel Bosheit üben
In dem Kur und Brandenburger Land
Mit Kirchenraub und Plündern.
Es ward verjaget Mann und Weib,
Das Vieh ward durchgeschossen,
Man macht' es, daß nichts überbleib,
Das vielen sehr verdrossen,
Bis daß zuletzt der große Held
Sich plötzlich eingefunden
Und seinen Namen in der Welt,
Noch höher aufgebunden.
Er kam in Eil nach Rathenow ..."

Nun verbeißt sich aber der Große Kurfürst in seinen Krieg in Pommern und erregt viel Zorn bei den kaiserlichen Verbündeten, weil am Rhein brandenburgische Truppen so gut wie nicht mehr zu sehen sind. In den Träumen des Großen Kurfürsten spielen Rügen und Stettin eine große Rolle. Bis nach Westpreußen setzt der Brandenburger den Schweden nach. Mit Tausenden von requirierten Schlitten geht das brandenburgische Heer über das zugefrorene Frische Haff. Im Triumph zieht der Große Kurfürst in Königsberg ein, und seine Truppen verfolgen zuletzt die Schweden, deren Heer sich in der übelsten Verfassung befindet, bis nach Riga.
Während aber der Kurfürst in Siegesfreude seinen Geburtstag in Königsberg feierte, verriet ihn der Kaiser. 1679 schloß Frankreich mit dem Kaiser und den Niederlanden den Frieden von Nymwegen. Die Freigrafschaft Burgund, feste Plätze an der Grenze der Spanischen Niederlande, Freiburg (an Stelle des preisgegebenen Besatzungsrechtes für Philippsburg), für eine Zeit die Besatzung Lothringens, das trug Frankreich als Preis des Krieges heim. Daneben hatte Frankreich die Preisgabe des Brandenburgers erreicht. Mit äußerster Anstrengung versuchte der Kurfürst von Brandenburg herauszuholen, was aus der Lage herauszuholen war. Er drohte mit einem neuen Krieg am Rhein gegen die Franzosen. Er versuchte, mit einer ungeheuren Summe von hunderttausend Franken der Mätresse Ludwigs XIV. zu bestechen.
Aber es war vergeblich. Im Frieden von St-Germain verlor Brandenburg fast alles, was es durch den Krieg gewonnen hatte. Nur das 1653 widerrechtlich zurückbehaltene rechte Oderufer durfte es behalten, aber es wurde ihm verboten, das Ufer zu befestigen. Die Schweden willigten auch in eine Herabsetzung der Seezölle ein, und der Sonnenkönig sagte schließlich dem Kurfürsten dreihunderttausend Taler in acht Raten zu. Das gehörte zum Stil der damaligen deutschen Geschichte, daß die deutschen Fürsten da und dort Pensionen bekamen. Bei der Unterschrift unter den Vertrag sagte der Kurfürst, er wünsche, er hätte nie Schreiben gelernt, und einer seiner Räte sagte:
„Es ist zum Erbarmen, ihn zu sehen, wenn er von Stettin redet."
Zweimal war jetzt der Große Kurfürst auf die schwedisch-französische Front geprallt und zweimal unterlegen. Jetzt verband er sich mit Frankreich, um vielleicht mit Frankreich zu erringen, was er gegen Frankreich zu erobern nicht vermocht hatte. Den Raub der nächsten Jahre am deutschen Boden führte Frankreich, gestützt auf die brandenburgische Rückendeckung, durch.
Für sein weiteres Vordringen in Deutschland arbeitete Frankreich eine neue völkerrechtliche Technik aus. Die nun folgenden Erwerbungen wurden auf Grund des sogenannten Reunionsprinzips durchgeführt. Frankreich behauptete nämlich, daß bei den Gebietserwerbungen kraft des Westfälischen Friedens auch die sogenannten Dependenzen eingeschlossen seien, nämlich alle Territorien, die nach dem Lehensrecht einmal von den erworbenen Gebieten abgehangen hatten. Mit der Durchführung dieses Verfahrens wurde das Parlament in Besançon und der oberste elsässische Rat in Breisach sowie eine eigens begründete Reunionskammer in Metz und in Tournay betraut. Der Scharfsinn der französischen Legisten und die Rücksichtslosigkeit der französischen Machtpolitik vereinigten sich jetzt, um Stück für Stück aus dem Reich an der deutsch-französischen Grenze herauszubrechen. Mit dem Prinzip der „Reunion" hätte sich mühelos ganz Europa annektieren lassen. Sobald man uralte Abhängigkeiten oder Volksgrenzen in dämmerhafter Vorzeit zur Grundlage der außenpolitischen Ansprüche macht, gibt es keine Grenzen der machtpolitischen Ausdehnung mehr. Die wichtigste Beute für Frankreich war Straßburg. Während Leopold I. durch den drohenden Türkenkrieg gefesselt war, erschienen am 27. September 1681 drei französische Dragonerregimenter vor Straßburg und schnitten die Verbindung der Stadt mit Deutschland ab. Von der Stadt wurde verlangt, sich zu ergeben, sonst würde sie mit Schwert und Feuer dem Erdboden gleichgemacht werden. Die Drohung verfing, ohne daß die Stadt bedachte, daß der König der Franzosen die glorreiche Stadt Straßburg nicht einem Flecken Erde aus Asche und Staub gleich machen wollte. Der kleinmütige Rat, dessen Mitglieder zum Teil sogar bestochen waren, unterwarf sich ohne Widerstand, zumal der Stadt eine sehr vorteilhafte Kapitulation angeboten wurde, die nur den einzigen Nachteil hatte, daß sie nie eingehalten wurde. Am 30. September 1681 wurde Straßburg eine französische Stadt. Frankreich meldete bewußt seine Rechte

gerade in dem Augenblick an, als die Türkengefahr für den Kaiser am höchsten gestiegen war. Erpressertaktik hat man es genannt. Trotz einiger Ansätze und Versuche des Widerstandes vermochten das Reich und die Reichsstände den Raub nicht ernstlich zu behindern.

Habsburg im Dunkel des Halbmondes

Es war ein glückhafter Umstand, daß die Kraft des Osmanentums gerade in dem Augenblick gebrochen wurde, als der Westfälische Friede die Bresche für eine gewaltige weltgeschichtliche Offensive Frankreichs geöffnet hatte. Das war die zweite große Reconquista, die Wiedereroberung abendländischen Bodens aus den Händen des Islam. Die Wiedereroberung Spaniens hatte Weltgeschichte gemacht. Sie formte den Charakter einer Nation, die auf die deutsche Geschichte einen heillos-heiligen Einfluß nehmen sollte. Die geistigen Kräfte der Gegenreformation waren Blut vom Blut der Reconquista. Der Schöpfer des Jesuitenordens, Ignatius von Loyola, hatte noch als Ritter gegen die Osmanen gekämpft. Sein Orden bildete die Armee aus, die den Kreuzzug gegen den Islam kämpfte. Aus der Reconquista wuchs auch die Entdeckung Amerikas hervor, die aus einem Versehen bei einem Versuch der Weltumklammerung des Islam geschah. Der Welthorizont der deutschen Geschichte wurde von dieser Reconquista gebildet.

Der habsburgische Staat entstand als Festungsbastion gegen den islamischen Ansturm. Im Kampf gegen den Islam erhielt die deutsche Kaisermacht unter den Habsburgern Glorie und Sinn. Je mehr die Gefahr schwand und je mehr der Krieg gegen das Osmanentum sich in einen Kampf um die Beute des faulenden Osmanischen Reiches verwandelte, desto fragwürdiger wurde die Stellung Habsburgs im Deutschen Reich.

Habsburg führte einen großen Zweifrontenkrieg. Die Eroberung Wiens hätte zur Zerschlagung des österreichischen Staates geführt, und damit wäre auch das Rückgrat der deutschen Verteidigung am Rhein getroffen worden. Deutschland wäre erbarmungslos zwischen Frankreich und dem Osmanenreich zerrieben worden. Die beiden Schlachten um Wien waren daher weltgeschichtliche Ereignisse.

Prinz Eugen sagte es schon 1682:

„Wenn der Herrscher Österreichs zurückgedrängt oder auch nicht zum Kaiser gewählt wird, wird Deutschland bald zum Sklaven Frankreichs oder der Türkei herabsinken."

Im Jahre 1683 rückte der ehrgeizige Großwesir Kara Mustafa mit den aufständischen Ungarn und einem Heer von nahezu einer Viertelmillion Mann geradezu auf Wien los. Seine Verheerungen und Verwüstungen stellten alles in den Schatten, was eine an Blut und Unflat gewohnte Zeit erlebt hatte. Der kaiserliche General, Herzog Karl von Lothringen, mußte sich hilflos vor dem türkischen Ansturm zurückziehen. Die Stadt Wien aber entfaltete großartigen Heldenmut unter dem kühnen Befehlshaber Ernst Rüdiger Graf von Starhemberg. Bürger und Studenten wurden bewaffnet und kämpften an der Seite eines Heeres von vierzehntausend Mann mit. Aber der Sand in der Uhr rieselte langsam herab. Es war nahezu auszurechnen, wann das tapfere Wien erliegen würde. Nicht zum erstenmal und nicht zum letztenmal war das Schicksal der Welt an die Behauptung der deutschen Hauptstädte (Wien und Berlin) geknüpft. Wäre Wien gefallen, dann hätte Europa nur noch die Wahl zwischen türkisch oder französisch gehabt.

Ein Heer unter dem König Johann Sobieski von Polen aus deutschen Reichstruppen und polnischen Regimentern brachte die Befreiung. Am 12. September 1683 stürmte das christliche Heer vom Kahlenberg aus die türkischen Stellungen und schlug die Osmanen vollständig.

Der Vormarsch Habsburgs gegenüber dem Osmanentum hat dann – mit wenigen Rückschlägen – ein halbes Jahrhundert gedauert, bis 1718 die Grenze des späteren Serbiens erreicht war. Sogar über die Grenze hinaus ist Österreich damals gedrungen. Aber was hinausragte, ging, als die erste Welle wieder zurückflutete, wieder verloren. Die Grenze blieb bis ins 19. Jahrhundert bestehen.

In Prinz Eugen gewann Habsburg den großen überragenden Feldherrn, der es im Spanischen Erbfolgekrieg mit mehr Ehre bestehen ließ, als es verdiente. Er ist der Mann, der Habsburg zu einer Groß- und Weltmacht emporhob, ohne für die Hofburg den Geruch des Abenteurers und „Söldners des Glücks" zu verlieren. Prinz Eugen gehörte in der Tat zu den Reisläufern der internationalen Politik, den Staatsmännern und Feldherrn, die sich bald der einen Macht, bald der anderen verdingten. Die Bernstorffs, die Struensees haben nacheinander den verschiedensten Herren gedient. Das wurde nicht anders aufgefaßt als in den heutigen Zeiten ein Wechsel der Firma durch einen Ingenieur. Es gab damals nur Staaten, keine Vaterländer, und die Machtpolitik des Staates war eine technische Angelegenheit, die man gemäß der gegebenen Größe in jedem Staate durchführen konnte. Diese Männer taten ihr Werk nicht schlechter und nicht treuloser als die Angehörigen des Landes selbst und sahen meistens nur die fremden Herren als einen zusätzlichen Vorwand für ihre eigene Treulosigkeit und Gleichgültigkeit an. Manche dieser „Condottieri der internationalen Machtpolitik" wuchsen aber so in ihre Aufgabe hinein, daß sie die heimische Aristokratie, die nur die Früchte der Macht pflücken und verzehren wollte, an Patrio-

tismus weit übertrafen. Am häufigsten stammten diese „Söldner der großen Politik und des Krieges" aus den kleinen Staaten, die begabten und genialen Menschen nicht genug Spielraum des Wirkens zu bieten vermochten. Prinz Eugen hatte habsburgisches Blut in den Adern wie das der Savoyer, des Fürstengeschlechts, das am westlichen Rande der Po-Ebene von den Bergen herabsteigend – den Staat errichtet hatte, der nachher Piemont hieß und der zur Keimzelle des modernen Italiens wurde. Der Vater heiratete eine der Nichten des Kardinals Mazzini, der – von italienischer Herkunft – auf französisch Mazarin geheißen – die Nachfolge Richelieus angetreten hatte. Mazzini, obwohl Kardinal der Kirche, verachtete die Güter dieser Welt nicht und hatte den typischen italienischen Familiensinn, der für die Angehörigen der Sippe sorgt. Liebe war daher meist nicht der einzige Beweggrund, der einen ehrgeizigen Mann eine Nichte des mächtigen Kardinals heiraten ließ. Der Vater Eugens, ein Soldat, starb bald. Die Mutter Olympia taumelte von einem Skandal in den anderen, so daß sie ihre Kinder ziemlich vernachlässigte und oft nahezu vergaß, daß sie sie überhaupt hatte. So wuchs der junge Eugen unter halbwüchsigen aristokratischen Lebemännern auf, die aus der Verführung einen Beruf gemacht hatten und die ihren nächtlichen Leistungen durch eine Kritik an den bestehenden Autorität eine gewisse Weihe zu geben versuchten. Liselotte von der Pfalz, mit dem Bruder Ludwigs XIV. verheiratet, durch ihr freches Mundwerk und ihre derbfrischen Briefe ein Labsal unter den Larven des Hofes, erinnerte sich an Eugen „als an einen schmutzigen, sehr debauchierten Buben, der keine Hoffnung zu etwas Rechtem gegeben habe". Der König selbst meinte, daß ein Taugenichts wie Eugen, der außerdem noch grundhäßlich aussehe, gerade zum Bischof tauge, und wollte daher Eugen in die geistliche Laufbahn schicken. Das Gesuch Eugens um Eintritt in die französische Armee wurde beinahe verächtlich abgewiesen. Da verließ Eugen heimlich Paris und ritt mit gleichgesinnten Freunden nach Passau, um dort seine Dienste den Habsburgern anzubieten, die aus dem von den Türken belagerten Wien geflohen waren. Als Kommandeur eines Dragonerregiments focht Eugen in der Schlacht am Kahlenberg mit, die Wien befreite. Eugen schickte allerdings laufend Bewerbungen nach anderen Staaten aus. Die Mutter Olympia gehörte zu den glücklichen Naturen, die ohne Feindschaft und Zorn von einem Liebhaber zum anderen übergehen, ohne daß sie natürlich das Wunder vollbringen können, den Haß gekränkter Ehefrauen zu beschwören. So saßen überall in der Welt die Freunde und Liebhaber der Mutter Olympia, die Eugen helfen wollten. Aber zuletzt konnte sich Eugen doch nicht entschließen, von Wien wegzuziehen. Wo gab es noch eine Stadt mit einer solchen internationalen Atmosphäre, in der ein internationaler Adel aus Italienern, Böhmen und Ungarn regierte, dem alle nationalistische und selbst nationale Enge fremd war und der gerade Deutsch genug konnte, um mit dem Volk und den Hunden sprechen zu können, und gerade genug Ungarisch radebrechte, um nach Gewohnheit mit Pferden umgehen zu können. Das herrschende Wien sprach französisch, und niemand merkte, daß man in einer deutschen Stadt war. In Wien allein konnte der Prinz Eugen ohne jegliche Hemmung bleiben, was er war, halb Italiener und halb Franzose. Er stieg Stufe um Stufe empor, erfocht dann als Feldherr des österreichischen Heeres Siege, die in ganz Europa widerhallten. Das Abendland pries den Prinzen, von dem wenige viel wußten, als den Heros und den Held des Krieges. Die Hofburg brauchte nicht einmal zu erwägen, ob er als neuer Wallenstein ermordet werden müßte. Dafür war in der Seele des Prinzen Eugen zu wenig von der dunklen Beimischung und der Dämonie des politischen Ehrgeizes. Er war kein Söldnerführer, der in einem Cäsar werden wollte, und kam nicht einmal in Verdacht, ein solcher zu sein. In Wien lebte er als ein großer Herr, der zwischen den Schlachten und Siegen lässig sein Leben genoß, ein Mann der Bildung, ein Förderer der Künstler. Der Prinz Eugen baute Schlösser (darunter das Belvedere) und sammelte Bilder und Skulpturen. Die Feldherren der damaligen Zeit waren reiche Leute, weil sie ihre Prozente an der Beute des Sieges bekamen. Nur verwandelte der Prinz sein Geld nicht in Macht wie Wallenstein, sondern schuf sich zu seinen Lebzeiten in monumentalen Bauten sein Denkmal. Er machte Wien zu dem, was es heute ist, zu einer Stadt, die selbst heute noch als die Hauptstadt eines europäischen Mittelstaates Größe und Macht ausstrahlt und in der irdische Majestät wie nirgends woanders in Europa verkörpert ist. Nach der Zerstörung Berlins ist Wien ein einzigartiges Denkmal deutscher Geschichte.
Die Siege des Prinzen Eugen sind ein Teil der Geschichte der kommenden Jahre. Sie sind fast alle Wunder, weil der Hofkriegsrat virtuose Leistungen der Saumseligkeit und Langsamkeit bei der Versorgung der kämpfenden Heere vollbrachte. Zum Schluß wurde Eugen selbst Präsident des Hofkriegsrats. Sicherlich wirkte er inmitten des graziösen und methodischen Nichtstuns der Hofburg wie Dynamit. Aber er war selbst ein zu großer Herr, um seine Arbeit mit bürgerlich-plebejischem Eifer zu verrichten. Er hat Habsburg groß, aber nicht anders gemacht. Der häßliche Mann dachte mehr noch an den Ruhm des Schlachtfelds an die Grazie und Schönheit des Lebens. Er hat Habsburg zu einem mächtigen Staat gemacht und viel dazu beigetragen, Wien zu einer schönen Stadt umzugestalten.
1686 wurde Budapest erobert, das mehr als ein Jahrhundert eine türkische Stadt gewesen ist; 1688 erstürmte Max Emanuel von Bayern Belgrad, dazu ganz Ungarn mit Ausnahme des Banats, dazu den größten Teil von Kroatien und Slawonien

62 Das Zeitalter des Absolutismus

dauernd dem österreichischen Staate einbrachte. Deutschland erfreute sich des kriegerischen Ruhmes des Ludwig von Baden („Türkenlouis"), des Max Emanuel von Bayern und vor allem des Prinzen Eugen und hatte wieder Nationalhelden. 1716 erfocht Prinz Eugen den Sieg von Peterwardein und erstürmte noch einmal Belgrad. Der letzte ungarische Boden (der Banat von Temesvar) kehrte durch den Frieden von Passarowitz an den Habsburger Staat heim, während das nördliche Serbien und die kleine Walachei wieder verlorengingen.

Der Friede war der glorreichste Vertrag, den je christliche Mächte mit der Pforte abgeschlossen hatten. Zum erstenmal mußte die Pforte Tausende von Quadratmeilen abtreten, die jahrhundertelang in ihrem Besitz gewesen waren. Vor allem aber war sie aus einer angreifenden Stellung in eine Verteidigungsposition gedrängt worden. Binnen weniger Jahrzehnte war das Verhältnis der Türkei zum europäischen Staatensystem von Grund aus umgestaltet worden. Diese Türkenkriege gaben auch dem Hause Habsburg die wahre Großmachtstellung. Solange die Türken unmittelbar vor Wien standen, konnten die Habsburger mit Macht und Autorität in Europa kaum auftreten. Jetzt aber hatten sie freie Hand in Europa. Jetzt erst wurden sie die wahren Herren Ungarns, das bisher nur ein Herd des Abfalls, der Rebellion und des Verrates gewesen war. Die Tage Karls V. schienen wiedergekehrt zu sein. Habsburg erstrahlte in neuer Glorie und konnte Frankreich entgegentreten.

Tödliche Sonne: Ludwig XIV.

Zur gleichen Zeit vollzogen sich Veränderungen in der Welt, die alle dem französischen Aufstieg freundlichen Weltelemente schwächten. Sie und weniger die Macht des Reiches haben dem Vordringen Frankreichs am Rhein ein Ende bereitet. 1683 wurde der Vormarsch der Türken endgültig zum Stillstand gebracht und der östliche Flankendruck vom Reich genommen, der jede ernste Gegenwehr im Westen lähmte. Die Aufhebung des Ediktes von Nantes, des großen Toleranzediktes für die französischen Protestanten, im Jahre 1685 zerbrach das Band zwischen Frankreich und dem Großen Kurfürsten. Der Weltprotestantismus machte gegen Frankreich Front. Als 1688 das Experiment einer katholischen Restauration in England ein unwiderrufliches Ende gefunden hatte, als die „glorreiche Revolution", zwar weder glorreich noch eine Revolution, einen Umsturz des Staatensystems und Wilhelm III. von Oranien auf den Thron Englands gebracht hatte, schloß sich der Ring um Frankreich, und für die britische Politik bekam der Grundsatz Geltung, daß die Zukunft Englands auf dem erbarmungslosen Kampf gegen das französische Vormachtstreben ruhe. Die Stuarts hatten die Krone verspielt, weil sie gegen das Lebensgesetz Englands aufgestanden waren. Jetzt war die britische Politik in die Front gegen Frankreich eingereiht. Wilhelm III. führte mit derselben großen Entschlossenheit, die Englands Könige im Kampf gegen Spanien beseelt hatte, den Krieg gegen Frankreich. Er hob die Auseinandersetzung mit Frankreich auf weltgeschichtliche Ebene empor, und wenn die Deutschen fast nur als Landsknechte daran teilhatten, der Glanz des großen weltgeschichtlichen Augenblicks fiel zuweilen auch auf Deutschland. Trotzdem zog sich der Krieg hin, schon beinahe im Stile der „Kabinettskriege", jene ohne große kraftvolle Anstrengung und ohne wirkliche Entscheidung geführten Kriege, die jetzt in Mode kamen, bis die Kriege Friedrichs des Großen und insbesondere die Kriege der Französischen Revolution und Napoleons den

König Ludwig XIV. von Frankreich, der Sonnenkönig

„wahren Krieg" nach dem Begriff von Clausewitz schufen, bei dem die ganze Kraft der Nation eingesetzt wird und alles auf die Entscheidung über Leben und Tod gestellt ist. Im deutschen Volk brannte sich der Krieg in das Gedächtnis durch die Verwüstung des Pfalz ein. Der französische König befahl, daß nur wüstes Land dem Feind in die Hand fallen sollte. Gegenden, deren sich die Franzosen mitten im Frieden ohne jegliche Veranlassung von deutscher Seite bemächtigt hatten, wurden der Vernichtung geweiht. In Heidelberg sprengten die Franzosen zunächst das

Schloß in die Luft und zündeten dann die Stadt an allen Ecken an. Sämtliche Orte zwischen Heidelberg und Mannheim wurden der Erde gleichgemacht. Auch Oppenheim, Speyer und Worms wurden niedergebrannt. Die Überreste der fränkischen Kaiser wurden aus den aufgebrochenen Gräbern hervorgeholt und auf den Schindanger geworfen. Die Wege wurden zerstört und die Brücken abgebrochen, die Einwohner geplündert und dann nackt in die Winterkälte hinausgetrieben.

Die Heere des Sonnenkönigs hausten schlimmer als die Horden, die dann in der Französischen Revolution das Rheinland überschwemmten. Die letzteren brachten wenigstens eine Idee mit und bahnten schließlich eine neue Gesellschaft und Verwaltung in den besetzten Gebieten an.

Der Sonnenkönig hat am meisten dazu beigetragen, den monarchischen Absolutismus als eine Epoche in der deutschen Geschichte unmöglich zu machen. Das Versailler Schloß wurde zwar vielfach nachgeahmt, aber das aufgeputzte Fürstenregiment in den deutschen Kleinstaaten war nur eine Nachäffung der Glorie des Sonnenkönigs. In Gebieten, die man an einem Tage mit der Postkutsche durchreisen konnte, wirkte das Sonnenkönigtum nur lächerlich, die meisten dieser Prachtbauten blieben daher in Deutschland halbfertig stecken. Frankreich hielt zwar dem Ansturm Europas stand. Für den französischen Staat, der eine natürliche Grenze hat, die Pyrenäen und das Meer, ist feindliche Übermacht nicht so tödlich wie für die Deutschen. Aber es ging doch über die Kraft dieses Frankreichs, das so große Ziele nur mit großen inneren Maßnahmen und einer großen inneren Politik hätte vollbringen können. Frankreich war zu alt und zu einer Erneuerung nicht mehr fähig. Verstärkte Aushebung und Besteuerung führten vielfach zur Re-

Der Bevölkerungsüberschuß in Deutschland 1700-1955

Wieviel Geburten und Todesfälle kommen auf 1000 Deutsche in einem Jahr?

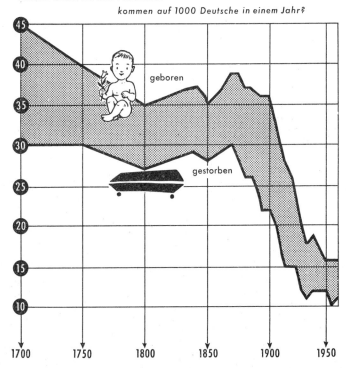

64 Das Zeitalter des Absolutismus

volte und deuteten schon auf die Revolution hin, die schließlich auch die deutsche Geschichte bewegen sollte. Die protestantischen Bergbauern in den Cevennen, die während des Edikts von Nantes geduldet waren, befanden sich nach dessen Aufhebung in einem nie ganz unterdrückten Aufstand, den Tieck in einem düsteren Roman beschrieben hat, um dann wie Tiere gejagt zu werden, bis der König dem Morden Einhalt gebot und die Unglücklichen durch schauerliche Sklaverei auf den Galeeren der königlichen Flotte „begnadigte". Hungersnot wütete im Land. Der Bischof Fénelon schrieb:
„Ihre Völker, die Sie lieben müßten wie Ihre Kinder, sterben vor Hunger. Der Anbau der Äcker ist beinahe ganz aufgegeben, die Städte und Dörfer sind entvölkert, die Gewerbe liegen danieder und ernähren ihre Arbeiter nicht mehr. Der Handel ist vernichtet. Frankreich ist nur noch ein trost- und brotloses Hospital. Das Volk, das Sie so geliebt hat, verliert Zuneigung, Vertrauen, ja alle Achtung vor Ihnen."
1697 wurde der Friede von Rijswijk geschlossen, der seit dem Dreißigjährigen Krieg wieder die ersten territorialen Verluste Frankreichs brachte. Frankreich behielt zwar das Elsaß und Straßburg, doch fiel Freiburg und Breisach an den Kaiser zurück. Lothringen blieb unter dem lothringischen Herzog selbständig. Der französische Vormarsch hatte seine äußerste Grenze erreicht. Den großen Durchbruch, den Ludwig XIV. versuchte, sollte erst die Französische Revolution vollbringen.
Wenn man die Epoche nach dem Westfälischen Frieden überblickt, sieht man, wie auf das Zeitalter der großen Entscheidungen eine Periode der Stille für das Deutsche Reich gefolgt ist. Es ist zwar um das Deutsche Reich herum noch viel Bewegung und Unruhe. Aber die großen Entscheidungen fallen außerhalb Deutschlands. Was in Deutschland geschieht, ist zumeist nur ein Reflex großer Weltgegensätze, der die Bewegung der wirklichen Mächte verrät. Oft fällt es schwer, das, was auf deutschem Boden und häufig mit deutschem Blut ausgefochten wird, noch zur deutschen Geschichte zu rechnen. Das Reich ist nach den Westfälischen Frieden durch eine furchtbare Gefahr hindurchgegangen. Es grenzt an ein Wunder, daß es in seinem machtlosen Zustand nicht stärkere Einbußen erlitten hat. Nahezu wäre es zwischen dem französischen und osmanischen Anprall zermalmt worden, so wie es in den napoleonischen Zeiten nahezu zwischen Frankreich und Rußland erdrückt worden wäre.
Die spanische Linie der Habsburger stand vor dem Aussterben, und ganz Europa bereitete sich auf den Erbschaftskampf vor. Der Kaiser schloß früh mit Frankreich einen Erbteilungsvertrag. Es war ein ungeheuerliches Dokument, denn er hätte den Franzosen gerade das gegeben, worauf es für das Reich ankam, die Niederlande, die Freigrafschaft Burgund, d. h. den Gürtel zwischen dem Reich und Frankreich. Es hätte in letzter Linie die französische Rhein-Grenze bedeutet. Für einen Gewinn der Dynastie (nämlich Spanien) hätte die Nation einen furchtbaren Verlust erfahren. Ein lebendiger Zusammenhang mit Spanien hätte sich doch nie herstellen lassen.

Beute- und Erbfolgekriege

Noch einmal traten die großen Entscheidungen an Europa heran. Um die Vormacht und die Herrschaft in Europa mußte gerungen werden, als 1701 – lange schon erwartet – das spanische Königshaus erlosch und das spanische Reich ein Erbe wurde, um das sich die Großmächte stritten. Der spanische König hatte den Sohn des französischen Königs als Erben eingesetzt. Ein berückender Traum stieg vor Frankreich auf, nämlich Herr über Frankreich und Spanien, das spanische Kolonialreich, die Spanischen Niederlande (Belgien) und Italien zugleich zu werden. Aber die Weltmacht – das nämlich hätten die vereinigten spanisch-französischen Reiche bedeutet – erebt sie nicht. Man erkämpft sie. England und Holland konnten diese Vormachtstellung Frankreichs so wenig dulden, wie das Britische Reich die Welt- und Seemachtspläne der Französischen Revolution und Napoleons dulden konnte. Eine Koalition der Seemächte mit dem Kaiser, der auf den spanischen Besitz gleichfalls Erbansprüche anmeldete, hat den Spanischen Erbfolgekrieg (1701–1714) gegen Frankreich durchgekämpft. An der Seite Frankreichs stand vor allem Bayern, das von dem Bündnis mit dem Franzosenkönig Erhöhung, Landgewinn und die Königskrone erhoffte. 1704 siegten Prinz Eugen, der Feldherr des Kaisers, und der Herzog von Marlborough, der Führer der englischen Armee, über das französisch-bayrische Heer bei Höchstädt in der Nähe von Donauwörth. Die Macht des französischen Angriffs war gebrochen, und die Kraft, die zu einer gigantischen Eroberung wie der Begründung eines spanisch-französischen Weltreiches nötig gewesen wäre, war in Frankreich nicht mehr vorhanden. Aber in der Defensive entfaltete es noch bemerkenswerte Kräfte des Widerstandes. Es hielt jedenfalls stand, bis der Tod Josephs I. (1705 bis 1711) die eigentliche Wende des Krieges brachte. Sein Bruder Karl (Kaiser Karl VI. 1711 bis 1740) war Erbe des ganzen spanischen Reiches. Jetzt sah Großbritannien die Gefahr einer habsburgischen spanisch-österreichischen Übermacht und legte gemäß seiner überkommenen Politik des europäischen Gleichgewichts sein Gewicht in die Waagschale des schwächeren Teils. Schließlich wurde zu Utrecht und Rastatt der Friede geschlossen. Philipp, der Enkel des französischen Königs, wurde als König von Spanien und der überseeischen Besitzungen Spaniens anerkannt.

Die Erbfolgekriege

Die Vereinigung zwischen Frankreich und Spanien wurde allerdings durch den Frieden verboten, und zwischen Frankreich und Spanien hat in der Tat in der nächsten Zeit kein anderer Zusammenhang gewaltet als der der „bourbonischen Familienallianz", die den Stürmen der Zeit wenig standhielt. Die Habsburger behaupteten durch den Frieden Neapel, Mailand, Sardinien und die Spanischen Niederlande (Belgien). Mit diesem Frieden war die europäische Großmachtstellung Österreichs endgültig begründet. Sie ruhte jetzt nicht mehr so sehr auf dem Kaisertitel oder der Anlehnung an Spanien. Straßburg, das Elsaß, die Freigrafschaft Burgund blieben verloren. Ja, Landau kam noch zu den Verlusten des Reiches hinzu. Waren die großen Pläne Frankreichs gescheitert und seine Machtstellung empfindlich erschüttert, den Gewinn der ersten Eroberungskriege gegen das Reich hatte der französische Staat doch behalten. Der Schwächste – das unorganisierte machtlose Reich – hatte wie immer gezahlt.

Fast gleichzeitig mit dem Spanischen Erbfolgekrieg wurde der Nordische Krieg (1701 bis 1720) geschlagen, der seine Dramatik durch die legendenumwobenen Widersacher, Karl XII. von Schweden und Peter den Großen von Rußland, erhielt. Der Spanische Erbfolgekrieg setzte der Offensive Frankreichs die äußerste Grenze, jener Offensive, für die der Westfälische Friede den Weg freigelegt hatte, und er zerschlug die auf den Westfälischen Frieden begründete Vormachtstellung Frankreichs. Der Nordische Krieg andererseits zertrümmerte die Großmachtstellung Schwedens und zerbrach die ganze Stellung, die der Westfälische Friede Schweden gegeben hatte. Mitunter schien es, als würde – Frankreichs großes Bestreben ging dahin – der Spanische Erbfolgekrieg mit dem Nordischen Krieg sich verschmelzen und noch einmal die schwedisch-französische Umklammerung des Reiches wirksam werden. Aber im Norden hatten sich neue Mächte erhoben, die das Rückgrat der schwedischen Machtstellung brachen. Auf den Schlachtfeld von Poltawa ist Schwedens Großmachtstellung zusammengesunken und hat Rußland begonnen, eine Großmacht zu sein, die mit ihrem Einfluß bald tief ins Leben der deutschen Nation hineinreichen sollte. Der Friede, der den Nordischen Krieg beendete, beseitigte im wesentlichen den Riegel, mit dem Schweden das Deutsche Reich und Preußen-Brandenburg von der Ostsee absperrte. Bremen und Verden fielen an Hannover, dessen Herrscherhaus kurz zuvor den englischen Thron bestiegen hatte. Brandenburg gewann Vorpommern mit dem wichtigen Stettin. Nur Stralsund, Wismar und Rügen waren jetzt noch in schwedischen Händen und blieben als die Reste der einstigen, gewaltigen Machtstellung Schwedens bis in die napoleonische Zeit bestehen. Brandenburg hatte beseitigt, was wie ein Dorn im Fleisch des brandenburgischen Staates gewesen war. Seine Bewegungsfreiheit war unendlich vergrößert, seitdem das Sprungbrett einer schwedischen Großmacht nicht mehr vor den Toren Brandenburgs stand. Brandenburg-Preußen hatte eine wichtige Stufe auf dem Wege seines Aufstieges genommen.

Dauernde Folgen hatten die Erbfolgekriege zumeist wenige, deren jetzt einer auf den andern folgten. Sie ritzten kaum die Oberfläche der Dinge und endeten zumeist nur in dynastischen Verbindungen, die nie zu lebenden, dauernden staatlichen oder gar nationalen Organismen zusammenwachsen konnten. Konnten etwa Österreich und Sardinien jemals ein Gebilde werden, das wirkliches Leben hatte? 1733 bis 1735 kämpften die Mächte um das Erbe Polens. Es war im Grunde eine erweiterte Wahlschlacht um den polnischen Thron, der mit dem Tode Augusts des Starken von Sachsen-Polen frei geworden war. Auf der einen Seite standen der Kaiser, Sachsen und Rußland, auf der anderen Frankreich und Spanien. Das Ende war ein großer Ländertausch. Österreich trat Neapel-Sizilien an Spanien ab und bekam dafür Parma und Piacenza. Stanislaus Leszczynsky, der unterlegene Kandidat Frankreichs für den polnischen Königsthron, bekam Lothringen, dessen Herzog die Hand Maria Theresias für seinen Verzicht auf das Land Lothringen erhielt. Nach dem Tode Stanislaus Leszczynskys fiel Lothringen nach den Bestimmungen des Friedens an Frankreich: Eine der wenigen realen Folgen des Polnischen Erbfolgekrieges. Dieser Erwerb nämlich konnte an eine Nation und einen Staat anwachsen.

Ein größerer Erbfolgekrieg warf schon seine Schatten voraus, bei dem es um wirkliche große Entscheidungen ging: Der Österreichische Erbfolgekrieg. Das Geschlecht der Habsburger schien im Aussterben. Daher verkündete Karl VI. – um auf alle Fälle die auf wenigen Augen ruhende Dynastie zu erhalten – 1713 die Pragmatische Sanktion, die die Unteilbarkeit des habsburgischen Gebietes und die Erbfolge auch weiblichen Nachkommen erlaubte (1717 wurde Maria Theresia geboren, für die alle Bemühungen des Kaisers fortan erfolgten). Karl VI. hat die ganze Kraft Österreichs darauf verwandt, die Anerkennung der Pragmatischen Sanktion durch die europäischen Mächte zu erwirken. Als er aber starb, erwiesen sich die Anerkennungsverträge als ein Fetzen Papier. Österreich mußte nun erweisen, ob es mehr war als eine Dynastie. Habsburg hatte um die Kaiserkrone und Österreich um seinen staatlichen Bestand zu ringen. Die Reichspolitik stand bei der Thronbesteigung Maria Theresias noch einmal an einem ihrer großen Wendepunkte. Das Jahr 1740 wurde zur Geburtsstunde der nächsten Jahrhunderte deutscher Geschichte, wie es selten ein einziges Jahr in der Geschichte Deutschlands gewesen ist. Denn in der Krise des österreichischen Staates machte sich Friedrich II. von Preußen zur Eroberung Schlesiens auf. Es war ein tiefer Schnitt in der deutschen Geschichte, der an Bedeutung nur von dem Schnitt von 1866 übertroffen wird, den er vorbereitete.

Krone außerhalb des Reiches: Königreich Preußen

Es war ein halbes Jahr nur nach seiner Thronbesteigung, als der junge Friedrich II. den Eroberungskrieg begann. Er konnte ihn beginnen, gleichsam am Tage nach der Thronbesteigung, weil ihm der Vater das Instrument geschmiedet hatte, das er jetzt brauchte. Unter dem Großen Kurfürsten trat die preußische Armee für ganz Europa zum erstenmal sichtbar in Erscheinung. Fehrbellin gab ihr den Ruhm, von dem sie und für den sie fortan leben sollte. Aber sie besaß noch kein festes, stetiges Fundament; sie ruhte nicht auf der eigenen Finanzkraft des brandenburgisch-preußischen Staates, sondern in einem hohen Maße auf Subsidien, die sich Brandenburg in den meisten seiner Bündnisverträge ausbedang. Brandenburg führte wie die meisten der kleineren Militärstaaten seine Kriege besoldet von den großen finanzkräftigen Staaten. Das Heer schwoll ab und ab, je nachdem, wie es die Gunst der Weltumstände und der Bündnisse aufblähte. Der Große Kurfürst hatte schon begonnen, das Finanzwesen des preußischen Staates so zu ordnen und zu stärken, daß es allein das Heer Preußens tragen könnte, und Preußen hörte auf, mit seinem Heere ein Kostgänger der Mächte zu sein. Unter seinem Nachfolger Kurfürst Friedrich III. (König Friedrich I.) trat ein schwerer Rückschlag ein. Auf den harten kriegerischen Großen Kurfürsten folgte ein Fürst, dem die Welt des Krieges und der Macht lange nicht so wie diesem die Luft war, die er atmete. Prunksüchtig, als erster König Preußens erfüllt vom Rausch der neuen Würde, zusammen mit seiner gebildeten Gemahlin Sophie von Hannover künstlerischen Interessen hingegeben, hat er in die Finanzen des preußischen Staates eine heillose Verwirrung gebracht. Unter ihm aber wurde Preußen Königreich und bekundete damit vor aller Welt seinen Willen, eine unabhängige souveräne Macht zu sein. Neben Österreich erhob sich im Reich eine andere „Majestät".
Am 18. Januar 1701 – an demselben 18. Januar, an dem 1871 das Reich begründet wird und an dem 1919 die Friedenskonferenz von Versailles zusammentritt – wurde Preußen Königreich. Kurfürst Friedrich III. von Brandenburg setzte sich im Schlosse zu Königsberg selber die Königskrone aufs Haupt. Allerdings sollte es ihn noch viel Geld und Mühe kosten, bis er 12 Jahre später im Frieden von Utrecht die internationale Anerkennung erhielt.
Für Preußen war dadurch nichts gewonnen, sondern nur ein Titel errungen. Die Königswürde gab Preußen keine neue Macht und keine neue Funktion im Reich. Aber schon den Großen Kurfürsten hatte es gewurmt, daß er hinter den Königen Europas rangieren sollte. Er hatte während seiner ganzen ruhmreichen Regierung mit großer Beflissenheit danach getrachtet, in Zeremonialsachen einigermaßen eine Gleichheit mit den Königen zu erhalten, und seine Vertreter angewiesen, daß sie „um Behauptung der Parität mit den königlichen Ministris auf alle Weise sich bemühen sollten". Aber man hatte keinen Erfolg. „Die kurfürstlich-brandenburgischen Ministri", so verzeichnet die Chronik, „mußten insgeheim das Chagrin haben, daß ihnen die Republiken Venedig und Niederland samt denen italienischen Fürsten nicht allein nicht weichen wollten, sondern auch wohl gar in vielen Stücken vorgezogen wurden."
Kurfürst Friedrich III. handelte einem Vermächtnis des Großen Kurfürsten gemäß und ging auch mit großer Schläue vor. Um die Einmischung des Kaisers möglichst gering zu halten und um ihm nicht viel für seine Zustimmung bezahlen zu müssen, gründete Friedrich III. die neue Würde nicht auf seine Reichslande als Kurfürst, sondern auf sein Herzogtum Preußen (das ehemalige Ordensland Ostpreußen) als souveräner Herzog. „Reichsstand" war der Hohenzoller nur als Kurfürst von Brandenburg; nicht als König saß er im Regensburger Reichstag. Als König war er ein völkerrechtlich selbständiger Monarch ohne Herrscher und Gesetz über sich.
Durch Vermittlung des Paters Wolf, den man ursprünglich auf Grund eines Versehens angerufen hatte, kam der „Kron-Traktat" zum Abschluß. Am 17. November 1700 konnte Pater Wolf an den Kurfürsten schreiben:

„Ich erstumme vor inniglicher Freude, daß nun mehro der Traktat wegen der vor J. K. D. mit höchster Billig- und Gerechtigkeit gesuchten königlichen Würde zu einem so glücklichen Ende geraten. Sage also nur inbrünstig-demütigsten zu Gott, mit treugehorsamstem Herzen zu Ihro Durchlaucht: Te deum laudamus."

Wahrhaft aus der Taufe gehoben wurde die neue Königswürde Preußens durch den Vertrag, den Frankreich, Großbritannien und Holland am 25. März 1700 über die Aufteilung der spanischen Lande geschlossen hatten. Indem Österreich den Teilungsvertrag ablehnte und sich auf Kampf einrichtete, brauchte es die Hilfe Preußens und war beinahe glücklich, daß Preußen sich durch eine Königskrone kaufen ließ. Die sonst üblichen Forderungen, Vorzugsrechte für katholische Gemeinden auf dem kurfürstlichen Boden und die Verpflichtung des Kurfürsten, immer für einen Habsburger im Wahlkollegium zu stimmen, wurden fallengelassen. Die Königswürde war nur ein Titel. Friedrich III. mochte nur aus Eitelkeit gehandelt haben. Aber Preußen hatte einen gefährlichen Anspruch angemeldet. Friedrich der Große hat das nachdrücklich ausgesprochen:

„Friedrich III. fand sich in Wahrheit nur gekitzelt durch die Äußerlichkeiten des Königtums, durch den Prunk der Schaustellung und eine gewisse Verschrobenheit der Eigenliebe, die sich darin

Königreich Preußen

gefällt, andere ihre Niedrigkeit fühlen zu lassen. Was in seinem Ursprung ein Werk der Eitelkeit war, das wies sich in der Folge aus als ein Meisterstück der Politik. Die Königswürde erlöste das Haus Brandenburg von dem Knechtschaftsjoch, unter dem das Haus Österreich damals alle Fürsten Deutschlands hielt. Es war eine Lockspeise, die Friedrich III. seiner ganzen Nachkommenschaft hinwarf und durch die er sagen zu wollen schien: Einen Titel habe ich euch erworben, macht euch seiner würdig. Die Grundlagen eurer Größe habe ich gelegt, an euch ist's, das Werk zu vollenden."

Am 24. November war der Eilbote mit dem Vertrag in Berlin angekommen. Am 17. Dezember 1700 reiste der Hof nach Königsberg ab, mitten im Winter, über Eis und Schnee. Zwölf Tage dauerte die Fahrt, dreißigtausend Pferde waren nötig für den Pferdewechsel an den Haltestellen. Am 15. Januar begannen die Festlichkeiten, die Oberzeremonienmeister Johann von Besser in einem besonderen Buch voll der Seligkeit des Gefallens am eigenen Werk beschrieb. Vier Wappenherolde erschienen in den Straßen Königsbergs und verkündeten, daß der souveräne Herzog Preußen als Königtum aufgerichtet habe zugunsten des großmächtigsten Fürsten Friedrich I., Königs in Preußen. Das Volk wurde so reichlich bewirtet und feierte so stürmisch, daß dazukommende Ausländer Grund hatten, es für verrückt zu halten. Am 17. Januar wurde der neue Ritterorden vom Schwarzen Adler zur Verewigung des Krönungsfestes gestiftet. Am 18. Januar wurde in Prunk und Pracht, mit Purpur, Gold und Diamanten die Krönung vollzogen. Der neue König wollte seine Krone aus der Hand keines andern Menschen annehmen. Er setzte sich die Krone selbst aufs Haupt und krönte danach seine Gemahlin. Des Kaisers und des Reichs, des Papstes und der Kirche wurde überhaupt nicht gedacht. Mit der Krone auf den Häuptern zogen König und Königin hinüber in die Schloßkapelle, wo dann zwei protestantische Geistliche ihres Amtes walteten, die eigens zu diesem Zweck zu Bischöfen ernannt worden waren.

Nun war man König, nun wollte man es auch sein. Die Grundlage der Größe glaubte man nach den Worten Friedrichs des Großen gelegt zu haben. Nun galt es, das Werk zu vollenden. Dem Lande sollte alles gegeben werden, was einem Königreich gebührte. Die Universität Halle und die Akademie der Künste und Wissenschaften wurden gegründet. In Berlin wurden das Königliche Schloß, das Zeughaus, die große Brücke und das Denkmal des Großen Kurfürsten errichtet. Man sparte nicht, um hervorragende Geister ins Land zu rufen. Um die königliche Sonne kreisten bald die ersten Sterne Europas, Leibniz, Thomasius, der als erster deutsche Vorlesungen hielt und eine gelehrte Zeitschrift in deutscher Sprache herausgab, Schlüter, der Michelangelo Deutschlands, Pufendorf, Spener und mancher andere.

Industrie, Handel und Ackerbau sollten belebt werden. Da es den Einheimischen an den entsprechenden Fähigkeiten gebrach, wurden Pfälzer, Franzosen und Schweizer ins Land gerufen. Die Franzosen waren bereits zur Zeit des Großen Kurfürsten gekommen, als der Sonnenkönig den Hugenotten die Duldung verweigerte. Der Anteil des französischen Elements am Werden Berlins ist nicht unerheblich. Man schätzte, daß fünfzehntausend Fremde im Lande waren, die zum Teil verwüstetes Land bebauten und urbar machten, die aber in der Mehrzahl

Das Berliner Schloß, umgebaut und erweitert 1698–1707 von Andreas Schlüter, ein typisches Beispiel des norddeutschen Barocks, 1951 abgetragen, heute Marx-Engels-Platz

in den Städten neue Gewerbezweige einführten und alteingeführten einen neuen Auftrieb gaben.

Auch die Verwaltung schien nicht mehr gut genug zu sein für ein Königreich. Der Geheime Rat wurde zur eigentlichen Zentralbehörde der Provinzen gestaltet. Eine Hofkammer wurde eingerichtet für die Domänen und Realien, ein Appellationsgericht dehnte bald seine Tätigkeit auf das ganze Land aus. Man leitete eine Kammergerichtsordnung und ein allgemeines Landrecht ein.

Vor allem aber wollte man es den Höfen Europas an Glanz und Prunk gleichtun. Verschwendung herrschte am preußischen Hofe. Auf den spartanischen Kriegerstaat des Großen Kurfürsten war ein verweichlichtes Regiment gefolgt, in dem die Günstlinge den Ton angaben. Friedrich I. gehört zu den wenigen Hohenzollern, die wenig für das Heer taten. Dem neuen König, dem zweiten König auf Preußens Thron, wurde eine leere Kasse hinterlassen und Einrichtungen, die aus Geldnot nicht funktionierten.

Soldat und Hausvater: Friedrich Wilhelm I.

Am 25. Februar 1713 bestieg Friedrich Wilhelm I., fünfundzwanzig Jahre alt, den Thron Preußens. Alles in ihm, Herz, Seele und Geist, war Widerspruch gegen das Regiment des Vaters. Da das Pendel immer zu weit ausschlägt, übertrieb es der neue König, der als Soldatenkönig in die Geschichte eingehen sollte, nach der anderen Seite. So einseitig wurde er, daß sein Sohn, Friedrich II., der Große geheißen, in allem Widerspruch gegen den Vater war und vor allem in der Jugend den Gegensatz gegen ihn heftig und zügellos übertrieb.

Friedrich der Große hat seinem Vater ein literarisches Denkmal gesetzt, er, der die von seinem Vater verachtete Kunst des Wortemachens beherrschte:

„Nach der Wiederherstellung des Friedens wandte die ganze Aufmerksamkeit des Königs sich dem Innern der Regierung zu. Er arbeitete an dem Neubau der Ordnung in den Finanzen, der Polizei, der Rechtspflege und des Heereswesens, lauter Aufgaben, die unter der früheren Regierung gleichmütig vernachlässigt worden waren. Er hatte eine arbeitsame Seele in einem kraftvollen Körper; nie war ein Mensch geboren mit einem so für die Einzelarbeit angelegten Geist. Wenn er zu den kleinsten Dingen herunterstieg, so tat er's in der Überzeugung, daß aus der Fülle der kleinen die großen Dinge entstehen. Sein ganzes Tagewerk setzte er in Einklang mit dem Gesamtplan seiner Politik, und in dem Bemühen, den Teilen die äußerste Vollendung zu geben, suchte er die Vollkommenheit des Ganzen. Er schnitt alle überflüssigen Ausgaben ab und verstopfte die Abflüsse der Verschwendung, durch die sein Vater die Hilfsmittel des öffentlichen Wohlstandes auf nichtige und überflüssige Zwecke abgelenkt hatte. Der Hof empfand zuerst diese Reformen. Er hielt nur eine Anzahl von Personen fest, die dem Staatsbedarf nötig oder nützlich waren; von hundert Kammerherren, die sein Vater gehabt hatte, blieben nur zwölf, die anderen wurden Soldaten oder Geschäftsleute. Seinen eigenen Bedarf verminderte er auf eine mäßige Summe, denn, sagte er, ein Fürst muß geizen mit dem Gut und Blut seiner Untertanen. In dieser Hinsicht war er ein Philosoph auf dem Thron, sehr verschieden von jenen Weisen, deren unfruchtbares Wissen in dem Jagen nach leeren Wahnbegriffen besteht, die sich unseren Kenntnissen zu entziehen scheinen. Er gab das Beispiel einer Strenge und Genügsamkeit, würdig der ersten Zeiten der römischen Republik. Ein Feind des Prunkes und der imposanten Außenseiten des Königtums, versagte er sich in seiner stoischen Tugend die gewöhnlichsten Bequemlichkeiten des Lebens."

Daß der Königstitel mehr wurde als ein klingender Name, ist das Verdienst Friedrich Wilhelms I. (1713 bis 1740). Unter ihm ist Preußen ein Soldatenstaat geworden. Er hat die Grundlagen zur Großmachtstellung Preußens gelegt. Es war der alte calvinistische Geist, der in ihm wieder aufstand. Auf den Pflichtgeist wollte er den preußischen Staat stellen; er selbst übte die Pflicht in einer harten, unbarmherzigen Form. Seine Sparsamkeit war eisern, zuweilen enge. Das Leben, das er von sich und den anderen forderte, war ein Leben des Opfers, der Pflichterfüllung, der Einfachheit und spartanischen Härte. Preußen fing an, sich groß zu hungern. Das preußische Heer ruhte fortan auf eigenen stetigen Grundlagen. Friedrich Wilhelm schuf das stehende Heer Preußens, das nicht mehr von ausländischen Subsidien abhängig war, sondern sich auf die regelmäßigen Einnahmen des eigenen Staates gründete. Den frondierenden ständischen Adel zwang Friedrich Wilhelm in den Dienst der Monarchie, deren Macht er als „rocher de bronze" (Felsen von Stahl) errichtete. Er schuf aus dem Adel ein Offizierskorps, das ganz der Monarchie ergeben war. Blieb das Heer auch noch ein Söldnerheer, so wurde doch zunehmend aus den unteren Schichten der eigenen Bevölkerung rekrutiert. Der Weg für das spätere Nationalheer war wenigstens angebahnt. Um aber eine der großen Gestalten der deutschen Geschichte zu werden, fehlte ihm die geistige Kraft und der große überlegene Blick.

Friedrich Wilhelm I., dem Soldatenkönig, werden angeworbene Soldaten vorgeführt

Friedrich Wilhelm ist wahrhaft der Schöpfer der preußischen Armee. Als Kronprinz steht er an der Seite des Feldmarschalls Fürst von Anhalt, der damit beginnt, erstmals Einheit in das preußische

Friedrich Wilhelm I. 69

Heer zu bringen. Noch war alles verschieden im preußischen Heer, die Kaliber, die eisernen Bajonette, die Degen, die Degengehänge, die Riemen und Taschen, die Messingtrommeln, die Ringkragen. Durch ein Reskript vom 5. April 1707 wurde in diesen Dingen eine gewisse Einheit befohlen; allerdings obwaltete noch lange die buntscheckigste Vielfalt im preußischen Heere.

Friedrich Wilhelm hatte eine Marotte, die Langen Kerls, die er für seine Garde um teures Geld überall zusammenkaufte, die er wie seinen Augapfel hegte und die er immer wieder konterfeien ließ oder selbst konterfeite. Die Spielerei des Königs war dabei gar nicht so belanglos, wie es aussah. Die Langen Kerls waren das erste regelrechte Militär, einheitlich gekleidet und „uniformiert" und nicht wie die Heere der damaligen Zeit in ein buntscheckiges, malerisches Räuberzivil gekleidet, sondern einheitlich gedrillt und richtig „exerziert".

Der Große Kurfürst noch hatte nichts als Söldner gehabt. Dieses Söldnerwesen entsteht im 13. Jahrhundert in Italien und entwickelt sich besonders dort, wo die Geldwirtschaft sich entfaltet: In Italien und in Burgund. Das Geld bahnt dem Söldnerwesen den Weg. Nun lassen sich Menschen kaufen, um zu töten oder getötet zu werden.

Das Söldnerwesen ist zunächst wirr und ungeregelt. Private Unternehmer, die Condottieri, stellen die Söldnerverbände auf. Sie kaufen die Waffen für ihre Truppen ein, kleiden ihre Söldner und verpflegen sie. Ihre Unkosten wirtschaften sie dadurch herein, daß sie ihre Truppen an Fürsten verkaufen oder indem sie sich an der Beute des Krieges schadlos halten. In Italien treten diese Condottieri als Staatengründer auf und führen einen neuen Staatstyp herauf, die cäsaristische Tyrannei im Stadtstaat.

So entsteht der Berufssoldat, der „ewige Soldat", der Miles perpetuus, und die Verteidigung des Vaterlandes wird zum Beruf und Erwerb. Die Bürger der Gemeinschaft kämpfen und sterben nicht mehr selber, sondern mieten sich jene Menschen, die berufsmäßig und gewerbsmäßig töten und getötet werden.

Wo das Söldnersystem in seiner krassesten Form ausgebildet wird, da wendet sich die Werbung für das Heer an den Auswurf der Nation. Die Bürger und die ehrlichen Leute sind davor geschützt, zum Heer angeworben zu werden. Nur auf das „unehrliche Volk" wird Jagd gemacht. Die Verelendeten, die Verarmten und Verkommenen, die Rechtlosen werden zur Armee gepreßt. Nur sie sind bereit, sich für ein Handgeld an den Tod zu verkaufen, sie machen man betrunken, so daß sie sich dem „Kalbsfell" verschreiben. Der Krieg gilt demgemäß als „Kloake der Nation". Er dezimiert nach Auffassung der damaligen Zeit die verbrecherischen und krankhaften Schichten des Landes, und er „reinigt" die Nation von ihren schlechten Säften und erspart dem Henker Arbeit.

Da nach der Auffassung der Zeit der Abfall der Völker in die Esse des Krieges geschüttet wird, macht man sich wenig Sorgen um das Schicksal der Söldner. Man hat sie ja ohnehin aus den Elendsquartieren zusammengekehrt, wo die Menschen sterben wie die Insekten. Aus den kranken und angefaulten Elementen des Volkes setzt sich das sogenannte „Heer" zusammen. Die Todesrate ist dementsprechend erschreckend hoch. Man findet in diesen vorgeblichen Armeen nicht die mindeste hygienische und sanitäre Vorsorge. Als im Jahre 1623 die Expedition Mansfeld von England nach Holland ging, kommen auf den verfaulten und verpesteten Schiffen von den fünftausend Mann nahezu vier Fünftel schon bei der Überfahrt um. Leichen werden in der Nähe der Küste ins Wasser geworfen, dann ans Land gespült und von den Schweinen der holländischen Bauern aufgefressen.

Der Soldat ist daher ein ehrloser und verachteter Stand, das Heer nach dem Ausdruck des preußischen Generals von Boyen eine „zusammengeprügelte Horde". Der Soldat hat keine Ehre, man erwartet von ihm kein Ehrgefühl und man appelliert nicht an seine Ehre. Die Disziplin wird durch grausame, brutale, unmenschliche und entwürdigende Strafen erzwungen. Jeder Abteilung marschiert der Profos mit dem Galgen voran. Prügel sind die gewohnte und gewöhnliche Strafe, das Spießrutenlaufen endet in der Regel mit dem Tod des armen Teufels, der da mit entblößtem Rücken durch eine Gasse seiner eigenen Kameraden zu laufen hat, mit den dornigen Ruten auf ihn einschlagen, bis das Blut herunterrinnt und das Fleisch in Fetzen vom Körper hängt, der von einem Henkersknecht wieder hochgerissen wird, wenn er ohnmächtig zusammenbricht, bis er die schauerliche Gasse zu Ende gegangen ist und bis er – meist sterbend – nach Beendigung der grausigen Prozedur in seinem Blut und in seiner Qual liegengelassen wird.

Der König war ein sorgsamer Hausvater, ein Städtegründer, darauf bedacht, seinen Untertanen Wirtschaftlichkeit, Sorgfalt, Arbeitsamkeit und Gewerbefleiß beizubringen, ja oft mit dem allerhöchst eigenhändig geschwungenen Prügelstock einzubleuen. Er legte Lebensmittelmagazine an, um dem Wucher zu begegnen, der allenthalben in Europa während der großen Hungerszeiten die Armen verhungern ließ.

Der König prügelte auch in der eigenen Familie. Die stolze Gemahlin blieb nicht verschont und nicht der zartbesaitete, empfindsame, durchgeistigte älteste Sohn. Damit hebt eine der großen Tragödien der deutschen Geschichte an.

Selten war der Zusammenstoß der Generationen so verhängnisvoll wie der zwischen Friedrich Wilhelm und dem Sohn. Das innere Recht war eher auf der Seite des Vaters. Friedrich, der Kronprinz, drohte ein Tunichtgut zu werden, ein Verseschmied, ein Flötenspieler, ein femininer Schöngeist, der mit seinem Gerede über das verächtliche Treiben der

Großen der Welt und seinem aufklärerischen Schwärmertum, das nach dem Literatenglück einer nur redenden und dichtenden Menschheit verlangte, die Grundsatze des preußischen Staates mit den Füßen zu treten schien: Ein aus der Bahn geworfener und aus der Art geschlagener Fürstensohn, der oft genug den Landesverrat streifte. Der Vater wußte allerdings nicht, wie sehr seine grobe und ungeistige Art und seine Unfähigkeit auf die Natur des Sohnes einzugehen und ihren tieferen, reineren und edleren Kern zu erkennen, den Kronprinzen in eine trotzige, nihilistische und Moral und Sitten verachtende Opposition hineintrieb. Der Kronprinz ist durch den Vater gebrochen und zerbrochen worden. Sein Vater habe ihm, sagt Friedrich später selbst, „für einen Teig gehalten, aus dem er alles kneten könnte, was er wollte. Das war falsch." Der Vater hat den Sohn gedemütigt, entehrt und als ein geprügeltes und getretenes Etwas hinterlassen. Noch ein Jahr vor der Thronbesteigung schrieb der Kronprinz:

„Nein, ich muß meinen Vater als meinen schlimmsten Feind betrachten, der unablässig den Augenblick erspäht, wo er mir den Verräterstoß geben kann."

Mit Friedrich dem Großen besteigt also ein Mann den Thron, der nie die Nestwärme verspürt hat und dem Liebe, Ehe und Familie fremde Dinge bleiben werden. Den König verdrießt es, daß der Kronprinz in kaltem Gehorsam die Frau zu ehelichen gedenkt, die der Vater für ihn ausgesucht hat. Er meint, der Sohn müsse in kindlichem Gehorsam auch Liebe für die ihm zugedachte Frau aufbringen. Man wolle ihn verliebt machen durch Stockschläge, so schreibt der Kronprinz verbittert an den General von Grumbkow am 4. September 1732, doch zum Unglück habe er nicht das Naturell eines Esels. Wenn der Kronprinz in purer Unterwerfung sich verheiratet, so spürt er doch am Tage der Heirat ein neues Gefühl der Unabhängigkeit und Selbständigkeit in sich. „Die Heirat macht mündig", schreibt er; sobald er verheiratet sei, sei er auch Herr in seinem Hause. Er wolle kein Weiberregiment, und er sei entschlossen, sich als „Mann von Lebensart" zu verheiraten:

„Ich lasse die gnädige Frau handeln, wie es ihr gut scheint, und tue meinerseits, was mir gefällt. Es lebe die Freiheit!"

In der schauerlich grausamen Schule des Vaters wandelte sich der Sohn. Er wurde dem Vater gleich, unerbittlich, sich verzehrend im Dienst des Staates und den Menschen in sich selbst mit unerbittlicher Hand bändigend. Die Achtung vor dem Vater stieg mit den Jahren. Aber der Bruch in der Seele blieb und war nicht mehr zu heilen. Vor allem war eines nicht zu überwinden; der Vater war ein Christ; der Sohn war es nicht, und der Krückstock des Vaters vermochte ihn nicht zu bekehren. Friedrich der Große verzehrte sich im Dienst seines Volkes, das er nicht verstand und das er nicht liebte. Er und sein Staat hatten sich in einsamer und gefährlicher Größe zu behaupten.

Friedrich der Große hat zwar später den Weg zu dem großen und starken Kern des Vaters gefunden, dem die harte, herbe Pflichterfüllung höher stand als das freundliche Spiel des Geistes und dem Straßen, Kanäle, Gewehre und Pulvertaschen mehr bedeuteten als Verse und musikalische Kompositionen. Die kleinen deutschen Fürsten, deren Leben in glänzender Untätigkeit verläuft, „die erlauchten Müßiggänger" und die „Theaterkönige" (alles Friedrichs eigene Ausdrücke), sind ihm ein Greuel. In seinem politischen Testament von 1752 befiehlt er, daß der Thronfolger an ein arbeitsames, tätiges und einfaches Leben gewöhnt werde, „damit er nicht die dreiste Anmaßung und den unerträglichen Hochmut besitze, die die Söhne der kleinen deutschen Fürsten haben". Erziehe man den Thronfolger in der Art von Königssöhnen, dann werde der Prinz:

„... ein Götzenbild, dem die Öffentlichkeit Weihrauch streut, sich aus Langeweile einem verschwenderischen Leben ergeben, angeekelt die Geschäfte fliehen, weder seine Völker noch die Menschen kennenlernen und sich selber nicht kennen, aber alle Leidenschaften besitzen, außer denen, die den Herrschern anstehen. Solcherart gibt es viele auf der Welt, die für rechtschaffene Leute und Mitglieder der guten Gesellschaft gelten. Was aber bei einem Privatmann nur ein Fehler ist, wird bei einem König zum Laster."

Rebell auf dem Thron: Friedrich der Große

In dem Gegensatz zwischen Vater und Sohn prallten zwei Geistesverfassungen aufeinander, und ein Bruch ist geblieben. Der calvinistische, religiös gesinnte, im Geist des europäischen Protestantismus herangewachsene Friedrich Wilhelm I. steht dem aufklärerisch gesinnten, von der französischen Kultur erfüllten Friedrich II. entgegen. Das Eitle, Müßige, Oberflächliche der damaligen französischen Kultur hat Friedrich II. zwar überwunden, aber seine Bildung ist französisch geblieben. Die Werke des Fürsten, der bald zum deutschen Nationalhelden werden wird, sind französisch geschrieben. Die deutsche Nationalliteratur war ein Traum, den er allerdings mit einer starken Hoffnung träumte. Er rühmte es, daß die Gelehrten nun wagen, in ihrer Muttersprache zu schreiben, und daß sie sich nicht mehr schämten, Deutsche zu sein.

Den Deutschen tun nur, so faßt Friedrich zusammen,

deutsche Herrscher not. Er hätte sagen können, daß den Deutschen Deutschland not tue:
„Wenn wir erst Mediceer haben, werden wir auch Genies erblühen sehen. Ein Augustus wird einen Virgil hervorbringen. Wir werden unsre Klassiker haben. Jeder wird sie lesen, um von ihnen zu lernen. Unsre Nachbarn werden Deutsch lernen. Die Höfe werden mit Vergnügen Deutsch sprechen, und es kann geschehen, daß unsere geschliffene und vervollkommnete Sprache sich dank unseren guten Schriftstellern von einem Ende Europas zum anderen verbreitet. Diese schönen Tage unserer Literatur sind noch nicht gekommen, aber sie nahen. Ich künde sie Ihnen an, sie stehen dicht bevor. Ich werde sie nicht mehr sehen. Mein Alter raubt mir die Hoffnung darauf. Ich bin wie Moses: Ich sehe das Gelobte Land von ferne, aber ich werde es nicht betreten."
Friedrich war Atheist, verkörperte daher ein Preußentum ohne Glauben und ohne die Zehn Gebote. Friedrich war wie sein Vater in der menschlichen Grundhaltung Calvinist, ein heidnischer Calvinist. Er glaubte an die Vorherbestimmung (Prädestination).
Nach dem Glauben des Calvinismus hat Gott von Anfang an die Auserwählten und Verdammten vorherbestimmt. Kein menschliches Tun kann daran etwas ändern. Die Erwählten gehen ihren Weg, und nichts vermag sie irrezumachen: „Gottes Schafe ruhen sicher in seiner ewigen Hand." Kein menschliches Tun vermag aber auch die Verdammten zu erretten. So sagt es Friedrich in seiner weltlichen Art: „Der Herrgott hat überall Samen ausgestreut, Disteln, Narzissen, Rosen, und den Menschen bleibt nichts übrig als abzuwarten, was aus dem Samen wird."
Das ist ein unerbittliches Gesetz, die Tollkirsche wird Tollkirsche und Rose wird Rose. Niemand vermag daran etwas zu ändern. Die Welt erscheint Friedrich II. als ein sinnloses Getriebe des Schicksals und des Zufalls. Die Götter würfeln über das Menschenleben, und das große Welttheater ist ein Gewebe, das aus Selbstsucht, Ungereimtheit, Unwahrscheinlichkeit, Dummheit und Gemeinheit gebildet ist. Das Mirakel des Hauses Brandenburg, die Rettung Preußens vor der Übermacht der Feinde im Siebenjährigen Krieg, besteht aus dem Tod einer „Hure" (Elisabeth von Rußland) und der Thronbesteigung eines schwachsinnigen Narren, der den großen Friedrich bewundert und mit in preußische Uniformen gekleideten Puppen spielt. Die Menschen sind in den Augen des großen Friedrich allzumal eine verfluchte Rasse, tückische Affen und aufgeblähte schillernde Papageien, die angelernte Phrasen und Formeln nachplappern.
Friedrich ist ein Skeptiker, ein aufgeklärter Fürst, ein Rationalist. Aber er verfällt nicht in die Raserei derer, die zur Vernunft wie zu einem Götzenbild beten, und er ist nicht besessen wie die landläufigen Rationalisten

Friedrich der Große 71

von einer Chimäre, die sich Ratio nennt, und von einem Wahn und einem Dämon, die sich die Maske der Vernunft aufgesetzt haben. Das schlimmste Übel für Friedrich ist es, den Staat der „Tollwut der Theologen, der rabies theologorum", untertan zu machen. „Immer König sein und nie den Priester spielen", das bewahre den Staat vor Krisen. Auswärtige Religionskriege seien der Gipfel der Ungerechtigkeit und Albernheit. Von Aachen aufzubrechen, um mit dem Stahl in der Hand wie Karl der Große die Sachsen zu bekehren oder eine Flotte auszurüsten, um den Sultan von Ägypten zu bewegen, Christ zu werden, das seien höchst sonderbare Unternehmungen. Gott gebe, daß die Wut der Kreuzzüge nicht wiederkehre.
Im August 1736 knüpft der König jenes Band, das sein Werk, sein Leben und seine Regierung kennzeichnen wird, das Band der Freundschaft mit Voltaire. Fortan ist der König von Preußen der Freund des wohl revolutionärsten Denkers des Jahrhunderts. Wenn später die fromme Maria Theresia in Friedrich dem Großen den Antichrist sehen wird, so hat die Freundschaft mit Voltaire geholfen, dem alten Europa den Schauer über den Rücken zu jagen ob jenes Königs, der sich gemein macht mit Literaten und Freidenkern.
Friedrich erörtert häufig die Frage des geschichtlichen Ruhmes mit Voltaire. So schickt Voltaire ihm eine neue Geschichte Peters des Großen. Friedrich erklärt, daß diese Geschichte Peters des Großen sein eigenes Urteil über den russischen Zaren umgestülpt habe. Ein Ton des Bedauerns klingt mit. Es sei nun ein Mann weniger in der wirklichen Welt. Verschiedene Umstände hätten aus dem Zaren ein „heroisches Phantom" gemacht, dessen Größe niemand zu bezweifeln wagte. Nun sehe man einen Fürsten mit allen menschlichen Fehlern und wenig Tugenden. Der Zar sei nicht mehr der umfassende Geist, sondern ein Mann, der von Phantasien beherrscht war, die nur so sonderbar waren, daß sie einen gewissen Glanz verbreiteten. Er sei nicht mehr der unerschrockene Krieger, der keine Furcht und keine Gefahr kannte, sondern ein feiger, furchtsamer Fürst, der seine Brutalität in der Gefahr verließ, grausam im Frieden, schwach im Kriege, bewundert von den Fremden und gehaßt von dem eigenen Volk, kurz ein Mann, der den Despotismus bis zur äußersten Grenze getrieben habe und bei dem nur das Glück den Mangel an Weisheit ersetzte.
Man spürt ein wenig die Angst Friedrichs des Großen, so zu werden wie Peter der Große. In diesem Brief vom 13. November 1737 schimmert das eigene Herrscherideal Friedrichs des Großen durch.
Immer wieder stellt er sich wohl dabei die Frage, wie die Nachwelt über ihn urteilen werde. Es sei durchaus möglich, daß Alexander der Große nur ein berüchtigter Straßenräuber war. Quintus Curtius habe nur durch seinen glänzenden Stil Alexander zum größten Menschen der Welt gemacht. Die Geschichtsschreiber seien auf der einen Seite von der Vorliebe und der

Voreingenommenheit für bestimmte Fürsten geleitet, auf der anderen Seite von Haß und Bosheit. Beide, Voltaire und Friedrich der Große, sind sich nun darin einig, daß Julian Apostata, Julian der Abtrünnige, der das Christentum im Römischen Reich wieder abschaffen und die alte Religion der Römer wiederherstellen wollte, von der Bosheit der christlichen Geschichtsschreiber entstellt worden sei. Endlich sei jemand gekommen, der den Trick durchschaut und Kaiser Julian seine Tugenden wiedergegeben habe.

Dieser König schreibt an Voltaire Dinge, für die ein einfacher Bürger seines Staates durch die Zensur eingekerkert worden wäre. So spottet er in einem Briefe vom 19. Januar 1738 über den Ahnenstolz und die Stammbäume der europäischen Fürstengeschlechter:

„Wagt man, ihnen zu sagen, daß unter ihren Vorfahren eben nicht sehr tugendhafte und deshalb sehr verächtliche Menschen sich befunden haben, so fügt man ihnen eine Beleidigung zu, welche sie nie verzeihen."

Wehe dem Schriftsteller, der verwegen genug sei, in das Allerheiligste ihrer Geschichte einzudringen und die Schande ihres Hauses ruchbar zu machen:

„Zu behaupten, daß fünfzig oder sechzig Ahnen sämtlich die rechtschaffensten Leute von der Welt gewesen seien, das heißt die Tugend auf eine einzige Familie beschränken und dem menschlichen Geschlecht eine große Beleidigung zufügen."

Ketzereien dieser Art schreibt Friedrich auch an den Grafen von Schaumburg-Lippe. Die Leute von Geburt zeichneten sich durch Müßiggang und nichtige Beschäftigungen aus. Genie, Arbeitsamkeit und Fleiß schienen unglückseligerweise nur jene zu haben, die ihren Namen erst berühmt machen müßten und die ihn nicht schon durch das Verdienst ihrer Vorfahren erhalten hätten.

Kein revolutionärer Schriftsteller der französischen Aufklärung könnte härter urteilen über „die Tyrannen und die Ungeheuer, von denen die Annalen der Welt wimmeln". So schreibt Friedrich an Rollin, den Verfasser einer römischen Geschichte, daß er glücklich sei, als Geschichtsschreiber die Fürsten unterweisen zu können. Auf dem Wege der Historie könne man die Stimme der Wahrheit ertönen lassen, der sonst durch die Schmeichelei der Zutritt zu den Thronen verwehrt sei. Keiner derer, die die Französische Revolution vorbereiten, hätte es anders sagen können: Er wünsche, daß man die Könige zu Menschen und die Fürsten zu Bürgern machen könne.

Als Friedrich Voltaire persönlich kennenlernt, im September 1740, befindet er sich schnell in einem Rausch der Bewunderung. Voltaire besitze die Beredsamkeit des Cicero, die Liebenswürdigkeit des Plinius und die Weisheit des Agrippa. Er vereinige mit einem Wort, was sich an Tugenden und Talenten von drei der größten Männer des Altertums vereinigen lasse. Sein Geist arbeite unaufhörlich, jeder Tropfen Tinte sei ein Geistesfunke, der aus seiner Feder ströme.

In Frankreich sieht er schon als Kronprinz die kommende Macht. Das Emporsteigen des französischen Staates betrachtet Friedrich mit Schrecken und Bewunderung zugleich. Nicht Glück habe Frankreich so weit gebracht, sondern die überlegene Politik seiner Staatsmänner. Frankreich halte nun die Fäden der europäischen Politik in der Hand. Habe man Streitigkeiten, Frankreich entscheide darüber. Wolle man Krieg führen, Frankreich sei dabei. Wolle man Frieden schließen, so gebe Frankreich das Gesetz und werfe sich zum Schiedsrichter der Welt auf. Ringsum habe dieses Frankreich natürliche Grenzen, den Atlantischen Ozean, die Pyrenäen und das Mittelmeer. Nur im Osten seien ihm allein durch die Mäßigung und die Gerechtigkeit Grenzen gesetzt. Es habe Lothringen und Straßburg an sich gerissen, die für das Reich dieselbe Bedeutung hätten wie die Thermopylen für die alten Griechen. Frankreich habe sich nun bis an den Rhein herangeschoben, und man könne nur hoffen, daß der Rhein für immer die Grenzzaun Frankreichs bilden werde. Ernst Moritz Arndt wird kaum ein Jahrhundert später verkünden, daß der Rhein Deutschlands Strom und nicht Deutschlands Grenze sei. Friedrich erklärt sich in seiner Bewunderung und seiner Angst vor Frankreich damit zufrieden, daß der Rhein Deutschlands Grenze bilde. Das war für den Kronprinzen von Preußen die Hoffnung, daß Frankreich am Rhein stehenbleiben werde.

Der Kronprinz von Preußen zeichnet das Bild eines entarteten und entmannten Europas. Früher habe Frankreich kämpfen müssen. Ganz Europa habe sich ihm entgegengestellt, und nur seiner Kraft habe es seinen Aufstieg zu verdanken. Jetzt falle ihm alles in den Schoß. Was würden Richelieu und Mazarin sagen, wenn sie heute wieder auf die Welt kämen? Sie würden keinen Philipp III. und IV. mehr in Spanien finden, keinen Cromwell und Wilhelm III. in England, keinen Prinzen von Oranien mehr in Holland, keinen Kaiser Ferdinand mehr in Deutschland und überhaupt keine Deutschen mehr im Heiligen Römischen Reich, keinen Innozenz XI. mehr in Rom, keinen Tilly, keinen Marlborough und keinen Prinzen Eugen mehr an der Spitze feindlicher Heere. Sie würden enttäuscht sein, eine völlige Entartung derer zu erleben, denen das Geschick der Menschen in Krieg und Frieden anvertraut sei. Im Angesicht der Entmannung Europas würden sie sich auch nicht mehr wundern, wie man die Nachfolger ihrer großen Gegner nun einst besiegen und täuschen konnte. Das also war der Eindruck des Kronprinzen von Preußen: Es gibt keine Männer mehr in Europa, keine Deutschen mehr im Deutschen Reich. Aber diese Verfinsterung wird nicht mehr lange andauern.

Das Bild, das Friedrich zeichnet, ist der Hintergrund für das erregende Vierteljahrhundert deutscher Geschichte von 1740 bis 1763. Die hektische Kraftäußerung, wie sie Preußens neuer König zeigt, entspringt der Überzeugung, daß sich irgendwo in diesem

ermüdeten und verfallenen Europa eine Kraft, ein Wille und die Bereitschaft zum Widerstand und zur Tat bekunden und zeigen müßten.
In einem Brief an Voltaire vom 27. Juni 1739 zeigt Friedrich zum ersten Mal, wie er sich das Werk seines Vaters zum Vorbild nimmt. Nie hat er vergessen, wie der Vater ihn als Mensch zerbrochen hat. Aber der Vater blieb immer das Vorbild Friedrichs. Friedrich schildert in diesem Briefe, wie Preußisch-Litauen zu Anfang des 18. Jahrhunderts durch die Pest verheert worden und wie mehr als dreihunderttausend Menschen in Elend und Krankheit umgekommen seien. Der preußische Hof habe es versäumt, dieser Provinz zu Hilfe zu kommen. Friedrich I., der erste König von Preußen, sei inmitten dieser Notlage gestorben, „und wurde mit seiner falschen Größe begraben, die nur in eitlem Gepränge und prunkvoller Schaustellung leerer Zeremonien bestand".

Dessen Nachfolger aber, Friedrichs Vater, sei gerührt gewesen von dem allgemeinen Elend:
„Er sah mit eigenen Augen diese weite Wüste mit all den schrecklichen Spuren, welche die erwähnte ansteckende Krankheit und die schmutzige Habsucht der Minister hinterlassen hat. Zwölf bis fünfzehn entvölkerte Städte, vierhundert bis fünfhundert unbewohnte und unbebaute Dörfer" seien das traurige Schauspiel vor seinen Augen gewesen. Der König aber sei von diesem Augenblick an entschlossen gewesen, „den Wohlstand und den Handel dieser Gegend wiederherzustellen, die selbst das Gesicht eines zivilisierten Landes verloren hatte". Es sei „etwas Heroisches in der hochherzigen und sorgsamen Art gewesen, mit welcher der König die Aufgabe verfolgt hat, diese Wüste bewohnt, fruchtbar und glücklich zu machen".

Die Verworrenheit der deutschen Staatenwelt

Staaten von dem Umfang des Kurfürstentums Brandenburg zusammen mit Preußen gab es 1740 genug in Deutschland. Jeder andere deutsche Staat hätte das Abenteuer wagen können, das Friedrich II. 1740 nach der Thronbesteigung unternahm. Die Aufteilung des Habsburger Reiches war ein Thema, das die Staatsmänner allüberall mit schmatzenden Lippen nach dem Abendmahl erörterten. Der Kurfürst von Bayern spielte ja ein beinahe höheres Spiel als Friedrich II., indem er nach der Kaiserkrone griff. Der Raub Schlesiens durch den brandenburgisch-preußischen Staat wurde im besten Stil der deutschen Geschichte durchgeführt. Seit Jahrhunderten schon erfanden die deutschen Fürsten, wenn sie etwas stehlen wollten, einen neuen Kaiser. Diesen Kaiser sollte es bald geben. Friedrich II. hatte sich rechtzeitig besorgt, damit er Brief und Siegel unter den beabsichtigten Raub Schlesiens setzen sollte. Sobald einmal der Kaiser gewählt war, war der Raub Schlesiens nichts anderes mehr als die Beraubung eines deutschen Fürsten durch einen anderen, woraus ein paar Jahrhunderte deutscher Geschichte bestehen.
Die Frage nach dem territorialen Zustand Deutschlands im Jahre 1740 kann nur von einem sadistischen Geist gestellt werden. Deutschland war damals ein Gemengsel von kleinen und kleinsten Fürstentümern. Die meisten Staaten hingen in Fetzen auseinander oder hatten wenigstens fremde Enklaven inmitten des eigenen Landes. Die „Abrundung" und die Beseitigung der fremden Korridore war das leidenschaftliche Anliegen aller deutschen Fürsten. Die Orgien des Reichsdeputationshauptschlusses im Jahre 1803, durch den ein Dreivierteljahrhundert später das Deutsche Reich aufgeteilt wird, sind nur verständlich, wenn man sich gegenwärtig macht, daß dabei der ungestillte Trieb einiger Jahrhunderte befriedigt werden sollte.

Die Landkarte Deutschlands befand sich in einer ständigen Bewegung, Erbteilungen und Gewinne, Erbschaften, gewaltsame Aneignungen unter Berufung auf eine Urgroßmutter des angreifenden Herrscherrs, Tauschgeschäfte, wobei Land gegen Land getauscht wurde, aber auch bankrotten Fürsten gegen Stundung oder Erlaß Besitz abgenommen wurde, das alles veränderte das Bild Deutschlands von Tag zu Tag. Nur ein übermenschlicher Geist könnte sich die territoriale Entwicklung Deutschlands von 1648 bis 1740 wahrhaft einprägen, von der vieles dasselbe geschichtliche Gewicht hat wie später Sachsen-Coburg-Meiningen und Reuß jüngere Linie an politischem Einfluß.
Einigermaßen geschlossen war das Kurfürstentum Bayern, dessen Wahrzeichen die Schlacht am Weißen Berge (1620), die blutige Ausrottung der besiegten böhmischen Herrenschicht und der Einfall der spanischen Soldateska in das damalige Kurfürstentum Pfalz darstellten. Dieser Geschehnisse wegen und mit diesen Geschehnissen im Hintergrund erhielt Bayern 1623 die Kurwürde. Doch stellte sich heraus, daß die Kurwürde teurer war, als man geglaubt hatte. Die fremden Heere, die Schweden und die Franzosen, stürzten sich im Laufe des Dreißigjährigen Krieges auf Bayern und verwüsteten, zum Teil auf unvorstellbare Weise, das Land. Den Geschmack an der großen Politik hatte allerdings Bayern noch nicht verloren. Nacheinander versuchte es die Niederlande und dann Österreich zu gewinnen. 1742 trug es die Kaiserkrone, die nur den Stempel auf dem Raub Friedrichs II. an Österreich war.
Sachsen hätte die Chance gehabt, ein geschlossenes Machtgebilde zu werden. Aber es spaltete sich 1485 in die sogenannten albertinischen und ernestinischen Linien. Die beiden Linien waren meist so verfeindet,

74 Das Zeitalter des Absolutismus

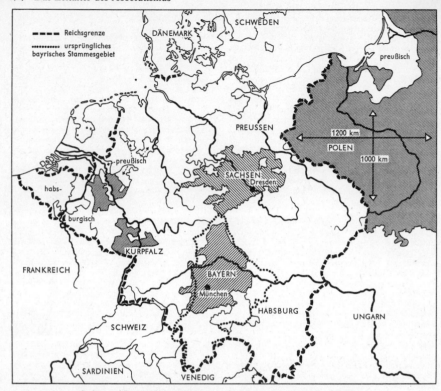

Sachsen und Bayern 1714 zur Zeit Augusts des Starken, der auch König von Polen ist

daß sie nicht einmal desselben Glaubens sein wollten. In der Reformation haben die beiden Sachsen eine große Rolle gespielt. Der Landesherr Luthers, Friedrich der Weise, hat, dem Auftrag getreu, den ihm Kaiser Karl einmal gab – auch als Kaiser Karl anderen Sinnes wurde –, „den Mönch gut zu bewahren", Luther vor der Reichsacht geschützt, allerdings nicht im offenen Trotz, sondern nur indem er vorgab, nicht zu wissen, wer der „Junker Jörg" sei. Moritz von Sachsen hat die Kaisermacht vor der Vernichtung bewahrt und den Sieg der protestantischen Stände verhindert, indem er sich an die Seite des Kaisers schlug, und er hat zuletzt den „Souveränitätsschwindel deutscher Fürsten" erhalten und geschützt, als er auf dem Höhepunkt der kaiserlichen Macht Karl V. in den Rücken fiel. Erst hatte der Protestant Moritz dazu beigetragen, den Sieg des Protestantismus in Deutschland zu verhindern – wofür er die sächsische Kurwürde bekam –, dann verhinderte er ein Übermächtigwerden der Kaisermacht, weil er als Kurfürst noch etwas zu tun haben wollte. Moritz gebrauchte als Begründung für seinen Abfall vom Kaiser die schlechte Behandlung, die Philipp von Hessen nach der Schlacht bei Mühlberg widerfahren war. Dabei hätte Philipp eine weit schlimmere Behandlung erfahren können. Der Schwiegervater Moritz' lebte in Bigamie und dafür gab es im Reich eine noch immer gültige „Halsgerichtsordnung". Der Kaiser hatte zwar einmal den Verzicht Philipps des Großmütigen, Krieg zu führen, mit dem Versprechen erkauft, die Bigamie nicht zu verfolgen. Philipp heißt der „Großmütige", aber eigentlich hätte seine Frau, Christine, so heißen müssen oder die Theologen Luther und Melanchthon, die zur Rettung Hessens für die Reformation Wunder an theologischem Scharfsinn vollbrachten. Großmütig war die Frau, großmütig Luther, großmütig der Kaiser, großmütig Moritz von Sachsen, weil Sünder immerdar gebefreudig und nachgiebig zu sein pflegen. Moritz von Sachsen hat immerhin die schlechte, den wenn auch unbestimmten Zusicherungen des Kaisers widersprechende Behandlung seines Schwiegervaters, der eigentlich das „Halsgericht" verdient hätte, als Begründung für den unheiligen Egoismus seiner Politik gebraucht. Dieses mitten in Deutschland unter die anderen deutschen Territorien eingeklemmte Sachsen bedurfte der Ausdehnung, der Abrundung und des „Lebensraumes". Schlesien und Brandenburg rochen dem Sachsen – um die Sprache der von ihm geliebten Bibel zu gebrauchen – lieblich in seine Nüstern. Bei einem Krieg gegen den Brandenburger ist er auf dem Schlachtfeld gefallen, der letzte deutsche Fürst, der das Sterben an der Front noch selbst besorgte. Dabei war der noch mit Idealen begabte Moritz bei alledem doch einer der modernsten Fürsten Deutschlands.

Ob nun aus Zufall oder aus tieferer Bedeutung, Sachsen war das Kernland der Reformation. Die sächsischen Fürsten hoben sich auch weit empor über die anderen, die jeweils die Bibel nur zum Kirchenraub mitnahmen. Ihre Schulordnung von 1580 wurde vorbildlich. Es wurden Landesschulen aus dem beschlagnahmten Kirchengut errichtet. Diese Schulen waren zwar zur Mehrzahl nicht neu, sondern alte Kirchenschulen, aber sie blieben wenigstens erhalten, während in anderen deutschen Territorien der Bodenbesitz, der das Schulwesen trug, eine Beute des Adels und der Landesherren wurde, wobei jeweils die Schulen, die nicht zerstört wurden, als Schulgründungen der regierenden Fürsten bezeichnet wurden (etwa nach dem Beispiel der „King Edward Grammar Schools"). Schließlich trat in Sachsen eines der einheitlichen Landrechte Deutschlands ins Leben: „Das gemeine Sachsenrecht".

Doch wurden die Sachsen überspielt von den Brandenburgern, die es 1680 zuwege brachten, daß das Stift Magdeburg, das ein ausgreifendes Territorium war, an Brandenburg fiel. 1694 wurde in dem brandenburgisch gewordenen Halle eine Universität gegründet, die sich bald eine führende Stellung im deutschen Geistesleben zu erringen wußte.

Jeder deutsche Fürst wollte ein Stück Besitz, das ihn der „Reichsuntertänigkeit" entzog und zum souveränen Herrn machte. Die Wettiner, die Herrscher über Sachsen, machten den Anfang, und griffen nach der Königskrone Polens. Aus ähnlichem Streben heraus machte sich Friedrich I. 1701 zum König von Preußen, das damals nicht als ein deutscher Staat und Mitglied des Reiches galt. So machte es August der Starke (1694 bis 1733), fast gleichzeitig bewegt von der gleichen Schwäche für Flitter. Die Ideen schwirrten schon seit langem in der Luft. Um König von Polen werden zu können, gab Sachsen die Glorie preis, der Herd der Reformation gewesen zu sein. August der Starke wurde katholisch und erwarb schließlich 1697 die polnische Königskrone. Aber dieses polnische Königtum, durch die Allmacht des Adels schon zur Fassade geworden, war für August nur Theater, Flitterglanz und Satrapenherrlichkeit. Sachsen verlor die polnische Krone wieder und damit auch den Anspruch, als europäische, nicht dem Kaiser unterworfene Macht aufzutreten. Sachsen vermochte eine Landverbindung mit Polen nicht herzustellen. Außer den höchstpersönlichen Bemühungen um die Vermehrung der polnischen Volkszahl – denen August der Starke auch in Sachsen oblag – wurde nichts getan, um wahre Herrschaft über Polen auszuüben. Eine deutsche Siedlung, wie etwa Maria Theresia an den Grenzen ihres Reiches (des „Heiligen Römischen Reiches Hofzaun") durchführen wird, wurde für Polen auch nicht einmal erwogen. Die Sprache und die Kultur am Hofe von Warschau war dieselbe wie an fast allen Fürstenhöfen, nämlich die französische, einschließlich der aufklärerischen, mit der sich die Fürsten Europas selber den Strick um den Hals legten. Es ist unwahrscheinlich, daß die Masse der Polen überhaupt gemerkt hat, daß August ein Deutscher war.

Für Sachsen selbst hatte das prunkvolle Gehabe bei alledem große, segensreiche Wirkungen. Dresden wurde zu einer der schönsten Residenzen Europas ausgebaut und wurde die Barock- und Rokokostadt Europas schlechthin. Wo in Preußen die Wissenschaft pflegte, so fand in Sachsen die Oper eine Heimstätte. Friedrich von Preußen verachtete zu seinem Unglück Sachsen als den Staat der Musikanten und Komödianten. Nach dem Erwerb von Schlesien wäre Sachsen bitter notwendig für die „Abrundung" des preußischen Staates gewesen. Aber Sachsen überlebte wie durch ein Wunder, um dann im 20. Jahrhundert nach dem Zusammenbruch des Hitlerreiches in Gestalt von Ulbricht einen Talmi-Lenin hervorzubringen.

Am Rhein gab es die sogenannte „Pfaffengasse", eine Kette geistlicher Fürstentümer, darunter die drei geistlichen Kurfürstentümer Trier, Mainz und Köln. Diese geistlichen Fürstentümer waren nicht schlechter regiert als die anderen deutschen Fürstentümer. Ihre Kriegsmacht war oft moderner und besser organisiert, weil in die geistlichen Fürstentümer die Geldwirtschaft dank der internationalen Verbindungen der Kurie rascher eindrang. Aber trotzdem bedeutete die Pfaffengasse die Desorganisation der deutschen Macht an der Westgrenze, weil keine Chance bestand, die Fürstentümer fortan zu einem geschlossenen Machtgebilde zusammenzufassen. Die geistlichen Herren ermangelten des schönen Vorwands erblicher und verwandtschaftlicher Ansprüche, den die weltlichen Fürsten hatten, sich stets zu vergrößern. Sowenig auch Geschichte im Ehebett gemacht wird, ein wenig hatte die Rücksichtnahme auf Töchter und Schwestern doch Einfluß auf den Gang der Geschehnisse. Das fiel hier alles weg. Es geschah in der Pfaffengasse nichts mehr. Die geistlichen Fürstentümer zerbrökkelten nicht wie andere deutsche Territorien durch Erbstreitigkeiten, da die Kirchenfürsten ihre meist reichlich vorhandenen Söhne nicht amtlich vorführen konnten. Dazwischen saßen kleine Fürstentümer, die man heute an einem Nachmittag mit dem Fahrrad durchfahren kann, und die Reichsritter, denen einmal angesichts dieser lockenden Beute des kirchlichen Reichtums vor ihren Augen die Reformation sehr einleuchtend gewesen war.

Im Nordwesten hatte sich ein wahrhafter Staat, die Vereinigten Niederlande, herausgebildet. Das heutige Belgien wurde durch spanische Herrschaft zusammengehalten. Der Raum zwischen Rhein und Weser war sehr zerstückelt. Es gab da ein Herzogtum Westfalen, ein Bistum Münster, eine Landgrafschaft Hessen-Kassel. Daran schloß sich nun das Herzogtum Lüneburg an, das zwischen Elbe und Weser lag, was abwechselnd Braunschweig, Lüneburg und Hannover hieß. Nach wechselvollen Geschicken war eine gewisse Geschlossenheit zustande gekommen, wenn sich auch immer wieder Splitter abgesondert hatten. Schließlich brachte es Hannover auch noch zur Kurfürstenwürde. Kein Mensch in Hannover ahnte, was der Aufstieg Preußens für Hannover bedeutete. Hannover saß auf der Straße, die das Kurfürstentum Brandenburg und seine rheinischen Besitzungen verband: Ein selten behaglicher und sicherer Aufenthalt.

Mitteldeutschland war die eigentliche Splitterzone in Deutschland. Da gab es Fürstentümer, von denen Heinrich Heine nach einem Spaziergang über die aufgeweichten Straßen eines solchen Staates sagen konnte, daß ihm das ganze Fürstentum an der Schuhsohle klebengeblieben sei.

Das heutige Bayern nördlich der Donau war noch von geistlichen Fürstentümern übersät. An die Oberpfalz, die inzwischen bayrisch geworden war, angelehnt, lag das preußische Gebiet Ansbach-Bayreuth. Im Südwesten ragte aus den Zwergvölkern und Zwergstaaten nur das Herzogtum Württemberg und die Kurpfalz einigermaßen hervor.

Rendezvous mit dem Ruhm: Die Schlesischen Kriege

Karl VI. war der letzte Habsburger (1711 bis 1740). Er hatte keine männlichen Nachfolger. Daher bestand seine Regierung aus einer unablässigen Bemühung, die Nachfolge seiner Tochter Maria Theresia anerkannt zu wissen. Er sammelte Papiere, Verträge und Anerkennungen. Er verstreute unter die Fürsten Europas Gelder und Zugeständnisse. Als er die Augen schloß, erkannten nur diejenigen die sogenannte Pragmatische Sanktion an und hielten nur diejenigen das Wort, die des augenblicklichen Nutzens wegen auch ohne Verträge und Anerkennungen in dieser Stunde zur neuen Herrscherin Maria Theresia gestanden hätten. Alle Fürsten, bis auf den Kurfürsten Karl Albrecht von Bayern, der von der Kaiserkrone träumte, hatten die Nachfolge Maria Theresias anerkannt. Aber während der letzte Habsburger noch aufgebahrt lag, bereiteten sich trotz aller Anerkennungen die Fürsten Europas vor, wie eine Meute hungriger Hunde über die habsburgischen Besitzungen herzufallen. Alles Papier hinderte Europa nicht daran, Habsburg als herrenloses Land anzusehen und zu behandeln.

Von den deutschen Staaten sprang Preußen los. Es hätte aber auch ein anderer deutscher Staat sein können. Die Thronbesteigung Maria Theresias mündete daher in den Österreichischen Erbfolgekrieg, der acht Jahre dauerte. Aus dem Kriege ging die Pragmatische Sanktion triumphierend hervor. Maria Theresia hatte sich als Herrscherin über die habsburgischen Besitzungen und als Kaiserin behauptet. Aber sie mußte einen weit höheren Preis bezahlen, als es ihr Vater Karl VI. je für möglich gehalten hätte. Nicht nur mußte sie mit dem Schwert verteidigen, was Karl VI. durch Verträge gesichert hielt. Sie verlor Schlesien an den Emporkömmling Preußen und mußte sich vor der Auflehnung Preußens beugen.

Daß der König von Preußen die Not Maria Theresias ausnützte und über sie herfiel, um ihr Schlesien zu entreißen, erschien als die größte Treulosigkeit und Undankbarkeit. Der Kaiser war dem Haus Brandenburg leidlich gewogen gewesen, und dieses hatte dem deutschen Kaiser viel zu danken. Für eine so große Treulosigkeit erschien der preußisch-brandenburgische Staat als noch zu klein. Die Ansprüche Preußens auf Schlesien gehörten zu den papierenen Fabrikationen, mit denen damals jeder Fürst von jedem anderen Fürsten jedes Land zu fordern vermochte. Der neue König von Preußen wußte, daß sein Hauptanspruch auf Schlesien sein Wille, es zu haben, seine Kraft, es zu behaupten, waren.

Der König von Preußen berief sich zwar auf den neu zu wählenden deutschen Kaiser, den Kurfürsten von Bayern, den die Feinde Maria Theresias mit Frankreich an der Spitze auf den Schild erhoben. Aber Friedrich II. wußte durchaus, daß er ein Rebell und Empörer war.

Die Rechte Friedrichs des Großen auf Schlesien waren so wie die Rechte, die alle die damaligen Fürsten auf Grund ihrer Heiratstraktate geltend machten. Jeder mittelmäßige Jurist konnte solche Ansprüche „beweisen". Friedrich ließ sich etwas zur Rechtfertigung seines Vorgehens gegen Schlesien ausarbeiten und erklärte dann: „Bravo, das ist das Werk eines guten Marktschreiers." In eine deutsche Geschichte gehören daher diese Rechtfertigungen nicht hinein, die der König selbst belachte und verachtete.

Das Vorgehen Friedrichs II. hat besondere Verdammung und besondere Rechtfertigung erfahren, weil einer großen Überblendung unterlag. Friedrich ist später als Vorkämpfer des kleindeutschen Reiches durch Droysen, Häusser und Treitschke verherrlicht

Die Schlesischen Kriege 77

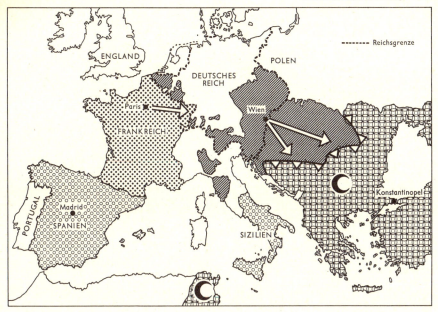

Habsburg 1740 bei Regierungsantritt Maria Theresias. Frankreich hat sich erfolgreich gegen die Umklammerung gewehrt und stößt gegen den Rhein vor. Habsburg hat die Türken zurückgedrängt und sich weit über die Reichsgrenze nach Südosten ausgedehnt

worden. Die Reichsgründung von 1871 ruhte in der Tat auf dem durch Friedrich den Großen bewerkstelligten steilen Aufstieg Preußens. Weil auch noch Hitler auf dem Reich von 1871 ruhte, erschien zuweilen Friedrich II. als der Dämon der deutschen Geschichte überhaupt oder als die reinste Verkörperung der Misere der Deutschen. Der großartige Essay von Thomas Mann „Friedrich der Große und die Große Koalition", geschrieben mitten im Kriege von 1914 bis 1918, machte aus dem Werk Friedrichs des Großen einen Katechismus des kühnen Frevels und eine Kriegsansage an die heuchelnde Unredlichkeit der westlichen Demokratien. Anderen erschien wieder der Überfall Friedrichs auf Schlesien als der große Sündenfall der deutschen Geschichte. Am selben Tage habe auch der Einfall Wilhelms II. in Belgien und der Überfall Hitlers auf Polen begonnen. Selbst der englische Historiker Gooch, der Friedrich II. für eine der großen Herrschergestalten der Moderne hält, rechnet den Angriff auf Schlesien „zu den sensationellsten Verbrechen der Geschichte in der Neuzeit".

Doch fällt das Vorgehen Friedrichs II. nicht sehr aus dem Rahmen der damaligen Politik heraus. Das Reich Habsburgs schien zu wanken. Eine junge unerfahrene Kaiserin hatte den Thron bestiegen. Von überall drang die Frage an sie heran: Was gibst du, damit wir dir Reich und Krone lassen? Friedrich hielt es für durchaus möglich, daß ihm die Kaiserin Schlesien abkaufen würde, denn zu große Gefahren ballten sich um Habsburg zusammen. Da konnte es für die Kaiserin geraten sein, einige der Gegner abzufinden. Aber Schlesien war ein zu schönes Juwel in ihrer Krone, und der König von Preußen erschien als ein zu kleiner Gegner, um einer so fetten Beute würdig zu sein.

Man braucht also das Vorgehen Friedrichs im Jahre 1740 nicht besonders zu erklären. Man braucht nie eine Tat zu erklären, bei der man auch erklären müßte, warum sie nicht vollbracht wurde. Von den Taten Karls XII., Ludwigs XIV. und Peter des Großen sticht der Raubzug Friedrichs II. kaum ab. Das Habsburger Reich war ein buntscheckiges Gebilde, das die entgegengesetztesten Völkerschaften, Obrigkeiten und Länder vereinigte. Wer hätte da immer zu sagen vermocht, warum gerade die Kaiserin in Wien darüber herrschen sollte und nicht ein anderer europäischer Fürst? Welcher Gott hatte bestimmt, daß ein deutsches Land wie Schlesien von den Habsburgern und nicht von den Hohenzollern regiert werden sollte? Aber Friedrich dachte auch nicht an Deutschland, nicht an die Rechte der deutschen Fürsten, nicht an das andere Kaiserlein, das Gegner Habsburgs ihm zum Nutzen auf den Thron setzen wollten, nicht an den Protestantismus, da er Schlesien nicht protestantisch machen wollte und es ihm auch gleichgültig gewesen wäre, wenn ganz Preußen katholisch geworden wäre. Er nahm Schlesien, weil er es haben wollte und weil sich die Möglichkeit abzeichnete, es zu nehmen. Der Große Kurfürst hatte schon daran gedacht, Schlesien sich anzueignen, und es seinen Nachfolgern zur Pflicht gemacht, nach diesem Land zu streben. Es stand fest, daß Preußen Schlesien an sich reißen würde, sobald es einmal Habsburg nicht mehr festhalten konnte.

Friedrich aber zeichnete eines aus, eine Witterung dafür, daß die Stunde Habsburgs vorüber war; der große Name und der Zauber Habsburgs blendeten ihn nicht.

Am Tage seines Einmarsches in Schlesien begann eben doch etwas Neues. Der „Souveränitätsschwindel deutscher Fürsten", mit dem sich Bismarck herumzuschlagen haben wird, hüllte sich in die Toga freidenkerischer und protestantischer Gesinnungen. Von der Kaiserkrone war nun einmal der Geruch des Weihrauchs nicht hinwegzubringen. Über die Kaiserwürde schwebte der Segen der katholischen Kirche, und würde dieser Segen hinweggenommen, dann blieb eigentlich von dieser Würde nichts mehr übrig.

Der König vermeinte zu einem kleinen reizenden Krieg auszuziehen, als er sich zur Eroberung Schlesiens anschickte. Sein menschenverachtendes Herz hatte alle Scheu vor dem majestätischen Bau der Habsburger Macht verloren. Seine Majestät der Zufall und die kühne, zupackende Kraft regierten ja nach seiner Ansicht in der Welt. Was sollten da Embleme, Ansprüche, Rechte, geheiligte Überlieferung und sakrale Zeichen? Die Macht Habsburgs war ein überkommener Glaube, unbesehen von den Menschen und Mächten weitergegeben. Wer hatte erprobt, ob nicht schon alles hohl geworden war, die Kraft erloschen und das Herz müde! Das Schaubild kaiserlicher Macht komme ihm, so erklärte er verächtlich, wie eine Vogelscheuche vor, die man mit glitzerndem Trödel behangen habe.

Beinahe hätte Friedrich II. recht gehabt. Den Beinamen „der Große" erwarb er sich aber, als es sich erwies, daß er unrecht hatte und daß Habsburg noch nicht morsch und altersschwach war. Die Menschen nannten Friedrich „den Großen", als er sieben Jahre gegen eine übermächtige Koalition aushielt und ihn nur noch ein Mirakel davor bewahrte, von diesem Reich zertreten zu werden, das er als Koloß auf tönernen Füßen angesehen hatte.

Aber 1740 schien es aller Welt, daß Habsburg wanke. Die Mächte hatten das Reich, über das nun eine Frau gebieten sollte, wie eine Meute umstellt. Diese buntscheckige, scheinbar sinnlose und zufällige Anhäufung von Völkern und Reichen schien auseinanderzufallen wie Polen, wie es Preußen in der Napoleonischen Zeit drohte und wie das Osmanische Reich im 19. und 20. Jahrhundert zerfiel, als die Erbschleicher um das Haus des „kranken Mannes am Bosporus" lungerten. Festgefügt und unzerbrechlich schienen damals nur die westlichen Nationalstaaten zu sein. Aber die großen Reiche waren zusammengewürfelt, wie der Zufall und die Launen der Fürstenkongresse es ergeben hatten, Zusammensetzspiele, die zum Zeitvertreib der Fürsten erdacht schienen, die nach Belieben auseinandergenommen und neu zusammengesetzt werden konnten. Die Baltenstaaten waren heute polnisch, morgen schwedisch und übermorgen russisch, Süditalien war spanisch, französisch und habsburgisch gewesen. Was hatten Ungarn, Deutsche, Tschechen und Südslawen viel miteinander gemein? Ein Ruck – und diese Reiche mußten auseinanderfallen wie die Perlen von einer zerrissenen Kette. Nicht Friedrich allein hing diesem Glauben an.

Aber Friedrich zieht um seines Ruhmes willen zu Felde; von Preußen ist nicht die Rede.

Bismarck, der mit einem Spiel, das ihm Friedrich in die Hände gedrückt hatte, große Politik machen mußte, mochte Friedrich eigentlich nicht recht. Er warf ihm vor, bei Hochkirch das Ganze aus Eitelkeit und Prahlsucht aufs Spiel gesetzt zu haben. Bismarck spürte den Rest des Unernsten, des Literatenhaften und Spielerischen in Friedrich II.

Vor allem setzte Friedrich II. – wie nachher Wilhelm II. und Hitler – zu gern alles auf eine Karte. Der Staatsmann dürfe, so sagte Bismarck einmal zu Holstein, seinen Spaß mit der Welt treiben. Aber bei ernsten Dingen müsse das Interesse des Staates vorangehen. Wie ein alter Jagdreiter vermeide er alle großen Sprünge, die nicht nötig seien. Nur in flache Pfützen trete er und bisweilen aus Pläsier, so daß alles bespritzt werde, er selbst mit, um nachher einen anderen Rock, resp. andere Menschen anzuziehen.

Der Junker Bismarck hatte seine Freude daran, die Menschen zu nasführen und zuweilen einen groben Scherz mit ihnen zu machen. Aber das war doch etwas anderes als die Art, in der sich der preußische König Friedrich II. 1740 bei dem Angriff auf Schlesien in Szene setzte. Da wurde es schwer, nachdem er durch die blutige Pfütze gesprengt war, einen neuen Rock, geschweige denn einen neuen Menschen anzuziehen.

Friedrich der Große brachte die alte Reichsverfassung nicht zum Einsturz. Sein Werk war keine große flammende Revolution in der deutschen Geschichte. Sein persönliches Leben weckte die Phantasie und gab ein Beispiel des Heldenhaften, Wagemutigen, ja Tollkühnen. Daß er bereit war, eher Gift zu nehmen als sich gefangennehmen zu lassen, zeigt, daß er den Krieg ernster nahm als seine Zeitgenossen. Sein oder Nichtsein, das war nicht die Frage, vor der die anderen Könige zu seiner Zeit standen, wenn sie zum Kriege auszogen. Man verlor Schlachten und Provinzen, aber selten den Thron. Das Mira-

Zeitungskopf aus der Zeit Friedrichs des Großen

kel des Hauses Brandenburg – das keines war – beruhte darauf, daß es für niemanden in diesem Kriege um Tod oder Leben ging. Keinen seiner Gegner hätte Friedrich der Große auch durch den glänzendsten Sieg völlig überwältigen und beseitigen können. Es war daher für keinen der Gegner des Königs eine Frage des Daseins und eine Notwendigkeit der Selbstbehauptung, Preußen von der Landkarte wegzuwischen und dem Königreich Preußen ein Ende zu bereiten. Man führte den Kabinettskrieg. Man ließ es mit einer gewonnenen Schlacht genug sein, zog in das Lager und hielt anstrengende und aufzehrende

Ein Zeitungsbote

Verfolgungen für nicht so schrecklich notwendig. Hätte sich das Mirakel des Hauses Brandenburg nicht ereignet und hätte der König sein Leben im Feldlager beschlossen, die Geschichte hätte sein Dasein wie das Karls XII. als das einer heroischen Narrheit verzeichnet. Karl XII. scheiterte auf seinem abenteuernden Zug in der Weite Rußlands. Aber Schweden blieb bestehen. Hätte Friedrich sich den Tod gegeben, er, der Gefallen an einem kühnen Frevel hatte und dessen Selbstgefühl der Überzeugung bedurfte, etwas Außergewöhnliches, Kühnes und Rebellisches zu tun, Preußen hätte wohl trotzdem fortbestanden. Das Herzogtum Preußen hätte sich damals noch gegen die slawische Flut behauptet. Die kollektive Angst der deutschen Territorien hätte das Kurfürstentum Brandenburg vor einer Auslöschung durch den Kaiser bewahrt, weil das Beispiel zu schlecht und gefährlich war. Das Reich durfte nicht zu stark werden. Der Kaiser durfte nicht zuviel – über wen es auch immer war - siegen. Es wäre alles anders und langsamer gegangen, aber ein Kreuzweg der deutschen Geschichte war die Tat Friedrichs des Großen in dem eigentlichen Sinne nicht. Österreich wäre derselbe Staat geblieben, auch wenn ihm Schlesien geblieben wäre. Es ist keine Rede davon, daß durch den Verlust Schlesiens Österreich aufgehört hat, ein deutscher Staat zu sein. Die Misere der deutschen Geschichte endete nicht und begann nicht an dem Tage, da Friedrich der Große über Maria Theresia herfiel. Länder von der Größe Schlesiens hatten tausendfach den Herrn gewechselt. Die deutsche Staatenkarte ist ein buntes Schauspiel des ewigen Wechsels. Aber je mehr sie sich änderte, desto mehr blieb sie dieselbe.

Preußen hatte ein Stück zu seinem Territorium gefügt. Nicht mehr war geschehen, nicht weniger. Das war das Glied einer Kette. Aber die Kette blieb

Das Zeitalter des Absolutismus

1750 = 225 Personen

Wieviel Leser kamen auf eine Tageszeitung?

1850 = 30 Personen

1885 = 6 Personen

1910 = 4 Personen

1955 = 3 Personen

und hatte weltgeschichtliche Bedeutung. Neben und außerhalb der Reichsgewalt tauchte eine neue Macht empor.

Die Nachfolger Friedrichs des Großen forderten noch einmal das Schicksal heraus. Das Mirakel aber blieb dann aus. Denn diesmal standen sie einem Gegner gegenüber, der keinen Kabinettskrieg führte und der alles auf die große und absolute Entscheidung stellte. Der Ruhm Friedrichs des Großen, so sagte die Königin Luise zu Napoleon, hat uns verführt, die Stärke Preußens zu überschätzen. Der König Preußens machte eine kühne und tollkühne Politik wie Friedrich der Große. Er aber war nicht Friedrich der Große und hatte einen Mann vom Format Friedrichs des Großen zum Gegner. Preußens aber erhob sich wieder, weil Friedrich ein Beispiel des Kühnen und Revolutionären gegeben hatte. Auf diesem preußischen Staat hatte einmal ein Sonnenstrahl der Größe geruht. Bei alledem hatte Friedrich der Welt das Bewußtsein gegeben, daß Preußen mehr als ein kommuner deutscher Territorialstaat war. Die Welt begann zu spüren, daß Preußen ein Staat eigener Art war. Es stand fortan auf derselben Ebene wie Habsburg.

Die Wechselfälle des Krieges bringen den König oftmals in persönliche Gefahr. So gibt er den Befehl an Minister von Podewils, daß keine Rücksicht darauf genommen werden dürfe, wenn er das Unglück habe, lebend in feindliche Gefangenschaft zu fallen. Kein Befehl dürfe befolgt werden, der angeblich von ihm ausgehe (man müsse damit rechnen, daß man seine Befehle fälsche oder ihn zu Befehlen durch Folter und Tortur zwinge). Der Staat dürfe zu seiner Befreiung keine unwürdige Handlung begehen, im Gegenteil müsse man kühner und unnachgiebiger handeln denn je, wenn der König gefangen sei:

„Ich bin nur König, solange ich frei bin."

Der gefangene König sei also kein König mehr, und der preußische Staat dürfe nichts tun, um jemand zu befreien, der nunmehr ein privates Nichts darstelle.

Im Januar 1741 will Friedrich die Verständigung mit Frankreich versuchen. Wir werden uns, so schreibt er an den Minister von Podewils, entschließen müssen, uns mit Frankreich zu verständigen und unsere Flöten nach Frankreichs Flöten zu stimmen. England werde Preußen niemals unterstützen und wolle selbst den Schein vermeiden, daß es Preußen günstig gesinnt sei.

Doch wurden lange noch die Verhandlungen mit England weitergeführt. Erst am 5. Juni 1741 wurde das Bündnis mit Frankreich tatsächlich abgeschlossen. Es war ein Zeichen für den Wandel der Dinge, daß Habsburg jetzt die Libertät der deutschen Fürsten gegen das Kaisertum des Bayern und seine französischen Helfer aufrief. Habsburgs Reich schien auseinanderzubrechen. Die Teile schienen eine Beute der Mächte zu werden. Da erfuhr Maria Theresia 1742 durch einen Sonderfrieden mit Friedrich dem Großen in der höchsten Not eine Entlastung. Friedrich der Große, mißtrauisch gegen die bayrisch-französischen Pläne, war vor allem darauf bedacht, das Gewonnene in die Scheuer zu bringen, und schied aus dem Kampfe aus. Maria Theresia willigte in die Abtretung Schlesiens ein. Die wichtige Abtretung, die das Gleichgewicht im Deutschen Reich verschob, war vollzogen.

Aber es war nur ein Waffenstillstand und konnte es nur sein. Der Österreichische Erbfolgekrieg war zu einem Weltkrieg in wahrsten Sinne des Wortes geworden. England kämpfte mit Frankreich seinen – man könnte sagen – zweiten Hundertjährigen Krieg, der vom Spanischen Erbfolgekrieg bis zum Krieg gegen Napoleon dauerte und der über die Herrschaft zur See und in den außereuropäischen Weltteilen entschied. So stand England im Kampf um das habsburgische Erbe aus Seite Maria Theresias, und bei Dettingen, in der Nähe von Aschaffenburg, siegte eine „Pragmatische Armee" aus Engländern, Holländern und Österreichern über ein französisches Heer. Die Waage neigte sich zugunsten Österreichs.

Wenn nun aber Österreich das Übergewicht erlangte, dann war es um Preußen und seinen König geschehen. Maria Theresia hatte den Verlust von Schlesien nicht verschmerzt, den Überfall von 1740 nicht vergessen. So fiel nun Friedrich dem Staate Maria Theresias erneut in den Rücken. Ohne Zweifel war es ein Verrat am Reich und an Deutschland, der Verrat, der damals unter allen deutschen Fürsten üblich war. Habsburg war im Begriff, wieder eine starke deutsche Macht im Westen zu werden und von der Nordsee bis zur Burgundischen Pforte, über die Niederlanden bis zur Schweiz eine starke Schutzstellung des Reiches gegen das Vordringen Frankreichs zum Rhein aufzubauen. Als jetzt der Zweite Schlesische Krieg ausbrach (1744/45), mußten die österreichischen Armeen vom Rhein zurückgenommen werden, damit sie Böhmen und das habsburgische Mutterland verteidigen konnten. Die Erbitterung in Österreich war ungeheuer. Einen „Feind des Menschengeschlechts" nannte einer der kaiserlichen Minister den König von Preußen, und auch der Gemahl Maria Theresias, der bisher eine Schwäche für den Preußenkönig gehabt hatte, rief aus:

„Wenn man doch diesen Teufel mit einem Schlag ekrasieren könnte! Ich hoffe von der göttlichen Vorsehung, daß sie es fügt, daß er einmal gründlich bestraft wird, der die Ursache so vielen Unheils ist."

Preußen ergriff sogleich die Offensive. Prag wurde ein drittes Mal innerhalb von drei Jahren erobert, und auch das Heer Friedrichs des Großen löste sich, so wie man es in dieser Zeit gewohnt war, in einen schmutzigen Haufen plündernder und schändender Landsknechte auf. Bald aber setzte der Rückschlag ein, und wie im Siebenjährigen Kriege hing alles davon ab, daß der König in einer oft verzweifelten Lage und unter einer ungeheuren Gefährdung des ganzen preußischen Daseins die Entschlossenheit und heroische Anspannung bewahrte. Österreich warf seine ganze Macht gegen die preußische Armee. Die allgemeine Entwicklung der Dinge kam Maria Theresia dabei zustatten. Der bayrische Kaiser starb überraschend, und der Nachfolger begrub gegen Rückerstattung des besetzten bayrischen Territoriums den Kaisertraum der Wittelsbacher (Füssener Friede). Eine anscheinend übermächtige englisch-österreichisch-sächsisch-polnische Allianz war inzwischen geschlossen worden. Böhmen ging für Friedrich wieder verloren, und schon wurde in den Verhandlungen zwischen den Verbündeten von der Aufteilung des preußischen Staates gesprochen, als der glänzende Sieg von Hohenfriedberg das Verhängnis abwendete. Der Friede von Dresden ließ die Stellung, die sich Preußen im Ersten Schlesischen Kriege errungen hatte, unangetastet. Der König von Preußen fand sich damit ab, daß Franz Stephan, der Gemahl der Maria Theresia, zum Kaiser gewählt und gekrönt wurde.

Der Krieg gegen Zahl und Wahrscheinlichkeit: Der Siebenjährige Krieg

Elf Friedensjahre folgten, in denen sich aber doch nur der Aufmarsch zu dem Endkampf um Schlesien und um die Herrschaft in Deutschland vollzog. Dabei geschah die bedeutsame „Umwälzung der Bündnisse", die mehr als alles andere zeigte, daß mit den Schlesischen Kriegen eine neue Epoche begonnen hatte. Jahrhunderte hatte Habsburg seinen „Erbkrieg" gegen Frankreich geführt, indem es all die „burgundischen" Lande als Ring um Frankreich legte. England, das jetzt mit Frankreich um die Weltherrschaft rang, war mit Österreich durch die „von der Zeit geheiligte Burgundische Allianz" verbunden. Das alles kehrte sich jetzt um. Österreich verband sich mit Frankreich: Ein neuer säkularer Gegner war gegen das habsburgische Haus erstanden: Preußen. Maria Theresia hat die unheimliche Größe des Preußenkönigs immer gefürchtet, verabscheut und gehaßt. Er verkörperte in ihren Augen die Auflehnung gegen göttliches und weltliches Recht, die losgelassene Teufelei des Jahrhunderts.

Das bedeutete aber auch, daß Habsburg die große nationale und Reichsaufgabe preisgeben mußte, die es bisher schlecht und recht erfüllt hatte, nämlich die Verteidigung des Rheines gegen Frankreich. In den späteren Bündnisverträgen mit Frankreich wird Österreich die Niederlande als Entschädigung für die Bundeshilfe Frankreich zugestehen, was im Endergebnis die französische Rheingrenze bedeutete. Habsburg begrub eine jahrhundertealte Feindschaft gegen Frankreich und verbündete sich mit dem Erbfeind gegen Preußen. Der Raub Lothringens war vergessen, vergessen war der Rhein. Die beiden Staaten Deutschlands, die nicht mehr wußten, ob sie deutsch waren, hatten sich nun ineinander verbissen und schlugen sich um schmutzstarrende Dörfer. Bismarck konnte um die Jahrhundertwende nicht begreifen, daß sich Rußland und Österreich wegen einiger „stinkender Wallachen" bekriegen sollten. Der preußische Adler und der österreichische Doppeladler rissen jetzt Bewohner Polens und Schlesiens an ihren Lumpen hin und her. Ob dieses Bruderkrieges hätte Deutschland die Rheinlande verloren, wenn nur Frankreich die Kraft gehabt hätte, die Rheinlande französischer zu machen. Die Politik dieser Jahrzehnte hat noch nicht die wilde, unbarmherzige Leidenschaft des zwanzigsten Jahrhunderts, wo die Herren der Welt wieder davon zu träumen wagen, die Völker in dem großen Schmelztiegel der Geschichte ganz neu zu formen, sie zu zerstückeln, wie es die Töchter des Peleus mit ihrem Vater taten, und sie künstlich zusammenzusetzen, ihnen die Sprache, die Natur, das heißt die Nation (natio, den Zustand der Geburt) zu nehmen. Damals wußten die Herren der Welt noch nicht, was in diesen Schmelztiegel, in dem die Völker der Welt umgegossen werden sollten, an Essenzen geschüttet werden mußte, an Blut, an Grausamkeit, an Teufelswillen, der den Menschen, so wie er war, überwinden wollte.

Im Jahre 1756 ließ Maria Theresia durch den Grafen Kaunitz hinter dem Rücken ihrer Minister ein Bündnis mit Frankreich schließen. Man hat gesagt, daß das Werk Richelieus in dem Boudoir der Madame Pompadour begraben worden sei, die als Mätresse König Ludwigs XV. regen Kontakt mit ausländischen Diplomaten unterhielt. Choiseul, der französische Außenminister, gewann die Zarin Elisabeth für dieses Bündnis. Maria Theresia, die Gründerin der „Keuschheitskommission", schrieb fast unterwürfige Briefe an die Mätresse des französischen Königs und redete die Pompadour als „liebe Freundin" an. Die deutschen Fürsten, Spanien und Schweden wurden umworben. Ihr Ziel war nach den Worten von Kaunitz „die gesetzlosen, ruhestörerischen, den Frieden bedrohenden Ausschweifungen des preußischen Königs in engere Schranken zu verweisen". Dagegen schlossen sich jetzt Preußen und Großbritannien zusammen. Die Bündnisse, die sich so bildeten, wirkten für Preußen wie eine gewaltige Einkreisung. Österreich, Rußland, Frankreich und Sachsen schlossen gleichsam einen Ring um Preußen. Friedrich sah, wie der Ring immer enger wurde. Da eröffnete Friedrich, um dem Angriff zuvorzukommen, den Krieg von sich aus. Natürlich war der Angriff, zu dem Friedrich der Große sich nun entschloß, nicht bloß Verteidigung. In der Tiefe seines Herzens

Der Siebenjährige Krieg

begrüßte er es, daß das feindliche Bündnis ihn zwang, anzugreifen und das große Spiel erneut zu spielen. Von sich aus hätte er wohl den Krieg nicht eröffnet, um Eroberungen zu machen, aber er war dem Schicksal dafür dankbar, daß jetzt die Aussicht auf Eroberung, Ruhm und Größe Preußens erneut aufleuchtete. Sachsen hatte in den Träumen des Königs immer einen besonderen Platz gehabt.

So überfiel nun der König Sachsen. Er wollte sich in einer großartigen Umklammerung aller Aufmarschfelder gegen die Festung Österreichs, Böhmen, versichern: Schlesiens, Sachsens, des Reiches (durch den späteren Fürstenbund). Der Gegensatz zwischen den beiden Mächten Österreich und Preußen war zu gewaltig und griff beiden Mächten zu sehr an die Wurzeln des Daseins, als daß nicht jeder immer angegriffen war und der Angriff immer Verteidigung bedeutete.

Ein Aufschrei der Entrüstung antwortete in Europa ob des Überfalls auf das neutrale Sachsen. Voltaire sagte in einem berühmten Briefe, daß Friedrich nun wegen dieses Überfalls Ehre und Ruhm verlieren werde, die er sich bisher als Held und Philosoph errungen habe.

Friedrich erreichte den Zweck seines „Präventivkrieges" nur teilweise, den Gegner zu vernichten, bevor die gesamte Streitmacht der feindlichen Koalition ins Feld gerückt war. Die sächsische Armee zwar wurde umzingelt und gefangengenommen. Das österreichische Entsatzheer war zu spät gekommen. Es gab nun keine sächsische Armee mehr, und was vom sächsischen Heer übriggeblieben war, wurde von Friedrich unter stärkstem Zwang in seine eigenen Dienste gepreßt. Aber der Vorstoß gegen Prag scheiterte, und jetzt brach die Wucht der feindlichen Übermacht auf Friedrich hernieder. Die Österreicher gewinnen Böhmen zurück, und eine österreichische Armee dringt in Schlesien vorwärts. Die Spitze dieses Heeres erreicht vorübergehend Berlin. Vom Norden greifen die Schweden an. Durch Ostpreußen stoßen die Russen vorwärts. In Thüringen marschieren die „Reichsarmee" – auch das Reich hat sich dem Kriege gegen Friedrich angeschlossen – und die französische Armee vereint vorwärts. Friedrich stieß diese vernichtende Umklammerung durch zwei glänzende Siege zurück, den Sieg von Roßbach über die Franzosen und die Reichsarmee (5. November 1757) und den Sieg von Leuthen über das österreichische Heer (5. Dezember 1757). Als Friedrich bei Roßbach über jene bunt zusammengewürfelte Truppe siegte, die die Armee des Heiligen Römischen Reiches Deutscher Nation hieß, erlitt das Ansehen des Reiches den Todesstoß. Ohne es zu wollen, ja ohne es zu ahnen, trug Friedrich der Große durch seinen Sieg über die Franzosen nicht wenig dazu bei, das deutsche Nationalgefühl zu wecken.

Mit ungeheurer Anspannung behauptete sich nun Friedrich (mit der Ausnahme von Ostpreußen) auf dem Boden des preußisch-brandenburgischen Staates. 1759 aber scheint endlich die Übermacht zu entscheiden. Bei Kunersdorf wird Friedrich II. von der österreichisch-russischen Armee entscheidend geschlagen. Alles scheint verloren.

Der Sieg von Torgau vom 3. November 1760 hält dem vernichtenden Ansturm der Gegner noch einmal die Waage.

Hundert Millionen standen gegen sechs, und auf die Dauer läßt sich die Zahl und die Wahrscheinlichkeit nicht verspotten. Friedrich hatte es selbst gesagt, daß Gott immer mit den stärkeren Bataillonen ist. Hundert zu sechs, das ist in der Weltgeschichte noch immer gleich ausgegangen. Der Sand in der Uhr rann mit tödlicher Einförmigkeit, und jedes Sandkörnchen schien Friedrich dem Ende näher zu bringen. Er jagte „wie ein Weberschiffchen" nach seinem eigenen Eindruck hin und her, er schlug da zu und schlug dort zu. Aber er brachte doch nur kleine Erfolge und „ordinäre Siege" nach Hause. Für ihn war alles eine Niederlage, was kein voller Sieg war. Wie aber sollten die müden und abgekämpften Truppen und der verarmte Staat gegen eine zehnfache Übermacht einen vollen Sieg erlangen?

Die Österreicher drangen wiederum nach Sachsen oder nach Schlesien vor. Die Russen ließen im eroberten Ostpreußen die Menschen einen Eid auf die Zarin schwören. Die Menschen sind wie Blumen, die ihr Antlitz der steigenden Sonne entgegenwenden. Die Masse der Menschen unterwirft sich immer der bestehenden Macht. Zu allem Überfluß wurde Friedrich auch noch von Großbritannien im Stich gelassen. Pitt, der seine Sache auf das Bündnis mit Friedrich von Preußen gestellt hatte, wurde gestürzt, und das neue Kabinett neigte zur Verständigung mit Frankreich und Österreich. Großbritannien stellte die Zahlungen an Preußen ein. Britisches Gold war es meist, was im 18. Jahrhundert den Staaten des Kontinents erlaubte, Krieg zu führen. Die britische Kriegsidee war seit dem 17. Jahrhundert schon ganz auf die Möglichkeit abgestellt, Menschen in Sold zu nehmen, die für Geld kämpften, töteten und sich töten ließen. Es war die Zeit, in der in den Elendsquartieren der Hungertod umging und die Verzweiflung die Menschen trieb, den Ruf des „Kalbsfells" zu folgen. Warum sollten wir, so sagte ein englischer Denker des 17. Jahrhunderts, unsere Bürger zum Soldatendienst zwingen, solange wir Geld genug haben, um Söldner anwerben zu können. Aber England warb nicht nur einzelne Söldner an, sondern ganze Völker. Seine Außenpolitik ruhte auf den sogenannten „Subsidien-Verträgen", durch die es den Krieg seiner kontinentalen Verbündeten bezahlte. In einer Weise stand auch Friedrich der Große im Solde Englands. Die dem Preußenkönig subezahlten Gelder trugen auch reichliche Zinsen: Friedrich hatte Frankreich „beschäftigt", so daß die Briten das große französische Kolonialreich in Nordamerika (Kanada) an sich reißen konnten. Allerdings schaufelte Großbritannien damit auch das Grab für seine eigene Herrschaft in Nordamerika, denn fortan hatten die britischen Siedler in Amerika den Schutz des Mutterlandes nicht mehr nötig, nachdem die Franzosen aus Amerika verjagt waren. Wie so oft in der deutschen Geschichte handelten die deutschen Mächte nur als Werkzeug der großen Weltgewalten. Am 12. August 1759 erlitt Friedrich eine vernichtende Niederlage bei Kunersdorf durch die russische Armee. Die Masse des preußischen Heeres wandte sich in panischem Entsetzen zur Flucht. Der ewige deutsche Schreckensruf ertönte: Die Kosaken kommen. Aber die Russen unterließen die Verfolgung. Nach der Schilderung Friedrichs des Großen soll der russische Oberbefehlshaber zum österreichischen gesagt haben:

„Ich habe in diesem Jahr zwei Schlachten gewonnen ... Ich warte jetzt, bis Sie zwei Siege errungen haben."

Friedrich nannte diesen Entschluß das „Mirakel des Hauses Brandenburg". Aber der Krieg wäre auf jeden Fall verloren gewesen, wenn Rußland im Kriege verblieben wäre. Ein zweites Mirakel war notwendig, und dieses geschah, als am 5. Januar 1762 die Zarin Elisabeth von Rußland starb, die sich der Preußenkönig durch seine Spötteleien zur tödlichen Feindin gemacht hatte, weil der Literat und Freigeist in ihm stärker waren als der Staatsmann und ihm ein Witz mehr wert schien als die Neutralität eines großen Reiches. Gemäß einer letztwilligen Verfügung Elisabeths gelangt ihr Neffe Peter, Herzog von Holstein-Gottorp, auf den Thron. Dieser Peter III., 1728 in Kiel geboren, Enkel des Zaren Peter des Großen – seine Mutter war die älteste Tochter Peters des Großen –, ist nicht nur ein Bewunderer Friedrichs des Großen, sondern auf schier kindische Weise in ihn vernarrt. Der neue Zar hat etwas Schwachsinniges und Dumpfes an sich. Er beschäftigt sich am liebsten mit Puppen, die er in preußische Uniform gesteckt hat. Er paßt zu dem Reich der bösen Geister und Dämonen, über das er jetzt herrschen soll. Friedrich spottet selbst über ihn:

„Er hat mich nie gesehen und hat sich in mich verliebt wie Don Quichotte!"

Das „Mirakel des Hauses Brandenburg" sieht also ein wenig merkwürdig aus. Die Vorsehung hat sich ein merkwürdiges Werkzeug gewählt, Friedrich den Großen und den preußischen Staat vor dem nahen Untergang zu erretten. Peter III. schloß zugleich ein Bündnis mit Friedrich dem Großen, und die russischen Truppen wechselten die Front. Doch Peters Gemahlin Katharina seiner Regierung ein Ende und ließ ihn durch ihren Liebhaber ermorden, während sie gleichzeitig mit den Geistesgrößen Europas feinsinnige Briefe tauschte. Der Zar Peter III. der Mann, der sich für den Zaren hielt, empfing den Besuch des Fürsten Orlow, des Günstlings und Liebhabers der Zarin, während er gerade – wie es seine Art war – mit den Puppen spielte. Orlow hatte dem Zaren eine Flasche Rotwein mitgebracht. Der Zar wand sich nach dem ersten Glase schon in Krämpfen. Da aber das Gift nicht rasch genug wirkte, wand man um den Hals des Zaren eine Serviette und machte damit seinem Leben ein Ende. Der Leibarzt meinte:

„Ich habe den Zaren lange genug gekannt und wußte gleich, daß er nicht lange leben würde."

Das war das Ende des „Mirakels des Hauses Brandenburg". Katharina zeigte wenig Neigung, dem Bündnis mit Friedrich dem Großen treu zu bleiben, aber sie stellte auch die Koalition mit Frankreich und Österreich nicht wieder her, sondern schied einfach aus dem Kriege aus.

Das preußische Wunder

Im Jahre 1763 trägt Friedrich der Große nach dem Siebenjährigen Krieg in dem Status-quo-Frieden von Hubertusburg den Lohn seiner Ausdauer heim. Jener nach Friedrichs eigenem Wort ohne rechten Bedacht unternommene Eroberungskrieg von 1740 hat Epoche gemacht. Die Landkarte des Reiches sieht anders aus, und ein anderes Reich ist erstanden. Zwei Großmächte umschließt dieses Reich nun. Nach Prinz Eugen hat Deutschland wieder eine nationale Figur, die von großem kriegerischem Ruhm umgeben ist. Deutschland hat damit wieder das Gefühl der Kraft, die Empfindung des Großen und Gewaltigen und das Bewußtsein, an der Gestaltung der Weltdinge durch die Tat seiner großen Führer Anteil zu haben. Preußens Mythos ist durch die Taten des Königs und Feldherrn geschaffen worden, der sieben Jahre lang einem ungeheuren Druck standhielt und sich wider Zahl und Wahrscheinlichkeit behauptete. Es ging um den preußischen Staat. Seine Fundamente waren nicht so leicht zu zerstören; trotzdem hätten Teilgebiete auch mit anderen Staaten zusammenwachsen können. Schiller lehnte es ab, eine Darstellung Friedrichs des Großen zu unternehmen:

„Ich kann diesen Charakter nicht liebgewinnen; er begeistert mich nicht genug, die Riesenarbeit der Idealisierung an ihm vorzunehmen."

Goethe dagegen war von der Gestalt Friedrichs verzaubert, so wie ihn kurze Zeit danach die Gestalt Napoleons verzaubern wird:

„Es ist doch etwas Einziges um diesen Menschen."

Er nannte ihn zuweilen den „größten Mann seiner Zeit" und verglich ihn mit Alexander und Cäsar. Die Ehre eines Teiles der Deutschen habe er gegen eine verbündete Welt gerettet, und jedem Gliede der Nation sei es erlaubt, durch Beifall und Verehrung dieses großen Fürsten an seinem Siege teilzunehmen.

Eigentümlich und erregend ist der Ausspruch Goethes, daß das Werk Friedrichs des Großen ein Ereignis der deutschen Nationalliteratur sei:

„Der erste wahre und höhere eigentliche Lebensgehalt kam durch Friedrich den Großen und die Taten des Siebenjährigen Krieges in die deutsche Poesie. Jede Nationaldichtung muß schal sein oder schal werden, die nicht auf dem Menschlich-Ersten ruht, auf den Ereignissen der Völker und ihrer Hirten, welche beide für einen Mann stehen. Könige sind darzustellen in Krieg und Gefahr, wo sie eben dadurch als die Ersten erscheinen, weil sie das Schicksal der Allerletzten bestimmen und teilen und dadurch viel interessanter werden als die Götter selbst, die, wenn sie Schicksale bestimmt haben, sich der Teilnahme derselben entziehen. In diesem Sinne muß jede Nation, wenn sie für etwas gelten will, eine Epopöe besitzen, wozu nicht gerade die Form des epischen Gedichtes notwendig ist."

Aber Goethe nennt Friedrich auch genial und dämonisch. Das Dämonische ist für Goethe etwas, was sich in der belebten und unbelebten Natur nur in Widersprüchen manifestiert. Es ist nicht göttlich, denn es erscheint unvernünftig, nicht menschlich, denn es hat keinen Verstand:

„Es glich dem Zufall, denn es bewies keine Folge; es ähnelte der Vorsehung, denn es deutete auf Zusammenhang. Alles, was uns begrenzt, schien für dasselbe durchdringbar; es schien mit den notwendigen Elementen unseres Daseins willkürlich zu schalten, es zog die Zeit zusammen und dehnte den Raum aus. Nur im Unmöglichen schien es sich zu gefallen und das Mögliche mit Verachtung von sich zu stoßen. Dieses Wesen, das zwischen alle andere hineinzutreten, sie zu sondern, sie zu verbinden schien, nannte ich dämonisch nach dem Beispiel der Alten und derer, die etwas Ähnliches gewahrt hatten."

Das ist ein Zauberwort, an dem sich die Deutschen oft berauscht haben. Der große Mann, der nach dem Worte Burckhardts die „heilige Ehe mit der Zeit" vollzieht, blieb eine Erwartung der Deutschen, wenn sie in ihrem Verlangen nach Helden und Heldenverehrung auch immer wieder mit einer Talmigröße vorliebgenommen haben.

So hat Hegel, angesichts der Erinnerung an Friedrich den Großen und des Vorbildes Napoleons, die Rolle der Heroen in der Weltgeschichte gezeichnet:

„Sie sind insofern Heroen zu nennen, als sie ihre Zwecke und ihren Beruf nicht bloß aus dem ruhigen, angeordneten, durch das bestehende System geheiligten Lauf der Dinge schöpft haben, sondern aus einer Quelle, deren Inhalt verborgen und nicht zu einem gegenwärtigen Dasein gediehen ist, aus dem inneren Geiste, der noch unterirdisch ist, der an die Außenwelt wie an die Schale pocht und sie sprengt. (Wie Alexander, Cäsar und Napoleon.)

Ihre Sache war es, die allgemeine, die notwendige nächste Stufe ihrer Welt zu wissen, diese sich zum Zwecke zu machen und ihre Energie in dieselbe zu legen. Die welthistorischen Menschen, die Heroen einer Zeit, sind darum als die Einsichtigen anzuerkennen; ihre Handlungen, ihre Reden sind das Beste der Zeit... Denn die Weltgeschichte bewegt sich auf einem höheren Boden als der ist, auf dem die Moralität ihre eigentliche Stätte hat, welche die Privatgesinnung, das Gewissen der Individuen... ist... Aber von diesem aus müssen gegen welthistorische Taten und deren Vollbringen sich nicht moralische Ansprüche erheben, denen sie nicht angehören. Die Litanei von Privattugenden der Bescheidenheit, Demut, Menschenliebe und Mildtätigkeit muß nicht gegen sie erhoben werden... Aber solche große Gestalt muß manche unschuldige Blume zertreten, manches zertrümmern auf ihrem Wege."

Es war in der Tat Friedrich der Große, der die Deutschen durch sein Glück und seinen Narrentrotz ermutigte, sich dem „unterirdischen und noch verborgenen Geist" anzuvertrauen und „sich nur in Unmöglichen zu gefallen und das Mögliche mit Verachtung von sich zu stoßen".

Das Reich aber schon so weit, daß ihm kein Sieg der deutschen Großmächte noch etwas nützte. Jede ihrer Niederlagen aber waren Niederlagen Deutschlands und der Deutschen. Wäre Habsburg unter den Schlägen Friedrichs zusammengebrochen, so hätten Osmanen und Russen die Erbschaft angetreten, und dann hätte Frankreich, indem es die habsburgischen Besitzungen im Westen an sich riß, seine Fahnen am Rhein aufgepflanzt. Der Sieg über Preußen hätte für das Reich schweren Schaden bringen können. Die Russen hatten zwar die Hand von Ostpreußen gelassen, da die Ausdehnung nach Südosten ihrem Wesen näher lag. Aber Österreich brannte danach, den Emporkömmling Preußen zu zerschlagen; es schien zuweilen bereit, die Rheinlande und die Niederlande für die preußische Beute zu geben. Das Reich hatte gezahlt, aber Preußen war ein Element des deutschen Gleichgewichts geworden.

Für Preußen blieb nur die Ausdehnung gegen Osten. So übernahm es – fast wider Willen – die Aufgabe, das Reich gegen Osten zu verteidigen, und wühlte sich dabei in östliche Eroberungen so ein, daß es oftmals drohte, in Vielvölkerstaat zu werden wie Habsburg auch. Der Nordosten Deutschlands war ein Stiefkind des Reiches gewesen. Untätig sah das Reich einst zu, wie das deutsche Ordensland unter der Herrschaft der Polen fiel. Regungslos blieb das Reich, als die baltischen Gebiete verlorengingen. Das Reich war aus den Fugen, und für die Haus-

86 Das Zeitalter des Absolutismus

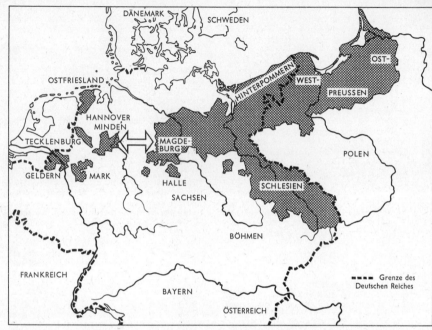

Preußen nach dem Tode Friedrichs d. Gr. 1786. Durch die erste polnische Teilung wurde der Korridor zwischen Brandenburg und Ostpreußen geschlossen. Auch die Gebiete im Westen sind größer geworden

macht, die am Rhein und im Südosten für das Reich kämpfte, weil sie dort für sich selbst kämpfte, war der Nordosten zu weit. Jetzt aber wuchs im Nordosten ein geschlossener Machtkörper empor.
Die Jahre vom Hubertusburger Frieden bis zum Tode Friedrichs des Großen waren wesentlich Jahre des Friedens. Friedrich mußte die inneren wirtschaftlichen Kräfte des Staates entfalten, dem er auf dem Schlachtfeld die Großmachtstellung errungen hatte. Der Kriegsschatz war eine seiner Hauptsorgen; daher hat er die Finanz- und Steuerverwaltung des Staates ausgebaut und einen Staatsschatz von siebzig Millionen Talern hinterlassen. All dies hat er mit den Mitteln der damaligen Finanzpolitik getan, der sogenannten Regie, einer Art des Steuerpachtsystems. Dazu traten Monopole für Kaffee und Tabak. Friedrich der Große legte die Grundlagen für die preußische Bergverwaltung. Er bemühte sich, durch die Förderung der Industrie die wirtschaftlichen Kräfte des Landes zur Entfaltung zu bringen.
Friedrich der Große hat selbst den Zustand des Landes geschildert, zu dem es gekommen war, weil er 1740 meinte, daß er nichts vollbracht habe, wenn er es nicht dem Cäsar bei Pharsalus gleichtue.

„Um sich einen Begriff von der allgemeinen Zerrüttung zu bilden, in die das Land gestürzt war, um sich die Verzweiflung und Entmutigung der Untertanen zu vergegenwärtigen, muß man sich völlig verwüstete Landstriche vorstellen, in denen man kaum die Spuren der alten Ansiedlungen entdecken konnte, Städte, die von Grund aus zerstört, und andere, die halb von Flammen verzehrt waren. Von dreizehntausend Häusern gab keine Spur mehr Zeugnis, es gab keine bestellten Felder, kein Korn zur Nahrung für die Einwohner, sechzigtausend Pferde fehlten den Bauern zur Feldarbeit, und in den Provinzen hatte die Bevölkerung, verglichen mit dem Jahre 1756, um fünfhunderttausend Seelen abgenommen, was für eine Bevölkerung von viereinviertel Millionen Seelen beträchtlich ist. Adel und Bauern waren von so viel verschiedenen Armeen beraubt, gebrandschatzt und geplündert worden, daß ihnen nichts blieb als das Leben und elende Lumpen, ihre

Blöße zu bedecken. Kein Kredit, um wenigstens den täglichen Bedürfnissen Genüge zu tun, die die Natur fordert; keine Polizei mehr in den Städten; dem Rechts- und Ordnungssinn waren schnöder Eigennutz und anarchische Unordnung gefolgt; Gerichts- und Verwaltungsbehörden waren durch die Einfälle so vieler Feinde zur Untätigkeit genötigt; das Verstummen der Gesetze zeitigte im Volke die Neigung zur Zuchtlosigkeit, und daraus entstand die Gier nach unlauterem Gewinn; der Adlige, der Kaufmann, der Pächter, der Bauer, der Fabrikant, sie alle erhöhten um die Wette den Preis ihrer Lebensmittel und Waren und schienen nur für ihr gegenseitiges Verderben zu arbeiten. Das war der düstere Anblick, den so viele früher blühende Provinzen boten, nachdem der Krieg beendet war. Wie ergreifend die Schilderung auch davon sein mag, sie wird nie an den erschütternden und schmerzlichen Eindruck heranreichen, den der Anblick hervorrief. In einer so beklagenswerten Lage mußte man dem Widerwärtigen Mut entgegensetzen, am Staate nicht verzweifeln, sondern sich vornehmen, ihn mehr zu verbessern als nur wiederherzustellen: Eine Neuschöpfung mußte unternommen werden."

Preußen war – im Besitz von Schlesien – in der Tat ein ganz neuer Staat.

An der Führungsstellung des Adels hielt Friedrich der Große ohne Schwanken fest. Der Adlige war stärker gebunden als der Bürgerliche. Ein Versagen im Kriege bedeutete für ihn den Verlust der ganzen Stellung im Staate. Die Offiziersstellen wurden also mit schroffer Bestimmtheit den Adligen vorbehalten. Doch meinte Friedrich nicht, daß die Stärke des Adels auf der Bedrückung des Bauernstandes ruhen müsse. Er versuchte, die Frondienste und die Leibeigenschaft abzuschaffen.

In der öffentlichen Verwaltung und in der Hofhaltung übte Friedrich eiserne Sparsamkeit. Man müsse es verstehen, ,,seine Phantasie, seine Leidenschaften und Neigungen zu zügeln". Die Staatseinkünfte gehörten nicht dem Herrscher, sondern seien für das Wohl des Volkes da. Jeder Fürst, der dieses Einkommen in Lustbarkeiten vergeude, sei mehr ein Straßenräuber als ein Herrscher. Geld sei das reine Blut der Völker und müsse in Ehren gehalten werden.

Von Maria Theresia zu Joseph II.

Maria Theresia, die große Gegnerin Friedrichs des Großen, gehört zu seinem Zeitalter. Der König hatte gemeint, daß das Zeitalter keine Männer mehr habe, daß es in Deutschland keine Deutschen mehr gebe. Aber die Frau, die auf dem Thron in Wien saß, war mehr als ein Mann. Sie vollbringt im österreichischen Staat das Werk des aufgeklärten Absolutismus, das Friedrich Wilhelm I. und Friedrich der Große in Preußen durchführen. Sie vereinheitlicht den Staat und schafft ein geschlossenes Zollgebiet des habsburgischen Staates. Sie ist die Schöpferin des österreichischen Beamtenstaates; sie gründet die österreichische Volksschule, und sie bahnt die Bauernbefreiung an. Auch sie will die Macht der Monarchie als einen ,,rocher de bronze" ebenso wie Friedrich Wilhelm I. errichten. Die fromme Kaiserin hat nicht einmal gezögert, die Autorität des Staates auch gegen die Kirche durchzusetzen. Dabei geht sie in ihrem Reformwerk, so revolutionär es im Grunde auch ist, langsam und behutsam vor. Sie ist in ihrer geistigen Haltung keine Revolutionärin, aber sie hat als Katholikin in Friedrich den Freigeist und den ,,Rebellen gegen das Reich" gehaßt und in ihm den Dämon der kalten, ungehemmten Staatsräson gefürchtet. Sie muß erleben, wie in ihrem Sohne Joseph II. die ,,gekrönte Revolution" die reinste Verkörperung findet.

Maria Theresia selbst gab den aufklärerischen Strömungen nur zögernd Einlaß. Ihr neues Strafgesetzbuch Nemesis Theresiana ist zwar milder als die Carolina, die ,,peinliche Halsgerichtsordnung" Karls V., die die Folter zum Erpressen von Geständnissen zuläßt. Aber der Geist der Aufklärung und der Humanität hat das neue Gesetzbuch nur ganz leicht

Während des hochnotpeinlichen Verhörs wird der Delinquent über einer Leiter in die Länge gezogen

gestreift. Es gab noch lebendige Verbrennung bei Gotteslästerung, Abhauen der Hand, Ausreißen der Zunge, glühendes Zangenreißen für Umgang mit dem Teufel, die Todesstrafe für Ehebruch und den Feuertod wegen Kirchenraub. Dem Gesetzbuch waren Illustrationen beigefügt, durch die alle Peinigungsarten und Marterwerkzeuge eingehend erläutert wurden. Kaunitz meinte, es sei zuviel von Aberglauben in dem Codex die Rede, was bei „unseren aufgeklärten Zeiten vielmehr zum Gelächter diene als Gegenstand der Strenge einer peinlichen Vorsehung abgeben könne". Wie könne man den ganzen Schrecken scharfrichterlicher Grausamkeit in einem Werk säuberlich abbilden, das den Namen der Kaiserin auf der Stirne trage!

Von religiöser Duldung wollte sie nichts hören, weil

Kaiserin Maria Theresia

sie die Auflösung des Staates nach sich ziehen müßte. Und nichts würde mehr Bestand haben, wenn man der „eingebildeten Freiheit" freien Lauf lasse. Die Stände in Mähren müssen sie daran hindern, die Juden auszuweisen. Die Protestanten läßt die Kaiserin umsiedeln, schickt sie in die Bergwerke – das Bergwerk ist ja seit Jahrhunderten die Endstation für die Ausgestoßenen und die Pariagruppen der Nationen – und überantwortet sie dem Heer, da nach der Sitte der Zeit die untersten und getretenen Schichten des Volkes gut genug sind, für die Gemeinschaften zu sterben. Der Sohn warnt leidenschaftlich:

„Die Befehle der Regierung wegen der Protestanten in Mähren sind gegen die Grundsätze unserer Religion und einer guten Verwaltung, ja gegen den guten Verstand. Um die Leute zu konvertieren, will man sie zu Soldaten machen, in die Bergwerke und zu den öffentlichen Arbeiten schicken; das ist nicht geschehen zur Zeit der Verfolgung bei Beginn des Lutheranismus. Ich erkläre positiv, wer dieses geschrieben, ist unwürdig zu dienen, ein Mann, der meine Verachtung verdient ... Die Regierung ordnet etwas an, das ungerecht, gottlos, schädlich, unmöglich, lächerlich ist, das notwendigerweise ein Feuer entfachen wird, das ganz neu ist und lange dauern wird ..."

Die Kaiserin ist eine Frau von einer schlichten und einfachen Religiosität. Aber sie ist keineswegs der Kirche untertan. Überall in Europa dehnt ja der Staat seine Gewalt über die Kirche aus. Da ist kein Unterschied zwischen katholischen und protestantischen Mächten. Die allerchristlichen Könige Frankreichs sichern sich wie andere Mächte auch die Kontrolle über die Ernennung der Bischöfe, sie schränken das Steuerprivileg der Kirche ein und nehmen das Vermögen der Kirche, dieses gewaltige öffentliche Eigentum, für den Staat in Anspruch. Die „Kirchenräuber" sind in ganz Europa am Werk. Diesen Notwendigkeiten des modernen Verwaltungsstaates entzieht sich auch die Kaiserin Maria Theresia nicht. Sie hebt die Steuerfreiheit des Klerus auf und macht dadurch die Kirche in einem großen Umfang vom Staate abhängig und trägt dazu bei, die Entwicklung einzuleiten, an deren Ende – mit Ausnahme von England, wo die Staatskirche eine Stiftung bleibt – die Priester. Staatsbesoldete sind. Die Kaiserin macht auch den Anfang mit der Staatsschule. Sie erklärt ausdrücklich, daß die Schule ein Politikum sei, eine Verantwortung der politischen und staatlichen Gewalten. Maria Theresia tut mehr für das Schulwesen als ihr großer Gegner, der meint, daß die Bildung den Pöbel nur gefährlich mache.

Aber wenn auch unter Maria Theresia „Josephinismus", schon bevor Joseph regierte und der Begriff aufkam, geübt wird, die Politik der Kaiserin zielt nicht auf das Herz der Kirche. Sie unterscheidet peinlich genau zwischen dem Glauben und der Kirche selbst. Ihr Sohn dagegen will mit der Macht der Kirche brechen, indem er den Glauben angreift. Joseph, glaubenslos nach der Fasson der Zeit, früh verwitwet und die Liebe kaum kennend, war ein Menschenverächter wie Friedrich der Große auch. Sein Intellekt war kalt. Dieser Verstand, der alles sezierte, hatte den „bösen Blick" für die Schwächen der Menschen. Er opferte lieber Freundschaft und Leben, als ein spöttisches Wort zu unterdrücken.

„Ihr Herz ist noch nicht schlecht", schreibt Maria Theresia, „aber es wird es bald werden. Es ist hoch an der Zeit, sich nicht mehr an all diesen Witzworten, diesen geistreichen Aussprüchen zu weiden ... Ich habe mich Deinetwegen gekränkt, wie Du in frostiger Behandlung und spöttischer Erniedrigung der Mitmenschen Befriedigung finden kannst. – Was ist das für ein Leben, woraus die Menschlichkeit verbannt ist? ... dieser Wortkram des Spottes, in dem sich Dein Herz entladen und in der Bewunderung Deines eigenen Redeflusses geschwelgt hat ... Hüte Dich sorgsam davor, in Bosheiten Befriedigung zu finden ..."

Maria Theresia ist erschrocken über die innere Entwicklung. Joseph ist ja ein zweiter Friedrich von Preußen, ein Revolutionär, ein „Robespierre zu

Roß", ein gekrönter Jakobiner. Immerhin sei er, so berichtet ein Franzose, Risbek, vom Kaiserhof,

„mit Verbesserung der Gesetzgebung, mit Beförderung des Ackerbaues, Handels und der Industrie überhaupt, mit Untergrabung der Gewalt der Dummheit und ihrer Trabanten, mit Verbreitung der Philosophie und des Geschmackes, mit Beschneidung der unbegründeten Rechte des Adels, mit Beschützung der Niedern gegen die Unterdrückung der Großen und mit alledem beschäftigt, was Erdengötter tun können".

Der große Kaunitz, der Staatskanzler von vier Kaisern, der aus dem Haß gegen Friedrich den Großen eine Religion gemacht hat, die reinste Verkörperung des Rokoko, der aussieht, als wäre er mit der Perücke geboren, der das Ankleiden geradezu zelebriert, versucht zu vermitteln. Er bemüht sich, die freigeistige Philosophie Josephs in die Sprache der Religiosität zu übersetzen.

Das Zeitalter der Französischen Revolution begann deshalb in Deutschland mit einer großen Krise des habsburgischen Staates, die dem säkularen Gegner Habsburgs, Preußen, noch einmal eine große Chance zu bieten und, wie die große Krise Habsburgs vom Jahre 1618, eine große Umwälzung im Reich einzuleiten schien. Auf Maria Theresia war Joseph II. (seit 1765 Mitregent, 1780 bis 1790 alleiniger Herrscher) gefolgt. Weniger tragisch, aber nicht weniger deutlich vollzog sich auch hier, ebenso wie im Hause Hohenzollern, der Bruch zwischen den Generationen. Wie auf den frommen Calvinisten Friedrich Wilhelm I. der freidenkerische Friedrich II. folgte, so folgte auf die fromme, behutsame Mutter der aufklärerisch gestimmte, heftig und jäh handelnde Joseph II. In seinem Monarchenideal vom Fürsten als dem absoluten Herrscher und Diener zugleich im Staate war Friedrich der Große im hohen Maße Josephs II. Vorbild. Mit revolutionärer Rücksichtslosigkeit wollte Joseph II. alle habsburgischen Gebiete zu einem Einheitsstaat zusammenfassen. Die Selbstverwaltung hob er auf; die ständischen und lokalen Rechte wollte er überall beseitigen, die Kirche unter die absolute Herrschaft des Staates beugen. Die Klöster ließ er schließen, die seinen fortschrittlichen Ideen nicht entsprachen. Statt der historischen Einteilung der habsburgischen Lande schuf er eine Gebietseinteilung, die an die Schaffung der Departements an Stelle der Provinzen durch die Französische Revolution erinnert. In der Außenpolitik galt ihm das Bestehende und die alten Rechte so wenig wie in der Innenpolitik. Seine Außenpolitik war heftig, kühn und verwegen. Wenn man gesagt hat, daß die absoluten Herrscher in ihrem Kampfe gegen die historischen Rechte der Landschaften und Stände die Wegbereiter der Französischen Revolution gewesen sind, die „Robespierres des Königtums", so gilt das für niemand mehr als für Joseph II. Der Revolutionär hat überall die revolutionären Kräfte geweckt.

Wenzel A. von Kaunitz-Rietberg

Am 3. April 1764 wird Joseph II., von den deutschen Kurfürsten gewählt, zum römischen König gekrönt. Der fünfzehnjährige Goethe hat die Krönungsfeierlichkeiten in „Dichtung und Wahrheit" beschrieben:

„Endlich kamen auch die beiden Majestäten herauf. Vater und Sohn waren wie Menächmen überein gekleidet. Des Kaisers Hausornat von purpurfarbner Seide, mit Perlen und Steinen reich geziert, sowie Krone, Zepter und Reichsapfel fielen wohl in die Augen: Denn alles war neu daran und die Nachahmung des Altertums geschmackvoll. So bewegte er sich auch in seinem Anzuge ganz bequem, und sein treuherzig würdiges Gesicht gab zugleich den Kaiser und den Vater zu erkennen. Der junge König hingegen schleppte sich in den ungeheuren Gewandstücken mit den Kleinodien Karls des Großen, wie in einer Verkleidung, einher, so daß er selbst, von Zeit zu Zeit seinen Vater ansehen, sich des Lächelns nicht enthalten konnte..."

Als Kaiser und König im Römer waren, schwang sich nach alter Sitte der Erbmarschall des Reichs aufs Roß, sprengte auf einen am Markt befindlichen Haferhaufen, schöpfte ein Silbergefäß übervoll, strich es ab und übergab es dem Römischen König; dann kam der Erbtruchseß und ritt nach einer Bretterküche, um dem Gekrönten ein Stück des gebratenen Ochsen zu holen, dessen Überreste alsdann vom Volk gestürmt und unter Kämpfen, Geschrei und Gezerre erobert ward. Der Erbmundschenk ritt

zum Springbrunnen und holte Wein, der daraus sprudelte, damit des Königs Tafel in allem wohl versorgt sei. Nun schwang sich der Erbschatzmeister aufs Roß, an dessen beiden Seiten ein paar prächtige Beutel hingen; kaum war er im Sattel, als er hineingriff und rechts und links Gold- und Silbermünzen ausstreute. Ein glänzender, schimmernder Regen fiel auf zappelnde Hände, es gab Kampf, Gewühl und Gezerr, denn alle Tage fällt nicht Gold vom Himmel, und ein Krönungstag ist ein seltenes Fest.
Das war das Deutschland von damals. Das Reich schleppte sich „mit den Kleinodien Karls des Großen wie in einer Verkleidung einher". Die vierzehnpfündige Krone drückte nicht nur den Jüngling nieder, der sie jetzt tragen sollte, sondern das Deutsche Reich.

Die Revolution auf dem Thron: Joseph II.

Mit rauschenden Festlichkeiten beging 1765 der Habsburger Hof in Innsbruck die Ehe des zweiten Sohnes der Maria Theresia mit der spanischen Bourbonin Maria Louise. Aber ein düsterer Schatten lag über dem Fest. Bei der Aufführung einer Komödie stürzte nahezu die Decke ein. Der Prediger sprach in der Kirche über die Ungewißheit der Todesstunde. Der junge Leopold erkrankte in der Hochzeitsnacht. Mitten in einer Vorstellung des Theaters verließ Kaiser Franz die Loge, um jäh, noch ehe er sein Zimmer erreichte, lautlos in die Arme des Sohnes zu sinken. Es war ein 18. August, ein Schicksalstag der Habsburger, im Jahre des Unheils 1765. Und dank der Königskrone ist nun Joseph in diesem Augenblick Kaiser des Reiches, der zweite seines Namens, Mitregent neben seiner Mutter Maria Theresia bis zu deren Tod 1780.
Der große Friedrich ist davon überzeugt, daß Joseph im Begriffe stehe – so schreibt er am 16. September 1770 an Voltaire –, eine „große Rolle in Europa zu spielen". Er sei an einem bigotten Hofe geboren und habe den Aberglauben abgeworfen, im Prunk erzogen, aber nun einfache Sitten angenommen. Er werde mit Weihrauch genährt und sei doch bescheiden, glühend vor Ruhmbegierde, opfere er seinen Ehrgeiz „der kindlichen Pflicht" des Alltags.
Die Dichter und Denker haben die Thronbesteigung Josephs als eine Weltenwende gepriesen. Der Kaiser sei, so schreibt ein deutscher Literat, feurig, voll Ehrgeiz zu glänzen, unerschöpflich an neuen Ideen; strahlend in Gesundheit und Kraft, ist ihm keine Arbeit zuviel, keine Anstrengung zu groß. Rasch ist sein Gang, rasch seine Gebärde, rasch sein Tun. Dabei ist er gewohnt zu befehlen, streng, rücksichtslos, oftmals gewaltsam, zerschmetternd; dann ist er wieder voll Mitleiden, voll Verständnis für die Armen, gütig und mild – dann wieder bezaubert er, wen er will, die adlige Gesellschaft, den Bürgersmann auf der Straße, den fremden Souverän. Wieland sang das Lob des jungen Kaisers:

„Von Josephs Zeiten erwarten wir billig alles, was schön und gut und groß und herrlich ist. Glücklich, wer gelebt hat, seine Tage zu sehen!"

Herder gar erwartete von Joseph, „ein deutsches Vaterland, ein Gesetz und eine Sprache für ganz Deutschland":

Kaiser Joseph II.

„O Kaiser du von neunundneunzig Fürsten
Und Ständen wie des Meeres Sand,
Das Oberhaupt gib uns, wonach wir dürsten,
Ein deutsches Vaterland
Und ein Gesetz und eine deutsche Sprache
Und endlich! Religion ..."

Er sei der beste Kaiser, den Deutschland seit langem gehabt habe, sagt Friedrich von Joseph II., der aber von dem Haß der Habsburger gegen Friedrich nicht unberührt ist. Er ist zwar auch ein Philosoph, aber kein Dichterling und kein Musikant. Er äußert sich sehr verächtlich über die Literatenexistenz Friedrichs II. Ein Fürst müsse, so sagt er bissig, mit dem Geistesleben seiner Zeit vertraut sein, aber es sei nicht nötig, daß er Madrigale verfasse.
Joseph hat dem Aberglauben den Krieg angesagt, seine Feinde aber sagen: Dem Glauben. Denn wer hätte den Glauben, den er ausrotten will, nicht Aberglauben genannt? Der Kaiser vermag alles nachzusagen – er tut es zwar nicht immer öffentlich –, was Voltaire gepredigt hat: écrasez l'infame. Zerschlagt dieses niederträchtige Gebilde der alten Kirche. So macht sich Joseph auf, den Jesuitenorden mit Stumpf und Stiel auszurotten. Auf die Hilfe seiner Mutter solle man, so sagt er, nicht zählen. Die

Anhänglichkeit für diesen Orden sei in der Familie des Hauses Habsburg erblich, der Finsternis über den Erdboden verbreite und Europa vom Kap Finisterre bis an die Nordsee regiere und verwirre:

„In Teutschland waren sie Mandarins, in Frankreich Akademiker, Hofleute, Beichtväter, in Spanien und Portugal die Grandes der Nation und in Paraguay Könige. Ich sehe nicht gern, daß die Leute, denen die Sorge für das künftige Leben aufgetragen ist, sich so viel Mühe geben, unser Dasein hienieden zum Augenmerk ihrer Weisheit zu machen. – Ein Reich, das ich regiere, muß nach meinen Grundsätzen beherrscht, Vorurteil, Fanatismus, Parteilichkeit und Sklaverei des Geistes unterdrückt und jeder meiner Untertanen in den Genuß seiner angeborenen Freiheiten eingesetzt werden..., und sie (die Jesuiten) sind die gefährlichsten und unnützesten Untertanen in jedem Staat, da sie sich der Beobachtung aller bürgerlichen Gesetze zu entziehen suchen... Ich habe ein schweres Geschäft vor mir; ich soll das Heer der Mönche reduzieren, soll die Fakirs zu Menschen bilden, vor der geschorenem Haupt der Pöbel in Ehrfurcht auf die Knie niederfällt, und die sich eine größere Herrschaft über das Herz des Bürgers erworben haben als irgend etwas, welches nur immer einen Eindruck auf den menschlichen Geist machen konnte."

Die Zeitgenossen fragten selbst, was denn den Kaiser noch von der Revolution trenne. Eine vorlaute Dame wandte sich einmal an den Kaiser, was er denn von dem amerikanischen Aufstand denke. Der Kaiser antwortete kurz und bündig:

„Madame, bei meinem Gewerbe muß ich Royalist sein!"

Nur hat es der Kaiser auch zu seinem Gewerbe gemacht, zu revolutionieren.

Wie Friedrich verachtet Joseph die Eitelkeit der Welt, wie dieser läuft er im abgetragenen Rock umher und liebt den Geruch des Feldlagers. Bei seiner Thronbesteigung jagt er den geschniegelten Hof beinah mit der Peitsche auseinander. Er läßt die Konditoren und Haarkräusler, die Pariser Schneiderinnen, die Damen, deren Amt es war – damals ein eigener Beruf –, die Hofdamen einzuparfümieren, die Tanz- und Sprachmeister, die Träger der Sänften und die Perückenmacher, die Laufdiener und die Domestiken gehen. Ein Landsknecht und ein Plebejer scheint nun in der Burg zu regieren, auf Stroh schlafend, von einer einzigen Köchin versorgt, mit verhängtem Zügel in der eigenen Hand, wie von einem bösen Geist getrieben, das Land durcheilend, wie ein Besessener arbeitend, als müßte er sich sein Brot verdienen. Die Wiener wissen, daß sich ein Dämon in die Seele ihres Kaisers eingenistet hat. Er ist ein ruheloser Geist, der nichts so lassen kann, wie es ist, ein Wühler und ein Revolutionär.

Dieser Kaiser hat keine Nachsicht gegenüber den Schwächen der Menschen. Den Damen am Kaiserhof möchte er das Rouge verbieten. Die Fürstin Auersperg, die letzte Geliebte des Kaisers Joseph, begehrt auf:

„Mein Gesicht habe ich von Gott, nicht vom Staat, Herrin darüber bin ich!"

Der Josephinismus ist eine der großen Schwärmereien des Abendlandes, die den Geist regieren lassen möchten und sich anschicken, dem planlosen Wachsen von Mensch und Erde ein Ende zu setzen, denen der Mensch nicht genug ist und die eine neue Gesellschaft und selbst einen neuen Menschen auf dem Reißbrett zu entwerfen unternehmen. Fortan hat der Mensch nicht mehr das Gesicht, das er sein eigen nennt und das ihm von Gott gegeben ist.

Der Kaiser ist gleichsam ein neuer Besen, der gut kehrt. Er sieht Abrechnungen der Hofkammer und findet, daß der Hof Hunderte Liter Wein jährlich in Rechnung gestellt hat, mit dem das Brot für den Papagei des Kaisers getränkt worden ist. Fürst Khevenhüller klagt über den „schädlichen Geist der Neuerungen". Aber es ist nicht ein Geist der Neuerungen, sondern ein Dämon. Der Kaiser reibt sich wund an den Höflingen und an der Bürokratie, die ihr Fachwissen gegen den Schöngeist ausspielt:

„Seit dieser Zeit wurde ich Atheist in puncto Finanzen. Ich sehe mehrere Religionen und glaube keine. Wenn die Herren Finanziers sprechen, kann ich ihnen nicht antworten, aber ich glaube ihnen doch nicht. Ich bin wie ein guter Kapuzinerpater, der sich mit Voltaire in Diskussion einläßt..."

Die Bürokratie fängt schon an, ein Dasein für sich zu führen, und hält es für einen ausreichenden Grund, dazusein und aufeinander aufpassen zu müssen. Man habe, so stellt der Kaiser empört fest, acht Beamte eingestellt, die aufpassen müssen, daß drei arbeiten und nicht verschwinden. Der Adel wird zum Staatsdienst erzogen, in dem man ihm eine Anstandsdressur beibringt:

„... um Betrügereien von fünfzig Gulden aufzudecken, gibt man achtzigtausend Gulden aus..."

Der Kaiser hat den Genius der Organisation und den Sinn für die Dinge. An jede Aufgabe geht er mit einer glühenden Anteilnahme heran, und nichts haßt er so sehr wie die stumpfe Gleichgültigkeit der mechanischen Seelen. Er verabscheut Unklarheit und Unsauberkeit, schlechte Arbeit und Stümperei. Aber überall, wo er die innere Flamme wecken, die Glut des Herzens zum Schaffen und zum Wirken entfachen möchte, stößt er auf eine kalte Gleichgültigkeit, die unbeteiligt und fortwurstelnd das Tagewerk abschnurren läßt und mit der man reden kann wie mit einer Gebetsmühle.

Die Völker Habsburgs finden, daß der Kaiser den Teufel im Leibe habe. Er ist die Ruhelosigkeit in Person, besessen von Arbeitswut, ein Mensch, der nichts so lassen kann, wie es ist, und der vom Dämon der Neuerung beherrscht wird. In den neun Jahren seiner Regierung hat der Kaiser sechstausend Edikte erlassen. Der Kaiser kümmert sich darum, wann im Lande die Bäume zu entraupen seien, wie Schlangenbisse verhütet werden können und wieviel Holzvorrat die Stadt Wien für den Winter anlegen müsse. Er führt den Schulzwang ein, so daß die Zahl der Schüler in Böhmen allein in diesen zehn Jahren von vierzehntausend auf hundertsiebzehntausend ansteigt. Dabei macht er das Deutsche zur Unterrichtssprache an allen Schulen im Lande. Das Reich Josephs II. ist ein reiner Wohlfahrtsstaat. Jeder Distrikt erhält einen von der Regierung bezahlten Arzt, dieser hat auf Kurpfuscherei, schlechte Luft und verfälschte Nahrung zu achten und muß die Armen umsonst behandeln. Der Kaiser wacht über die Volksgesundheit und bestimmt, daß die Bauern ihr Trinkwasser mit Essig vermischen müssen, daß heranwachsende Mädchen kein Mieder tragen dürfen und daß den Kindern die Kenntnis giftiger Kräuter beigebracht werde. Ein solcher Staat, der sich wie eine Spinne über alle Betätigungen der Untertanen legt, braucht natürlich viel Geld. Dieses Geld beschafft sich der Kaiser zum Teil dadurch, daß er bedenkenlos Adelspatente verkauft. Das ist im österreichischen Staat Gewohnheit geworden. Im 19. Jahrhundert sagte man von einigen Leuten mit einem hochklingenden Adelstitel, das sei jemand von der Linie Oderberg–Kaschau, weil die Regierung ihre Eisenbahnlinie Oderberg–Kaschau nur dadurch finanzieren konnte, daß sie gute Geldspender zu Fürsten und Grafen machte.

Der Kaiser wollte den ganzen Staat nach Plan und Regel ordnen. Deshalb war er auch der gräßlichen Wissenschaft, wie sie Carlyle nennt, verfallen, der Statistik. Der Kaiser kam auf die zu seiner Zeit verwegene Idee, eine Volkszählung im ganzen Habsburger Reich zu veranstalten. Seinen Untertanen erschien das als Teufelswerk. In den östlichen Provinzen flüchteten die Menschen in die Wälder, als die Volkszähler kamen. Joseph selbst erteilte Rat, wie man die Untertanen durch List und Güte fangen, anlocken und zählen könne. Schließlich schaffte man es doch. Man wußte nun, daß 25 498 979 Seelen die Länder des habsburgischen Reiches bewohnten oder vielmehr, daß man dieser 25 498 979 Menschen bei der Zählung habhaft geworden war.

Das Reich bedurfte einer gemeinsamen Verwaltungssprache. Das war bisher das Lateinische gewesen, und bisher hatte auch hauptsächlich die Kirche – genauso wie im mittelalterlichen Reich – den Habsburger Staat zusammengehalten. Aber die Kaiserin Maria Theresia stützte sich vorwiegend auf den emporsteigenden Beamtenstand, und nun wurde die deutsche Sprache mehr und mehr die Amts- und Verwaltungssprache des habsburgischen Reichs. Die Kaiserin sah auch die Deutschen als die Träger ihres Staates an, war aber weit entfernt von allen Germanisierungsbestrebungen. Der Staatsapparat war deutsch, und die Herren des Reiches verständigten sich auf deutsch miteinander. Wer des Deutschen nicht mächtig war, konnte nicht hoffen, in der Administration des Reiches sehr hoch emporzusteigen. Aber unter dem Regierungsapparat des Reiches lebten die Völker ungeschoren. Wer vom Habsburger Staat nichts wollte, kam mit seiner Muttersprache aus, und das slawische Volkstum und die slawische Sprache erlebten gerade unter Maria Theresia einen Aufschwung. Die Kaiserin sah darin nichts Feindseliges, und erst ihr Sohn stellte sich gegen diese romantische nationale Gefühlsschwärmerei, und erst Joseph jagte mit Gewalt alle aus dem Staatsdienst, die des Deutschen nicht mächtig waren.

Es bleibt das große geschichtliche Verdienst Josephs II., daß er sich bewußt die Frage nach dem Bestand und den tragenden Kräften des Habsburger Reiches stellte. Wo ist der Platz dieses Reiches? Welches sind die Kräfte? Wie kann es dauern und wie kann es Bestand haben? Da sich Joseph dieses Reich nicht als eine Föderation freier Völker vorzustellen vermochte, blieb nur die Kaiserwürde als die zusammenhaltende Klammer dieses Reiches. Die großen Schicksalsfragen der deutschen Geschichte sind damit angesprochen. In der Frankfurter Paulskirche und in den Jahren der deutschen Reichsgründung wird sich erweisen, daß dieses Habsburger Reich nur Bestand haben kann durch die Freiheit seiner einzelnen Völker oder durch die enge Verbindung mit dem gesamtdeutschen Staat. Wenn dieses Reich seinen Völkern nicht die freie Selbstverwaltung zu geben vermag, dann muß es deutsch sein, um zusammenzuhalten, und deutsch kann es nicht ohne Deutschland sein.

Auch unter der Herrschaft der frommen Kaiserin wurden die Klöster vermindert. Aber für den Sohn sind die Mönche ein schmarotzender Haufe von ungebildeten, schmutzigen und verkommenen, unreinlichen und besessenen Subjekten und die Klöster ein auszubrennender Fäulnisherd. Den Adel, den die Mutter wenig mehr als unter das Regiment des Staates unterzuordnen suchte, greift Joseph mit solcher Heftigkeit an, als sei der Geist der Jakobiner in ihn gefahren und als hasse er den Haß der untersten Volksschichten gegen die oberen Klassen. Wie unter Peitschenhieben bäumen sich die Stände auf, der Adel und der Klerus. Die Frommen im Lande vergleichen ihn mit Catilina und Caligula, mit Julian Apostata. Der Josephinismus ist für viele die Schaumkrone, die den großen revolutionären Sturm und den Aufstand aller Kräfte von unten ankündigt. Die Bewunderer Josephs II. preisen ihn als „Kaiser Joseph den Deutschen". Aber seine Bevorzugung des Deutschen und der Deutschen trägt eine kriegerische Herausforderung gegenüber den anderen Völkern in sich. Joseph II. gleicht den großen östlichen Reformern, die westliche Kultur mit den Mitteln der Gewalt und der Barbarei in ihren Ländern

verbreiten wollen, einem Peter dem Großen, der mit eigener Hand seinem Adel die Bärte abschneidet, und einem Kemal Pascha, der seine Beamten an die Schultafel schleppt, damit sie die westliche Schreibweise lernen. Österreich soll westlich, modern werden, was damals heißt, Habsburg solle deutsch werden. Joseph II. schließt in Galizien eine Klosterschule, als sich herausstellt, daß die Nonnen kein Deutsch können. Er ordnet an, daß alle den Staatsdienst zu verlassen hätten, die nicht binnen drei Jahren Deutsch gelernt haben. Der Kaiser ist ein großer Gleichmacher, und das Deutsche ist ein Instrument der Gleichmacherei. Er sei Kaiser des Deutschen Reiches, „demzufolge sind die übrigen Staaten, die ich besitze, Provinzen". Das ist sein großer Traum, die Länder seines Reiches in Provinzen zu verwandeln, so wie die Französische Revolution die alte organische Gliederung des Landes durch die Departements ersetzen wird. Das Heer war von jeher zentralisiert, jetzt soll auch die Verwaltung zentralisiert werden. Alle Staaten und Völker des Habsburger Reiches sollen durch eine gleiche Verfassung, eine gleiche Gesetzgebung und eine gleiche Verwaltung vereint werden. Der Kaiser teilt die Erblande seines Hauses in dreizehn Regierungsbezirke ein und stellt an ihre Spitze einen Kreishauptmann. Vier Zentralbehörden für die Polizei, die Zivilverwaltung, die Justiz und das Militär stellen den zentralen Regierungsapparat dar. Das Haupt des Kaisers aber soll nach dem Willen Josephs II. das motorische Nervenzentrum des ganzen Reichs sein. Wäre Joseph II. nicht bald gescheitert, hätte sich die Habsburger Monarchie in einen revolutionären Cäsarismus verwandelt.
Joseph ist der deutscheste Herrscher unter den Habsburgern. Er sei stolz darauf, schreibt er 1787 dem Fürsten von Dalberg, ein Deutscher zu sein.
Am 1. Januar 1787 trat das josephinische „Allgemeine Bürgerliche Gesetzbuch" in Kraft. Dieses bürgerliche Gesetzbuch war ein großer Vorläufer des napoleonischen Code civil. Zwei Jahre vor der Französischen Revolution wurde die Rechtsgleichheit durch dieses Allgemeine Bürgerliche Gesetzbuch im Habsburger Reich eingeführt. Es waltete Gleichheit zwischen Personen, in Sachen und im Strafrecht, und nur noch für Kuppelei wurde der Adlige anders bestraft als der Bürger. Die Ehe wurde zum bürgerlichen Vertrag erklärt und der Gerichtsbarkeit der Kirche entzogen. Die Scheidung wurde möglich gemacht. Selbst eine Auflösung der Ehe in gegenseitigem Einverständnis war in dem Gesetzbuch vorgesehen.

Die polnischen Teilungen

Katharina die Große von Rußland gehört zur deutschen Geschichte, nicht so sehr, weil sie eine Deutsche ist. Denn sie ist Russin geworden, so wie nur Deutsche russisch werden können. In ihrer Gestalt spiegelt sich die deutsche Geschichte wider, und der Schatten ihres Tuns fällt immer auf die deutsche Geschichte. Friedrich II. und Joseph II. passen zu Katharina, sie sind zwar ihre Widersacher, aber eben dadurch Partner, Männer, die wie sie bereit sind, den höchsten Einsatz zu wagen.
Die Gemahlin Peters III. war eine geborene Prinzessin von Anhalt-Zerbst, die über Rußland 1762 bis 1796 regierte und die als Katharina die Große in die Geschichte eingegangen ist. Die kleinen deutschen Fürstenhäuser brachten die liebenswertesten und die bösartigsten Gestalten des deutschen Fürstentums hervor. „Serenissimi" als Förderer von Kunst und Wissenschaften, oft wohlwollende Landesherren, aber mitunter auch Narren und Besessene, denen ihre Stellung die Möglichkeit gab, jede Laune und jedes Gelüst zu befriedigen und bei denen sehr leicht die Entfaltung von Macht und Herrlichkeit in ihren Zwergstaaten – je nachdem – einen Zug des Lächerlichen, des Närrischen und des Tückischen annahm.
Großes war in den kleinen Ländern zu vollbringen, und wenn die kleinen Herrscher in Deutschland Ungewöhnliches – im Guten und im Bösen – tun wollten, dann reichten meist die Mittel nicht. Langeweile und Freudlosigkeit – und ihre Folgen: Die Ausschweifung – regierten häufig an diesen kleinen Fürstenhöfen. In den kleinen deutschen Fürstentümern waltete – nicht in allen – am meisten unmittelbare Ausbeutung. Hier verkaufte man Landeskinder in fremde Heere und fand die Spekulanten, Abenteurer, Finanzleute und „Hofjuden", die dem Herrscher die Mittel für ein Leben in Glorie und Herrlichkeit zu ergaunern hatten. Hier stieß man auf kleinen und großen Ehrgeiz, den die fürstliche Stellung geweckt hatte und der in dem kleinen Rahmen des winzigen Landes keine Befriedigung fand. Wenn diese kleinen deutschen Fürsten dann auf die großen europäischen Throne gelangten – wie das bis in das 20. Jahrhundert hinein geschah –, dann entfalteten sich in ihnen oft dämonische Kräfte, die sich in guten oder bösen Zwecken verbrauchten. Die deutschgeborenen Herrscher über Rußland sind der Fäulnis des russischen Lebens in besonderem Ausmaße erlegen. Die Gier der kleinen deutschen Fürsten nach Größe und Lebenshunger vermählten sich mit der barbarischen Dumpfheit und Wildheit des russischen Lebens.
Die Prinzessin von Anhalt-Zerbst, Katharina II., genannt die Große, war einer der großen bösen Menschen der Erde. Die kleine deutsche Prinzessin wuchs in ihre Aufgabe hinein, Herrscherin über das gewaltige Reich der Russen zu sein. Sie genügte ihr in einem großen Stile. Diese Deutsche gehört zu den Schöpfern des Russischen Reiches und hat die

Das Zeitalter des Absolutismus

Zarin Katharina II. von Rußland, die Große

Grundlagen der Machtstellung des Sowjetstaates von heute gelegt. Ihre Ziele wurden von all den großen Führern Rußlands, von Alexander III. bis Lenin und Stalin, übernommen. Aber sie war auch – die Kehrseite ihrer dämonischen Natur – sittenlos, ausschweifend und von einer schauerlichen Triebhaftigkeit, die ohne Erbarmen alles und alle beseitigte, die ihr im Wege standen. Ihre Laufbahn als große, alleinherrschende Zarin begann mit der Ermordung ihres Mannes, Peters III., durch ihren Liebhaber.

Als im Herbst 1770 der König von Preußen einen Besuch in Österreich macht, legt der österreichische Staatskanzler Kaunitz dar, daß die Vereinigung Preußens mit Österreich der einzige Damm sei, den man dem ungeheuren Strom aus dem Osten, welcher ganz Europa zu überschwemmen drohe, entgegensetzen könne. Habsburg wird den Deutschen noch zwei Jahrhunderte zeigen, daß die österreichische Monarchie der Damm gegen die slawisch-tatarische Flut ist. In der Tat wird Rußland mitten im Herzen Europas stehen, wenige Zeit nachdem Habsburg von der Landkarte Europas verschwunden ist.

Noch war der preußisch-brandenburgische Staat, der aus dem Hubertusburger Frieden hervorging, ein seltsames Gebilde. Der Wille des Monarchen hielt einzelne Fetzen Land, die über die deutsche Landkarte zerstreut waren, zusammen: Ostpreußen, Schlesien, Brandenburg, Kleve am Rhein. Die Gelegenheit, die Lücken zu füllen und zum erstenmal ein wirklich geschlossenes Machtgebilde zu schaffen, kam mit der polnischen Frage. Polens Adelsrepublik war immer tiefer der Anarchie verfallen. Der herrschende Adel hatte die Macht ausgehungert, und Polens Könige wurden zu Kostgänger und Spielbälle der europäischen Staaten. Der Niedergang des polnischen Staates hinterließ Europa die furchtbare Erbschaft der polnischen Frage, und mit der Beteiligung an den polnischen Teilungen hat Deutschland an der Last des Problems bis zum heutigen Tage schwer zu tragen.

In Polen, erklärt die große Katharina, brauche man sich nur zu bücken, um etwas aufzuheben. Das Land befindet sich in voller Anarchie. Die Menschen sind feil für jeden mit offener Hand wie alte Lumpen. Aber die Zarin von Rußland will nicht „etwas" in Polen aufheben. Sie greift nach dem ganzen Polen. Habsburg, Frankreich und Preußen hetzen zwar die Türken gegen Rußland auf, um es anderweitig zu beschäftigen, aber der Islam hat nicht mehr die welteroberende Gewalt wie unter Mohammed dem Propheten. Auf die Dauer nützt es nichts, daß man der Zarin die Türken in die Flanke setzt. Rußland ist durch den Türkenkrieg nicht genug gefesselt und gebunden. Da aber Preußen und Habsburg die Zarin nicht hindern können, die Hand auf Polen zu legen, wollen sie wenigstens mit beteiligt werden.

„Österreich soll mitmachen", erklärt König Friedrich von Preußen. „So wird es die Schmach teilen."

Der Völkermord tritt – nach dem Ausdruck des Freiherrn vom Stein – neben den Königsmord. Maria Theresia weiß, daß mit dieser polnischen Teilung Europa in den Umsturz hineingestoßen worden ist. Die Monarchen Europas erteilen nun Unterricht in der Revolution. Die Könige treten die Rechte der Könige mit den Füßen. Maria Theresia will die Schmach nicht mit Rußland und Friedrich von Preußen teilen:

„In dieser Sach, wo nit allein das offenbare Recht himmelschreiend wider uns, sondern auch alle Billigkeit und die gesunde Vernunft wider uns ist, muß bekennen, daß zeitlebens nit so beängstigt mich befunden und mich sehen zu lassen schäme. Bedenk der Fürst, was wir aller Welt für ein Exempel geben, wenn wir um ein elendes Stück Polen oder von der Moldau und Wallachei unser Ehr und Reputation in die Schanz schlagen."

Aber die Kurie drängt, man dürfe Polen nicht den griechisch-römischen Ketzern überlassen. Die Kaiserin jedoch ist noch nicht zu überzeugen. Man werde erfahren, was aus dieser Verletzung von allem, was bisher heilig und gerecht war, hervorgehen wird. Man hat es erfahren. Das gehört zur Misere der deutschen Geschichte.

Dazu gesellte sich die orientalische Frage. Auch die Auflösung der Türkei warf die Frage nach dem Erben auf, und Rußland und Österreich befanden sich schon im Wettrennen zum Goldenen Horn. Diese große Frage hat bis in den Weltkrieg hinein, den sie nicht zuletzt mit hervorrief, das deutsche Schicksal geformt. Der Zusammenprall Rußlands und Österreichs konnte aber noch vermieden werden, solange es fremdes Gebiet, der Türkei oder Polens, zu verteilen gab. Auf dem Rücken Polens ist 1772 durch die erste polnische Teilung eine Krise zwischen Österreich und Rußland gelöst worden. Österreich

Die polnischen Teilungen

Die deutsche Ostgrenze und die drei ersten Teilungen Polens

bekam Galizien, um damit für spätere Zeiten sein Nationalitätenproblem noch wirrer zu gestalten. Rußland rückte bis zur Düna vor, und Preußen füllte mit Ermland und Westpreußen (aber noch ohne Thorn und Danzig) die Lücken zwischen den einzelnen Teilen seines Staates auf. Jetzt war aus Brandenburg-Preußen ein Staat mit einem breiten geschlossenen Fundament geworden. Einer seiner großen „Korridore" war geschlossen.

Die Zarin ist immer bereit, gemeinsame Sache mit diesen beiden Fürsten zu machen, die wie sie Magier der Macht und des Geistes sind, wenn sie auch den Löwenanteil haben möchte. Rußland wird von Katharina bis Stalin immer das Angebot an das Deutsche Reich machen zu „teilen". Katharina die Große jagt den kühnsten Träumen nach und setzt sich die größten Ziele, die alle zusammenfallen in dem einen heiligen Ziel, das Konstantinopel heißt. Diese Frage ist eingewachsen in die deutsche Geschichte, ob Rußland sein großes Ziel gegen Deutschland, ohne Deutschland oder mit Deutschland erreichen wird. Das Bündnis Deutschlands mit Habsburg und sein jahrtausendjähriger Zusammenhang mit dieser Habsburger Schutzbastion liegen dabei auf der Waagschale.

So bietet Katharina jetzt Joseph an, das Osmanische Reich unter Rußland und Österreich aufzuteilen. Aus den Donaufürstentümern (Rumänien) und Bessarabien soll ein neues Dazien unter einem Prinzen griechisch-orthodoxen Glaubens (d. h. einem Prinzen unter der Oberherrschaft Rußlands) entstehen. Rußland solle den Nordrand des Schwarzen Meeres und die Inseln im Ägäischen Meer bekommen. Das wiedererstandene Griechenland solle von dem Enkel der Zarin, Konstantin, beherrscht werden. Joseph solle sich nehmen, was er wolle, einen Handelsplatz am Mittelmeer, vielleicht das ganze Gebiet von Belgrad bis Saloniki oder zur Adria.

Joseph aber schreibt an seinen Kanzler Kaunitz:
„Die Zarin hat den Köder dem falschen Fisch angeboten."

Joseph ahnt, daß ein Habsburg, das zuviel vom Balkan in sich hineinschlingt, bald vom Balkan verschlungen sein wird. Der Köder ist vergiftet. Aber kann Österreich dem Vordringen der Russen auf dem Balkan Einhalt gebieten, ohne selbst auf dem Balkan Fuß zu fassen?

Joseph besucht Katharina in Rußland, und sein Erlebnis des großartigen, unheimlichen Landes ist dasselbe Erlebnis, das die Deutschen bis zur Gegenwart haben werden und das als ein Leitmotiv die deutsche Geschichte durchzieht, als ein Motiv der Verzauberung, der Bewunderung und Verwunderung und des Schreckens:

„Hier baut man Paläste, Häfen und Flotten in einer Nacht. Ich weiß wohl, man hat uns von Täuschung zu Täuschung geführt."

Dennoch sei Katharina die einzige reiche Fürstin in Europa. Denn sie habe schrankenlose Gewalt über ihre Untertanen. Es sei erstaunlich zu sehen, wie wenig man sich in Rußland aus dem Leben und der Arbeit der Menschen mache. Das ist es, was die gefährliche Überlegenheit Rußlands bis zum heutigen Tage ausgemacht hat: Daß man schrankenlos über die Menschen gebieten kann. Man kann befehlen, daß über Nacht Städte und Provinzen entstehen. Die neuen Gouvernements hätten in drei Jahren zwanzigtausend Menschen dahingerafft:

„Man beklagt sich nicht, man spricht nicht einmal von ihnen."

Wenn ein Karl XII. an der Spitze dieses Volkes stünde, so würde er mit sechshunderttausend Mann bis in die äußersten Winkel von Europa Schrecken verbreiten. Dieser Karl XII. als Herrscher über Rußland ist nicht ausgeblieben. Er hat in der Tat seine Schrecken bis in die letzten Winkel Europas hinein verbreitet. Er hat den Namen großer Zaren und Lenins und Stalins getragen. Berlin und Wien sollten die Schrecken dieses russischen Karls XII. erleben.

Mit diesem Volk, das in seiner äußeren Größe den Trost für sein inneres Elend sucht und immer sein Unglück an der Welt rächen möchte, haben es die Deutschen unablässig zu tun. Ihre Geschichte ist zu einem großen Teil aus der Auseinandersetzung mit diesem großartigen und schrecklichen Volk gewebt. Wer in Deutschland Geschichte machen will, muß wissen, wie er sich zu diesem gewaltigen Phänomen des russischen Reiches verhalten will.

Das deutsche Habsburg und seine Völker

Der Verlust Schlesiens bedeutete für den österreichischen Staat eine schicksalsschwere Umwälzung. Sein innerer Charakter und seine Stellung im Reich wurden davon tief betroffen. Die deutsche Grundlage dieses Völkerstaates, um dessen deutschen Charakter Maria Theresia und Joseph II. einen tapferen, aber immer schwierigeren Kampf geführt haben, war mit dem Verlust Schlesiens entscheidend geschwächt. Habsburg wäre auch im Besitz Schlesiens kein deutscher Staat geworden, und es war ohne Schlesien auch nicht schlechthin undeutsch. Aber hinter dem Herrscher Habsburgs stand nicht mehr die unangefochtene Autorität des römischen Königs und des Heiligen Römischen Reiches Deutscher Nation. Den „Kaiser von Österreich" gab es erst nach dem Untergang des Reiches. Gehorsam verlangte der Herr über Habsburg kraft seiner Kaiserwürde. Aber einer hatte es nun gewagt, diese Kaiserwürde als einen Popanz und Vogelscheuche zu behandeln.

Noch einmal versuchte der habsburgische Staat, die deutsche Grundlage des österreichischen Staates zu erneuern und zu stärken, als 1777 das bayrische Herrscherhaus ausstarb und 1778 bis 1779 der Bayrische Erbfolgekrieg ausgefochten wurde. Das kurzlebige Kaisertum Karls VII. vom Jahre 1742 und die altehrwürdige Kaiserwürde der Habsburger sollten in eins wachsen. In einem Habsburg, zu dem auch Bayern gehört, hätte das Deutschtum eine ganz andere Stellung gehabt. Die Jahre 1848 und 1866 wären ganz anders verlaufen: „Deutsch-Österreich" möchte noch aus Deutschland herauszureißen sein, nie und nimmer aber Bayern.

Doch hat Friedrich verlernt, aufs Ganze zu gehen, und der Kaiser kann ihm spöttisch schreiben:

„Ich hoffe Sie an den Ufern der Elbe zu finden; und wenn wir uns geschlagen und Europa ein Schauspiel von Eigensinn gegeben haben, stecken wir den Degen in die Scheide."

Joseph hat nun eher den Ehrgeiz, der Friedrich II. 1740 beseelte, und er bäumt sich gegen den Kabinettskrieg auf, der es versäumt, den Vernichtungsstoß gegen den Gegner zu führen, der sich in kleinen Operationen, Märschen und einzelnen Gefechten erschöpft. Joseph II. beklagt sich bitterlich über den Befehl Maria Theresias, den preußischen König nicht zu verfolgen:

„Die Großmut Eurer Majestät und die gemessenen Befehle, die ich hierin gehabt, den König auf seinem Rückzug nicht zu verfolgen, machen dem Herzen Eurer Majestät Ehre; aber mir wurde die Gelegenheit geraubt, zu beweisen, daß ich ein General in der Gefahr sein kann, so gut wie Friedrich der einzige."

So blieb der Bayrische Erbfolgekrieg ein matter Nachklang früherer großer Kämpfe. Die Armeen rückten zwar ins Feld, die Armeen Preußens und Österreichs standen sich gegenüber, da Preußen die Machtvergrößerung Österreichs nicht dulden wollte und konnte. Aber kaum ein Schuß erklang, kaum ein Gefecht wurde gekämpft. In der Geschichte lebt der Krieg als der „Kartoffelkrieg" fort, weil die Heere sich mit dem Ausgraben von Kartoffeln beschäftigten, was ebenso nützlich wie ruhmlos war. 1779 wurde der Friede von Teschen geschlossen, der außer der Abtretung des bayrischen Innviertels an Österreich Deutschland ließ, wie es war. Das Gleichgewicht der beiden Großmächte blieb. Nur ermöglichte diese Lage den Mächten Europas, eine Politik des deutschen Gleichgewichts zu spielen, so wie England Jahrhunderte eine Politik des europäischen Gleichgewichts betrieb. Der Friede von Teschen war unter der „Vermittlung" Frankreichs und Rußlands, d. h. unter ihrem Druck, geschlossen worden. Das Spiel zeichnete sich jetzt ab, das Frankreich (und auch Rußland) bis zu Napoleon III. durchführen sollten, in Deutschland das Gleichgewicht zwischen Preußen und Österreich aufrechtzuerhalten, um selbst das Zünglein an der Waage zu sein. Für dieses Gleichgewicht übernehmen

Prinz Eugen. Prinz Eugen (r.), fast durch Zufall in den militärischen Dienst Habsburgs geraten, begründete die Großmachtstellung Habsburgs durch seine Siege über die Osmanen. Aber er war mehr als ein Soldat: ein Mann, in dem die aristokratische Bildung der Zeit ihren Höhepunkt fand. Der Habsburger-Staat machte ihn nach der Übung der Zeit reich, und Prinz Eugen machte von seinem Reichtum würdigen Gebrauch. Er förderte die Kunst und war ein Bauherr mit eigenem schöpferischen Willen. Sein Schloß in Wien, Belvedere (o.), brachte die aristokratische Hoheit und majestätische Einsamkeit des freien Herrentums zur Anschauung.

Wien. Wien gewann erstmals größeren Ruhm, als Herzog Rudolf IV. von Österreich es zum prächtigen Regierungssitz der Habsburger ausbaute. Weltgeschichtliche Bedeutung erlangte es jedoch erst als Vorposten des Abendlandes gegenüber der türkischen Gefahr, als die Habsburger die Führung des Reiches übernommen hatten. Es blieb nun für Jahrhunderte Mittelpunkt der Politik, die Hofburg (o.), begonnen 1723, wurde zum festen Begriff wie Versailles oder Windsor. Die Karlskirche (u.), 1761—1779 von Fischer v. Erlach erbaut, verkörpert ein ganzes politisches Programm und symbolisiert in ihren einzelnen Bauteilen praktisch eine Universalherrschaft.

Friedrich I.

Friedrich Wilhelm I.

Friedrich II., der Große

Friedrich Wilhelm II.

Friedrich Wilhelm III.

Friedrich Wilhelm IV.

Die preußischen Könige, 1701—1861. Kurfürst Friedrich III. von Brandenburg (1866—1713) wollte mehr als ein Kurfürst sein. Er machte aus Preußen ein Königtum; als König nannte er sich Friedrich I. Er gab Macht und reale Vorteile für einen Titel weg, obwohl das Volk erwartete — nach einem Wort Friedrichs des Großen —, daß die Mehrung der Würde auch eine Mehrung der Macht bedeutete. Friedrich Wilhelm I. (1713—1740), der zweite König von Preußen, schuf die Grundlage des neuen preußischen Staates, die stehende Armee und die Anfänge des Beamtenstaates. Sein Sohn, Friedrich II. (1740—1786) oder Friedrich der Große, vollendete das Werk des Vaters und benützte das von diesem geschaffene Instrument, um erkennen zu müssen, wie begrenzt Preußens Macht in Wahrheit war.
Friedrich Wilhelm II. (1786—1797) stach unter den Hohenzollern durch die Verworrenheit seiner erotischen Beziehungen hervor. Friedrich Wilhelm III. (1797—1840) erlebte den Zusammenbruch Preußens 1806 und seine Wiederherstellung nach der Besiegung Napoleons. Friedrich Wilhelm IV. (1840—1861, für regierungsunfähig erklärt) ist am bekanntesten dadurch geworden, daß ihn die Abgeordneten der Paulskirche 1849 zum deutschen Kaiser wählten. Er lehnte die Kaiserkrone ab, um danach einem kleineren Deutschland (der „Union") nachzujagen und für das kleinere Ziel denselben Widerstand zu erfahren wie für das große.

Sanssouci: Der König unter Philosophen. Friedrich der Große suchte an seiner Tafelrunde die großen Geister Europas zu vereinen. Er wollte es ihnen gleichtun; aber in einem Winkel seiner Seele saß auch die Verachtung für die Literaten, die er manchmal als seine Hofnarren ansah und von denen er zuweilen wußte, daß sie Spione waren. Er benutzte die „philosophischen Freunde" mitunter, um Europa zu düpieren. Bei alledem hielt er es wie Katharina und Josef I. mit dem Grundsatz, daß der Philosoph beim König wohnen solle, obwohl er zuletzt das Königsein als beste Philosophie betrachtete; Gemälde von Adolf von Menzel.

Frankreich und Rußland zuweilen eine Garantie, und in den Zeiten der deutschen Ohnmacht versuchten sie sogar, ein Protektorat Frankreichs und Rußlands über Deutschland aufzurichten. Deutschland wird bis zur gegenwärtigen Stunde von den Großmächten geschaffen oder verhindert. Das Maß der Einigkeit unter den deutschen „Garantiemächten" ist fast immer das der deutschen Einheit.

Im März 1781 wirft der Kaiser der Kurie den Fehdehandschuh hin. Der Kaiser verbietet alle päpstlichen Bullen, ehe er sie nicht gebilligt hat. Er verlangt von den deutschen Bischöfen einen neuen Eid, dessen Formel von ihm selbst stammt. Den geistlichen Orden ist es fortan verboten, Beziehungen zu ihrem römischen Ordensgeneral zu unterhalten. Allen Untertanen des Kaisers ist es fortan untersagt, Titel und Würden vom Papst anzunehmen. Der Kaiser verleiht aus eigener Machtvollkommenheit den Habsburger Bischöfen das Recht der Ehedispenses, das ein geheiligtes päpstliches Reservat seit Jahrhunderten war. Dem protestierenden Papst antwortet der Kaiser ironisch. Jeder müsse dem Brot Ehre machen, das er esse. Der Papst äße das Brot der Kirche und protestiere gegen alle Neuerung, Joseph das Brot des Staates und verteidige und erneuere seine ursprünglichen Rechte. Diesmal geht ein Papst nach Canossa. Papst Pius VI. macht sich auf, um den Kaiser in Wien zu besuchen. Noch ehe er aber in Wien ankommt, hat der Kaiser die Aufhebung der Klöster vollzogen. Die entlassenen Mönche erhalten Reisepässe, Reisegeld und das von ihnen eingebrachte Gut. Das Klostervermögen wird einem Religionsfond für das Habsburger Reich zugewiesen. Binnen eines Monats verringert sich die Zahl der Klöster Habsburgs von zweitausend auf tausendvierhundert.

Der Papst klagt den Kaiser an, ein Kirchenräuber zu sein. Der Kaiser wagt es andererseits mit dem Schisma zu drohen:

„Ich werde meine Völker überzeugen, daß sie katholisch sein können – ohne römisch zu sein! ... Ecclesia catholica non romana."

Am 20. Januar 1784 macht ein Konkordat dem offenen Kulturkampf ein Ende. Der Papst überläßt dem Kaiser das Ernennungsrecht der Bischöfe in der Lombardei. Aber der Kaiser verzichtet auch auf die gröbste Kirchenverfolgung und den unverhüllten Kirchenraub.

„Der Papst ist mit einem blauen Auge davongekommen", meint Kaunitz.

Indem Joseph nun seinen Frieden mit der Kirche macht, spürt er doch oft eine Versuchung in sich, den Todesstoß gegen die Kirche zu führen. Es ist eine Zeit wie vor der Reformation. Die Kirche ist müde geworden, und die Gleichgültigkeit und die Abtrünnigkeit regieren überall. Erst die Herausforderung durch die große Französische Revolution wird die religiösen Kräfte in der katholischen Kirche wieder wecken. Es müsse doch leicht sein, so meinen die Menschen damals, das Gebot Voltaires zu erfüllen, dieses infame Ding, diese Kirche zu zermalmen: Écrasez l'infame. Goethe schreibt 1787 aus Rom:

„So viel ist gewiß, daß der Kirchenstaat und beide Sizilien ohne Schwertstreich wegzunehmen wären. Das Volk ist mißvergnügt, die Geistlichkeit, besonders die Mönche, sind kaiserlich gesinnt. Noch gestern sagte ein siebzigjähriger Mönch: Wenn ich nur noch in meinen alten Tagen erleben sollte, daß der Kaiser käme und uns alle aus unseren Klöstern jagte, selbst die Religion würde dabei gewinnen."

Aber die deutschen Kaiser ziehen nicht mehr nach Rom. Die Saat, die Joseph ausgestreut hat, ist anderswo aufgegangen. Der Kaiser beklagt sich bitter darüber, daß seine Völker eine Revolution der Gegenreformen machen, während Frankreich eine Revolution macht, um diese Reformen zu erzwingen. Nichts anderes habe er getan als das, was jetzt die revolutionären Machthaber Frankreichs durchführen wollen. Das neue Frankreich wird in der Tat so regiert, wie Joseph Habsburg regieren wollte. Da werden die Köpfe gezählt, da wird das Land vom Schreibtisch und auf dem Reißbrett mit dem Lineal neu eingeteilt und neu geordnet. Da werden die Klöster aufgehoben und das übermäßige Kirchenvermögen für den Staat beschlagnahmt. Da ist nun die Guillotine am Werk, erdacht von einem aufgeklärten modernen Geist, ein präzises und schnelles Instrument, scharf wie die Logik und der Verstand, sauber arbeitend wie eben eine Maschine, ohne die Unvollkommenheit der menschlichen Hand, ein Werkzeug des „humanen" Henkers, Schöpfung eines Zeitalters, das nicht mehr quält und vierteilt, martert und foltert und also den Tod barmherzig macht. Diese Guillotine wird schneller mit den nutzlosen Existenzen, den Adligen und den Höflingen und den Pfaffen fertig als Joseph II. mit seinen Mitteln. Joseph erlebt es nicht mehr, daß seine Schwester, Marie Antoinette, deren Vermählung mit Ludwig XVI. Joseph als eine Zeitenwende verherrlicht hat, ihr Leben unter dieser vollkommenen Hinrichtungsmaschine läßt. Die Herren der Französischen Revolution wagen es, wovon Joseph nur träumte, den Todesstoß gegen die katholische Kirche zu führen. Sie meinen, man brauche diese wankende Kirche nur zu stoßen, damit sie endgültig falle. Napoleon kann es wagen, den Papst zum Diener des Reiches und des Kaisers machen zu wollen. Wie Hitler träumen die französischen Revolutionäre und Napoleon davon, den Apparat der Seelenbeherrschung, wie ihn in ihren Augen die Kirche darstellt, zu übernehmen und für ihre eigenen Zwecke zu benützen.

Napoleon führt 1798 den Papst als seinen Gefangenen aus Rom hinweg. Er vollstreckt das Vermächtnis Josephs II., Josephs des Deutschen.

Überall im Habsburger Reich beginnen die Klassen und Stände aufzustehen gegen den königlichen Gleichmacher. Ungarn vermag Joseph nur noch mit militärischer Gewalt seiner neuen Ordnung zu unterwerfen. Er hat sich nicht krönen lassen und trägt die Krone des heiligen Stephan nicht, weil er den Eid auf das ungarische Gesetz nicht ablegen wollte. Die Vermessung, die Steuerveranlagung, die Wehrpflicht, all das, was in den Augen der Stände als teuflisches Werkzeug der Tyrannei erscheint, werden unter dem Schirm der achtzigtausend Mann kaiserlicher Truppen in Budapest und Ungarn eingeführt. Den Bauern wird Freizügigkeit gewährt. Die Konfessionen werden gleich behandelt.

Nur die Frage der Nation bleibt ungelöst. Sollen Ungarn, Deutsche, Kroaten, Slowaken, Tschechen, Wallachen gleichberechtigt an der Regierung und Verwaltung des Staates teilhaben? Das ist die Frage der Fragen für die dreizehnsprachige Monarchie, die Frage, die zuletzt auch über das deutsche Schicksal entscheiden wird.

Der Kaiser flüchtet sich aus seinen inneren Wirren in den äußeren Krieg. Im Februar 1788 erklärt er dem Osmanischen Reich den Krieg. Es ist der letzte Krieg, den ein Habsburger Kaiser gegen die Türken führt. Joseph II. eröffnet den Kampf mit einer großtönenden Parole:

„Die Zeit ist gekommen, wo ich als Rächer der Menschheit auftrete, wo ich es über mich nehme, Europa für die Drangsale zu entschädigen, die es einstens von den Türken erdulden mußte."

Aber auch die Pforte weiß Worte zu machen:

„Eure Feinde sollen vor euch verschwinden wie der Tau und die Sterne vor der aufgehenden Sonne ... Eure Säbel sollen sein wie die Sicheln in den Händen geübter Schnitter ... Dabei vergesset Mohammed nicht, erinnert euch, daß die Ungläubigen, die ihr tötet, zu Stufen werden, auf denen ihr in den Himmel steigen könnt."

Doch blieb die versprochene russische Unterstützung aus, und der Kaiser hatte den Anprall der ganzen türkischen Armee auszuhalten. Im kaiserlichen Heer brach die Cholera aus, Typhus und Malaria. Die Pferde waren verseucht, und das Trinkwasser wurde knapp. Die Ungarn im Rücken hetzten und verweigerten die Heereslieferungen. Die Desertionen nahmen einen ungewohnten Umfang an.

Nach siebenjähriger Vorbereitung trat 1788 das neue Strafgesetzbuch des Kaisers Joseph in Kraft. Adlige Herkunft galt im Gegensatz zur „Nemesis Theresiana" nicht mehr als mildernder, sondern als erschwerender Umstand. Nur die Kuppelei trug dem Adligen bloßen Hausarrest ein, während der bürgerliche Kuppler an den Pranger mußte und ins Gefängnis geworfen wurde.

Die Todesstrafe war nahezu gänzlich aufgehoben, doch wurde dem Volk zur Kenntnis gebracht, was Zwangsarbeit in den ungarischen Sümpfen bedeutet. Zwischen den Zeilen konnte man lesen, daß diese Arbeit eine andere Art der Todesstrafe sei.

Der Kaiser aber erntet nur Haß dafür, und das Habsburger Reich ist in eine große Krise geraten. Überall sind die Völker im Aufstand gegen einen fortschrittlichen Kaiser. Preußische Agenten schüren die Unzufriedenheit in den Niederlanden und in Ungarn. Dem Herzog von Weimar wird schon die ungarische Krone angetragen, und der herzogliche Minister von Goethe führt darüber die Korrespondenz. Für Preußen ist jetzt die große Versuchung da, den Todesstoß gegen das Habsburger Reich zu führen, die Situation, vor der Preußens Könige 1805, 1848, 1859 und 1866 stehen werden. Wird Preußen das Spiel Friedrichs des Großen von 1740 noch einmal spielen?

Das Habsburger Reich durchschreitet jetzt die Zone höchster Gefahr. Friedrich Wilhelm II. von Preußen will sich mit den Türken verbinden und Österreich in den Rücken fallen. Joseph schreibt an Kaunitz:

„Der Krieg Österreichs mit Preußen und der Türkei zugleich würde der Untergang Österreichs sein; es ist unmöglich, die Grenze vom Adriatischen Meer bis zum Dnjestr und bis nach Böhmen zu verteidigen."

Aber Preußen kann keinen Krieg führen, wenn England nicht will. Fast kein kontinentaler Staat kann ohne die englischen Hilfszahlungen Krieg führen. Die europäischen Mächte sind wie Hunde an der Kette, die England nach Belieben loslassen kann oder nicht. So läßt London jetzt in Berlin wissen, daß es besser sei, Rußland und Österreich zuerst einmal sich schwächen zu lassen und den Tod Josephs abzuwarten. Habsburg war gerettet. Das Mirakel des Hauses Habsburg!

Am 20. Februar 1790 starb Kaiser Joseph. Beethoven verfaßte eine Kantate „Joseph der Große ist tot", und der Dichter Herder schrieb:

„Vor neun Jahren, da er auf den Thron stieg, wurde er als ein Hilfsgott angebetet und von ihm das Größte, Rühmlichste, fast das Unmögliche erwartet; jetzt trägt man ihn als ein Sühneopfer der Zeit zu Grabe. Hat je ein Kaiser, hat je ein Sterblicher mehr gewollt, sich mehr bemüht, mehr angestrebt und rastloser gewirkt als er?"

Novalis rühmte den Kaiser, weil er „des Denkens Freiheit" begründet habe.

Zur hundertjährigen Todesfeier im Jahre 1890 sagte der Rektor der Wiener Universität:

„Er schläft wie Rotbart, er wirkt noch und kämpft noch für uns! Alle dahingegangenen großen Geisteshelden führen durch ihre Ideen den Kampf für den Fortschritt in der Welt noch mit fort! Kommilitonen! Josephs Geist lebt noch. Er führt den Kampf noch mit, und er kämpft mit uns!"

Das Volk in Österreich hat immer gesagt, daß Joseph nicht tot sei, sondern wiederkommen werde, wenn Österreich in höchster Not sei.

Den Kaiser Joseph erfüllte eitel Wohlgefallen an den Ereignissen in Frankreich. Er kommentierte die Ge-

schehnisse mit schmerzlicher Ironie. Die Franzosen revoltierten, als sie haben wollten, was die Belgier aus des Kaisers Hand zurückgewiesen hätten. Die Dekrete der französischen Nationalversammlung seien Kopien seiner eigenen Befehle: „Die Privilegien des Adels sind abgeschafft; man hat gut getan daran; die Güter der Geistlichkeit werden die Schulden des Staates bezahlen – man könnte damit Besseres tun, und das hätte man schon vor langem tun sollen . . ." „Wenn ihr auf dem Gipfel des Staates die Saite streicht, was Wunder, daß die unten tanzen!"
Dieses Wort von Karl Marx gilt auch für Friedrich den Großen und Joseph II. von Österreich. Die beiden spielen zur Revolution auf, und noch ehe die Erde sich über ihrem Grabe geschlossen hat, tanzen die Völker nach dieser Melodie.

DEUTSCHLAND
IM SCHMELZTIEGEL DER FRANZÖSISCHEN REVOLUTION

1789   Gleichzeitig mit der Französischen Revolution befindet sich das Habsburger Reich in einem Aufruhr, vorwiegend der Stände
1790   Auf den im Alter von 49 Jahren gestorbenen Kaiser Joseph II. folgt Leopold II. (bis 1792)
1791   Preußen und Österreich verständigen sich in Pillnitz über ein Vorgehen gegen die Französische Revolution (27. 8.)
1792   Frankreich erklärt an Österreich den Krieg – erster Koalitionskrieg gegen das revolutionäre Frankreich (bis 1797)
Der Herzog von Braunschweig erläßt als Oberbefehlshaber der Interventionsarmeen einen Aufruf gegen das revolutionäre Frankreich, kommt aber bei Valmy mit seinem Vormarsch zum Stehen (20. 9.)
Franz II. wird zum Kaiser gewählt (bis 1804; Franz I. von Österreich bis 1835)
1793   In der zweiten Teilung Polens gewinnt Preußen den Hauptteil des sogenannten „Großpolens" (vor allem Posen)
1794   In Preußen wird das „Allgemeine Landrecht" eingeführt
1795   Preußen scheidet durch den Sonderfrieden zu Basel aus dem Krieg gegen Frankreich aus (5. 4.)
Preußen gewinnt in der dritten Teilung Polens einen breiten Gebietsstreifen östlich von Ostpreußen, dazu Neuschlesien und Warschau
1797   Im Frieden von Campo Formio tritt Österreich die Lombardei und die habsburgischen Niederlande ab und verzichtet, wie Preußen, auf das linke Rheinufer
Der 27jährige Friedrich Wilhelm III. wird König von Preußen (bis 1840)
Der Friedenskongreß von Rastatt tritt zusammen
1799   Der zweite Koalitionskrieg gegen die Französische Revolution wird eröffnet (bis 1802)
1801   Der Friede von Lunéville beendet den zweiten Koalitionskrieg und eröffnet durch das Versprechen auf Entschädigung für die verlorenen linksrheinischen Gebiete den Kampf um die deutschen Territorien
1802   England schließt zu Amiens Frieden mit Frankreich und ist für zwei Jahre (in einem von 1793 bis 1815 ununterbrochenen Krieg) in Frieden mit Frankreich
1803   Der Reichsdeputationshauptschluß teilt Deutschland neu auf
1804   Franz II. legt den Titel „Kaiser von Österreich" an (Verzicht auf die deutsche Kaiserkrone 1806)
1805   Ein neuer Koalitionskrieg gegen Napoleon entbrennt
In der Dreikaiserschlacht bei Austerlitz siegt Napoleon über die Österreicher und Russen (2. 12.)
Preußen schließt mit Napoleon den zweideutigen und zweideutig ausgeführten Vertrag von Schönbrunn (12. 12.)
1806   Die zu Königreichen erhobenen Fürstentümer Bayern, Württemberg und Sachsen und andere deutsche Staaten schließen sich als Satelliten Napoleons zum Rheinbund zusammen
Preußen schliddert (ohne Verbündete) in den Krieg gegen Napoleon (bis 1807) und wird bei Jena und Auerstedt geschlagen (14. 10.)
Napoleon zieht in Berlin ein und verkündet von dort aus die Kontinentalsperre (21. 11.)
1807   Rußland und Preußen kämpfen gegen Napoleon weiter
Nach dem Sieg Napoleons bei Friedland (14. 6.) verliert Preußen im Frieden von Tilsit (7. bis 9. 7.) die Hälfte seines Gebietes
Napoleon gründet als Pfeiler seines Machtsystems in Mittel- und Osteuropa das Großherzogtum Berg, das Königreich Westfalen (beide unter Franzosen) und das Herzogtum Warschau (unter dem König von Sachsen)

Der Reichsfreiherr vom Stein (geb. 1757) wird leitender Minister in Preußen und der Freiherr von Hardenberg als Außenminister in verantwortlicher Stellung neu ernannt
Die Erbuntertänigkeit der Bauern in Preußen wird abgeschafft (9. 10.)
Fichte fordert in seinen „Reden an die deutsche Nation" die Deutschen zum Widerstand gegen Napoleon auf

1808 Die von Stein ausgearbeitete Städteordnung in Preußen wird geschaffen (19. 11.)
Der Reichsfreiherr vom Stein wird wegen Vorbereitung des Volkskrieges auf den Druck Napoleons hin entlassen
Die „Armee-Reorganisations-Kommission" in Preußen bereitet die Allgemeine Wehrpflicht in Preußen vor
Auf dem Erfurter Kongreß huldigen die deutschen Fürsten Napoleon praktisch als ihrem Kaiser

1809 Österreich gerät in Krieg mit Frankreich, siegt bei Aspern und wird bei Wagram geschlagen
Volksaufstände der Tiroler und in Preußen (Major von Schill) bleiben ohne Ergebnis
Napoleon und Österreich schließen zu Schönbrunn Frieden (14. 10., Abtretung von Galizien, des Innviertels und Illyriens, Heirat Napoleons mit der Tochter des Kaisers von Österreich)

1810 Holland, das nördliche Hannover und die deutschen Hansestädte werden mit Frankreich vereinigt
Die Universität Berlin wird gegründet

1812 Napoleon eröffnet mit einem Heer aus allen europäischen Völkern den Krieg gegen Rußland (22. 6.)
Nach dem Zusammenbruch der Armee Napoleons schließt der preußische General Yorck von Wartenburg die Konvention von Tauroggen mit den Russen (30. 12.)

1813 Preußen verbündet sich mit Rußland (28. 2.) und beginnt den Befreiungskrieg gegen Napoleon
Österreich tritt der Koalition gegen Napoleon bei (12. 8.)
Die Völkerschlacht bei Leipzig (16. bis 19. 10.) führt zum Zusammenbruch und beendet die napoleonische Herrschaft über Deutschland

1814 Blücher überschreitet den Rhein bei Kaub (1. 1.)
Die Verbündeten ziehen in Paris ein (31. 3.)
Nach der Verbannung Napoleons nach Elba tritt der Wiener Kongreß zusammen

1815 Napoleon kehrt von Elba zurück (1. 3.) und herrscht noch einmal 100 Tage über Frankreich, wird aber bei Waterloo von Wellington und Blücher geschlagen (18. 6.)

Kreuzzüge für und wider die Revolution

Der nächste Abschnitt der deutschen Geschichte begann in Versailles am 5. Mai 1789. Dorthin waren durch den in einer Finanzkrise ratlosen König von Frankreich die Reichsstände (états generaux) zusammenberufen worden. Diese Stände wurden nur einige Wochen lang von Adel, Geistlichkeit und Bürgertum zusammen gebildet. Am 17. Juni erklärten sich dann die Vertreter des Bürgertums für die Nationalversammlung, für die Vertretung Frankreichs, und am 20. Juni leisteten sie den sogenannten Ballhausschwur, daß sie nicht wieder auseinandergehen würden, ehe sie Frankreich eine neue Verfassung gegeben hätten.
Damit begann die große Französische Revolution, in deren Folge Deutschland bis in seine tiefsten Tiefen hinab umgewühlt und umgeformt werden sollte.
Was als kleine Revolte zu beginnen schien, das entwickelte sich sehr rasch zur großen Revolution. Die kleine Flamme entfaltete sich binnen weniger Monate zu einem Feuersturm. Während die Welt und vor allem auch Deutschland auf die von großem Schwung getragenen theatralischen Akte der revolutionären Körperschaften in Paris starrten, raste über Frankreich der Sturm hinweg. Die Bauern erhoben sich gegen ihre Grundherren, und Schlösser und Klöster wurden verwüstet. Der revolutionäre Terror, der Druck entfesselter Haufen auf die Staatsmacht und regierenden Klassen, die widerstandslos und gelähmt wie auf ein Gespenst starrten, gingen durch Frankreich, ehe sie in Paris, sichtbar für die ganze Welt, die Bühne betraten. Ein großer Teil des Adels flüchtete – vor allem nach Deutschland, in die Rheinlande. Am Hofe des Kurfürsten von Trier vor allem entfaltete sich die alte französische Gesellschaft, nun völlig entwurzelt, sittenlos und gespensterhaft. Der Sturm der Zeit hatte den Abfall der französischen Geschichte in die deutsche Geschichte hineingeweht, bis in Gestalt der jakobinischen Heere der eiserne und blutige Besen der Revolution auch über Deutschland hinwegfegte. Die Erklärung der Menschenrechte vom 26. August 1789 wirft auch über das geblendete, im Schlummer daliegende Deutschland ein eigentümliches Licht.
Der Fortgang der Revolution, die Entmachung und Entthronung des Königs werden zu einer Herausforderung an das übrige Europa. Zu viel und zu Großes ist geschehen, zu viele Verbrechen sind begangen worden und zu viele große neue Ideale in die Welt hineingeschleudert worden, als daß das alte Europa gleichgültig gegen die Revolution und die

Revolution gleichgültig gegen den Fortbestand einer alten, das revolutionäre Frankreich bis auf den Tod hassenden und vom revolutionären Frankreich bis auf den Tod gehaßten Ordnung hätte bleiben können. Die Reichsstände waren durch die Maßnahmen der Revolutionsregierung mannigfach berührt, im Grenzraum zwischen Frankreich und Deutschland, vor allem in Elsaß-Lothringen, betrafen Anordnungen der französischen Revolutionsregierung vielfach den Kaiser, das Reich und seine Fürsten. Lange haben die Historiker darüber gestritten, wer den Krieg zwischen dem Reich und Frankreich, der bald aus diesen Wirren entstehen sollte, begonnen habe. Wer ist schuld, das Feuer oder das Wasser, daß sie einander feind sind?

Das Reich lag da scheinbar wie ein riesiger Scheiterhaufen, der auf die Flamme wartet, die bald in Frankreich entzündet werden sollte. 1786 war Friedrich der Große gestorben. Drei Jahre später brach in Frankreich die große Revolution aus. Die Herren über die beiden deutschen Großmächte, Friedrich II. von Preußen und Kaiser Joseph II. von Österreich, waren selbst revolutionäre Feuerbrände gewesen, die alle Flammen der Umsturzes anzulocken schienen. Die fromme Maria Theresia empfand ihren großen Gegner im Reich, Friedrich von Preußen, und ihren eigenen Sohn als kühne revolutionäre Geister. Nicht nur die Kaiserin, sondern viele Zeitgenossen sahen in den Wegen Friedrichs des Großen einen kämpferischen Atheismus am Werk. Friedrich hatte die Autorität des Reiches zum Narren gehalten und offen des Reiches Würde für einen alten Plunder angesehen. Nur ein Atheist wie Friedrich der Große konnte, so sahen es manche Zeitgenossen, mit einer solchen frevelnden Kühnheit der Kaisermacht den Krieg ansagen. Die Schlesischen Kriege Friedrichs des Großen waren die ersten Revolutionskriege Europas gewesen. Die große Französische Revolution traf das ganze Habsburger Reich (Ungarn, die ehemals Spanischen Niederlande) in einer großen revolutionären Gärung an. Der Nachfolger Maria Theresias, Kaiser Joseph II., hatte die alten Rechte des Adels und der Kirche mit Füßen getreten. Die alten Privilegien einstampfend, der Aufklärung eine Bahn schaffend, gleichmachend und einebnend, hatte Joseph überall die Stände herausgefordert, und deren Gegenrevolution verwandelte sich in unmerklichen Übergängen in die Revolution. Für die losgelassenen Raubtiere der revolutionären Machtgier war das Reich wie ein an den Pfahl gebundenes Opfer. Alle hatten von der Gewalt genascht und den Lutschbeutel süß gefunden, wie Jakob Burckhardt sagt. Die Revolution aber konnte nur auf Kosten der Reichsgewalt gehen. Nie gab sich Ohnmacht grandioser und majestätischer. Bewegungslosigkeit hatte sich in einen Kult verwandelt. Geschlossene Macht stellten nur einzelne deutsche Territorien dar. Bayern, Sachsen und vor allem Preußen bildeten ein Knäuel von Ländern, die noch kein abgerundetes Machtgebiet waren, aber ein solches werden konnten. Sich „abzurunden" war der Traum all dieser Fürsten, die sich die fehlenden Bindungsstücke erschacherten, erschlichen und eroberten, bis sich schließlich – als die innere deutsche Revolution und die große Französische Revolution ineinanderflossen – die Reichspolitik mit aller Schamlosigkeit in einen gigantischen Grundstücksmarkt verwandelte (Reichsdeputationshauptschluß).

Auseinander hing vor allem noch der preußische Staat. Brandenburg, Ost- und Westpreußen, die rheinischen Besitzungen der Hohenzollern waren ein Streubesitz, den Preußens Könige nur mühsam zusammenhalten konnten. Durchmarschrechte, Korridore und Passierscheine bildeten das tägliche Brot Preußens, so wie Preußens Hauptstadt Berlin von 1945 davon leben sollte. Das 1794 vollendete preußische Landrecht diente der Vereinheitlichung dieses Staates. Die Juristen und Soldaten gleichermaßen waren bemüht, aus Länderfetzen einen Staat zu machen. Preußen hatte ein Recht und eine Armee, bevor es ein Staat wurde. Diese Staatsgebilde waren auch ungemein gebrechlich. Wenn Friedrich der Große einmal von dem „Mirakel des Hauses Hohen-

Letzter Ruf
der
frey gewordenen Franken
an
die unterdrückten Deutschen.

Im Monat Augst 1791. des dritten Jahrs der Freyheit.

Fühlet eure Sclaverey, edle Deutsche! sehet es endlich ein, daß euch Fürsten zu unglücklichen Werkzeugen des Mordes gegen uns Franken brauchen wollen, — Franken, die euch Freundschaft angelobten; eure Verfassungen nie stören wollen, die euch nachbarlich lieben, und die euch ohngeachtet von euren Despoten nur um deswillen bekriegt werden sollen, weil sie die eisernen Ketten abschüttelten, die ihr noch traget.

Wir Franken wollen für diese unsre Freyheit

Kämpfen, siegen, — oder sterben.

Und ihr, verblendete Deutsche, wollt für eure Fürsten, die euer Mark aussaugen, eurer Söhne, Gatten und Freunde Blut aufopfern, um nach zweydeutigem Siege euch in vestere Ketten schmieden zu lassen?

Ha! welch Unternehmen!

Wir steckten euch die Fackel der Freyheit auf; wir gaben euren Fürsten einen Wink, was Tyranney vermag,

zollern" sprach, als Preußen im Siebenjährigen Krieg gegen alle Wahrscheinlichkeit gerettet wurde, so hatte der preußische Staat immer wieder, wenn der große geschichtliche Sturm über Deutschland hinwegging, das Wunder nötig, um bestehen zu bleiben.
Der Nachfolger Friedrichs des Großen, Friedrich Wilhelm II., holte all das nach, was wir aus den Flegeljahren des fürstlichen Absolutismus kennen. Die Mätresse des Königs, die Gräfin Lichtenau, die vordem bescheiden Ritz geheißen hatte, gab den Ton am Königshof an. In ihrem Boudoir wurde häufig genug Preußens Politik gemacht. Lakaien und Kreaturen waren es, mit denen der König meist regierte. Der französische Friseur Lombard spielte lange eine große Rolle. Aber der König besaß viel gesunden Menschenverstand und bekam bald Angst vor der verwegenen Politik, die man gegenüber Österreich eingeleitet hatte. Das von England nicht ermutigte und nicht unterstützte Preußen sah in seinem Rücken die Gefahr des revolutionären Frankreichs aufsteigen. So wurde zwar Österreich in der Konvention von Reichenbach gedemütigt und zu einem unvorteilhaften Frieden mit den Türken gezwungen, aber der Todesstoß gegen Habsburg wurde nicht geführt. Die Auseinandersetzung zwischen Preußen und Österreich wurde derart vertagt, und Österreich gewann eine Atempause. Die Guillotine hatte Österreich gerettet. Die große Französische Revolution hatte die Rechte der Feudalherren aufgehoben, und im Elsaß hatte dies zahlreiche Reichsstände getroffen. Am Rhein saßen die französischen Emigranten. All das schuf Spannungen, die schließlich den Konflikt zweier Welten entzündeten. Die Außenpolitik der Revolution ergoß sich mit ungeheurer Gewalt in die Bahnen der alten französischen Außenpolitik. Alte außenpolitische Pläne Frankreichs lebten wieder auf: Der Rhein, die „natürliche Grenze", und hinter sie trat die Wucht des neuen revolutionären Staates. Aus dem einen wuchs das andere hervor.
Der neue Kaiser Leopold II. (1790 bis 1792) wurde durch eine kluge Mischung von Zugeständnissen und Festigkeit der revolutionären Bewegung in seinem Staate Herr. Jetzt machten beide Mächte, Österreich und Preußen, Front gegen Frankreich, und in dem Zwiespalt des monarchischen Europas und des revolutionären Frankreichs schien der Gegensatz der Staaten und ihrer Interessen unterzutauchen, bis er sich aus dem Kampfgewühl des Streites der Ideen und der bloßen Staatsformen alles beherrschend doch wieder erhob.
Leopold II. predigt die „Heilige Allianz" der Fürsten Europas gegen ein Regiment, das mit seinem unheiligen Rasen alle göttliche und irdische Ordnung in dem alten Europa zu bedrohen scheint. Preußen ist zunächst noch – unter Minister Hertzberg – einer gemeinsamen Intervention abgeneigt. Einzelne der preußischen Staatsmänner sind der Auffassung, daß es nicht die Aufgabe Preußens sei, den Habsburgern die Kastanien aus dem revolutionären Feuer zu holen. Aber schließlich siegen die strengen Legitimisten. Hertzberg tritt zurück, und die beiden Minister Wöllner und Bischofswerder, die Vertreter des pfäffischen Regiments in Preußen, bringen die Idee der Gemeinschaft der fürstlichen Interessen in ganz Europa zum Siege.
Im August 1791 trafen sich Kaiser Leopold II. und König Friedrich Wilhelm II. in Pillnitz bei Dresden. Das alte Europa schien sich zum Kreuzzug gegen das revolutionäre Frankreich zu rüsten. Vertreter der Emigranten nahmen in Pillnitz das Wort und hätten beinahe als eine französische Regierung gehandelt.
Das äußere Ergebnis der Konferenz von Pillnitz war eine großsprecherische Kundgebung, in der das neue Regiment in Frankreich als verbrecherisch und als eine Auflehnung gegen Gott, Ordnung und Moral gebrandmarkt wurde. So darf man ein Regime und einen Menschen nur dann beschimpfen, wenn man die Kraft und den Willen hat, diesen Menschen und dieses Regime auszurotten. Ein derartiges System weiß sich nun von der Vernichtung bedroht und muß wie ein angeschossenes Raubtier die Mächte und Gewalten anspringen, die solche Worte gebrauchen. Wenn darauf nicht sogleich die Kriegserklärung folgt, sind derartig großtönende Worte nur vom Übel. Herausforderung rief Herausforderung hervor. In Frankreich weckte sie den Furor der Revolution, und in der Glut des Krieges erst wurden die Ideen der Revolution der Seele des französischen Volkes eingebrannt. Der daraus entstehende Krieg, der vierte Weltkrieg der Neuzeit (Dreißigjähriger Krieg, Spanischer Erbfolgekrieg, Siebenjähriger Krieg, die Kriege der Französischen Revolution und Napoleons, die Kriege 1914 bis 1918, und 1939 bis 1945), gehört zur deutschen Geschichte wie die Sturmflut zum kleinen gebrechlichen Boot, das an ihren Wellen treibt. Er hat Europa und Deutschland bis in die tiefsten Tiefen umgeformt. Ohne die Französische Revolution und ohne den Krieg, der die Revolution über die Staatenwelt hinwegtrug, gäbe es kaum eine deutsche Geschichte, und die Deutschen schliefen noch den Dornröschenschlaf der von Dichtern und Denkern ausgeschmückten Geschichtslosigkeit.
Die herrschende Partei in Paris brauchte den Krieg. Keine Partei konnte in der Revolution hoffen, sich ohne äußeren Krieg an der Macht zu halten. Jede mußte danach streben, den Hoch- in Landesverrat zu verwandeln. So verlangte die französische Nationalversammlung von Kaiser Leopold nichts weniger als die Einhaltung der alten Bundesverträge mit den Bourbonen. Habsburg habe sich in dem heraufziehenden europäischen Konflikt an die Seite Frankreichs zu stellen. Als Leopold von Habsburg die erwartete Ablehnung aussprach, wurde am 20. April 1792 der Krieg gegen Österreich erklärt. Zuletzt wurde daraus ein Kampf, der Europa, ja die Welt von Grund aus umgestaltete. Um Welt-

reiche drehte es sich schließlich, um den Besitz des Erdballs und die Freiheit aller europäischen Völker, um das Gesicht Europas und seiner Nationen.

Lange hatte es keine Entscheidungen von solchem Ausmaß mehr gegeben, lange danach wird es – bis zum Weltkrieg – keine solchen mehr geben.

Das Zarenreich als Nutznießer des europäischen Konflikts

Fast in derselben Minute, da die französische revolutionäre Nationalversammlung den Krieg an Österreich erklärte, rückten die Zarenheere in Polen ein. Die Zarin hielt die europäischen Mächte nunmehr für genug gefesselt, um die polnische Frage nach ihrem Herzen lösen zu können.

Preußen und Deutschland standen vor der ewigen Wahl: Ost oder West. Preußen hätte das noch unfertige Revolutionsheer der Franzosen durch eine Verteidigung hinhalten können und gleichzeitig mit gesammelter Kraft im Osten auftreten können. Oder der preußische Staat hätte im Westen eine rasche Entscheidung erzwingen können, indem er seine ganze Macht gegen Westen warf, um dann die Hand für die polnische Frage frei zu haben. Die preußischen Staatsmänner aber taten das Verkehrteste, was man in einer solchen Lage tun konnte. Sie spalteten das preußische Heer auf und führten den Krieg im Westen mit halber Kraft und setzten sich in der polnischen Frage mit der gleichen halben Kraft ein. Man warf Regeln der preußischen Staatspolitik über den Haufen, die als unverbrüchlich gegolten hatten. Seit Friedrich des Großen hatte es in Berlin festgestanden, daß man keine Ausdehnung Habsburgs im Reiche dulden könne. Nun aber erklärte man sich dazu bereit, eine Vergrößerung Österreichs durch Bayern hinzunehmen, wenn nur Habsburg in dem gigantischen Ringen um Polen an die Seite Preußens trete.

Im Juli 1792 versammelte sich der hohe Adel des Heiligen Römischen Reiches Deutscher Nation zu Mainz um den neuen Kaiser Franz. Es war, wie Treitschke sagte, „das Henkersmahl des Heiligen Reiches". Während aber die alten Fürsten Deutschlands in rauschendem Glanze auftraten, stand beim feierlichen Bankett meistens schon der Tod neben ihnen. Das Schicksal Bayerns wäre entschieden gewesen, wenn Österreich nicht auch die fränkischen Besitztümer Preußens verlangt hätte (Ansbach, Bayreuth). Auch über die polnische Frage kam keine Einigung zustande. Warum sollten die Völker an die hehren Grundsätze eines Befreiungskrieges gegen das revolutionäre Frankreich glauben, wenn die erhabenen Vertreter des alten Europas in einem zänkischen Schacher über kleine Gebiete verwickelt waren! Nur der König von Preußen glaubte noch einigermaßen an die idealen Ziele eines solchen Krieges. Er war in die „teutschtümelnde" Schwärmerei versponnen, und wollte den Krieg „Hermann des Cheruskers" fortführen (wie eine irregeleitete Sprachwissenschaft einen Cheruskerführer Armin von fragwürdiger Identität und Bedeutung nannte). Derweilen wollten die Revolutionäre in Paris nicht glauben, daß der preußische Staat sich an einem Krieg gegen Frankreich zu beteiligen beabsichtige, das auf die Ideen Voltaires, des Freundes des großen Preußenkönigs, schwor. Doch unterschrieb der Oberbefehlshaber, der Herzog von Braunschweig, ein rasendes Kriegsmanifest, das ihm praktisch die französischen Emigranten in die Feder diktiert hatten und das in der preußischen Regierung nur Entsetzen erregte. Er drohte darin nahezu, das sodomitische Paris in Schutt und Asche zu legen.

Wenn nur die militärische Kraft und Fähigkeit dem entsprochen hätten! Die revolutionäre Herrschaft scheint wie ein Kartenhaus zusammenbrechen zu wollen – so sieht es in den offiziellen Kundgebungen der europäischen Mächte aus. Preußen und Österreich sehen keinen Anlaß, sich in diesem Kriege besonders anzustrengen. Man meint, keinen Staat und keine Ordnung als seinen Feind vor sich zu haben. Der Krieg gegen ein bloßes aufrührerisches und gesetzloses Durcheinander muß leicht sein, so denkt man, eine Armee von achtzigtausend Mann reicht gerade für die Bekämpfung krimineller Unruhen. Die Emigranten benehmen sich meistens als „Einsatztruppe". Einem wirklichen Krieg wäre das revolutionäre Frankreich wahrscheinlich auch erlegen, aber gegenüber hochnäsigen Gendarmen, die vermeinten, die Revolutionäre in Paris einfach verhaften zu können, erwies sich die schäumende und ungeordnete Volkskraft Frankreichs überlegen. Der Oberbefehlshaber der Interventionsarmee, der Herzog von Braunschweig, hatte zudem als einziger unter den alliierten Generalen Angst vor den losgelassenen Dämonen. Er wagte nicht, gegen die unbekannten und unbenannten Kräfte, die sich ihm entgegenstellten, in offener Feldschlacht anzutreten. Die Franzosen hatten sich auf den Höhen von Valmy verschanzt. Sie wären wahrscheinlich leicht zu werfen gewesen. Aber der Herzog gab nach einer kurzen Kanonade die Sache auf und wandte sich zum Rückzug. Das war der 20. September 1792. An diesem Tage ging das bestehende Deutschland zugrunde. Die große Wende trat ein. Bald sollte es den Anschein haben, als wären alle deutschen Staaten und Fürstentümer wie welke Blätter vor dem Sturm der Französischen Revolution. Es war eine optische Verzerrung. Ein Deichwächter hatte der Sturmflut freie Bahn gegeben, die durch eine geringe Anstrengung hätte gehalten werden können. Fortan starrten die Menschen auf die tosende und brüllende Flut: Das habt ihr aufhalten wollen! Goethe durchschaute voll diese Tage. Er sagte zu preußischen Offizieren:

„Von hier und heute geht eine neue Epoche der Weltgeschichte aus."

Eine neue Epoche begann auch für die deutsche Geschichte.

Der Vormarsch des Interventionsheeres verbreitete den kalten Schrecken unter den Machthabern in Paris, und dieser Schrecken führte zu einer blutigen Aufwallung des Terrors in Frankreich. Danton schickte die Mordhaufen aus, um die Anhänger der alten Ordnung – in den Augen der Revolutionäre die „Fünfte Kolonne", die fähig und willens war, dem einbrechenden Feinde Hilfe zu leisten – niederzumachen – die sogenannten Septembermorde.
Der verzweifelte Mut derer, die sich jetzt vom Stahl der Rächer bedroht fühlten, führte dazu, daß nun erstmals die revolutionäre Flut nach Deutschland hereinströmte und zum erstenmal auf deutschem Boden die Revolutionsordnung unter dem Schirm der „heiligen Bajonette" der jakobinischen Armeen errichtet wurde.

Nun ist es, als wäre der Deich geborsten. Wie eine große tosende Flut schieben sich die französischen Armeen gegen Deutschland vor. Im Oktober 1792 dringt der französische General Custin über den Rhein vor, erobert Speyer, Worms, Mainz und Frankfurt. Überall ereignen sich Orgien der Verbrüderung, feile Anbiederung, ein Eifer der Kapitulation, der zur äußeren Unterwerfung auch die Preisgabe der Seelen fügt. Aufdringliche Kollaborateure finden sich mannigfach. Soweit es die Furcht vor einem möglichen Umschlag erlaubt, eilen allzu viele „dem Siege zu Hilfe". Die tatsächliche Unterwerfung unter die Macht ist nahezu allgemein. Die Menschen sind ja, wie man gesagt hat, wie die Blumen, die ihr Antlitz der aufgehenden Sonne zuwenden. Am weitesten ging die Stadt Mainz. Die erste Festung Deutschlands öffnete in gelähmtem Erschrecken ohne Widerstand die Tore. Fürsten, Bischöfe, Geistliche und Adlige stoben in wilder Flucht auseinander. Das pfälzische Bayern erklärte sich für neutral. In Mainz wurde eine rheinische Republik ausgerufen. Die Masse des Volkes war gleichgültig, die Schurken warfen sich den Franzosen an den Hals, die paar Idealisten, die an die französischen Revolutionsideale wahrhaft glaubten, schwammen auf der trüben Brühe von Geschäftemacherei, Verrat und Feigheit wie ein einsame Fettaugen. Georg Forster, ein unsteter Schwarmgeist, der Führer der Revolutionspartei im Rheinland, ist an dem Spektakelstück befreiter Sklaven zugrunde gegangen, dem eine plündernde und vergewaltigende französische Soldateska den Hintergrund gab. Erst später sollte sich erweisen, wie befruchtend der Strom bei alledem war, der im Augenblick nur den schmutzigen Schaum seiner Oberfläche zeigte.

Die Flamme weckt die Flamme. Die europäische Politik der Revolutionsregierung wurde kühner und verwegener. Am 21. Januar 1793 wird König Ludwig XVI. hingerichtet. Frankreich wollte, mit den Worten von Danton, Europa einen Königskopf als Fehdehandschuh hinwerfen. Europa schien sich nun gegen die Königsmörder zusammenzuschließen. England, Holland, Spanien, Sardinien, Toskana, Neapel, das Heilige Römische Reich Deutscher Nation taten sich zum Bündnis gegen Frankreich zusammen. Die antirevolutionäre Sache erhielt dadurch auch einigen Auftrieb. Belgien wurde von den Verbündeten zurückgewonnen, und die Preußen eroberten Mainz, nachdem schon vorher Frankfurt wieder zurückgewonnen worden war.

Die Deutschen blickten auf das turbulente Schauspiel in Frankreich verwundert wie bewundernd, auch wenn viele Dichter und Philosophen eine platonische Begeisterung äußerten. Jedenfalls war bis Ende 1792 die Ernüchterung eingekehrt. Selbst wenn man im Rheinland die Neuerungen der Französischen Revolution begrüßte – die Befreiung von den Feudallasten und von der kirchlichen Bevormundung –, man verwünschte doch die Bajonette, unter deren Schutz die Umwälzung geschah. Allenthalben wandte man sich ab von der Französischen Revolution. Klopstock klagte:

„Ach, des goldenen Traumes Wonne ist dahin!"

1792 veröffentlichte Friedrich Gentz, ein hochbefähigter deutscher Publizist mit dem Geruch des literarischen Abenteurers an sich, der spätere Sekretär Metternichs, die Betrachtungen des konservativen britischen Politikers Edmund Burke über die Französische Revolution und fügte eigene Betrachtungen bei. Das war ein großes Manifest der europäischen Gegenrevolution. Die Politik hatte sich nunmehr der Literatur bemächtigt. Gentz sprach, wie Treitschke sagte, „mit einer Macht und Fülle der Sprache, wie sie Deutschland bisher nur an seinen Dichtern kannte". Das Jahrhundert bedürfe des Zügels, so rief Gentz aus:

„Politische Freiheit ist politisch beschränkte Freiheit."

Frankreich werde, so prophezeite Friedrich Gentz, von Katastrophe zu Katastrophe taumeln.
Die Eroberung von Mainz hatte auch gezeigt, wessen die französische Republik fähig war. Unausgebildete Massen wurden zwar in den Kampf geworfen und oft in schauerlicher Rücksichtslosigkeit geopfert. Aber die kleinen Heere der damaligen Zeit konnten mit dem tobenden Meer von Menschenmassen, das sie umgab, nicht mehr fertig werden. Unter der Revolutionsregierung büßten nicht nur die armen Teufel, die im feindlichen Feuer und auf dem Schlachtfeld starben, für falsche Befehle ihrer Kommandeure, sondern die Generale auch. Keinen Erfolg zu haben, kostete das Leben.
Die Franzosen hatten bereits zu dem äußersten Mittel, zur allgemeinen Wehrpflicht, der Aushebung der

Der europäische Konflikt

Massen (levée en masse) gegriffen. Eines Tages sollte sich der Feuerbrand dieser neuen Idee gegen die Franzosen selbst richten. In der deutschen Geschichte wird der Gedanke wie eine gärende Hefe immer wirksam bleiben. Carnot schuf die neue französische Heeresorganisation, wie sie dann die Deutschen in der Reform der Jahre 1809-12 nachahmen werden, um der Gewalt der französischen Waffen Widerpart bieten zu können. Zunächst waren es nur rohe, unausgebildete Haufen, die da mit seltener Rücksichtslosigkeit in den Kampf getrieben wurden. Die Massen, über die man nun dank dem neuen Prinzip der allgemeinen Wehrpflicht schrankenlos zu verfügen schien, wurden ohne Scheu geopfert. Der Krieg der Massen, der mit schrankenloser Gier Menschenleben und Menschenblut fraß, trat zum erstenmal auf die Bühne der modernen Geschichte. Zu einer entscheidenden militärischen Waffe konnten die breiten Massen nur durch die Reste geschulter Soldaten und Offiziere ausgebildet werden, die aus dem alten königlichen Heer in die neue revolutionäre Armee übernommen wurden. Das alte Berufsheer wird später (a auch in der deutschen Geschichte) dem Volksheer ein Gerippe geben, das das Volksheer aufrechterhält und ihm seine militärische Leistungskraft verleiht.

Im Herbst 1793 trat eine allgemeine Wende des Krieges ein. Die französischen Heere siegten bei Dünkirchen über die Engländer, Hannoveraner und Hessen, schlugen an der Sambre die Österreicher, und die französische Moselarmee unter General Hoche drang ins Elsaß ein. 1794 fiel Belgien wieder den Franzosen anheim.

Das alles verstärkte nur den russischen Druck auf Polen, da Preußen und Österreich immer mehr gefesselt schienen. Bei der zweiten polnischen Teilung 1793 hatte Preußen noch einigen Gewinn davongetragen. Es hatte die alten deutschen Städte Danzig und Thorn und die polnischen Kreise Posen und Kalisch erworben, während Rußland Litauen, Podolien und Wolhynien an sich brachte. Jetzt aber schien Rußland ganz Polen an sich reißen zu wollen. Preußen sah das Gleichgewicht an seiner Ostgrenze bedroht. Noch hatte es nur verhältnismäßig geringfügige Besitzungen am Rhein und verteidigte daher in dem Krieg gegen Frankreich nur das Reich und das monarchische Prinzip. Aber was war denn schon das Reich und was waren die hehren Grundsätze der Legitimität im Vergleich zu den Interessen des preußischen Staates. Preußen begann daher, seine Truppen vom Rhein zurückzuziehen, obwohl die preußischen Armeen bei Kaiserslautern in der Rheinpfalz dreimal siegreich gewesen waren, wo General Blücher sich als ein toller Haudegen zum erstenmal in das Buch der deutschen Geschichte einschrieb.

Um an der Weichsel endgültig Fuß zu fassen, gab Preußen den deutschen Rhein auf. Die Franzosen besetzten die Reichsstädte Aachen und Köln und das ganze linksrheinische Gebiet. Der Rhein war zu Deutschlands Grenze geworden.

1794 brach die Verteidigungsfront der Koalition zusammen. Die Heere des revolutionären Frankreich siegten im Juni 1794 in der Schlacht von Fleurus und erreichten bald danach den Rhein. Für die Rheinlande begann jetzt fast ein Vierteljahrhundert französischer Herrschaft.

Auf der anderen Seite stießen die revolutionären Armeen gegen die Niederlande vor.

Auch das deutsche Schicksal wurde mit entschieden, als im Jahre 1795 der französische General Pichegru die Niederlande eroberte. Großbritannien stürzte sich sogleich auf die holländischen Kolonien, die nun herrenloses Gut waren. Auf diese Weise wurden Ceylon und Südafrika britisch. Den Holländern blieb gerade noch Indonesien, bis die Niederwerfung Hollands durch Hitler aus den malayischen Inseln Beutegut machte, auf das sich zuerst die Japaner warfen und das auch nach der Besiegung der Japaner nie mehr unter die Botmäßigkeit Hollands zurückkehrte. Die Geschehnisse um Holland blieben immer mit der deutschen Geschichte verbunden. Einst zum Reich gehörend, dann während ihres Aufstandes gegen Spanien vom Reich verraten und sich langsam aus dem Reich lösend, blieben die Niederlande doch auf lange mit der deutschen Geschichte verknüpft. Holländische Luft wehte in Berlin unter dem ersten Hohenzollern. Der Prozeß, der Britannien zum Herren der Meere machte und das kontinentale Europa zu einem großen Teil von der überseeischen Welt ausschloß, war nun der Vollendung nähergebracht. In Europa gedemütigt und niedergeworfen, hörten die Niederlande auf, das Herz eines großen Kolonialreiches zu sein. Der Schlag gegen Holland, das bis 1648 zu den evangelischen Reichsständen gerechnet hatte, war ein Schlag gegen die Deutschen.

Die Spanier, einst der Todfeind der Niederlande, sollten bald ihr Kolonialreich in Südamerika auf dieselbe Weise verlieren. Als Napoleon – gleichsam das Blutgericht der Revolution an den Bourbonen vollendend – das bourbonische Herrscherhaus in Madrid hinwegfegte, wurde Südamerika faktisch selbständig, da das Herrscherhaus, dem die Bewohner Südamerikas Treue schuldeten, beseitigt war und die neuen illegitimen Regenten weder die Macht noch die Berechtigung hatten, Gehorsam von den spanischen Kolonien Südamerikas zu fordern und zu erlangen. Zur Zeit der Entdeckungen hatte der Kaiser ein Reich besessen, in dem die Sonne nicht unterging. Nun war es soweit, daß die Sonne selbst im spanischen Reich unterzugehen vermochte.

Dieses revolutionäre Frankreich, über dessen Feuersgluten gerade der Stern Napoleons aufzugehen beginnt, duldet keine Neutralität. Man muß mit der Revolution gehen oder gegen sie kämpfen, denn in ihren Augen ist ein halber Freund ein Feind und ein Verräter dazu, und ein halber Feind ein Feind, den man niederschlagen muß, bevor er zum vollen Gegner wird. Zehn Jahre wird Preußen versuchen, das Bündnis und den Krieg mit Frankreich gleichermaßen zu meiden, die Freunde verraten, die künftigen Verbündeten vor den Kopf stoßen und dem Krieg doch nicht entrinnen.

Die Frontwendung Preußens gegen Osten: Der Friede von Basel

Zudem bahnten sich große Entscheidungen im Rücken der Kämpfenden an. Der Zerfall Polens und das Ringen um das polnische Erbe hatte noch immer kein Ende gefunden. Die Mächte schützten nach wie vor die „freie Verfassung Polens", d. h. die aristokratische Anarchie. Sie betreuten mit anderen Worten Polens Ohnmacht, wie es immer geschieht, wenn fremde Mächte die „Freiheit" der Untertanen eines Staates in den Schutz nehmen. Rußland drohte Preußen und Österreich, deren Kräfte durch den französischen Krieg gebunden waren, die schönsten Stücke des polnischen Gebietes wegzunehmen. So führte Preußen den Krieg am Rhein mit wachsender Unlust. Wie Österreich im 17. und 18. Jahrhundert seiner östlichen Interessen wegen den Rhein oft genug preisgegeben hatte, konzentrierte Preußen seine ganzen Kräfte auf den Osten. Der Rückzug am Rhein wurde schließlich gekrönt durch den Sonderfrieden von Basel.

Die öffentlichen Bedingungen des Friedens besagten: Frankreich verbleibt bis zum endgültigen Frieden mit dem Deutschen Reich im Besitz der preußischen Gebiete auf dem linken Rheinufer. „Bis zum endgültigen Frieden", das sind Worte, die die Deutschen auch in späterer Zeit so oft narrten, Worte des falschen Trostes, daß es ja nur bis zum Friedensschluß sein solle und daß noch eine Gelegenheit sei, auf der Friedenskonferenz die Dinge zur Sprache zu bringen, während doch ein solcher Friedensschluß nie die vollzogenen Tatsachen rückgängig macht. Wann macht ein Frieden vollzogene Tatsachen rückgängig, ganz zu schweigen, daß in diesen Zeiten des großen Umsturzes der Friede fast nie geschlossen wird? Das nördliche Deutschland diesseits einer Demarkationslinie, die vom Main bis nach Schlesien reicht, wird für neutral erklärt und dieses Deutschland faktisch unter den Schutz Preußens gestellt. Die öffentlichen und die geheimen Bestimmungen (welch letztere vorsehen, daß Preußen eine Entschädigung aus rechtsrheinischem Gebiet erhalten solle, falls die französische Annexion des linksrheinischen Gebietes endgültig sei) sind ein gefährliches und verlockendes Angebot an Preußen, halbpart mit Frankreich zu machen. Sicherlich gilt für solche Pakte, was einmal der sowjetische Volkskommissar Litwinow von Freundschaftspakten gesagt hat: Sie seien ein Versprechen: Dich fresse ich zuletzt.

Die Nachwelt – mehr als die Zeitgenossen – hat den Sonderfrieden von Basel, den Preußen im April 1795 abschloß, als Verrat gebrandmarkt. Hinter dem Rücken der Verbündeten abgeschlossen, die Rheinlande dem französischen Eroberer preisgebend, ist der Friede von Basel sicherlich Ausdruck der Selbstsucht und des Selbsterhaltungswillens des Staates, für das ein Italiener den Namen „heiliger Egoismus" (sacro egoismo) der Nation prägte und was so schauerlich und unheilig und niedrig sein kann. Preußen hatte die Entschuldigungen, die es immer beim Bündnisverrat gibt. Es wurde von den Alliierten nur mangelhaft unterstützt und trug die Hauptlast des Krieges. Es gab in Berlin Menschen genug, die meinten, daß Preußen für sich allein sorgen sollte und daß es nicht seine Aufgabe wäre, Europa vor der Revolution zu retten. Sie argwöhnten zudem, daß die Wiener Hofburg zwar Kampf gegen die Revolution sagte, aber in Wahrheit die Verfolgung habsburgischer Staatsinteressen meinte. Zudem kämpfte Preußen nach zwei Fronten. Ein Teil der preußischen Truppen stand in schweren Kämpfen tief in Polen. Der Preußische Staat kämpfte nach zwei Richtungen hin mit geteilter Kraft und wurde dann auch zweimal mit dem halben Preis belohnt. Es konnte aber die Hände nicht ganz aus den polnischen Dingen herausnehmen, denn dann hätte sich die russische Macht bis nach Danzig und an die schlesische Grenze vorgeschoben. Preußen hatte an der Aufteilung Polens mitgewirkt und konnte jetzt schlecht noch zurück. Hätte das Zarenreich den polnischen Staat allein verschlungen, hätte das Verlangen des polnischen Volkes nach nationaler Einheit die Unterstützung des Zarenreiches gefunden, und russischer Imperialismus und polnischer Nationalgedanke hätten sich verbrüdert, um dem preußischen Staat die Beute aus den ersten Teilungen Polens wieder zu entreißen. Jetzt stand man vor der russischen Lawine, und Preußen kämpfte – das ewige deutsche Zweifrontenschicksal – mit einem Großteil seiner Kräfte am Rhein.

Verrat war es schon, aber kein großer und kühner Frevel, sondern nur die Hilf- und Ratlosigkeit eines Staates, der an zwei Fronten kämpfte und es über die Kraft ging, den Zweifrontenkrieg länger durchzuhalten. Preußen trug am Rheine – ohne großen Erfolg – seine Haut zu Markte, während ihm drohte, bei der Neuaufteilung Polens ins Hintertreffen zu kommen. Den preußischen Staatsmännern war nicht wohl bei dem polnischen Abenteuer, aber sie wußten nicht, wie sich heraushalten konnten. Die Beteiligung an der Aufteilung Polens war ein Fehler, aber ein Fehler, den nur ein

Genie nicht begehen konnte, die Torheit, in die nur die großen Weisen und die Heiligen nicht verfallen.
Der Baseler Friede war nicht geboren aus dem Entschluß, sondern aus der Entschlußlosigkeit. Kühne, bedenkenlose, verwegene Politik bot sich an, nämlich an die Seite Frankreichs zu treten und dem österreichischen Staat, der in seinen Grundfesten wankte, den Todesstoß zu geben. Es hätte gelockt, nachzuahmen, was Friedrich II. 1740 getan hatte, was Bismarck und Lassalle empfahlen, als Österreich in einem Verzweiflungskampf mit Frankreich steckte, was Bismarck 1866 tat. Die Verführer raunten, man solle sich nicht darum kümmern, daß Habsburg ein deutscher Staat sei und daß man den Mut haben solle, die Hand auch gegen die ehrwürdige Kaisermacht zu erheben:

„Rebellen seid Ihr ja ohnehin. Den Jakobinern tut Ihr es ja ohnehin gleich. In Polen habt Ihr einen alten Königsthron beseitigt und Polens Rechte hinweggeschoben wie altes Gerümpel."

Preußen war in der Tat ausgezogen, um die heiligsten Güter Europas gegen Königsmörder zu verteidigen, und endete mit einem Völkermord. Preußen vermochte immerhin mit größerem Aufgebot im Osten aufzutreten und bei der dritten (letzten) Teilung Polens 1795 doch noch seinen Anteil in die Scheuer zu bringen. Masowien mit Warschau, das Land zwischen Weichsel, Bug und Njemen (Neuostpreußen genannt) und ein Teil des Gebietes von Krakau (Neuschlesien bezeichnet) fielen dem preußischen Staat zu. Die Stadt Krakau selbst und Westgalizien wurden von Österreich als Beute heimgebracht, und alles übrige – ebenso das Herzogtum Kurland –, das nach der Auflösung der livländischen Ritterschaft als Herzogtum unter polnischer Souveränität weiterbestanden hatte, bildete den Anteil Rußlands. Die Zarin hatte den Löwenanteil für sich gesichert. Rußland erwarb etwa 450000 Quadratkilometer mit 6 Millionen Einwohnern, Österreich ungefähr 100000 Quadratkilometer mit 4 Millionen Einwohnern und Preußen 150000 Quadratkilometer mit 2½ Millionen Einwohnern.

Preußen ist nun auf einem gefährlichen Wege. Es hat seinen Fuß vom Rhein weggezogen und das Gesicht gegen Osten gewendet. Von seinen Einwohnern ist jetzt fast ein Viertel polnischer Sprache und polnischer Nationalität, und Preußen ist im Begriff, ein Vielvölkerstaat zu werden wie Rußland und Habsburg auch. Es hätte jetzt gierig nach der Chance greifen müssen, sich innerhalb der durch den Baseler Frieden zugestandenen Demarkationslinie abzurunden, die Entschädigung für das verlorene Gebiet am Rhein an sich zu reißen und die Hand auf das Land zu legen, das hinter der Demarkationslinie seinem Schutz anvertraut war. 1796 wurde der preußisch-französische Vertrag in der Tat durch eine Abmachung ergänzt, wonach Preußen sich „bereit erklärte", das Fürstbistum Münster als Entschädigung für seine verlorenen linksrheinischen Gebiete anzunehmen. Die große Säkularisation, die Neuaufteilung des Bodens und die Aufsaugung des geistlichen Landes und der kleinen deutschen Fürsten war damit eingeleitet. Preußen gab das Signal für die große Umwälzung in Deutschland, eine gigantische Ausplünderung der Kirche und eine revolutionäre Zusammenballung von Besitz und Macht.

Der polnische Staat hatte nach achthundertjährigem oft ruhmvollem Dasein aufgehört zu bestehen. Der Freiherr vom Stein nannte die Teilung Polens einen Völkermord. Im Sinne des 19. Jahrhunderts war es dies nicht. Aber die Polen haben nie aufgehört zu glauben, daß sie von dieser Stunde an ihre Freiheit als Nation verloren hätten. Das Volk ohne Staat galt damals nicht als Nation. Preußen empfand es daher nicht als sehr großen Nachteil, daß es nicht mehr rein deutsch war.

Ein Literarhistoriker (Josef Nadler) hat den nationalen und geistigen Zustand Preußens im 18. Jahrhundert packend dargestellt:

„Noch im siebzehnten Jahrhundert herrschten in Schlesien, Mecklenburg, Pommern, auf erheblichen Gebieten Fürsten aus einheimischen slawischen Familien, auf großen Flächen bis nach Hannover wird slawisch gesprochen... wie wenig deutsch mögen die Massen, das Volk, noch zu Anfang des achtzehnten Jahrhunderts gedacht und empfunden haben... Was hieß nun deutsch in diesem Raume etwa um 1740? Ein Völkerchaos mit weit überwiegender deutscher Umgangssprache bei stellenweise sehr geringem deutschen Bluteinschlage, wie das Völkerchaos in Gallien um das Jahr 1000 romanisch und wie das Völkerchaos in Nordamerika englisch sprach."

Preußen war vor eine Aufgabe gestellt, an der es siegen oder scheitern mußte. Es ist daran gescheitert. Das Entsetzen über die Vernichtung Polens ist in der deutschen Seele haftengeblieben. Der Freiherr vom Stein hat nachher den Königsmord der Französischen Revolution und den an Polen begangenen Völkermord als Geschehnisse empfunden, die demselben Geschichtsfrevel entstammten. Immer wieder haben sich deutsche Denker gefragt, ob nicht die Geschichte einmal Vergeltung üben werde für die an Polen verübten Gewalttaten. Die einen mochten meinen, daß das Geschehene nicht rückgängig gemacht werden könne. Aber die meisten fürchteten die polnische Bevölkerung, die nun dem preußischen Staat angehörte und sich wie eine Sanddüne vorwärts schob.

Noch lag die slawische Welt erniedrigt und zerschlagen wie in einem Dämmerschlaf. Den Deutschen schien geprägte Unterwürfigkeit entgegenzustarren. Die Deutschen, in der Welt nicht zur Begründung eines klaren staatlichen Daseins fähig und in einer mumienhaften Ordnung lebend, waren im Osten die Herren. Die beiden deutschen Kolonialstaaten, Preußen und Österreich, verkörperten Herrenvölker.

Das Zeitalter Napoleons

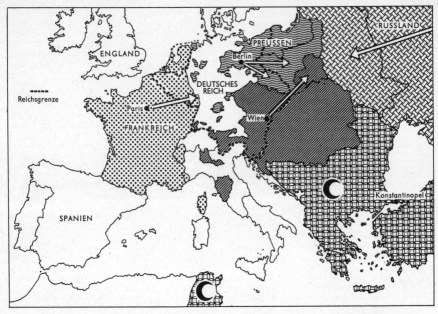

Habsburg nach der dritten Teilung Polens und den ersten Erfolgen der Französischen Revolution 1795

In Herders „Ideen zur Philosophie der Geschichte der Menschheit" ist dieses deutsche Weltmoment vor dem Erwachen der Slawen eindrucksvoll festgehalten. Die Slawen hätten sich nie um die Oberherrschaft der Welt beworben – das kann von Peter dem Großen und Lenin kaum gesagt werden. Sie wären lieber steuerpflichtig geworden, damit sie ihr Land nur in Ruhe bewohnen konnten. Deshalb hätten sich mehrere Nationen, am meisten aber die deutschen Stämme, an ihnen hart versündigt.

„Was die Franken angefangen hatten, vollführten die Sachsen; in ganzen Provinzen wurden die Slawen ausgerottet oder zu Leibeigenen gemacht und ihre Ländereien unter Bischöfe und Edelleute verteilt. Ihren Handel auf der Ostsee zerstörten nordische Germanen; ihr Vineta nahm durch die Dänen ein trauriges Ende, und ihre Reste in Deutschland sind dem ähnlich, was die Spanier aus den Peruanern machten. Ist es ein Wunder, daß nach Jahrhunderten der Unterjochung und der tiefsten Erbitterung dieser Nation gegen ihre christlichen Herren und Räuber ihr weicher Charakter zur arglistigen, grausamen Knechtsträgheit herabgesunken wäre? Und dennoch ist allenthalben, zumal in Ländern, wo sie einige Freiheit genießen, ihr altes Gepräge noch kennbar. Unglücklich ist das Volk dadurch geworden, daß es bei seiner Liebe zur Ruhe und zum häuslichen Fleiß sich keine dauernde Kriegsverfassung geben konnte, ob es ihm wohl an Tapferkeit in einem hitzigen Widerstande nicht gefehlt hat; unglücklich, daß seine Lage unter den Erdvölkern es auf einer Seite den Deutschen so nahe brachte und auf der anderen seinen Rücken allen Anfällen östlicher Tataren frei ließ, unter welchen, sogar unter den Mongolen, es viel gelitten, viel geduldet. Das Rad der ändernden Zeit dreht sich indes unaufhaltsam; und da diese Nationen größtenteils den schönsten Erdstrich Europas bewohnen, wenn er ganz bebaut, und der Handel daraus eröffnet würde; da es wohl auch nicht anders zu denken ist, als daß in Europa die Gesetzgebung und Politik statt des kriegerischen Geistes immer mehr den stillen Fleiß und den ruhigen Verkehr der Völker untereinander befördern müssen und befördert werden; so werdet auch ihr so tief versunkene, einst fleißige und glückliche Völker, endlich einmal von eurem langen, trägen Schlaf ermuntert, von euren Sklavenketten befreit, eure schönen Gegenden vom Adriatischen Meer bis zum Karpatischen Gebirge, vom Don bis zur Moldau als Eigentum nutzen und eure alten

Feste des ruhigen Fleißes und Handels auf ihnen feiern dürfen."
Rußland, Österreich, Preußen (und später das Deutsche Reich) bekamen durch die Aufteilung Polens eine gemeinsame Grenze, die dauern sollte, bis sich nach 1919 zwischen das Reich und Rußland der Cordon sanitaire – eine Schutzschicht gegen das bolschewistische Gift – schiebt. Die vierte Teilung Polens durch den Hitler-Stalin-Vertrag vom 23. August 1939 stellt die gemeinsame Grenze wieder her und gibt dadurch den Auftakt zum Kriege zwischen Deutschland und der Sowjetunion. Die gemeinsame Grenze bedeutet ja immer eine Möglichkeit, unmittelbar miteinander Krieg zu führen. Indem die drei Großreiche Osteuropas aufeinander zustreben, drohen sie aufeinanderzuprallen und den Krieg unter sich zu entfachen. Die Deutschland, Rußland und Österreich gemeinsame Grenze gehört zu den großen Blut- und Flammenlinien des Kontinents, alle drei Völker haben es erfahren.

Die Aufteilung des Reiches durch den Reichsdeputationshauptschluß

Auf der anderen Seite eröffnete der Sonderfrieden von Basel durch seine geheimen Bestimmungen über die „Entschädigung" die Neueinteilung ganz Deutschlands. Alles, was nicht rasch genug auf die Planke der großen revolutionären Bewegung in Europa aufzuspringen vermochte, sank ins Dunkle hinab. Das Signal für eine gigantische Ausplünderung war gegeben. Wiederum sollte – so hatte es einst Thomas Müntzer Martin Luther ins Gesicht geschrien – den großen Herren mit „böhmischen Geschenken" (Gütern der Kirche, Klöster, Stiftungen) das Maul geschmiert werden. „Und du bist kein revolutionärer Geist?" hatte höhnisch Müntzer Luther gefragt. Jetzt konnte man vor den König von Preußen hintreten und ihm sagen: Was bist du für ein Kreuzfahrer für das alte Recht und die legitime Ordnung?
Auf die Rolle Preußens hätte nur ein versöhnendes Licht fallen können, wenn die preußische Monarchie mit verwegenem Entschluß sich zur freien revolutionären Tat bekannt und wenn auch im Inneren der Geist der Erneuerung und des mutigen Vorwärtsschreitens gewaltet hätte. Aber revolutionär war Preußens nur, was fremdes Recht und fremden Besitz anging. Der Staat blieb erstarrt in selbstgefälligem, reaktionärem Stillstand und war taub und blind für alle Zeichen der Zeit. Dieser reaktionäre Staat wurde nur durch die Macht der außenpolitischen Verhältnisse an die Seite des außenpolitischen Umsturzes gedrängt und konnte, während er so eifrig an der Zerstörung des alten Staatensystems in Europa mitwirkte, nur Angst vor sich selber haben. Preußen hatte das Gesicht verloren. Es versteckte sich vor der Welt und schämte sich bei aller unverfrorenen Unfehlbarkeit alles dessen, was es tat.
Der Abfall Preußens wirkte im ersten Augenblick galvanisierend auf die übrigen Alliierten. Großbritannien sagte jetzt den Österreichern Verstärkung und Hilfe zu. Die österreichische Kriegführung raffte sich dann im folgenden noch auf, und Düsseldorf, Mainz, Mannheim und Heidelberg wurden den Franzosen wieder entrissen. Noch vermochten die österreichischen Armeen den Rhein gegen die unablässig dagegen hämmernden Revolutionsarmeen zu halten.

Doch im Jahre 1796 fing die Rheinfront an zu zerbröckeln. Während die Franzosen am oberen Mittelrhein die massierte Masse ihres Volksheeres in blutiger Rücksichtslosigkeit vorantrieben, schlossen Württemberg und Baden, dem preußischen Staate gleich, einen Sonderfrieden mit Frankreich. Zwei Keile, die Armeen Jourdan und Moreau, trieben jetzt die Franzosen durch Süddeutschland gegen Wien voran. Dort sollten sie sich mit der italienischen Armee Frankreichs treffen, die unter General Napoleon Bonaparte in einer kühnen und glänzenden Zangenbewegung von Süden her ins Herz Habsburgs vorstoßen sollte. In der Seele des revolutionären Frankreichs leuchtete der Traum auf, das Habsburger Reich und die Kaisermacht in dieser gewaltigen Umklammerung von Süddeutschland und von Italien her zu erdrücken, mit einem Schlag das alte Europa durch den Sturmwind der revolutionären Armeen in Trümmer sinken zu sehen und die freche reaktionäre Herrlichkeit von Kaiser und Reich unter den Fahnen der Revolution zu begraben. Das wäre aufs Haar geglückt. In Süddeutschland drängte zwar der Erzherzog Karl, der Bruder des Kaisers, die französischen Armeen auf Rhein und Schwarzwald zurück. Aber Napoleon eilte wie der Gott des Krieges von Sieg zu Sieg. Nach der glanzvollen Schlacht von Lodi lag die ganze Lombardei zu Füßen des Korsen. Der Papst, die Könige von Sardinien und Neapel flüchteten sich durch einen Sonderfrieden vor dem Vernichtungssturm, der über Italien hereingebrochen war. Überall sammelte Napoleon die Kunstschätze des Abendlandes ein, um damit die Herrlichkeit seiner Macht und seines Frankreichs auszustaffieren. Nur noch die Festung Mantua hielt sich inmitten der Sturmflut der französischen Revolutionsarmeen. Aber die Siege Napoleons bei Argol und Rivoli im Jahre 1797 öffneten die Tore zu dem Vormarsch gegen Wien, während die französischen Armeen durch Süddeutschland hindurch ihren Marsch auf die alte Kaiserstadt wiederaufnahmen. In den Schlachten Napoleons leuchtete Kriegsruhm auf, wie man ihn seit langem nicht mehr gekannt hatte. Der Korse schien wie eine Urgewalt aus der innersten Glut der Erde emporgeschleudert zu sein. Die Menschen werden ihn bald mit Alexander dem Großen vergleichen; vor allem die Deutschen werden es tun. Das Weltschicksal habe sich in ihm verkörpert, ein Hauch des Göttlichen habe ihn gestreift. Kraft und reiner geschliffener Geist vereinigten sich in den Augen der Zeitgenossen in Napoleon Bonaparte. Die Menschen grüßten ihn als den Künder einer neuen Weltordnung. In der Gestalt Napoleons brach – so sieht es die Zeit – das neue, in Frankreich aufgegangene Licht in sieghafter Helle durch die blutroten und schmutzigen Rauchschwaden der Revolution hindurch. Die Menschen waren bereit – die Deutschen nicht zuletzt –, den großen Eroberer als einen Messias anzusehen, der ein neues, großes ein unheiliges römisches Reich nicht-deutscher Nation verkündete.

Die Siege Napoleons entschieden schließlich diesen Krieg, der der erste Koalitionskrieg heißt. Er stand nahezu vor den Toren Wiens, als Österreich durch den Waffenstillstand von Leoben und bald danach durch den Frieden von Campo Formio (1797) Gewinnen für das revolutionäre Frankreich zustimmte, die eine Revolution der europäischen Landkarte brachten. Franz schloß den Frieden als Haupt des Hauses Habsburg und versprach Frankreich, dessen Ansprüche an ihn als den deutschen Kaiser zu unterstützen. Alle handelten, als ob es ein Heiliges Römisches Reich längst nicht mehr gäbe. Österreich gab gegen den Erwerb von Venedig ganz Oberitalien und die Niederlande preis. Was von der „Burgundischen Heirat" an Jahrhunderte hindurch unter Opfern und Kämpfen von Österreich behauptet worden, war jetzt Frankreichs Beute. Das Werk Karls V. war zertrümmert, und der Zug Karls VIII. von Frankreich nach Neapel vom Jahre 1494 hatte nach Jahrhunderten seinen Sieg davongetragen. Frankreich stand – nachdem die „burgundische Barriere" eingedrückt war – am Rhein, und das Haupt des Deutschen Reiches gab, ohne die Glieder dieses Reiches zu fragen, mit dem Frieden von Campo Formio förmlich die Rheinlande und damit auch – da es dem Reich, über das es herrschte, das Rückgrat brach – sein eigenes Kaisertum preis.

Der politische Publizist Joseph Görres aus Koblenz sah in der Übergabe der Stadt Mainz das Ende des Heiligen Römischen Reiches. Die Eroberer schändeten die Heiligtümer der Stadt. Das Heilige dieses Reiches wurde zum Gespött. Die Priester und geistlichen Würdenträger flohen in unheiliger Hast aus der Stadt. Das Reich tat, als ginge der Verlust dieser Stadt es nichts an, und die Deutschen – Deutscher Nation sollte dem Vernehmen nach das Heilige Römische Reich sein – äfften in Mainz die Franzosen und ihre Revolution nach. Aber das Reich starb an Altersschwäche. Am 30. Dezember 1797 schrieb Joseph Görres voll bitteren Hohns:

„Am 30. Dezember 1797, am Tage des Übergangs von Mainz, nachmittags um 3 Uhr, starb zu Regensburg in dem blühenden Alter von 955 Jahren, 5 Monaten, 28 Tagen sanft und selig an einer gänzlichen Entkräftung und hinzugekommenem Schlagflusse, bei völligem Bewußtsein und mit allen heiligen Sakramenten versehen, das Heilige Römische Reich schwerfälligen Andenkens. Ach Gott! Warum mußtest Du denn Deinen Zorn über das gutmütige Geschöpf ausgießen, es graste ja so harmlos und so genügsam auf der Weiden seiner Väter, ließ sich so schafsmäßig zehnmal im Jahre die Wolle abscheren, war immer so sanft, so geduldig wie jenes verachtete, langohrige Lasttier des Menschen, das nur dann sich bäumt und ausschlägt, wenn mutwillige Buben ihm mit glühendem Zunder die Ohren versengen oder mit Terpentinöl den Hintern besalben. Warum traf Dein Blitz nicht lieber eines jener benachbarten Raubtiere, die sich vom Blute derjenigen mästen, die das Unglück haben, schwächer als sie zu sein, die noch jüngst halb Europa auswürgten und mit Graus und Elend die Erde bedeckten."

Bei dem als Programm der deutschen Rettung vollzogenen Kirchenraub ging Preußen ziemlich leer aus, nicht nur deshalb, weil in Preußen damals Friedrich Wilhelm III. (1797–1840), ein rechtschaffener, aber entschlußloser, geistig regungs- und schwungloser Monarch regierte, der die gewaltigen Umwälzungen seiner Regierungszeit in Europa und Deutschland mit einem ungläubigen und verständnislosen Staunen hingenommen hat. Auf seine blasse und belanglose Gestalt fällt einiger Glanz durch seine sprühende Gemahlin, die Königin Luise, deren liebreizende Fraulichkeit allerdings auch dadurch noch nicht zur staatsmännischen Begabung wird, daß sie die Verbündeten und Feinde ihres Mannes zu verzaubern suchte.

Die Bestimmungen über das linke Rheinufer im

Joseph Görres

Friedensvertrag von Campo Formio waren geheim. Noch mußte das Reich Frieden schließen. Die Franzosen organisierten und revolutionierten schon die Rheinlande; die Zustimmung der beiden deutschen Großmächte zur Annexion hatten sie praktisch in der Tasche.

In Rastatt tagte inzwischen ein „Friedenskongreß", auf dem ein Deputationsausschuß des Deutschen Reiches noch um die Integrität des Reiches rang, die nach der Kapitulation der deutschen Großmächte nur mehr ein Phantom war. Der Kongreß war eine Farce, die zeigte, daß das Reich zu einer Fassade geworden war, mit der alle ihr Spiel treiben konnten, wenn die Stützpfeiler hinter ihr, die beiden deutschen Großmächte, weggenommen waren. Der Kongreß wurde zu einer Kette wüster Intrigen, plumper Drohungen und schamloser Geschäfte, da feststand, daß Frankreich das linke Rheinufer erhalten sollte und die deutschen Fürsten aus rechtsrheinischem, geistlichem Besitz entschädigt werden sollten. Es begann schon das Feilschen, Schachern und Betteln um die kirchlichen Besitztümer. Es war ein erbärmliches Schauspiel, das Napoleon anekelte, als die deutschen Fürsten vor den Lakaien des französischen Kaisers und des russischen Zaren krochen und ehemaligen Müllkutschern und Landsknechten ihre Töchter als Frauen anboten, um dadurch nur eine kleine deutsche Bischofsstadt zu erwarten hatte. Die deutschen Fürsten antichambrierten in Paris mit einer schamlosen Geduld.

Während man hier ins Leere hinein verhandelte, formten die wirklichen Mächte Europas die Reihen zur zweiten Koalition gegen das revolutionäre Frankreich. England, das die Seele des Kampfes gegen die Französische Revolution und Napoleon war, verband sich diesmal mit Rußland und Österreich. Der zweite Koalitionskrieg (1799–1802) hatte kein günstigeres Ergebnis für die Verbündeten als der erste. Napoleon, der inzwischen Haupt der französischen Republik geworden war, siegte bei Marengo, und Moreau, der Befehlshaber der oberrheinischen französischen Armee, bei Hohenlinden. Die Revolution der europäischen Staatenordnung, wie sie die letzten Friedensschlüsse gebracht hatten, wurde auf diesen Schlachtfeldern nur erneut bestätigt. Die europäischen Mächte hatten sich in diesem Kriege noch einmal gegen die Revolution erhoben, weil sie sich unmöglich mit ihr abfinden konnten, solange noch Leben in ihnen war. Der Friede von Lunéville drängte Österreich um ein weiteres Stück in Italien zurück; nur Venetien bis zur Etsch blieb österreichisch. Unter Frankreichs Forderung der „natürlichen Grenzen" wurde jetzt Brief und Siegel eines feierlichen europäischen Vertrages gesetzt. Der Rhein, Deutschlands Strom, wurde jetzt Frankreichs Grenze. Die Atempause und der Waffenstillstand – nichts anderes konnte bei dem furchtbaren Konflikt als der „Friede" sein – schienen diesmal länger zu währen. Sogar England schloß mit Frankreich den nur kurz dauernden Frieden von Amiens. Und so ist auch Großbritannien in dem Vierteljahrhundert der Kriege Napoleons und der Französischen Revolution ein ganzes Jahr in Frieden mit Frankreich gewesen. Der Friede von Amiens war in dieselbe Zweideutigkeit gehüllt wie die Abmachungen Hitlers mit Frankreich und England im Jahre 1938. Napoleon deutete den Friedensvertrag als „freie Hand" in Europa, so wie Hitler die Freundschaftspakte mit England und Frankreich als freie Hand im Osten deuten wird. Napoleon versprach freigebig, die Herrschaft Englands über die Weltmeere und in Übersee zu achten, so wie Hitler den Frieden im Westen versprach, wenn man ihm den Krieg im Osten freistelle. Geschichte ist fürwahr nicht das, was geschehen ist, sondern das, was geschieht.

Am 9. November 1799 hatte Napoleon Bonaparte der Revolution ein Ende gemacht. Seine Soldaten trieben die Nationalversammlung wie eine Schafherde auseinander. Niemand dachte daran, den Ballhausschwur zu wiederholen. Vor zehn Jahren war eine Revolution ausgebrochen, weil die Nation geargwöhnt hatte, der König wolle die Generalstände auflösen. Jetzt beachtete Frankreich die Auflösung der Nationalversammlung so wenig wie welkes Laub, das raschelnd von den Bäumen fällt. „Jeder befiehlt, niemand gehorcht", so kennzeichnete ein Sprecher des neuen Herrn die vorangegangene Lage in Frankreich. Die Deutschen sahen nun ein Traumbild vergehen und meinten, Hand des neuen französischen Machtstaates würde leichter auf ihnen liegen, weil sie sich einen neuen Handschuh darüber gezogen hatte.

Die Deutschen gaben sich auch dem Wahne hin, daß dieses revolutionäre Frankreich wie ein Koloß auf tönernen Füßen eines Tages zusammenstürzen müsse. Zu groß schien die Fäulnis und die Verworrenheit. So werden sie hundertfünfzig Jahre später hoffen, daß ihnen die Einheit ihres Vaterlandes zurückgegeben wird, indem die große östliche Macht über Nacht zu einem braven bedeutungslosen Nichts hinabsinkt und sich als Weltmacht wie ein Phantom auflöst. Eine neue Gestalt warf nun ihre Schatten über das Geschehen in Deutschland: Napoleon. In ihm verkörperte sich für Jahrzehnte beinahe das deutsche Schicksal. Die Deutschen wähnten allerdings, daß nun sich alles wenden werde, nun, da Napoleon das revolutionäre Gelichter hinweggefegt hatte. Im August 1799 war er von Ägypten aufgebrochen. Auch die Deutschen schöpften Hoffnung, als seine Worte bei ihnen bekannt wurden:

„Was vermögen diese Unfähigen, die heute den Staat regieren? Alles ist Unwissenheit, Dummheit und Fäulnis bei ihnen."

Wie groß aber war die Täuschung, daß Napoleon aus der französischen Situation aussteigen könne und den Gegebenheiten der französischen Lage zu entrinnen vermöge. Die Führer der Revolution, die Mirabeaus, die Dantons, die Robespierres waren gekommen und gegangen. Aber Frankreich war geblieben. Frankreich war auch jetzt noch Frankreich, als Napoleon darüber herrschte. So werden sich die Deutschen täuschen, als sie eineinhalb Jahrhunderte später glauben, daß sich schicksalhafte Verhältnis der Sowjetunion zu Deutschland ändern wird, wenn Stalin auf Lenin folgt und Stalin Trotzki auf die Seite schiebt, wenn Stalin stirbt und wenn auf ihn Chruschtschow folgt. Nichts änderte sich für die Deutschen: Napoleon konnte so wenig aus den Rheinlanden herausgehen wie die Männer der Revolution und so wenig Belgien preisgeben wie sie. Er mußte weitermarschieren nach dem Gesetz, nach dem die Revolution angetreten war, und übernahm den Krieg und die Eroberung der Revolution als ein schicksalhaftes Erbe, das er nicht von sich zu schleudern vermochte. Das war auch das Gesetz, unter dem nun die deutsche Geschichte stand.

Die Deutschen waren in ihrer ewigen Lage. Sie mußten den Teufel durch Beelzebub vertreiben. Sie mußten sich helfen lassen von Mächten, die oft nicht weniger schlimm waren als jene, gegen die sie Hilfe brauchten. Nur Preußen und der Habsburger Staat stellten noch etwas wie eine militärische Macht dar. Aber selbst diese beiden Staaten brauchten meist englisches Geld, um gegen die Franzosen Krieg führen zu können. Westlich der Grenzen Preußens und Habsburgs aber war ein Nichts. Nur eine Macht konnte noch angerufen werden: Rußland. Aber dann überschwemmten barbarische Horden, grausame, plündernde und vergewaltigende Asiaten und Kosaken Deutschland. Wer half den Deutschen gegen ihre Helfer? Wer befreite sie von den Befreiern? Rußland war selber eine dumpfe unheimliche Macht, die düstere Schatten über die deutsche Geschichte warf. Alles, was die Französische Revolution hassenswert machte, das bot auch das Zarenreich: Die Lust der Eroberung und Zerstörung, die kalte Grausamkeit und den Mord als Instrument der Regierung. Als am 24. März 1801 Alexander I. den Thron der Zaren bestieg, sagte man, daß im Krönungszug vor ihm die Mörder seines Großvaters, neben ihm die Mörder seines Vaters und hinter ihm seine eigenen Mörder marschiert seien.

Für Deutschland kamen nun einige der seltsamsten Jahre seiner Geschichte. Frankreich hatte die „natürlichen Grenzen" erreicht, von denen es sprach, und der Stoß pflanzte sich bis ins Herz Deutschlands fort und bewirkte im Innern Deutschlands eine Revolution aller staatlichen Verhältnisse. Frankreich benützte den Rhein, den Deutschland nach dem Wort Hermann Stegemanns zum Leben braucht, um zu herrschen. Der Friede von Lunéville bestimmte, daß die Reichsstände für ihre Verluste auf dem linken Rheinufer durch rechtsrheinische (insbesondere geistliche) Besitzungen entschädigt werden sollten. Die ungeheure Flurbereinigung Deutschlands, die jetzt einsetzte, geschah aber unter Oberaufsicht Frankreichs und Rußlands, die sich in einem geheimen Abkommen zu einem Protektorat über das deutsche Reich verbündeten. Zwei Jahre zogen sich die Verhandlungen hin, die im Schoße eines Ausschusses der deutschen Reichsstände (der Reichsdeputation) geführt wurden. Das letzte Wort lag dabei bei Frankreich und seinem Partner Rußland. Wie ein Syndikat von Grundstücksmaklern waltete der Aufsichtsrat der deutschen Reichsstände zusammen mit den französischen und russischen Treuhändern seines Amtes. Durch den Reichsdeputationshauptschluß von 1803 wechselten vier Millionen Deutsche ihre Staatsangehörigkeit. Die geistlichen Territorien verschwanden von der Landkarte Deutschlands. In diesen Jahren ist so recht der deutsche Mittelstaat entstanden, der die geistlichen Territorien und kleineren reichsunmittelbaren Herrschaften aufsaugte. Es war eine Revolution, die alte Rechte und Besitztümer zu Haufen kehrte, und im folgenden 19. Jahrhundert klang – in Bismarcks „Gedanken und Erinnerungen" mag man das nachlesen – die Lehre der fürstlichen Legitimismus von der ungebrochenen Kette alten geheiligten Rechts etwas seltsam.

Zuletzt wurde ein Gebiet mit vier Millionen Einwohnern an mittlere und große weltliche Fürsten verteilt. Österreich erhielt die Bistümer Brixen und Trient, Bayern 900000 Einwohner für 700000, Baden 237000 für fast nichts, Preußen gar 500000 für 125000, gewann also den Löwenanteil. Von den vielen Reichsstädten blieben nur sechs bestehen: Hamburg, Bremen, Lübeck, Frankfurt a. M., Nürnberg und Augsburg; von den geistlichen Staaten nur drei: Der Deutsche, der Johanniterorden und das umgestaltete Mainz. Letzteres rettete sich durch seinen Kurfürsten Karl von Dalberg, einen geistreichen, aber willensschwachen Mann, den Napoleon in einem kühnsten Träumen zum „Reichsbischof" (einem Vorläufer von Hitlers „Reibi" unseligen Angedenkens) machen wollte.

„Der Ochs kennt seine Krippe", so hatte James Harrington in seiner Schrift „Ozeana" geschrieben, als er die Aufteilung des Kirchen- und Klosterlandes in England behandelte. Die deutschen Fürsten kamen in der Tat herbei wie Hühner, wenn die Futterkörner ausgestreut werden.

In den Mittelstaaten, die so entstanden, wurde Frankreich auch in seinem Inneren Regierung. Die Staaten wurden zentralisiert, ständische und landschaftliche Rechte eingeebnet und die Staatssouveränität als eine unerbittliche Maschine aufgerichtet. Dieses Souveränitätsgefühl durchdrang die angeschwollenen Mittelstaaten auch nach außen hin. Der Reichsdeputationshauptschluß ist so die Vorbereitung des Rheinbundes, in dem er gab den deutschen Territorien ein neues Gefühl ihrer Souveränität und fesselte sie auf der anderen Seite mit all ihren Interessen – der Beute nämlich dieser deutschen Revolutionsjahre – an Frankreich. Die Aushöhlung des Reiches, die Rheinbundstaaten mit ihrem Austritt aus dem Deutschen Reiche und der Föderierung mit dem französischen Kaiserreich vollendeten, wurde durch den Reichsdeputationshauptschluß entscheidend bewirkt. Die Fürstenrevolution dieser Jahre sprengte mit ungeheurer Wucht den Reichsbau, und die alte Reichswürde hing wie eine zerbrochene Schale über den Gewalten, die da unter ihr lebenshungrig auf ihren Tag warteten. Ein Lufthauch genügte, um die Schale vollends zu beseitigen.

Im Herbst 1804 unternahm Napoleon, seit 1799 Erster Konsul, seit Mai 1804 Kaiser der Franzosen, eine Rundreise durch die neu gewonnenen Rheinlande.

In Aachen übergab ihm der Gesandte des österreichischen Kaisers sein neues Beglaubigungsschreiben. Wie der österreichische Kaiser, so erkannte alle Welt den neuen Kaiser der Franzosen an. Das rheinische Volk jubelte dem Imperator entgegen. In Mainz hielt Napoleon in Prunk und Pracht hof, in denselben Räumen, in denen noch vor zwölf Jahren das Heilige Römische Reich Deutscher Nation seine letzten Feste gefeiert hatte. Die Fürsten Deutschlands brachten dem Kaiser Napoleon ihre Huldigungen dar. Alles sprach von dem Reich Karls des Großen, und alles schien einig, daß der Mantel Karls des Großen nun auf den Kaiser der Franzosen gefallen sei. Nie hatte Frankreich aufgehört zu verkünden, daß Frankreich der wahre Nachfolger des ersten Kaisers des Heiligen Römischen Reiches sei. Von Paris aus schien nun dieses Reich neu begründet und Europa neu geschaffen zu werden.

Nur wenige entzogen sich der Verzauberung durch den Imperator. In einem einsamen Zimmer fiel der alte Karl Friedrich von Baden dem Erzkanzler Dalberg weinend in die Arme und beklagte den Untergang des Vaterlands.

Der deutsche Kaiser selbst hat das Seine getan, um die Auflösung des Reiches zu beschleunigen. 1804 nannte er sich Kaiser von Österreich, als wolle er die Würde seines Hauses von dem schwankenden Fundament des Reiches auf die festeren Grundlagen des österreichischen Staates stellen.

Katz-und-Maus-Spiel mit Preußen

Allmählich hatte die französische Eroberung ihre Flegeljahre hinter sich. Die moderne Staatsverfassung, die Zerbrechung der Zollschranken, die Aufhebung der Zünfte, die Gleichheit, die allen den Aufstieg ermöglichte, die Beseitigung des mittelalterlichen Plunders gab den Rheinbundstaaten einen großen Aufschwung, sosehr die französischen Tribute und Besatzungen auf ihnen lasteten. Nun, da die Franzosen den Anstoß für einen Fortschritt gegeben hatten, wäre man sie gern wieder losgeworden. Dankbarkeit gehört nicht zu den Eigenschaften der Völker, und bald wird man die Macht, die man den Franzosen verdankte, gegen die Franzosen selbst wenden. Überall gab es eine nationale Opposition. In Bayern führte sie der Kronprinz, so daß einmal der Kaiser der Franzosen – mit der Reitpeitsche auf seine Stiefel schlagend – ausrief, man möchte ihn, den Kronprinzen von Bayern füsilieren zu lassen. Inzwischen machte der Kronprinz Ludwig seinem Haß gegen den Korsen in Gedichten Luft.

Napoleon hielt während der Beratungen der Reichsdeputation Preußen den Lockköder des englischen Hannovers vor. Preußen hätte den Staatsbesitz abrunden und zu einem machtvollen Staatskörper in Norddeutschland gelangen können – aber um den Preis des Krieges mit England. Diesen Krieg an der Seite Napoleons wollte man aber ebensowenig wie den Krieg gegen Napoleon, und man glaubte zwischen den Fronten, die sich bildeten, untätig verharren zu können. Man mußte es aber schon geschehen lassen, daß Napoleon im wiederausbrechenden Krieg Frankreichs gegen England die Besetzung Hannovers durchführte und den Krieg nach Norddeutschland trug, von dem Preußen den Krieg durch seine Neutralitätsabkommen und den Sonderfrieden aussperren wollte. Die dritte Koalition gegen das neue Frankreich war schon zwischen England, Österreich, Rußland (das beständig zwischen der Furcht vor der Welteroberung Frankreichs und der Hoffnung schwankte, mit ihm gemeinsam Europa zu beherrschen) im Entstehen.

Noch immer waren Napoleons Absichten und Pläne auf die Landung in England gerichtet. Er wollte, wie er sagte, „sechs Jahrhunderte der Schmach und der Beleidigung rächen":

„Ist dies größte aller Ziele erreicht, so fällt alles übrige von selbst!"

Von der Landung in England sprach er als von dem „großen Ereignis, dem ganz Europa entgegenzittert". Für Napoleon war dies ein ziemliches Wagnis, so wie es auch Hitler 1940 erschien. Beide mußten damit rechnen, daß die kampffähig gebliebenen europäischen Staaten sich auf sie stürzen würden, sobald einmal eine Stockung und Krise in dem englischen Abenteuer eintreten würde.

In der Tat bereitete sich Österreich auf den Krieg gegen Napoleon vor. Es schlug sogar im Verlaufe von geheimen Verhandlungen der preußischen Regierung eine Neugestaltung der deutschen Verfassung vor. Der Norden Deutschlands sollte unter die Führung Preußens, der Süden unter die Österreichs kommen. Aber Europa schien willens zu sein, so wie zu den Zeiten Hitlers, sich wie die Artischocke Blatt für Blatt verzehren zu lassen. In Berlin meinte Hardenberg, die Größe und Macht Frankreichs werde überschätzt. Er wolle sich jetzt noch nicht binden. Vor allem richtete die preußische Regierung ihre begehrlichen Augen auf Hannover. Deutschland war in Auflösung. Herrenloses Gut lag in Fülle da. Preußen wollte davon seinen Anteil haben. Mit der Gier nach dem englischen Hannover im Herzen beantwortete die preußische Regierung die Anfragen der beiden Kaiserhöfe von Petersburg und Wien ausweichend. Keinem europäischen Staatsmann war es gegeben, ruhig und verhalten abzuwarten, bis Napoleon sich in das britische Abenteuer stürzte und sich möglicherweise an den Kreidefelsen von Dover den Hals brach. Die britische Regierung tat natürlich alles, um die europäischen Mächte aufzustacheln, damit Napoleon von der Landung in England abgelenkt würde, deren Ergebnis man mit Bestimmtheit ja nicht vorhersagen konnte. Im April 1805 wurde ein geheimes Kriegsbündnis zwischen Rußland und England abgeschlossen.

In Petersburg war inzwischen die sogenannte polnische Partei ans Ruder gekommen. Zar Alexander sah in der Teilung Polens eine widerrechtliche Gewalttat, durch die Europas große Monarchien den Keim zur Revolution gelegt hätten. Durch die polnische Teilung hätten die drei östlichen Monarchien ein Beispiel dafür gegeben, wie man altes Recht der Fürsten mit Füßen treten könne.

Auch sah man in Petersburg eine Möglichkeit – die russische Politik der Jahre 1943 bis 1945 wiederholt dies –, durch eine Wiederherstellung und Vergrößerung Polens den Machtbereich Rußlands gegen Westen vorzuschieben. Machte man jetzt die polnische Sache zur eigenen Sache, dann waren alle Gewinne Polens auch die des Zarenreiches.

So sah man es in Petersburg beinahe als einen Glücksfall an, wenn Preußen sich auf die Seite Napoleons schlüge. Dann konnte man den preußischen Staat als Feind behandeln und ihm seine polnischen Besitzungen abnehmen.

Für Napoleon war im Angesicht der dritten Koalition die Landung in England so gut wie unmöglich geworden. Wie Hitler hundertfünfunddreißig Jahre später schreckte Napoleon davor zurück, den Sprung über den Kanal zu wagen, bevor die Gefahr im Osten beseitigt war. Fast unbemerkt bewegte sich die Große Armee in wohlgeordneten Kolonnen von Boulogne zum Rhein. Napoleon erklärte, daß er den Kaiser ganz aus Deutschland verdrängen wolle,

„dies Skelett, das ein Verdienst der Vorfahren auf den Thron gebracht hat. Deutschland wird mehr Soldaten sehen als je zuvor".

Vom Heiligen Römischen Reich Deutscher Nation, das nicht mehr heilig, nicht mehr römisch und nicht mehr deutsch war, war kein Widerstand zu erwarten. Der Regensburger Reichstag füllte den Galgenfrist, die ihm noch vergönnt war, würdig mit Beratungen über die Gemeindeweiden kleiner Fürstentümer aus.

Meisterhaft bereitete Napoleon den Krieg diplomatisch vor. Sein altes Geschick, die Gegner zu vereinen und zu „numerieren", entfaltete sich in fast luziferischem Glanz. Der Kurfürst Max Joseph von Bayern wurde von den Österreichern gedrängt, sich der Koalition gegen Frankreich anzuschließen. Auf Befehl Napoleons hielt er die Österreicher durch friedliche Beteuerungen hin. Er gab sein Ehrenwort, daß seine Truppen keinen Schwertstreich führen würden. Er bat nur um etwas Geduld, da sein Sohn auf Reisen in Frankreich sei und er, der unglückliche Vater, so der Rache des Korsen preisgegeben sei, wenn er sich übereilt auf die Seite der Gegner Napoleons schlagen würde. Als dann die Stunde gekommen war, eilte der bayrische Kurfürst mit seinem Heere zu den Franzosen, um an deren Seite am Krieg gegen die betrogenen Österreicher teilzunehmen.

In Bayern erhob sich keine Stimme gegen die Politik des Kurfürsten. Überall schäumte der Haß gegen die Wiener Hofburg hoch, die ja oftmals begehrliche Blicke auf bayrisches Land geworfen hatte. „Ihr kämpft für die ersten Güter der Nationen, für Unabhängigkeit und politisches Dasein", so hieß es in dem Aufruf des Kaisers Napoleon an die bayrische Armee. Baden, Hessen-Darmstadt und Württemberg schlossen sich Bayern an, die vier Mittelstaaten Deutschlands, die unter der Sonne Napoleons zu machtvollen Staaten emporblühen sollten, die vier großen Revolutionsgewinner in Deutschland, hatten ihre Fahnen denen des französischen Kaiserreiches zugesellt.

Die Lockungen für Preußen machte Napoleon immer glanzvoller und verführerischer. Er bot in Berlin den Erwerb von Hannover an, wenn Preußen dafür das rechtsrheinische Cleve abtrete und an einem Krieg gegen die russisch-österreichische Koalition teilnehme. Preußen sollte also seine letzte Stellung am Rhein preisgeben und sich freiwillig auf den Osten Deutschlands beschränken. Es sollte die ausdrückliche Zustimmung dazu geben, daß Italien, die Schweiz und Holland dem französischen Machtbereich anheimfielen. Dafür bot man Preußen nichts als jenes Hannover, das, unter solchen Umständen erworben, nur durch einen langen und gefährlichen Krieg gegen England behauptet werden konnte.

Preußens Staatskanzler wäre bereit gewesen, den Handel mit dem Kaiser der Franzosen abzuschließen. Im Rate des Königs empfahl er den Anschluß an Frankreich. Nur einen höheren Preis müsse man fordern, nämlich Böhmen und Sachsen dazu. Dem nüchternen König war das Spiel zu gefährlich. Was Hardenberg wollte, bedeutete Krieg mit England, Rußland und Habsburg. Doch hatte Preußen nur eine Alternative; Krieg mit Napoleon. Dem Schlachtfeld war es selten vergönnt, neutral zu bleiben. Die russische Armee brauchte preußischen Boden. Zar Alexander kündete den Durchmarsch der russischen Armee an. Nun setzte Preußen einen Teil des Heeres auf Kriegsfuß und versammelte Truppen an der Warthe. Zar Alexander wagte nun doch nicht, es auf den bewaffneten Zusammenstoß mit den preußischen Truppen ankommen zu lassen. Preußen wäre sogleich im Krieg mit Napoleon gewesen, wenn es den russischen Durchmarsch erlaubt hätte. Aber

Napoleon und Preußen 115

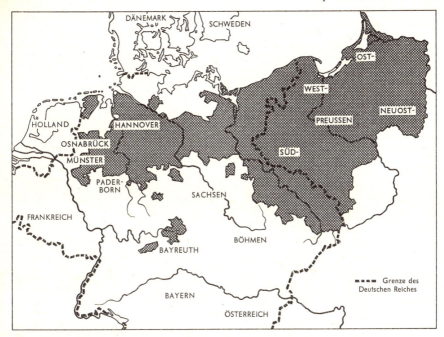

Preußen 1806 nach den polnischen Teilungen, dem Reichsdeputationshauptschluß und der Besetzung Hannovers. Zum ersten Male war auch der westliche Korridor geschlossen

Preußen hatte es durch sein Verhalten Napoleon leichter gemacht, über Rußland und Habsburg zu siegen. Preußen wagte nicht zu nehmen, was durch den mehr oder minder offenen Anschluß an Napoleon zu haben war. Aber es versäumte die Stunde, gegen Napoleon einzugreifen, als dessen Sieg noch lange nicht sicher war. Am Jahrestag der Kaiserkrönung, am 2. Dezember, dem Schicksalstag des Hauses Bonaparte, schlug Napoleon im Jahre 1805 die Österreicher und die Russen in der Schlacht von Austerlitz. Im Frieden von Preßburg gab Österreich ganz Italien preis und trat Tirol an den Schützling Napoleons, Bayern, ab. Das war das Endergebnis der Koalitionskriege für Österreich: Die italienische Stellung war zertrümmert und in seinen Grundlagen zerstört, von der einstigen Stellung am Rhein war alles vernichtet und bis auf die letzte Spur ausgelöscht, ja die Erblande waren durch den Verlust Tirols geschwächt und geschmälert.

Die Stunde war gekommen, da das Kaiserhaus Österreich seine höchste Würde, die Krone des Heiligen Römischen Reiches Deutscher Nation niederlegen mußte, weil die Kaiserwürde allzusehr eine Lüge geworden war. Napoleon sah die Stunde gekommen, da er der Kaiser Deutschlands werden konnte. Immer mehr redete man in Frankreich davon, daß die Kaiserkrone Napoleons die Krone Karls des Großen sei. Napoleon bediente sich bei seiner Krönung des Zepters Karls des Großen, das sich allerdings später als der Taktstock eines Dirigenten herausstellte.

Dieses Kaisertum Napoleons, das sich auf Karl den Großen berief, war ein großer schrecklicher Augenblick der deutschen Geschichte. Im großen gesehen geschah es doch wie am Weihnachtstag des Jahres 800, und nur einer trug jetzt eine Kaiserkrone, die von der höchsten geistlichen Gewalt des Abendlandes gesegnet war. Napoleon war der Kaiser des Abendlandes und auch der Kaiser der Deutschen. So unsinnig war es nicht, daß Deutschland einwuchs in die große Weltschöpfung des napoleonischen Reiches. Unsinniger als das Kaisertum eines Spaniers war die Kaiserwürde Napoleons nicht. Die deutsche Geschichte wies in diesen Jahren nur Nichtigkeit und Erbärmlichkeit auf. Ein Großteil Deutschlands war ohnehin Napoleon untertan und die Fürsten dieses Bereiches Vasallen des französischen Kaisers. Ohne Zweifel aber strömte die Kaisermacht Napoleons eine schöpferische Kraft aus und schien einen neuen Weltmoment anzuzeigen. Warum sollten die Deutschen sich nicht einem großen Weltgeschehen beugen und so wieder zurückkehren in die Geschichte, die ihnen verlorengegangen war? Deutschland war in diesen Jahren wie noch oft (nach 1815 wie nach 1945) aus der großen Geschichte herausgeworfen worden. Keine große Politik geschah mehr in Deutschland. Immer aber träumten die Deutschen mit ihrem gläubigen Herzen von der großen Stunde der Geschichte. Durch Napoleon aber geschah Geschichte in einem majestätischen und monumentalen Sinn.

Der Staatsphilosoph Preußens, Hegel, bezeichnete Napoleon als „Weltseele" und erklärte, daß ihn „eine wunderbare Empfindung" ergriffen habe, „ein solches Individuum zu sehen, das hier auf einen Punkt konzentriert, auf einem Pferde sitzend, über die Welt übergreift und sie beherrscht".

Goethe aber zählte Napoleon zu den Menschen, die in den Augen der Griechen – und im Grunde in den Augen Goethes auch – Halbgötter waren:

„Er war durchaus dämonischer Natur, im höchsten Grade, so daß kaum ein anderer ihm zu vergleichen ist ... Dämonische Wesen solcher Art rechneten die Griechen unter die Halbgötter ... Sein Leben war das Schreiten eines Halbgottes von Schlacht zu Schlacht und von Sieg zu Sieg. Von ihm könnte man sehr wohl sagen, daß er sich in dem Zustand einer fortwährenden Erleuchtung befunden. Weshalb auch sein Geschick in so glänzendes war, wie es die Welt vor ihm nicht sah und vielleicht auch nach ihm nicht sehen wird."

Für Goethe war Napoleon der Mann, der das Chaos der Revolution gebändigt hatte:

„Was Tausende verwirkten, löst der eine."

Daß die Deutschen empfänglich waren für die majestätische Größe Napoleons und daß die Krönung mit der Krone Karls des Großen für sie eine gewaltige Versuchung war, zeigt auch Heinrich Heine. Napoleon ist in seinen Augen der „weltliche Heiland".

So konnte später der George-Kreis durch den Mund von Berthold Vallentin behaupten, daß die Deutschen und im Grunde nur sie den Kaiser wahrhaft begriffen, ihn gekannt hätten und immer als den ihren verehren müßten.

Das alles gehört zu der Unruhe der Deutschen, die immer schauen, ob die Raben um den Berg Friedrich Barbarossas fliegen, und die dann leicht bereit sind, jeden Betrüger als den neuen Messias zu verherrlichen.

Die Deutschen standen damals vor der Frage, ob sie nicht „Deutschland" überspringen könnten, ob man nicht in einem von der Vorsehung umglänzten Augenblick der Geburt eines Weltreiches lebe und ob nicht Napoleon die Gründung des hellenistischen Reiches durch Alexander den Großen und des Römischen Reiches durch Cäsar nachahme und nachschaffe. So von ungefähr war es nicht, daß am Vorabend der

Napoleon I.

deutschen Einigung im 19. Jahrhundert Alexander der Große (durch Droysen) und Cäsar (durch Mommsen) monumentale Deutungen erfahren haben.

Die Versuchung und Verlockung dieser Jahre ist von dem George-Kreis ans Licht gehoben worden.

Die Zeitgenossen stammelten nur, was die späten deutschen Verehrer Napoleons mit wohlgesetzten Worten formulierten. In seiner Person sei in einer Welt, die seit einem halben Jahrtausend entheiligt war, Geschichte noch einmal Legende und ein Mensch noch einmal Mythos geworden:

„Sie überwältigt mit der ungeheuren Ausdrucksmacht von Person und Tat die Ahnungslosen und reißt alles in ihren Bann, daß das irdisch Angeschaute ohne weiteres überirdisch und göttlich erscheint. So war Napoleon wie einst Cäsar und Alexander." (Vallentin)

An einen Krieg Österreichs und Rußlands gegen Frankreich knüpften sich vielfach in Deutschland überschwengliche Hoffnungen. Solange die Sonne von Austerlitz noch nicht alle Zukunft abgetötet hatte, schien es, daß Europa vor dem großen Wendepunkt stand. Der Historiker Niebuhr schickte eine Übersetzung der ersten Philippischen Rede des Demosthenes an den Zaren Alexander mit einer Widmung. Damals gab es noch eine Möglichkeit, wie er schrieb, „durch Anstrengung das Schicksal von Europa zu ändern". Damals habe er gespürt,

„mit welcher Freudigkeit und Herzenserhebung man im Nationalkrieg zu den Waffen greift; was für Seligkeit in der unerschütterlichen Entschlossenheit liegt, die sich durch nichts in der Welt beugen lassen kann".

Nach dem Sieg Napoleons über Österreich und Rußland schien Widerstand Narrheit zu sein. Niebuhr schrieb am 17. Januar 1806, daß er die Franzosen als Staat stets gehaßt habe. Aber er fügt hinzu:

„Es ist aus, und ich würde jetzt wie der Prophet Jeremias gegen diejenigen eifern, welche an Widerstand denken möchten."

Vollends nach der verlorenen Schlacht von Jena begräbt er alle Hoffnungen, daß die Deutschen von Deutschland aus noch Widerstand leisten könnten. Überall sieht er die Unterwürfigkeit und die Abfindung mit der fremden Herrschaft. Niebuhr stellt allenthalben eine „abscheuliche Gleichgültigkeit" gegenüber den Schicksalen des Vaterlandes fest. Man spreche von den Folgen eines französischen Sieges „mit so leichtem Herzen, als ob es sich um einen Krieg an der Grenze Chinas gehandelt hätte". Die Regierung sei durchschnittlich, die Verwaltung sei durchschnittlich, und nur etwas Ungewöhnliches könne jetzt die Nation retten. Die Regierung sei so kraftlos, sagt Niebuhr, daß ihr Vorgeben, für die Ehre Preußens einzutreten, wie das Gelöbnis einer Hure wirke, ihre Keuschheit zu verteidigen. Alles gehe schläfrig und erbärmlich zu. Die Verbündeten seien gleichgültig und ihre Feldherren unfähig. In Preußen sei „nicht eine einzige mehr als gemeine Maßregel" zu sehen. Überall spüre man „schändliche Indolenz":

„Die letzten Strahlen törichter Hoffnungen sind verglimmt. Unser Untergang fruchtet nichts. Kein Retter ist da. Wir müssen uns unterwerfen. Wir müssen uns selbst leben und unsre Zeit vergessen. Die Stoiker bildeten sich in der Zeit der Knechtschaft und des Elends von Griechenland. Das sei auch unser Beruf."

Die Männer des Widerstandes haben nur noch eine Hoffnung, daß der Tyrann sich demaskieren und zuletzt die Unterwerfung mit verstärkter Unterwerfung belohnen werde:

„Wer sich noch oder aufs neue über Bonaparte die Augen geblendet hat, wer sich am Glanz der neuen Römer freut wie die Mücke am Licht, die es versengen wird, der wird doch über ein kleines das Ungeheuer erkennen, vor dem er anbetet."

Natürlich fehlte es nicht an den literarischen Aasgeiern, die immer sogleich nachzuweisen wissen, daß ein Ereignis und Zusammenbruch erstens unaufhaltsam und zweitens wohltätig sei. Da erschien ein Buch von F. von Cöllns „Vertraute Briefe über die inneren Verhältnisse am preußischen Hof seit dem Tod Friedrichs II.", die meistgelesene Schmähschrift gegen den preußischen Staat. Eine Anzeige in den Göttinger Gelehrten-Anzeigen fand in dem Werk den Beweis, daß der preußische Staat zerfallen mußte und Napoleon nur ein zufälliger Anstoß war:

„Es ist doch", so meinte Berthold Niebuhr dazu, „ein schreckliches Volk, die Deutschen. Tritt man ihnen in den Hintern, so messen sie den Winkel, unter dem der Tretende das Bein aufhob."

Die durch den Reichsdeputationshauptschluß von Frankreichs Gnaden erhöhten Mittelstaaten, Bayern, Württemberg, Baden, hatten schon im Krieg von 1805 an der Seite Frankreichs gestanden. Am 19. Juli 1806

Berthold Niebuhr

wurde der Rheinbundvertrag unterzeichnet. Sechzehn deutsche Fürsten bildeten eine Konföderation, die dem unbeschränkten militärischen Oberbefehl Napoleons unterstand. Sie erklärten ihren Austritt aus dem Deutschen Reiche. Jetzt schienen sie die „Libertät" im Deutschen Reiche voll errungen zu haben, die Frankreich ja seit Jahrhunderten unter seine Fittiche genommen hatte, und doch gaben sie dem neuen Oberherrn mehr, als sie je dem Reiche geopfert hatten. Dies Reich war ein jämmerlicher Torso geworden.

Nach der Schlacht von Austerlitz hatte Preußen in der Tat den Vertrag mit Napoleon geschlossen, der ihm Hannover geben sollte. Das bedeutete den Krieg mit England, den man aber sogleich wieder bereute. Im ungünstigsten Augenblick für Preußen brach dann der Krieg aus, den man entweder vor Austerlitz führen oder nach Austerlitz mit allen Mitteln hätte vermeiden müssen. Napoleon rüstete, man wußte nicht gegen wen, gegen Preußen oder Österreich. Beide Mächte aber wollten den Blitz gern auf den anderen Staat ablenken. Wieder gelang es Napoleon, seine Feinde zu „numerieren". Die Hofburg argwöhnte, daß sie in den Krieg hineingerissen werden könnte und dann nachher die Preußen Gewehr bei Fuß stehenbleiben würden. So schrieb der österreichische Staatsmann Stadion:

„Solange die preußische Kanone nicht den Krieg ankündigt, müssen wir taub für jedes andere Kriegsgeschrei bleiben."

Preußen aber befindet sich in einem Kampf „zwischen dem guten und bösen Prinzip, zwischen Mut und Furcht, Ehre und Schande". Stadion hat auch kein Vertrauen in die Armee, welcher Staat hat es schon in dem dahindämmernden Deutschland?

„Sie ist faktisch schwach, weil diese Soldaten schlecht ernährte Kinder sind – sie ist moralisch

Das Zeitalter Napoleons

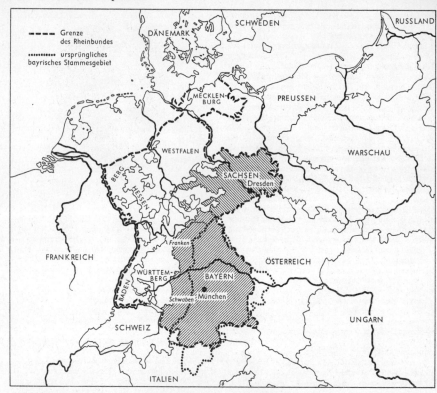

- - - - Grenze des Rheinbundes
••••••••• ursprüngliches bayrisches Stammesgebiet

Sachsen und Bayern im Rheinbund 1812

schwach, weil die Infanterie schlecht geführt ist, weil man absolut nichts tut, um ihren niedergeschlagenen Geist anzufeuern und diesen Unglücklichen Vertrauen einzuflößen. Der größte Teil der Generale und der hohen Offiziere ist angekränkelt durch ein Fieber von Kabale, kleinen Intrigen und mit Blindheit über ihre schwachen Fähigkeiten geschlagen, über die Hilfsmittel, die ihre elende Seele ihnen nicht diktieren kann, von einer Blindheit, sage ich, schändlich für sie, so daß, wenn der Kaiser nicht den Entschluß faßt, diesen Leuten gegenüber mit einer Strenge ohnegleichen vorzugehen, diese Henker seiner Existenz und unserer Ehre schließlich den Thron umstürzen werden."

Ein Freund des Grafen Stadion zeichnet ein Bild der österreichischen Politik. Es ist das Bild des damaligen Deutschlands:

„Routine des Übels, die Kleinlichkeit des Ganzen, sie sind es, die unsere Ideen verkrüppeln lassen – ein kleiner Gesichtskreis, alle edlen Teile geschwächt und ohne Aktivität, sie entkräften unseren Körper, sie kränkeln unsere Seele an. Wir sehen ununterbrochen, was man tun müßte, und staunen immer über das, was nicht geschieht."

Das Heil der Monarchie hänge vom Schneckengang der Staatsverwaltung ab, und das Tun der kaiserlichen Majestät unterliege der Kontrolle subalterner Stellen und den Anständen und Bemängelungen verjährter Vorurteile und kleinfügiger Gewohnheit. Die trostlose Langmut der Regierung ersticke jeden elektrischen Funken des erwachenden Gemeingeistes. Man verschreibe Berge von Papier über die Milizen, die den französischen Kaiser nur reizen könnten, ihm weh zu tun, sie könnten nur durch Enthusiasmus brauchbar werden. Aber nur ein Produkt eines schöp-

ferischen Geistes und nicht das lederne und langatmige Ergebnis von endlosen Kommissionsberatungen und ihrer wortreichen Unschlüssigkeit könnte den Funken der Begeisterung aus dem Volke schlagen.
Napoleon hält für ausgeschlossen, daß Preußen den Narren Europas spielen und ohne irgendwelche Verbündete mit ihm anbinden werde. Am 12. September 1806 schreibt er an Talleyrand:
„Es liegt nicht in meinem Interesse, den Frieden des Festlandes zu stören. Das Haus Österreich ist nicht imstande, etwas zu unternehmen. Rußland und Preußen sind durch tiefen Haß und große Rivalität voneinander getrennt. Noch sind die Wunden von Austerlitz nicht vernarbt! Vermutlich läßt sich ein bedeutendes Korps der Russen nicht so bald in Europa sehen. Sie können wohl Opfer bringen, um die Pforte anzugreifen, können wohl ein Reservekorps in Polen stehen haben, aber ich glaube nicht, daß sie sich aufs neue der Gefahr aussetzen, hunderttausend Mann nach Deutschland zu schicken. Der Gedanke, Preußen könne sich allein mit mir einlassen, erscheint mir so lächerlich, daß er gar nicht in Betracht gezogen zu werden verdient.
Ich kann mit keiner einzigen Großmacht Europas eine wirkliche Allianz haben; die mit Preußen ist nur auf der Furcht begründet. Sein Kabinett ist so verächtlich, sein Souverän so schwach und sein Hof dermaßen von jungen Offizieren beherrscht, die alles wagen möchten, daß man auf diese Macht gar nicht zählen kann. Sie wird stets so handeln, wie sie es bereits getan, nämlich rüsten, abrüsten, rüsten."
Aber das Unwahrscheinliche geschah doch. Preußen trieb in den Krieg gegen Napoleon, als es keine Aussichten im Kampf mehr hatte. Es hatte Friedenspolitik getrieben, als es zusammen mit einer mächtigen Koalition in Europa den Krieg hätte führen können, und betrieb jetzt Kriegspolitik, als es mutterseelenallein gegen Napoleon stand.
So tölpelhaft, wie man in den Krieg trieb, so schlecht wurde er geführt, so daß die Niederlagen von Jena und Auerstädt (1806) eine innere Lähmung und einen moralischen Niederbruch des Staates bewirkten.
Mitten in den deutschen Dornröschenschlaf war ein Feuerstoß hineingekracht. Die Deutschen meinten, die Erde beben zu spüren, und in der niedergetretenen, gedemütigten und zerschlagenen Nation keimte bei alledem die Hoffnung empor, zum Mittelpunkt des Abendlandes zu werden. Der messianische Glaube, der die Franzosen vorwärts trieb, hatte auf Deutschland übergegriffen. Napoleon schritt über Europa hinweg wie ein Heros und Messias. Aber die Deutschen vermeinten, aus ihrem Schoß einen anderen Messias gebären zu können. So schrieb ein Zeitgenosse, Alexander von der Marwitz:
„Es ist eine wunderliche und wirklich mystische Zeit, in der wir leben. Was sich den Sinnen zeigt, ist kraftlos, unfähig, ja heillos verdorben, aber es fahren Blitze durch die Gemüter, es geschehen Vorbedeutungen, es wandeln Gedanken durch die Zeit und zeigen sich wie Gespenster in mystischen Augenblicken dem tieferen Sinn, die auf eine plötzliche Umwandlung, auf eine Revolution aller Dinge deuten, wo alles Frühere so verschwunden sein wird wie eine im Erdbeben untergegangene Erde, während die Vulkane unter entsetzlichem Ruin eine neue, frische emporheben. Und der Mittelpunkt dieser Umgestaltung wird doch Deutschland sein mit seinem großen Bewußtsein, seinem noch fähigen und gerade jetzt keimenden Herzen; seiner sonderbaren Jugend (ich meine die physische, unser junges Volk)."
So sagte auch der Dichter und Kritiker Friedrich Schlegel:
„Europas Geist erlosch; in Deutschland fließt der Quell der neuen Zeit. Die aus ihm tranken, sind wahrhaft deutsch."
Welch ein Strom sollte aus diesem Quell werden? Eine Flut von Heeren aus aller Herren Ländern, französischen, russischen, kroatischen, die über Deutschland hin und her wogte und ihren Schlamm in Deutschland zurückließ.
Die Königin wirft sich in einer idealistischen Aufwallung dem allgemeinen Zusammenbruch entgegen. Am 20. Okt. 1806 schreibt sie dem König von Stettin aus:

> Der König hat eine Bataille verlohren. Jetzt ist Ruhe die erste Bürgerpflicht. Ich fordere die Einwohner Berlins dazu auf. Der König und seine Brüder leben!
> Berlin, den 17. October 1806.
> Graf v. d. Schulenburg.

Aufruf nach den Schlachten von Jena und Auerstedt

„Nur um Gottes willen keinen schändlichen Frieden, das Volk in Berlin, das glaubte, ich sei gefangen, begleitete meinen Wagen und sammelte sich zu Tausenden unten am Fenster und schrie immer nach mir. Nein, ein solches Volk gibt es nicht mehr ... die Nachricht von der unglückseligen Bataille, anstatt die Bürger niederzuschlagen, hat sie nur noch mehr erbittert gegen den Feind, und

Das Zeitalter Napoleons

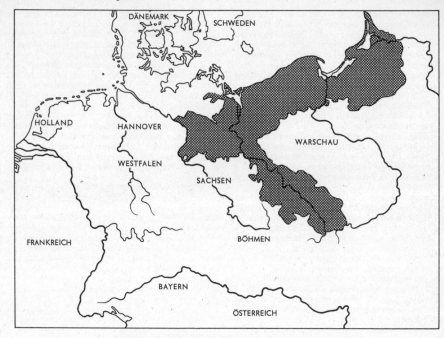

Preußen 1807 nach Jena. Die Gebiete westlich der Elbe sind verlorengegangen

ihre Anhänglichkeit und Ergebenheit für Dich, für ihren König und Vaterland, noch vermehrt. Alles steht auf, Dich zu schützen. Benutze die Gelegenheit, es kann Großes herauskommen. Der Augenblick ist kostbar, handle, wirke, schaffe, überall wirst Du im Lande guten Willen und Unterstützung finden. Wenn Du mich haben willst, so fliege ich zu Dir."
Von Berlin aus verkündete Napoleon die „Kontinentalsperre" gegen England. Diese Blockade, die alle englischen Waren vom Kontinent aussperren sollte, war ein Vorläufer des deutschen U-Boot-Krieges, dasselbe verzweifelte und tödliche Unternehmen. Diese Blockade hetzte die Große Armee Napoleons gegen Moskau, wie die Armeen Wilhelms II. und Hitlers in die endlose Weite Rußlands. „Gott strafe England!" druckten die Deutschen über alle ihre Kundgebungen im ersten Weltkrieg und malten es an alle Wände. Wenn Napoleon auch diese Arbeit nicht dem Herrgott überlassen wollte, seine Kundgebungen atmeten denselben Ton, und sie sind wie der Schatten, den ein späteres deutsches Verhängnis vorauswarf:

„Unsere außerordentliche Milde nach jedem der drei ersten Kriege ist die Ursache der ihnen folgenden gewesen. So haben wir gegen eine vierte Koalition zu kämpfen gehabt, neun Monate nachdem die dritte aufgelöst wurde, neun Monate nach jenen glänzenden Siegen, die die Vorsehung uns gewährt hatte und die dem Festland einen langen Frieden sichern sollten. In dieser Lage haben wir es uns zum unumstößlichen Grundsatz gemacht, weder Berlin noch Warschau, noch die durch die Macht der Waffen in unsere Hände gefallenen Provinzen zu räumen. Wir haben die britischen Inseln in Blockadezustand erklärt und gegen sie Vorkehrungen getroffen, die unserm Herzen widerstrebten. Es ist uns nicht leichtgefallen, die Interessen von Privatpersonen von den Zänkereien der Fürsten abhängig zu machen und nach so langen Jahren der Zivilisation Grundsätze anzunehmen, welche die Barbarei der frühesten Zeitalter der Völker auszeichneten."

Zunächst schienen 1807 die preußisch-russischen Truppen, wenn auch mühselig, noch einmal Napoleon das Gleichgewicht zu halten. Dann wandte die Schlacht von Friedland das Kriegsglück wieder völlig zugunsten Napoleons. Er konnte in die Krönungsstadt der Hohenzollern, Königsberg, einziehen, und die preußische Königsfamilie suchte in Memel Zuflucht. Der militärische Sieg hatte ein politisches Ergebnis außerordentlicher Bedeutung. Der Zar gab unter Bruch eines feierlichen Wortes Preußen preis, und er und Napoleon schienen in den Tilsiter Besprechungen zu dem System der Teilung der Weltherrschaft zurückzukehren. In den nächsten Jahren hat der Druck dieser französisch-russischen Vormundschaft das Leben der deutschen Nation nahezu erstickt. Der Tilsiter Friede nahm Preußen die meisten Erwerbungen aus den polnischen Teilungen und sämtliche Gebiete links der Elbe. Napoleon bildete aus den polnischen Gebieten, die Preußen im Tilsiter Frieden abtrat, das Herzogtum Warschau. Herzog wurde der König von Sachsen. Der Traum Augusts des Starken schien also noch einmal Wirklichkeit zu werden. Allerdings waren Sachsen und das Herzogtum Warschau noch immer durch den preußischen Korridor: Schlesien, getrennt. Das Herzogtum Warschau sollte dann im Schönbrunner Frieden vom Jahre 1809 noch um den österreichischen Anteil an der Aufteilung Polens vergrößert werden (Westgalizien). Sachsen war 1806 dem Rheinbund beigetreten und bei dieser Gelegenheit zum Königreich erhöht worden. Der derart reich beschenkte König Friedrich August von Sachsen hielt aus Dankbarkeit zu Napoleon, auch nachdem dessen Niederlage schon Gewißheit war. Der Sachse wurde daher auf dem Wiener Kongreß als Verräter behandelt. Man hält Geschlagenen in der großen Politik nicht die Treue; der Verrat ist, wie Talleyrand sagte, eine Frage des Datums. Napoleon verzichtete darauf – ein wenig unter russischem Druck –, Preußen nach Art des Versailler Vertrages durch eine erzwungene Abtretung Westpreußens auseinanderzuhacken. Die bei der ersten polnischen Teilung errungene Einheit blieb erhalten. Allerdings exerzierte Napoleon den Versailler Vertrag insoweit schon durch, als er eine Freie Stadt, eine Republik Danzig schuf. Preußen war nicht mehr weit von dem „Markgrafentum von Brandenburg" entfernt, auf das Maria Theresia Friedrich den Großen hatte herabdrücken wollen. Napoleon hätte am liebsten Preußen überhaupt von der Landkarte gestrichen. Daran hinderte ihn zwar der Zar. Aber das Preußen, das der Tilsiter Friede schuf, war eine Macht dritten Ranges. Die Souveränitätsrechte dieses Staates wurden beschnitten, die allgemeine Wehrpflicht wurde ihm verboten und ihm so die Wehrhoheit genommen. Die Bestimmung über seine Außenpolitik wurde ihm entzogen, da er sich dem weltpolitischen System Napoleons gegen England einfügen mußte. Da der Friede die Kriegsentschädigung unbestimmt ließ und die Räumung der besetzten Gebiete von der Bezahlung der Kriegsschulden abhängig war, schuf der Tilsiter Vertrag eine furchtbare Waffe für den „Krieg über den Frieden hinaus". Der Tilsiter Friede wurde noch einmal auf die weltgeschichtliche Ebene emporgehoben, als sich Lenin in seiner großen Rede, die dem Rätekongreß die Unterwerfung unter den Frieden von Brest-Litowsk empfahl, darauf bezog. Man solle nichts beschönigen, die Sowjetunion werde jetzt gezwungen, einen Tilsiter Frieden zu schließen. Rußland aber werde es machen wie die Preußen, nämlich die Deutschen so hintergehen, wie die Preußen Napoleon hintergingen.

Die preußischen Besitzungen am Rhein wurden zum Großherzogtum Berg geschlagen. Herzog von Berg war ein Marschall Napoleons geworden: Murat, bis dieser zum König von Neapel erhoben und durch Louis Napoleon als Herzog von Berg abgelöst wurde. Aus den hannoverschen Gebieten, die man 1805 England weggenommen hatte, und aus Kurhessen formte man das Musterkönigtum Westfalen unter dem „König Lustig" (Jérôme Bonaparte). Westfalen wurde nach französischem Verwaltungsrecht regiert und dem französischen Gesetzsystem unterworfen, soweit nicht die den Freuden des Lebens zugewandte Natur des Königs von Westfalen Milderungen herbeiführte. Das Herzogtum Berg und das Königreich Westfalen gehörten zu der zweiten Gruppe von Staaten, über die Napoleon in Deutschland herrschte. Die erste Gruppe wurde völlig mit Frankreich vereinigt. Das waren alle Territorien an der Nordseeküste, Bremen und auch Hamburg, und selbst bis Lübeck reichte ein französischer Korridor, der die Herzogtümer Mecklenburg und Holstein voneinander trennte. Die zweite Gruppe waren Staaten, die zwar als selbständige Staaten auftraten, aber unter einem französischen Fürsten standen (das Großherzogtum Berg und das Königreich Westfalen). Zu der dritten Gruppe endlich gehörten die Rheinbundstaaten, über die angeblich deutsche Fürsten regierten: Das Königreich Bayern, das Königreich Württemberg, das Großherzogtum Baden, das Königreich Sachsen und die Kette mitteldeutscher Kleinstaaten. All diese Staaten, schon geschwollen durch das Ergebnis des Reichsdeputationshauptschlusses von 1803, erfuhren jetzt noch eine weitere Abrundung, je nach dem Grad ihrer Fügsamkeit und Unterwürfigkeit. All diese Staaten wurden – nach außen hin freiwillig – nach französischem Recht und nach französischen Verwaltungsgrundsätzen regiert. Auf so erbärmliche Weise diese Staaten auch entstanden waren und so abstoßend die Unterwerfung dieser deutschen Satelliten unter Napoleon war, so besteht doch kein Zweifel, daß durch die Rheinbundstaaten ein neues, modernes Deutschland geschaffen wurde. All diese drei Gruppen von deutschen Staaten aber hatten dem Kaiser der Franzosen Kanonenfutter zu erbringen. Alle standen sie unter dem Oberbefehl des französischen Kaisers und waren wie nur irgendein sowjetischer Satellit heute verpflichtet, für den wahren Herren all dieser Länder, dem Kaiser der Franzosen, in den Krieg zu ziehen.

Revolution gegen Revolution: Erneuerung Preußens

Lange währte in Preußen der Kampf, ob man den Frieden erfüllen, ihn ablehnen oder insgeheim oder offen sabotieren solle. „Erfüllung und Befreiung" waren auch nach 1807 Losungen in Preußen wie in dem Deutschland nach 1919. Kann die Erfüllung die Befreiung bringen? So fragten sich damals die Menschen. Der Freiherr vom Stein legte damals die innere Haltung Preußens fest, um allerdings 1808 durch manchen unvorsichtigen Brief sehr dagegen zu verstoßen:

„Ohne Vermessenheit, aber ganz schweigende Kraft, ganz ernsthaft verhalten und ohne Rausch der Hoffnung, so muß eine Nation sich Zoll für Zoll in den Knien aufrichten."

Stein fordert, daß man die äußersten finanziellen Anstrengungen machen müsse. Auch dem „Eigennutz der Besitzenden und Gebildeten" sei eine Grenze zu setzen.

Aber Napoleon wollte mehr als Geld, wie er an den Botschafter in Petersburg schreibt:

„Die gegenwärtige Lage ist dem Kaiser genehm, nichts drängt ihn, sie zu ändern ... Die Frage Räumung Preußens hängt nicht bloß von der Zahlung der an Frankreich geschuldeten Kontribution ab, es ist leicht geworden, sich über diesen Punkt zu verständigen, sie hängt mit der Schwierigkeit zusammen, dieses Land zu räumen, bevor alles zwischen Frankreich und Rußland geregelt ist, und von dem Frieden mit England. Der Seekrieg zwingt den Kaiser, Herr des Kontinents zu bleiben, und dies kann er nur durch das Verweilen seiner Armee in Preußen."

Einem preußischen Diplomaten bezeichnete Napoleon kurz danach Konstantinopel als den Brennpunkt seiner Weltpolitik, als die Drehscheibe seines Weltsystems. Die Deutschen mußten erfahren – und nicht zum ersten- und nicht zum letztenmal –, daß ihr Schicksal an den Weltströmen, an der Wolga, am Ganges, am Jangtse, am Mississippi und an den Dardanellen entschieden wurde.

Am 6. Juli traf die Königin mit Napoleon zusammen. Napoleon suchte sie nach ihrer Ankunft in Tilsit auf, und beide sprachen eine Stunde allein zusammen. Napoleon war nicht unhöflich, aber kalt und herrisch. Er drückte sein Bedauern über die Schmähungen der Königin in den Zeitungen aus und fügte hinzu, daß er daran nicht geglaubt habe. Aber die Unterredung war genau das, als was sie die Königin nachher bezeichnete: Ein Seelenerguß gegen ein Herz von Bronze. Es geschah auf Anraten Hardenbergs, daß sie allen konkreten politischen Fragen aus dem Wege ging. Sie sprach von der innigen Verbundenheit des Königshauses mit dem Volk, die in den Tagen des Unglücks nur noch fester geworden sei. Der Friede dürfe Preußen nicht vernichten und auch nicht die Vernichtung vorbereiten. Napoleon möge seinen Sieg nicht mißbrauchen. Die Macht lege Verpflichtungen auf, und sie könne nicht glauben, daß Treue und Standhaftigkeit im Unglück in den Augen Napoleons ein Unrecht sein könnten. Der Imperator wischte das alles zur Seite. Er war es gewohnt, daß die Geschlagenen von Großmut und Edelsinn redeten.

Ohne Reform, ja ohne Revolution hatte dieser Staat keine Zukunft mehr. Sein oder Nichtsein war die Frage, und Sein hieß Anderssein. Die Männer für den Staatsumbau standen bereit; aber erst nach einem langen Ringen kamen sie an die Regierung. Mitte 1807 wurden die beiden, der Reichsfreiherr vom Stein und Karl August von Hardenberg, verantwortliche Staatsminister. Der Freiherr von Hardenberg war erneut Außenminister, was er neben unverantwortlichen Ratgebern des Königs schon in früheren Jahren gewesen war. Hardenberg gehörte im Gegensatz zum Reichsfreiherrn vom Stein selbst dem modernen Beamtentum an. Er bewunderte die Maschine der Regierung, wie sie die Revolution und Napoleon in Frankreich geschaffen hatten. Seine Bildung trug den Geruch der Aufklärung an sich, und sein Lebenswandel hatte von Anfang an den Zorn des Reichsfreiherrn vom Stein hervorgerufen. Der Umgang Hardenbergs mit „minderwertigen Weibern" – wie Stein schreibt – stand von Anfang an als ein fremdes Element zwischen Stein und Hardenberg. Die beiden gingen jedoch eine Strecke des Weges gemeinsam.

Das Geschlecht derer vom Stein gehörte zu den Reichsrittern, die keinen Fürsten über sich als Oberhaupt gehabt und die allein dem Kaiser und dem Reich Treue geschuldet hatten. Ernst Moritz Arndt hat das Bild des Reichsfreiherrn Heinrich Karl Friedrich vom Stein gezeichnet, „einen Mann, gedrungenen mittleren Wuchses, mit leuchtendsten Augen und freundlichster Gebärde". Der Freiherr hätte vor allem an Fichte erinnert und wäre fast leibhaftig dieser gewesen:

„Beide konnten freundlich sein, Stein noch viel freundlicher als Fichte; in beiden ein tiefer Ernst und zuweilen auch eine schreckliche Furchtbarkeit des Blickes, der bei dem Sohn des deutschen Ritters gelegentlich noch viel schrecklicher war als bei dem Sohn des armen Lausitzer Webers."

Als ein „Mensch des Sturmwinds, der reinfegen und niederstürzen sollte", sei Stein von Gott erschaffen worden. Als den „Wurf eines glücklichen Genies" bezeichnet ihn Leopold von Ranke, „ein Impuls ursprünglicher Gedanken und Gefühle" sei ihm zu eigen gewesen. Doch ist es dem Freiherrn vom Stein nie in den Sinn gekommen, die buntscheckige, verwahrloste Welt des Reichsrittertums zu verteidigen und bewahren zu wollen. Das Reichsrittertum lebte in kleinen Verhältnissen. Die zerstreuten und nicht zusammen-

Die Erneuerung Preußens 123

hängenden Güter waren meist schlecht bewirtschaftet. Justus Möser, ein berühmter politischer Schriftsteller des 18. Jahrhunderts, hat einmal gesagt:
„Wenn man gewisse Dörfer durchfährt, braucht man erst gar nicht zu fragen, wem sie zu eigen sind. Man sieht an ihrem verwahrlosten Zustand, daß es Reichsritterdörfer sind."
Der Freiherr vom Stein hütete sich durchaus, die heroische Narrheit des Franz von Sickingen zu wiederholen. Aber das Reichsrittertum hatte an einem Punkt Deutschlands wenigstens die alte körperschaftliche Freiheit noch bewahrt, einige Reste altständischer Institutionen und wirkliche Spuren des alten Heiligen Römischen Reiches Deutscher Nation. Stein haßte vor allem die kleinen Fürsten, die seit Jahrhunderten trachteten, die Reichsritter unter ihre Botmäßigkeit zu bringen. Diese Serenissimi aber sah Stein als seinesgleichen an. Er predigte die Abrundung und Vergrößerung der beiden deutschen Großstaaten und stachelte sie auf, die kleinen Fürstentümer zu verschlingen, so wie die kleinen deutschen Fürsten die Reichsritterschaften aufzufressen suchten. Es sei notwendig, die zerstückelten Kräfte Deutschlands in den Händen einer der militärischen Mächte zu konsolidieren, um seine Widerstandsmittel gegen die erdrückende Übermacht Frankreichs zu vermehren und seine nationale Unabhängigkeit zu sichern. Deutschland könne seine Unabhängigkeit nur erhalten durch die Vereinigung seiner Kräfte, die eine fehlerhafte Verfassung zerstückelt habe.
„Ich betrachte die Vergrößerung der beiden militärischen Mächte als ein für Deutschland notwendiges und wünschenswertes Ereignis und die Säkularisation als ein Mittel, das uns dieser vollständigen Vereinigung näherbringt."
Dem Fürsten von Nassau-Usingen schreibt der Freiherr vom Stein, daß Deutschlands Unabhängigkeit und Selbständigkeit durch die Vereinigung der wenigen reichsritterschaftlichen Besitzungen mit den sie umgebenden kleinen Territorien wenig gewinnen könne. Diese kleinen Fürsten hätten sich im Kampf Deutschlands um sein Dasein meistens der Teilnahme entzogen und „die Erhaltung ihrer hinfälligen Fortdauer durch Auswandern, Unterhandeln oder durch Bestechungen der französischen Heerführer" gesucht.
Wie Stein die Mißstände der Duodez-Herrschaften anprangerte, so kritisierte er auch rücksichtslos die Mängel der verknöcherten preußischen Bürokratie. Der Wortschatz des Reichsfreiherrn ist schier unerschöpflich, um das Wesen der modernen Bürokratie zu zeichnen, die Nichtigkeit des toten Buchstabens, dem sie versklavt sei, ihre formensteife Kleinmeisterei, ihr Maschinenwesen, die Feigheit des Paragraphen und die Trägheit der Schablone, der „Dienstmechanismus". Die Bürokratie wird gegeißelt und gebrandmarkt durch den „Mietlingsgeist", ein Leben in Formeln und eine Unkunde in der Sache, innere Gleichgültigkeit, eine Furcht vor Veränderungen und Neuerungen, die die Arbeit vermehren, womit die besseren Mitglieder überladen sind und der die Geringhaltigeren sich entziehen. Die Bürokratie bringe „schreibselige und formenreiche Behörden" hervor. Die Büros beschäftigen sich, so schreibt Stein nach 1810, „mit der Anwendung eines Systems plumper verworrener Förmlichkeiten". Sie hemmen die freie Tätigkeit des Menschen und setzen an deren Stelle Massen von Papier und die nichtige Dummheit oder Faulheit der Beamten. Das gleiche sei im Heer der Fall. Einst habe Preußen Soldaten gehabt, jetzt besitze es nur noch Marionetten, die sich nach einstudierten Regeln bewegten. Der Paradeplatz sei an die Stelle des Schlachtfeldes getreten. Die preußische Armee sei in Wahrheit vom Schneider gemacht:
„Diese vier Wörter: besoldet, buchgelehrt, interesselos, eigentumslos – enthalten den Geist unserer geistlosen Regierungsmaschine. Es regne oder es scheine die Sonne, die Abgaben steigen oder fallen, man zerstöre alte hergebrachte Rechte oder lasse sie bestehen . . . alles das kümmert sie nicht. Sie erheben ihr Gehalt aus der Staatskasse und schreiben, schreiben, schreiben im stillen, mit wohlverschlossenen Türen versehenen Büreo und ziehen ihre Kinder wieder zu gleich brauchbaren Schreibmaschinen auf."
Mit einem solchen Haß im Herzen gegen die Bürokratie, die sich wie Automaten seelenlos bewegt, kämpft der Reichsfreiherr vom Stein zusammen mit dem Freiherrn von Hardenberg den Kampf gegen die königliche Kabinettsregierung. Sie beide verlangten ein verantwortliches Ministerium an Stelle der unverantwortlichen Ratgeber des Königs. Es ist nicht ein Kampf zwischen Adligen und Bürgerlichen, mindestens nicht ein Kampf der Bürger für die verantwortliche Regierung. Denn die Minister sind Adlige, und die Vertrauten des Königs sind „Homines novi", neue Leute, Geschöpfe aus dem Nichts, Kreaturen des Königs, die alles, was der König wieder in einen namenlosen Abgrund versinken, wenn sie des Königs Gunst verlieren. Es sind die verdammten Seelen, die auf Gedeih und Verderb von der Gnade des Fürsten abhängig sind. Diese Figuren sind es, die in den Flegeljahren des modernen Absolutismus einen neuen Staat schaffen. Das Zeitalter der Werkzeuge und Agenten scheint mit dem königlichen Kabinett auch in Preußen heraufgedämmert zu sein. Diese Vertrauten des Königs haben kein öffentliches Amt inne und sind niemandem verantwortlich. Einer davon ist der Sohn eines Friseurs aus der französischen Kolonie, Verfasser seichter französischer Dichtungen.
Zu dieser politischen Halbwelt zählt auch der außenpolitische Vertrauensmann und Agent des Königs, der Graf von Haugwitz, der übrigens kein schlechter Diplomat war und den gerade ein zynisches und verworfenes Element in seinem Wesen befähigte,

Christian von Haugwitz

das Nützliche zu tun und anzuraten. Sein Bild bei den Deutschen und in der deutschen Geschichtsschreibung ist weitgehend so geblieben, wie es der Freiherr vom Stein gezeichnet hat. Das Leben des Grafen von Haugwitz, sagt Stein, sei „eine ununterbrochene Folge von Verschrobenheit und Verworfenheit", „süßlich und geschmeidig". Haugwitz folgt denen, die in Deutschland in den siebziger Jahren des 18. Jahrhunderts das Geniewesen betreiben. Theosoph und Geisterseher, strebt er nach dem Nimbus der Heiligkeit, der auch Lavater umgibt. Er gehört zum Kreise der Ritz (der späteren Gräfin Lichtenau, der Mätresse des Königs). Der Freiherr vom Stein wird nicht müde in der Empörung seines sittenstrengen Herzens, den Grafen von Haugwitz zu brandmarken, diesen

„Mann ohne Wahrhaftigkeit und abgestumpften Wollüstling, den ränkevollen Verräter, den Roué, der mit der moralischen Verderbtheit physische Lähmung und Hinfälligkeit verbindet".

Gegenüber Ernst Moritz Arndt äußert sich der Freiherr vom Stein noch einmal über diese Höflinge, Schranzen, Kreaturen und Werkzeuge:

„Es gibt Kreaturen, von jenen bösen Kreaturen, welche Gott in seiner geheimnisvollen Weisheit auch hat werden lassen, die sich gleich Vampiren und Wanzen oft bei den besten Fürsten festsaugen und die sie zuletzt nicht abschütteln können und nicht mehr abschütteln mögen."

Der Freiherr vom Stein schildert – im einzelnen nicht immer gerecht – mit einer nahezu dichterischen Kraft Schranzen und Kreaturen, die den König umgeben. Es erinnert an Swift und Balzac, wenn er den abenteuernden jüngeren Sohn aus einem verarmten rheinischen Grafengeschlecht schildert, ein „Prinzchen", das durch die Gunst der Mätresse des Königs emporsteigt, „durch eine schlechte Schürze heraus- und heraufgehoben und dann mit anderen ähnlichen Kreaturen ein wenig weiterkriechend, ein lächelndes, freundliches, weibisches Armsündergesicht, aber listig und still gerührig, wie ein Maulwurf grübelnd und wühlend". Die armen Fürsten, so ruft Stein aus, von wie vielen solchen Würmern werden sie bekrochen! Auch gute Könige, setzt Stein hinzu, gewöhnen sich zuletzt an solche lächelnden alten Weibergesichter:

„Es ist ihnen oft bequem, auch solche um sich zu haben, denen sie in übler Laune nötigenfalls einen Fußtritt geben können."

Dieses System der Vertrauten zersetzt und untergräbt die Verantwortungen derer, die dem Namen nach in Preußen regieren. Die Staatsminister haben, wie Stein darlegt, keinen wirklichen Einfluß und keine klare abgegrenzte Aufgabe:

„Man schämt sich einer Stelle, deren Schatten man nur besitzt, da die Gewalt selbst das Eigentum einer untergeordneten Instanz geworden ist."

Diese Kreaturen üben Gewalt aus, ohne „angewiesenen Beruf, ohne Responsibilität, in alles eingreifend und nichts leitend". Wenn nicht „dem Ganzen der Geschäfte Einheit und Kraft wiedergegeben" werde, „wäre der Beruf des Ministers der auswärtigen Angelegenheiten ganz hoffnungslos und ein leerer Schatten".

Der König müsse ein verantwortliches Ministerium bilden. Derart würde das Vertrauen der Bundesgenossen befestigt, der Mut unterdrückter Nationen gestärkt, die abgerissenen Provinzen zum Entschluß gefahrvoller Anstrengungen aufgerichtet und in den behaupteten Provinzen dem Geist trüber Hoffnungslosigkeit gewehrt werden.

Sollten diese Vorschläge, so schrieb Stein, des Königs Ungnade hervorgerufen haben, so müsse er alleruntertänigst bitten, daß Seine Majestät seine Entlassung zu erteilen geruhen möchten. Denn in der gegenwärtigen Lage sei ihm die Veränderung eines Systems, aus dem viel Unglück entstanden sei, als die erste Bedingung der Rettung erschienen.

Am 3. Januar 1807 abends um sieben Uhr – Stein vermerkt es genau – hat der Reichsfreiherr die Antwort des Königs in Händen:

„Ich hatte ehemals Vorurteile gegen Sie! Zwar hielt ich Sie immer für einen denkenden, talentvollen und großer Konzeptionen fähigen Mann; ich hielt Sie aber auch zugleich für exzentrisch und genialisch."

Jetzt aber habe sich Stein endgültig erwiesen „als ein „widerspenstiger, trotziger, hartnäckiger und ungehorsamer Staatsdiener, der, auf sein Genie und seine Talente pochend, weit entfernt, das Beste des Staats vor Augen zu haben, nur durch Kapricen geleitet, aus Leidenschaft und aus persönlichem Haß und Erbitterung handelt". Er müsse sagen, „daß, wenn Sie nicht Ihr respektwidriges und unanständiges Benehmen zu ändern willens sind, der Staat keine große Rechnung auf Ihre ferneren Dienste machen kann".

Der erste Entwurf des Königs hatte sogar die Drohung enthalten:

„Ich kann ohnmöglich Ihr Stillschweigen für bloßen Trotz oder Ungehorsam für meine Befehle ansehen, denn sonst müßte ich für Sie ein passendes Quartier bereiten lassen."
Stein antwortete auf das Schreiben des Königs ziemlich respektwidrig, daß er auch der Überzeugung sei, daß Staatsdiener, wie sie der König beschrieben habe, für den Zusammenhang des Ganzen nachteilig und gefährlich seien. Deshalb müsse er den König um die Dienstentlassung bitten.

Darauf ergeht an Stein die folgende Kabinettsordre: „Da der H. Baron v. Stein unter gestrigem Dato sein eigenes Urteil fällt, so weiß ich nichts hinzuzusetzen."
Der Reichsfreiherr vom Stein kehrte auf sein Gut nach Nassau zurück. An Niebuhr schreibt er, daß er von leeren, trägen und platten Menschen nichts erwarte und sich von dem Hof von Memel nichts verspreche, der nur noch der „faulenden Gärung" fähig sei.

Wehrpflicht und Bauernbefreiung

Der Vorsatz des Reichsfreiherrn vom Stein, nie wieder in den preußischen Dienst zurückzukehren, hält nicht lange an. Im Juli 1807 wird er aufgefordert, erneut in den Dienst des Königs von Preußen zu treten. Aber jetzt ist er wahrhaft verantwortlicher Minister. Als „Staatsminister für das Akzise- und Fabrikendepartement" trägt er die Verantwortung für das Finanz- und Wirtschaftsleben des preußischen Staates. Das ist der geschilderte Augenblick, in dem in Preußen die verantwortliche Regierung an die Stelle unverantwortlicher, im dunkeln handelnder Ratgeber des Königs tritt.
Jetzt gehen auch die beiden, neu mit der Macht betraut, Stein und Hardenberg, an die Reform des preußischen Staates.
Steins Werk war vor allem die Bauernbefreiung vom Jahre 1807 und die Städteordnung des Jahres 1808. Durch die Städteordnung sollte den Städtern die freie eigenständige Entfaltung ermöglicht werden; die Bauernbefreiung sollte einem freien Bauernstande Leben geben. Der Freiherr vom Stein war im ganzen stärker von sozialen und ständisch-genossenschaftlichen Vorstellungen erfüllt als Hardenberg, der als ein großer Verwalter, Organisator und ein Bewunderer des napoleonischen Regierungssystems diejenigen Reformen in Preußen vor allem durchgeführt hat, die den Ideen der Zeit am meisten entsprachen, die Gewerbefreiheit, die gleiche Besteuerung und ähnliches mehr. Die Reformgesetzgebung beginnt mit dem Edikt vom 9. Oktober 1807 über den erleichterten Besitz des Grundeigentums.
Im Mittelpunkt der preußischen Reform aber steht die Schaffung des Heeres der allgemeinen Dienstpflicht.
Die preußische Heeresreform und die Schaffung des preußischen Volksheeres waren das Werk einiger Männer, die sich fast alle in der „Heeres-Reorganisations-Kommission" zusammenfanden: Gneisenau, Scharnhorst, Boyen und Clausewitz. Nie wieder ist der Geist ein so enges Verhältnis mit der Armee in Deutschland eingegangen. Der eigentliche treibende Geist war Scharnhorst (1755–1813), den man den deutschen Carnot nennen kann, der für Preußen vollbrachte, was Carnot nach der Auflösung der alten französischen Armee in die Wege leitete, nämlich die Bewaffnung des Volkes und die Organisation eines neuen Heeres. Scharnhorst war eine dumpfe und schwere Natur. Aus einfachen Verhältnissen stammend, stieg er langsam im Heere Hannovers empor und stand in Flandern und Holland im Felde. 1801 trat der Sechsundvierzigjährige in preußische Dienste. Er war der Wille in der Heeres-Reorganisations-Kommission und war ganz federnde Kraft, Entschlossenheit, Kühnheit und Bedenkenlosigkeit. Das Krümpersystem, das durch eine Verkürzung der Dienstzeit möglichst viele preußische Staatsbürger durch das Heer schleuste, und die freiwilligen Jägerkorps sind Scharnhorsts Werk. Es fehlte Scharnhorst der strahlende Glanz der anderen Reformer. Sein Geist konnte, nach dem Wort von Clausewitz,
„edle Früchte still zeitigen, aber nicht wie andere mit Blüten prangen. Einer der merkwürdigsten Staatsmänner und Soldaten, auf welche Deutschland je stolz sein durfte".
Scharnhorst gelangte nie dazu, was er mit glühendem Herzen ersehnte – selbst die von ihm geschaffenen Armeen zu führen. Alles würde er hingeben, sagte er einmal, für das Kommando eines Tages. Er ist 1813 an den Folgen einer in der Schlacht von Großgörschen erhaltenen Wunde gestorben.
Der General Neidhardt von Gneisenau, im Vergleich zu Scharnhorst ein Standesherr und ein mit dem Generalstreifen geborener Mann, sagte von sich, daß er ein Pygmäe gegen diesen Riesen sei, dessen Geistestiefe er nur bewundern, nicht immer aber ergründen könne. Gneisenau (1760–1831) besaß nicht die vulkanische Kraft Scharnhorsts, nicht den funkelnden Geist von Clausewitz, nicht die Organisationsgabe Boyens. Er war der Edelmann unter den Reformern, und seine Größe liegt darin, daß er alle Soldaten an dieser Ehre teilhaben lassen wollte. Die Losung die „Freiheit des Rückens" stammt von ihm. Gneisenau vertrat den Idealismus dieser Tage in seiner edelsten Form. Als der König an den Rand einer Denkschrift über die Bildung des Landsturmes schreibt: „Als Poesie gut!" erwidert Gneisenau:
„Religion, Gebet, Liebe zum Regenten, zum Vaterland, zur Tugend sind nichts anderes als

Poesie, keine Herzenserhebung ohne sie. Wer nur nach kalter Berechnung seine Handlungen regelt, wird ein starrer Egoist."
Gneisenau war der Generalstabschef Blüchers in den Befreiungskriegen und kann als der eigentliche Sieger von Waterloo gelten. 1830 sollte er eine preußische Armee gegen die aufständischen Polen kommandieren und in diesem Feldzug an der Cholera sterben.

Boyen (1771–1848) verwandelte (er war 1814–1819 und wiederum 1840–1847 Kriegsminister) die Pläne und Absichten der Reformer in Gesetze und in ein System und eine Ordnung. Das Dienstpflichtgesetz vom 3. September 1814 ist vorzüglich sein Werk.

Carl von Clausewitz (1780–1831) war aufs engste mit Scharnhorst verbunden, unter dem er im Kriegsministerium und im Generalstab arbeitete. 1812 trat er in russische Dienste und hatte dann seinen Anteil beim Abschluß der Konvention von Tauroggen. Er entwarf die Organisation der ostpreußischen Landwehr und nahm dann am Kriege als Generalstabschef bei einer russischen Armee teil, die unter dem Niedersachsen Walmoden kämpfte. Zuletzt war er Chef des Generalstabes von Gneisenau und starb fast zur selben Zeit wie dieser an der Cholera. Vom preußischen Staat hatte er die gewohnte Undankbarkeit erfahren. Er bezeichnete sich selber als „Figur ohne Licht und Schatten".

Sein großer Traum war es, den preußischen Staat von der Armee her zu erneuern. Man solle den geschändeten und verstümmelten Staat preisgeben, auf daß er nur noch in seiner Armee fortlebe. Sein Buch „Vom Kriege" ist eines der erregendsten Werke der politischen Philosophie des 19. Jahrhunderts. Die Kriege des 19. und 20. Jahrhunderts sind ohne Clausewitz nicht denkbar. In den Schriften Mao Tse Tungs stößt man alle Augenblicke auf den Namen und die Gedanken Clausewitz'. Lenin hat gesagt, daß die grundlegenden Gedanken von Clausewitz in unserer gegenwärtigen Zeit „zum unbedingten Besitz jedes denkenden Menschen geworden sind". Die Moskauer Akademie hat jüngst eine sorgfältige Ausgabe des Handexemplars Lenins von Clausewitz' Buch mit allen Anstreichungen und Anmerkungen des sowjetischen Revolutionärs veröffentlicht.

Da Napoleon die allgemeine Wehrpflicht verboten hatte, ließ man insgeheim möglichst viele Leute durch die Schule der Armee gehen. Das alte Heer, die Truppe mit langer Schulung, blieb das Rückgrat der Armee. Aber die Armee verwuchs mit dem Volke und durchtränkte es mit ihrem Geist. Sie ruhte auf der Gesamtheit, ohne doch ein „Massenheer" zu werden. Jetzt hatte die Französische Revolution aufgehört, eine überlegene Kraft darzustellen. Wo sie sich fortzeugen wollte, hatte sie nur Kämpfer gegen sich selbst geboren.

Die Heeresreform machte den Soldatenstand zu einem „ehrlichen Stand" in der Gesellschaft, so wie im 19. und 20. Jahrhundert Bauern und Arbeiter zu ehrlichen Ständen werden sollten. Man hat die Befreiung der Bauern und den Aufstieg der Arbeiterschaft gerne mit der großen Umwertung in der Einschätzung des Soldaten verglichen.

Bis zur Französischen Revolution und zur Preußischen Heeresreform (1808–1812) zählte der Soldat zu den „unehrlichen Ständen". Die Offiziere er waren im Gegensatz dazu hochprivilegiert. Angeworben oft im Rausch, wie liederliche Frauenzimmer von den Werbern zusammengetrieben und zusammengefangen, waren sie bezahlt und gekauft für das Gewerbe des Krieges. Voltaire nannte sie „gedungene Mörder" und die „Hefe der Nation". Blackstone erklärte die Söldner für Sklaven. Hume meinte, ein Land mit vielen Soldaten sei im Kriege mit sich selbst. Von „herausgeputzten Puppen", denen der Hunger und die Sehnsucht nach den heimatlichen Hütten aus den Augen blicke, sprach der Freiherr von Knigge, „unnütze Mietlinge", „Blutsauger der Armen". Sir Robert Cotton legte in einem „Discourse on War" fest:

„Der Krieg ist die Kloake der Völker und befreit sie von schlechten Elementen und Säften."

Es sei bequemer und nützlicher, die Landstreicher, Diebe und Gaukler in einem Kriegszug umkommen zu lassen, als sich ihrer auf dem Richtplatz zu entledigen. Die Bürger seien zu gut, um im Krieg zu sterben.

Der reine Söldner kämpfte, tötete und starb für jeden, der ihn bezahlte. Hunger und Henker waren näher als der Tod in der Schlacht. Ein Kriegshistoriker sagt:

„Wie es den Manufakturarbeiter wenig kümmert, wer das von ihm produzierte Totenhemd tragen werde, so wenig kümmerte es den Söldner, wem er den Tod bringen oder von wessen Hand er ihn in der Ausübung seines Handwerks finden werde."

Der Söldner wurde barbarisch gezüchtigt. Die Disziplin ruhte bewußt auf der Furcht vor unbeschreiblich abscheulichen Strafen. Der Soldat war ein ehrloser Mann, den nach der Auffassung der Zeit nur der Strang, das Rad und die Peitsche in Zucht halten konnte.

Im Militärstrafgesetz des preußischen Heeres heißt es unter anderem:

„Bei der Hinrichtung durch das Schwert ist die Verscharrung des Leichnams auf der Exekutionsstätte oder das Flechten des enthaupteten Körpers auf das Rad eine gesetzliche Folge... des Verbrechens.

Die Hinrichtung durch den Strang kann teils in der Garnison... teils außerhalb der Garnison an dem gewöhnlichen Galgen geschehen... Im zweiten Falle bleibt der Körper bis zur Verwesung am Galgen hängen.

Die Exekution durch Feuer, durch das Rad und durch Vierteilen wird jedesmal außerhalb der Garnison auf der gewöhnlichen Gerichtsstätte

Soldaten werden enthauptet, gehängt, gerädert; nach Chodowiecki

vollzogen, und erfolgt sodann die Verscharrung des Leichnams oder dessen Heftung auf das Rad, oder Anschlagen der Teile an den Galgen oder an besonders dazu errichtete Pfähle...
Inwieweit bei Militär-Personen die Todesstrafe verschärft werden kann, wobei... die... bestimmte Gattung der Strafe... für den Verbrecher empfindlicher und für den Zuschauer abschreckender zu machen ist, wohin das Schleifen zur Richtstätte, das Abhauen einer oder beider Hände und so weiter gehören mag, muß in jedem einzelnen Falle entweder nach den besonderen Militärgesetzen oder bei gemeinen Verbrechen der Militär-Personen, nach dem allgemeinen Landrechte beurteilt und festgesetzt werden."
Das Spießrutenlaufen war die normale Strafe unter den Landsknechtsheeren. Für Diebstahl hatte man sechs- bis zwanzigmal die Gasse zu durchlaufen, für Raub zwanzig- bis dreißigmal. Die zweihundert Kameraden bildeten eine Gasse, der Profos verteilte die in Salz getauchten Hasel- und Birkenruten. Der Körper des Delinquenten wurde entblößt. Die Hände wurden ihm gefesselt und ein Knebel ihm in den Mund gesteckt. Vor und hinter ihm gingen Unteroffiziere, damit er nicht zu schnell laufe. Trommelwirbel sollten das Geschrei übertönen. Hinter der Gasse stand der Major, der die Soldaten tadelte, die nicht kräftig genug schlugen, und die Eifrigen belobte.
Bei der dreißigsten Exekution wurde der Delinquent meist in den Sarg gelegt. Zwei Drittel der „Ausländer" im preußischen Heer sind normalerweise mit dieser Strafe bedacht worden.
Auf Fahnenflucht stand beim erstenmal sechzehnmaliges, beim zweitenmal vierundzwanzigmaliges Gassenlaufen und beim drittenmal Tod durch den Strang. Überall standen in Deutschland bei der Hauptwache, wie Behrenhorst schreibt, „für die Gemeinen der Schnellgalgen, der Pfahl und der hölzerne Esel".
In dieser „zusammengeprügelten Horde" ist die

Desertion gang und gäbe. Die Hauptaufgabe der Feldherrn ist es, wenigstens mit der Masse der Armee zum Schlachtort zu gelangen. Im Durchschnitt verlieren die Heere beim Marsch zur Schlacht die Hälfte der Soldaten. Man kann kaum durch Wälder und nicht nachts marschieren. Im fremden Land versickern die Armeen, diese zusammengetriebenen, zusammengestohlenen und zusammengeprügelten Haufen, wie Wasser in den Händen.

Das Prinzip des stehenden Heeres und die Idee der allgemeinen Wehrpflicht mußten sich in der Tat begegnen, damit die moderne Armee der Neuzeit entstehen konnte. Die allgemeine Wehrpflicht beginnt zunächst mit derselben Verachtung des Menschen, wie sie in der alten Kriegsidee obwaltet. Die ersten deutschen Äußerungen für die Wehrpflicht sind – wie noch zu zeigen ist – Kundgebungen für einen rohen und heimtückischen Volkskrieg und für die Werwolf- und Volkssturm-Romanze.

Mit der Französischen Revolution beginnt der Krieg der Massen. Die Mächte verlassen sich auf die rohe Zahl, um zu siegen. Die Heere der Französischen Revolution, die durch die „levée en masse" ausgehoben werden, sind zunächst ein bloßer „Volkssturm", ein unausgebildeter, schlecht bewaffneter Haufe, oft sogar aus Frauen und Kindern bestehend, der als dunkle, schwarze Masse erbarmungslos gegen die feindliche Front vorangetrieben und in dichten Reihen niedergemäht wird. In diesen Zeiten, da die Elendsviertel der Städte und der Völker überquellen von angefaulten und krankhaften Elementen, geht man von der Vorstellung aus, daß der Mensch im Überfluß vorhanden sei, daß er das Billigste sei, was es gäbe. Gesellschaft und Krieg ruhen auf einem unerhörten Verschleiß an Menschen. So war es ja auch im Frühkapitalismus. Die „ursprüngliche Akkumulation", die Marx im „Kapital" beschreibt, der Aufbau des Produktionsapparates des modernen Kapitalismus und die Schaffung der Schwerindustrie gingen unter unerhörten Menschenopfern vor sich, genauso wie später die Industrialisierung Rußlands, die nachgeholte industrielle Revolution in der Sowjetunion. Sorel konnte daher sagen, daß der hauptsächliche Rohstoff der frühkapitalistischen Fabrik Menschenfleisch gewesen sei. Man vergeudete den Menschen. Die Völker schienen von diesem Rohstoff, Mensch genannt, überzuquellen.

Bald stellt sich heraus, daß der Krieg so wenig mit schlechten Soldaten zu führen ist wie die Wirtschaft mit schlechten, hungernden, sorg- und ehrlosen Arbeitern. In der Wirtschaft wie im Kriege werden persönliche Anpassung und persönliche Verantwortung verlangt. Ohne Ehrgefühl des Soldaten gibt es keinen Krieg mehr, so wenig wie eine gedeihliche Wirtschaft ohne Ehrgefühl des Arbeiters. Damit verändert sich auch der Ausleseprozeß des Krieges. Bis zur allgemeinen Wehrpflicht galt der Grundsatz, daß die Schlechtesten gut genug seien, um im Kriege zu sterben. Für die Masse des Heeres aber bedeutete der Krieg die Ausrottung jener Elemente, die man als verfault, minderwertig und verkommen ansah und die der Gemeinschaft nur noch durch ihren Tod nützlich zu werden vermochten. Der moderne Krieg mit der allgemeinen Wehrpflicht aber kann bedeuten, daß gerade die wertvollsten und besten Elemente einer Nation ausgerottet werden. Der Bolschewist Radek sagte einmal zu dem deutschen Außenminister Rathenau, der deutsche Kaiser habe Thron und Macht deshalb verloren, weil er zuließ, daß seine Garde an die Front geschickt und dort dezimiert wurde. Jedenfalls gelangte die französische Republik bald zu der Überzeugung, daß die reine Begeisterung der Massen nicht genüge und daß der Soldat der Schulung und der Ausbildung bedürfe. In Frankreich, wo der Krieg ein Vierteljahrhundert dauerte, starb die Romantik der „levée en masse" viel rascher als in Deutschland, wo sich die Vorstellung erhielt, daß die Freikorps und die Landwehr 1813 den Krieg gegen Napoleon gewonnen hätten, so daß im preußischen Verfassungskonflikt 1860–66 die Landwehr- und Volkssturmillusionen eine große Rolle spielen konnten.

Der französische Sozialist Jaurès, ein glühender Anhänger des „Volkes in Waffen", beschreibt die Entwicklung in der Französischen Revolution, damit auch ein Licht auf deutsche Entwicklungen werfend:

„Man glaubte, daß der Patriotismus die Disziplin ersetzen könnte. Der Schwung und die Leidenschaft der Massen sollten die militärische Ausbildung ersetzen. Erst nach drei Jahren der Täuschungen entschloß man sich, nicht mehr die Armee in die Scharen der Freiwilligen einzureihen, sondern die Freiwilligen in die Armee zu stecken. Als der Erste Konsul und andere berühmte Generale sich an ihre Spitze setzten, durchquerten, es ist wahr, diese Freiwilligen siegreich das ganze Europa, aber erst, nachdem sie Soldaten geworden waren."

Die Reform aber beginnt zunächst damit, dem Soldaten Ehre und Würde zu geben. Das Volksheer – hervorgewachsen aus den demokratischen Revolutionen und einst eine majestätische, die Nationen berauschende Idee – machte nicht so sehr den Bürger zum Soldaten als vielmehr den Soldaten zum Bürger. Es machte mit einem Wort den Soldaten „ehrlich". Die erste Maßregel der preußischen Heeresreform war die Abschaffung entehrender Strafen für den Soldaten. Jetzt kommen die Formeln auf, von denen wir vergessen haben, wie jung sie sind: Daß es eine Ehre und ein Recht sei, in der Armee zu dienen.

In einem Briefe an Nettelbeck, einen preußischen Patrioten, spricht der Schöpfer des preußischen Heerwesens, Boyen, den neuen Gedanken aus, daß man aus dem Soldatenstand einen geachteten Stand machen müsse und daß die Armee nicht länger eine Strafanstalt sein dürfe:

Friedrich d. Gr., von Johann Georg Ziesenis, 1763. Frankfurt am Main, Goethe-Museum.

Die Deutschen und Napoleon. Die Deutschen waren bereit, Napoleon als Cäsar und Messias anzuerkennen. Der Mann, dessen Philosophie bald Deutschland beherrschen sollte, Georg Friedrich Hegel (u.), pries die „welthistorischen Menschen", „die Heroen einer Zeit", die die „nächste Stufe der Welt" wissen. Er erblickte in Napoleon die Weltseele, und als der Kaiser feierlich durch das Brandenburger Tor ritt, konnten viele die „wunderbare Empfindung" teilen, die Hegel 1806 in Jena beim Anblick des Kaisers gehabt hatte, „ein solches Individuum zu sehen, das hier auf einen Punkt konzentriert, auf einem Pferd sitzend, über die Welt übergreift und sie beherrscht".

Widerstand gegen Napoleon. Die für Napoleon verlustreiche Schlacht gegen Preußen und Russen bei Preußisch-Eylau (o. l.) und bei Friedland änderte am Schicksal Preußens nichts mehr. Das Flehen der Königin Luise (l.) in einem Gespräch mit Napoleon war entsprechend erfolglos. Als 1809 Österreich den Krieg gegen Napoleon wagte, wallten da und dort Volksaufstände empor, besonders in Tirol unter Andreas Hofer (o. r.). Aber den Krieg führten Staaten und Heere. Nur in Spanien waren die Bedingungen für den Partisanenkrieg vorhanden. Alles hing vom Aufbau der Armeen ab. General Neidhardt von Gneisenau (1760 bis 1831) (u. l.) und General Gerh. Joh. David von Scharnhorst (1755–1833) (u. M.) leiteten die Reorganisation des preußischen Heeres ein, während Karl von Clausewitz (1780–1831) (u. r.) durch sein Werk „Vom Kriege" eine Kriegstheorie schuf, die im preußischen Generalstab genauso viel Eindruck hinterließ wie bei Karl Marx, Lenin und Mao Tse-tung.

Aufklärung — Sturm und Drang — Klassik. Das Zeitalter deutscher politischer Ohnmacht war gleichzeitig eine Ära der deutschen Kultur, die in dieser Höhe nie wieder erreicht wurde. Gotthold Ephraim Lessing (l.) (1729 bis 1781) stellte den Höhepunkt der deutschen Aufklärung dar; er leitete aber auch deren Überwindung ein. Auf die deutsche Aufklärung folgte eine revolutionäre Strömung, „Sturm und Drang", eine Bewegung, die das allmächtige Gefühl, die flammende Leidenschaft, Trotz gegen die Welt und Weltklage auf den Schild erhob. Die ersten Werke der „Dichterfürsten" Schiller und Goethe (Die Räuber, Kabale und Liebe, Götz von Berlichingen, Werther) berühren sich mit dem „Sturm und Drang". Friedrich Schiller (1759—1803) (u. r.) und Johann Wolfgang von Goethe (1749—1832) (u. l.) sind die hervorragendsten Vertreter des klassischen Zeitalters der deutschen Literatur.

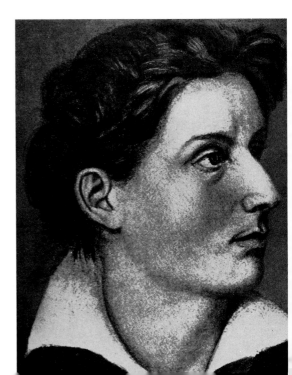

„Auch bedarf der Soldat, wenn er sich brav schlagen soll, die Achtung der anderen Stände, denn ein verachteter Mensch wird nie tapfer sein."

Ähnlich schrieb der Generalauditor von Koenen am 13. April 1808 an die Heeres-Reorganisationskommission, in der die Idee und die Organisation des neuen preußischen Heeres geboren wurden. Man dürfe nicht „den Soldatenstand zu einem Stande der Strafe herabwürdigen". Die Verlängerung der Dienstzeit dürfe nicht länger als Strafe für begangene Vergehen eines Soldaten angeordnet werden. Er sei eher dafür, den Verbrecher aus dem Soldatenstande auszustoßen. Durch die Einführung einer allgemeinen Konskription, die Beseitigung entehrender Strafen und eine vernünftige und glimpfliche Behandlung der Soldaten durch gebildete Offiziere werde man das Selbstgefühl der Soldaten heben können.

In den Grundsätzen Scharnhorsts für die Heeresreform vom Jahre 1807 wird mit dem stärksten Nachdruck gesagt, daß Geist und Ehrgefühl des Soldaten die Grundlage des Wehrsystems bilden müßten:

„Alle Bürger des Staates sind geborene Verteidiger desselben."

Alle entehrenden körperlichen Strafen müßten abgeschafft werden. Selbst da, wo Schelten und Schärfe zur Aufrechterhaltung der Disziplin notwendig sein, „darf die Strafe nie die Menschenwürde verletzen oder den Schuldigen unter das Tier erniedrigen und das echte Soldatengefühl ersticken". Die Strafe solle den Charakter des Fehlenden nicht verschlechtern, sondern verbessern, nicht das Vertrauen der Untergebenen vernichten, sondern beleben und befestigen. Der Geist sei der beste Hebel eines Heeres. Ohne Geist bleibe die Armee eine bloße Maschine, ein Räderwerk von Automaten, das den Führer in der Regel im Stich lasse.

In einem Aufsatz Gneisenaus vom 9. Juli 1808 im „Volksfreund" wird gefordert, daß man feierlich die „Freiheit des Rückens" proklamieren müsse. Diese Kundmachung müsse der allgemeinen Wehrpflicht vorangehen. Wenn man diese „Freiheit des Rückens" für unmöglich ansehe, dann möge man doch Verzicht leisten auf alle Kultur und gesellschaftliche Ordnung und die Sicherheit allein in der Zuchtrute suchen, „da wir sie im Ehrgefühl nicht zu finden vermögen". In allen Ständen gelten, so führt Gneisenau aus, Prügel als eine empörende Beschimpfung, aber im ehrenvollsten aller Berufe wolle man diese Strafart noch beibehalten:

„Jede Nation muß sich selbst ehren."

Durch ein Reglement vom 6. August 1808 wurde bestimmt, daß adlige Geburt nicht mehr notwendig sei für Offiziersstellen, sondern ein bestimmtes Maß von Kenntnissen.

Scharnhorst stellt dem „erleuchteten Monarchen" dar, daß in Preußen alle Kräfte geweckt und daß jeder Kraft ein ihr angemessener Wirkungskreis gegeben werden müsse:

„Die Geburt gibt kein Monopol für Verdienste; räumt man dieser zu viele Rechte ein, so schlafen im Schoße einer Nation eine Menge Kräfte unentwickelt und unbenutzt, und der aufstrebende Flügel des Genies wird durch drückende Verhältnisse gelähmt. Währenddem ein Reich in seiner Schwäche und Schmach vergeht, folgt vielleicht in seinem elendsten Dorfe ein Cäsar dem Pfluge, und ein Epaminondas nährt sich karg vom Ertrage seiner Hände. Man greife daher zu dem einfachen und sicheren Mittel, dem Genie, wo immer es sich auch befindet, eine Laufbahn zu öffnen und die Talente und die Tugenden aufzumuntern, von welchem Range und Stande sie auch sein mögen. Man schließe ebenfalls dem Bürgerlichen die Triumphpforte auf, durch die das Vorurteil nur den Adligen einziehen lassen will. Die neue Zeit braucht mehr als alte Titel und Pergamente, sie braucht frische Tat und Kraft."

Die 1811 eingeleitete Bauernbefreiung war umglänzt von mannigfachen Hoffnungen und erhabenen Idealen und endete dann zum Schluß als eine große soziale Katastrophe. Sie war vorbereitet durch das Werk der Menschenfreunde und Aufklärer. Die Meinung war ganz einheitlich, daß die Leibeigenschaft, die Erbuntertänigkeit und die Bindung des Bauern an den Gutshof ein Krebsschaden der Gesellschaft seien. So schrieb der Graf Christian von Rantzau in einem Gutachten für die schleswig-holsteinischen Stände im Jahre 1796:

„Der Mensch, welcher in diesem Zustand lebt, wird dadurch zur Maschine herabgewürdigt. Der Kreis seines Wirkens wird nicht durch seinen Willen, seine Fähigkeiten und die Umstände, sondern durch die Willkür seines Herrn bestimmt. Er kennt weder die Pflichten noch die Rechte des Bürgers oder des Hausvaters. Sein Herr vertritt ihn in beiden Verhältnissen. Seine Tugend besteht daher im Nichttun und Leiden.

Nur die Gewißheit, die Früchte seiner Arbeit zu genießen, kann den Fleiß spornen, dem Kunstfleiß sein Dasein geben: Die Industrie wird also durch die Leibeigenschaft gänzlich ausgeschlossen. Zwangsarbeit ist die teuerste von allen. Daher der richtig geleitete Eigennutz sie nur dort anwendet, wo es unmöglich ist, gegen Lohn Arbeit zu erhalten."

Noch schärfer äußerte sich Christian Jakob Kraus in einem Gutachten über die Aufhebung der Privatuntertänigkeit in Ost- und Westpreußen vom Jahre 1802. Die Macht des Gutsherrn über die unfreien Eingeborenen eines Gutes sei nichts anderes als ein Recht, unrecht zu tun. Die Behandlung, die er seinen unfreien Leuten zuteil werden lassen durfte, sei „in unserem Gesetzbuch als Verbrechen verpönte Beleidigung und folglich Unrecht".

Der Erlaß vom 9. Oktober 1807 über den erleichterten Besitz und den freien Gebrauch des Grundeigentums sprach ein großes flammendes Wort aus. Nach dem Martinitage 1810 sollte es in Preußen nur noch freie Leute geben. Welch eine elektrisierende Losung: Jeder Preuße war künftig ein freier Mensch!

„Nach dem Datum dieser Verordnung entsteht fernerhin kein Untertänigkeitsverhältnis, weder durch Geburt noch durch Heirat, noch durch Übernehmung einer untertänigen Stelle, noch durch Vertrag. Mit der Publikation der gegenwärtigen Verordnung hört das bisherige Untertänigkeitsverhältnis derjenigen Untertanen und ihrer Weiber und Kinder, welche ihre Bauerngüter erblich oder eigentümlich oder erbzinsweise oder erbpachtlich besitzen, wechselseitig gänzlich auf.

Mit dem Martinitage eintausendachthundertundzehn (1810) hört alle Gutsuntertänigkeit in Unsern sämtlichen Staaten auf. Nach dem Martinitage 1810 gibt es nur freie Leute."

Der Freiherr von Hardenberg wies bei all diesen Maßnahmen unverhohlen auf das Vorbild der Französischen Revolution hin. Die Bauernbefreiung war eine Maßnahme des Widerstandes gegen den französischen Eroberer. Preußen könne – das war der Grundgedanke – der Urgewalt, die durch die französische Umwälzung ausgelöst wurde, Herr werden, indem es selbst alle Kräfte in seinem Inneren entfessele:

„Die Französische Revolution, wovon die gegenwärtigen Kriege die Fortsetzung sind, gab den Franzosen unter Blutvergießen und Stürmen einen ganz neuen Schwung. Alle schlafenden Kräfte wurden geweckt, das Elende und Schwache, veraltete Vorurteile und Gebrechen wurden – freilich zugleich mit manchem Guten – zerstört. Die Benachbarten und Überwundenen wurden mit dem Strom fortgerissen. Die Gewalt dieser Grundsätze ist so groß, sie sind so allgemein anerkannt und verbreitet, daß der Staat, der sie nicht annimmt, entweder seinem Untergange oder der erzwungenen Annahme derselben entgegensehen muß. Ja, selbst die Raub- und Ehr- und Herrschsucht Napoleons und seiner begünstigten Gehilfen ist dieser Gewalt untergeordnet und wird es gegen ihren Willen bleiben."

Das Edikt zur Regulierung der gutsherrlichen und bäuerlichen Verhältnisse vom 14. September 1811 aber leitete die Katastrophe ein, indem darin festgelegt wurde, daß der Gutsherr für alle Rechte entschädigt werden sollte, auf die er den Reformsetzen Preußens gemäß zu verzichten hatte:

„Allen jetzigen Inhabern jener erblichen Bauernhöfe und Besitzungen, sie mögen Ganz-, Halbbauern, Einhüfner oder Kossäten heißen oder einen anderen Provinzialnamen führen, zu geistlichen Domänen, Kämmereien oder Privatgütern gehören, wird das Eigentum ihrer Höfe übertragen, unter der Verpflichtung, die Gutsherrn dafür, wie nachstehend verordnet ist, zu entschädigen.

Es soll daher, mit Ausnahme der hiernächst zu bemerkenden Fälle, Regel sein, daß bei erblichen Besitzern der Gutsherrn für das Eigentum der Höfe, für die Dienst- und gewöhnlichen Abgaben davon abgefunden sein sollen, wenn ihnen die Untertanen den dritten Teil ihrer sämtlichen Gutsländereien abtreten und dabei auf alle außerordentliche Unterstützungen, Hofwehr, Bauhilfen und auf die Steuervertretung Verzicht leisten."

Die Abtretungen, die derart vorgesehen waren, machten große Teile des ostelbischen Bauerntums lebensunfähig. Die Reformgesetze befreiten den Bauern, sie

Ludwig von der Marwitz

befreiten ihn aber auch von der Fürsorge und der Hilfe des Gutshofes. Er war fortan allein auf sich gestellt, und erst nach einem dreiviertel Jahrhundert wird er dazu gelangen, durch die Genossenschaften wieder in einen Zusammenhang gegenseitiger Hilfe zu kommen. Der Bauer wurde frei, so sagt ein bedeutender deutscher Wirtschaftshistoriker, aber auch vogelfrei. Der Bauernschutz der preußischen Monarchie wurde 1808 völlig beseitigt. Die nicht spannfähigen Kleinbetriebe waren in dieser Regulierung nicht eingeschlossen, so wurden alle hinweggefegt, als die Gutsbesitzer erbarmungslos die Entschädigungen eintrieben. Eine neue Güterumwälzung fand im deutschen Osten statt. Die Gier nach Boden, die dem revolutionären Zeitalter das Gepräge gibt, erfüllte die Großgrundbesitzer. Ostelbien und die Abrundung und Vergrößerung ihrer Güter waren das Ziel, das sie mit besessener Rücksichtslosigkeit verfolgten. Ein Rausch des Raffens und der übertölpelnden Gewinngier war über sie gekommen.

Der Führer der konservativen Gutsbesitzer, Ludwig

von der Marwitz, der sich selbst darum bemühte, daß seine Bauern ihre Frondienste in vertraglich geregelte Arbeitsleistungen verwandelten, hat diese Reform, die zur Entstehung eines vergrößerten, völlig unverantwortlich gewordenen kleinkapitalistischen Grundbesitzes führte, mit harten Worten gegeißelt: „Als ob bis dahin irgendwo in unserem Lande Sklaverei oder Leibeigenschaft existiert hätten! Letztere fing vielmehr alsbald zu entstehen an, nämlich Leibeigenschaft des kleineren Besitzers gegen den Gläubiger – des Armen und Kranken gegen die Polizei und Armenanstalten –, denn mit der Pflichtigkeit war natürlich die Verpflichtung des Schutzherrn zur Vorsorge aufgehoben."
In den östlichen Provinzen Preußens sind damals an spannunfähigen Bauernstellen dreihundert- bis vierhunderttausend eingegangen. Ein neuer Stand kam in Ostelbien auf, die Klasse der Landarbeiter. Aber mit der „Reform" begann auch die große Landflucht, die Wanderung von Ost nach West, die zuletzt in den Strom der Auswanderung nach Übersee mündete, als die enteigneten und vertriebenen Bauern in Deutschland nicht mehr Brot und Arbeit zu finden glaubten. Die Zahl der Bauern sank auf etwa die Hälfte. Daraus erhob sich dann – besonders als das überseeische Getreide mit dem heimischen in Konkurrenz trat – die große nationale Tragödie des deutschen Ostens. Die genügsameren polnischen Arbeiter, die selbst das Elend als Waffe des Volkskampfes zu gebrauchen wußten, verdrängten die deutschen Arbeiter im Osten, und selbst die Oder-Neiße-Linie, die furchtbare Amputation des deutschen Volkskörpers geht zum Teil auf eine Bauernbefreiung zurück, die allzuviel Bauern vom Boden befreite. Denn der hektische Versuch der Nationalsozialisten, den Zug gegen Osten mit der kombinierten Grausamkeit von Urvölkern und moderner Fachleute des Todes aufzunehmen, ist zum Teil aus der einförmig einsickernden Flut fremder Völker geboren. Die Diagnose war nicht ganz falsch, die Medizin tödlich. Die gewaltsam gestaute Woge strömte mit vernichtender Gewalt zurück.

Die Romantik des Krieges und der Nation

Mit der Reform ging ein revolutionärer Geist Hand in Hand, der auf das Gewaltsame und Außerordentliche abzielte. In Kleists „Hermannschlacht" war der Höhepunkt einer Haltung erreicht, die alle Bedenken und jedes Gewissen hinter das Wohl der Nation stellte. Unbedingtheit verlangte auch Fichte in seinen „Reden an die deutsche Nation". Aber in dem zerschlagenen und seiner selbst nicht mehr mächtigen Volk war Narrheit notwendig, um nicht dem triumphierenden Verrat zu verfallen. Die Pläne der Volksbewaffnung waren auf einen rohen Partisanenkrieg gerichtet, ein „Volkssturm" war ins Auge gefaßt, der seinen Mangel an Waffen durch die Heimtücke und die selbstmörderische Praxis der verbrannten Erde ersetzen sollte, eine Freischärlerromantik, die im zwanzigsten Jahrhundert eine blutige Nachblüte erleben sollte.
In einer Schrift von Ernst Moritz Arndt: „Über Landwehr und Landsturm" wird mit viel Freude am Schrecklichen und Tollkühnen ausgesprochen:
„Wo der Feind ein- und andringt, da sammeln sich die Männer, fallen auf ihn, umrennen ihn, schneiden ihn ab, überfallen seine Zufuhren und Rekruten, erschlagen seine Kuriere, Boten, Kundschafter und Späher, kurz, tun ihm allen Schaden und Abbruch, den sie ihm nützlicherweise tun können ... Sie sind dem Feind ein furchtbares Heer, weil sie allenthalben und nirgends sind, weil sie immer verschwinden und wiederkommen. Dieser Landsturm steht nun auf, wenn der Feind da oder dort nahe ist; wenn die Gefahr vorüber, so geht jeder, wie ihm gefällt, wieder in sein Haus, an seine Arbeit, an sein Geschäft. Er gebraucht alles, was Waffen heißt und wodurch man Bedränger ausrotten kann: Büchsen, Speere, Flinten, Keulen, Sensen usw.; auch sind ihm alle Kriegskünste, Listen und Hinterlisten erlaubt, wodurch er mit der mindesten Gefahr den Feind vertilgen kann; denn der Räuber hat in seinem Lande nichts zu tun. – Jeder, der mit seinem Volke nicht Glück und Unglück, Not und Tod teilen will, ist nicht wert, daß er unter ihm lebt."
Die Landwehr und der Landsturm sind auf das kümmerlichste ausgerüstet, da der Hinterhalt ihre Hauptwaffe ist:
„Die Waffen sind: Alle Arten von Flinten mit und ohne Bajonett, Spieße, Piken, Heugabeln, Morgensterne, Säbel, Beile, gerade gezogene Sensen, Eisen usw."
Der Feind soll auf ein leeres Land stoßen und gleichsam sich in einer Wüste verlieren:
„Da, wo der Feind mit Heeresmacht zieht, verlassen die Einwohner ihre Häuser und flüchten in die Wälder oder in entferntere Gegenden. Alles Vieh wird weggetrieben, alle Lebensmittel werden weggeschafft oder meilenweit abwärts von der Landstraße vergraben. Die Brunnen werden zugeschüttet oder vergiftet, Brücken und Landstraßen ruiniert, die Backöfen eingeschlagen, und aus den Mühlen werden das Kammrad und das Eisenwerk genommen."
Die Reform ist den Trägern der Widerstandsbewegung nicht genug. Die nationale Befreiung soll in ihren Augen zusammenfallen mit einer Erhebung und Adelung des deutschen Menschen überhaupt.

Sie erhoffen, daß die Deutschen durch die Befreiung eine Taufe und Weihe erfahren. Wie all die größeren Bewegungen der Deutschen soll dieser nationale Kampf etwas von den großen weltgeschichtlichen Momenten der deutschen Historie haben, ein Stück Völkerrecht, ein Stück Völkerwanderung, ein Stück Bekehrung, ein Stück Reformation, ein Stück Reichsgründung und viel innere Wiedergeburt. Dafür aber setzen sie alle Hoffnungen auf den Krieg. Nur in den seelischen Schwingungen

Heinrich von Kleist

des Krieges scheint so Großes zu vollbringen zu sein. Er spreche nicht, sagt Clausewitz, von dem Zustande des Friedens und seinen schwachen Mitteln, „und wenn ich die geheimsten Gedanken meiner Seele sagen soll, so bin ich für die allergewaltsamsten". Der Friede sei der „Schlaf eines Menschen, der in Gefahr ist, in erstarrender Kälte das Leben aufzugeben". Gegen diese Kälte des Todes stellt Clausewitz die alles einschmelzende Glut des Krieges:

„Es gibt einen Weg, uns zu retten, wenn das Äußerste naht, aber in diesem Wege ist nichts Gemeines, alles ist neu und außerordentlich, und nur in dieser Region können wir uns über unsere Feinde erheben."

Sie alle verlangen das Ungewöhnliche und Außerordentliche. Dieses Außerordentliche bildet oft genug eine Gefahr für die Deutschen. Die Deutschen wollen gerne im Ungewöhnlichen leben, während die Geschichte doch zu einem großen Teil aus der Gewohnheit der Regel und der Wahrscheinlichkeit besteht. Aber ebenso gefährlich ist es, im gewöhnlichen Augenblick den erbärmlichsten Alltag nachzuleben. Daher die Forderung der Reformer nach dem Ungewöhnlichen, dem Elementaren, einer lebenden und glühenden Kraft, die noch nicht zu äußeren Regeln erkaltet ist. So bildet sich ein neuer Mythos um die Nation.

Die Widerstandsbewegung im Lande ging davon aus, daß der Krieg nur als ein Volkskrieg geführt werden könne und geführt werden müsse. Selbst die Reformer erkannten die Behauptung der herrschenden Gewalten an, daß die allgemeine Volksbewaffnung die Gefahr einer Revolution mit sich bringe, während nachher das preußische Volk kaum merken sollte, daß ihm die Waffen in seiner Hand auch innere Macht hätten geben können. Preußen habe es erlebt, erklärte Gneisenau, was es bedeute, unbewaffnet zu sein:

„Von einer Revolution, von einer wahrhaften Rebellion wissen wir nichts. Wissen wir auch nichts von einer Invasion? – Wenn es also in gewisser Beziehung gewagt sein mag, ein bewaffnetes Volk zu haben, ist es nicht viel gewagter, ein unbewaffnetes zu beherrschen? – Die Landwehr vermehrt die Gefahr dieser Revolution; die Entwaffnung der Landwehr vermehrt die Gefahr einer Invasion. Welche von beiden ist nach historischen Zeugnissen die größere? Wo soll man nun in Deutschland die revolutionären Heere suchen, die in Italien, Frankreich und England sich so häufig vorfinden?"

Preußen hatte das Glück, bedeutende Geister in den Tagen der nationalen Not zu besitzen. Damals hob sich das verschriene Preußen aus dem übrigen Deutschland durch Geist und großen Schwung hervor. Die Masse der deutschen Staaten, die Rheinbund-Staaten vor allem, hatten ja ihren Frieden mit dem Sieger gemacht. Dieses Vichy-Deutschland, das nicht ohne Nutzen Kollaboration mit dem Feinde trieb, gedieh leidlich und entwickelte unter französischem Einfluß eine moderne Staatsverwaltung. Aber gerade dieses Deutschland war dem Geist der Nützlichkeit und Tüchtigkeit verfallen, der in dem kommenden Jahrhundert nicht den erfreulichsten Zug des Deutschen Reiches bilden sollte. Den Reformern in Preußen haftete im Gegensatz dazu eine gewisse gläubige Unschuld und ein gewisser idealistischer Schwung an, ein Blütenglanz, der sich allerdings im Herbst der deutschen Geschichte verlieren sollte. In den Schilderungen der führenden Geister Preußens durch Ernst Moritz Arndt tritt die Verklärung besonders hervor, die in Deutschland damals noch zu geben vermochte.

„Gneisenau stand und schritt", so schreibt Arndt, „wie ein geborener Held. Diesen Leib kräftigsten Wuchses etwas über Mittellänge krönte ein prächtiger Kopf: eine offene, breite, heitere Stirn, volles, dunkles Haupthaar, schönste, große blaue Augen, die ebenso freundlich als trotzig blicken und blitzen konnten, eine gerade Nase, voller Mund, rundes Kinn, Ausdruck von Männlichkeit und Schönheit in allen Zügen.

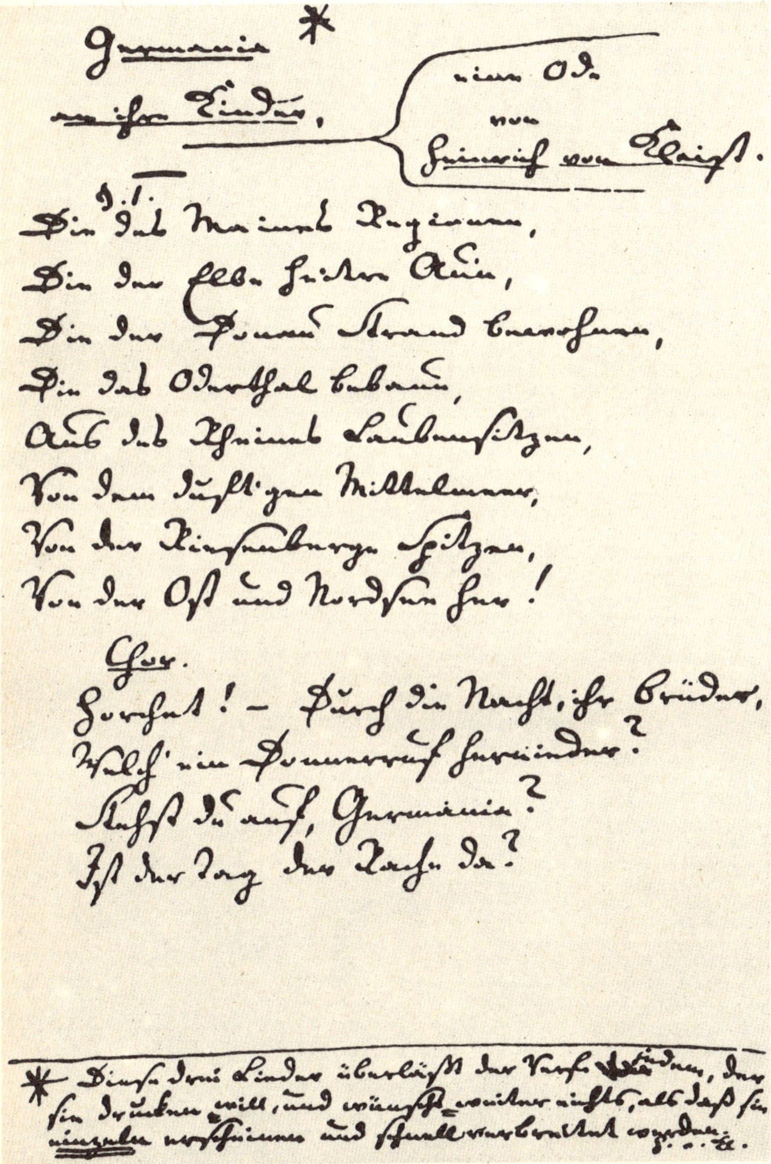

Germania *
an ihre Kinder.
eine Ode
von
Heinrich von Kleist.

d. T.
Die des Maines Regionen,
Die der Elbe heitre Aun,
Die der Donau Strand bewohnen,
Die das Oderthal bebaun,
Aus des Rheines Laubensitzen,
Von dem duftgen Mittelmeer,
Von der Riesenberges Spitzen,
Von der Ost und Nordsee her!

Chor.
Horcht! – Durch die Nacht, ihr Brüder,
Welch ein Donnerruf hernieder?
Stehst du auf, Germania?
Ist der Tag der Rache da?

* Diese drei Lieder überläßt der Verf. jedem, der sie drucken will, und wünscht weiter nichts, als daß sie einzeln erscheinen und schnell verbreitet werden. H. v. K.

Freiheitslied Kleists

Ernst Moritz Arndt

Dieser schöne Mensch war eine leidenschaftliche und feurige Natur, und kühne Triebe und Gedanken fluteten unaufhörlich in ihm hin und her; und ebenso war sein Angesicht, wenn er nicht zuweilen – was ihm selten begegnete – in eine halb träumende und sinnende Abspannung fiel, welche seine Gesichtszüge selten still stehen ließ. Diese Geistigkeit, die sich auf dem edlen Antlitz in den leichtesten, beweglichsten Wechseln malte und abspiegelte, drückte sich in allen Gefühlen, Stimmungen beide, der Liebe und des Zorns, der Freude und des Unmuts, auf das liebenswürdigste und gewaltigste aus."

Ein anderes Beispiel für das verklärende Licht, in dem Deutschland zu wandeln vermeinte, ist das Bild Scharnhorsts:

„Er hatte sich aus niederm Stande emporgerungen und von unten auf viel gehorchen, auch der Not gehorchen lernen müssen. Er hätte auch, wo er Großes und Kühnes schuf und vorbereitete, immer den Unscheinbaren und Unbedeutenden spielen, sich freiwillig gleichsam zu einem Brutus machen müssen. Auch seine Rede war diesem gemäß: langsam und fast lautlos schritt sie einher, sprach aber in fast dehnendem Ton kühnste Gedanken oft mit sprichwörtlicher Kürze aus. Schlichteste Wahrheit in Einfalt, geradeste Kühnheit in besonnener Klarheit, das war Scharnhorst: Er gehörte zu den wenigen, die glauben, daß man vor den Gefahren, von Wahrheit und Recht auch keinen Strohhalm zurückweichen soll.

Wenn er so dastand, auf seinen Stock gelehnt, sinnend und anschauend, gesenkten Hauptes und halb verschlossenen Auges und doch zugleich kühnster Stirn, hätte man meinen mögen, er sei der Todesgenius, der, über den Sarkophag der preußischen Glorie gelehnt, den Gedanken verklärte: Wie herrlich waren wir einst!"

Scharnhorst selber sagte von sich, daß ihm die große innere Erhebung nur selten gegeben sei. Er fürchte, daß die freudige Stimmung allzusehr in der Nähe „dieses elenden Machwerkes, das wir Glück und Ehre nennen", läge. Er bedürfe der außerordentlichen Verhältnisse, um in eine solche glückliche Stimmung zu kommen. In anderen Zeiten gleiche er dem Lasttier, welches dem Zuge der andern folgt, unbekannt mit seiner innern Bestimmung, mit seinem Werte.

In diesen Jahren reifte der Entwurf für das große Buch von Clausewitz „Vom Kriege". Dieses Buch ist zu einer Bibel der Deutschen geworden und ins Blut der deutschen Geschichte des kommenden Jahrhunderts eingegangen. Im Grunde war das Werk ein Hymnus auf den Napoleonischen Krieg, auf einen Krieg, der ordinäre Zwecke und ordinäre Siege verachtete und es auf die große geschichtliche Entscheidung abstellte. Früher sei der Krieg „eine handwerksmäßige Kloppfechterei" gewesen, die mit Mäßigung und Rücksichtlichkeit getrieben wurde. Nie wieder werde der Krieg „das alte blutige und oft langweilige Schachspiel des Soldatenkampfes" werden. Immer würden fortan Völker gegen Völker kämpfen, wenn auch der rohe jüngst erlebte Volksaufstand nur ganz verhängnisvollen Augenblicken der Geschichte zugehöre. So träumt Clausewitz von den großartigen und starken Motiven des Krieges:

„Je großartiger und stärker die Motive des Krieges sind, je mehr sie das ganze Dasein der Völker umfassen, je gewaltiger die Spannung ist, die dem Kriege vorhergeht, um so mehr wird der Krieg sich seiner abstrakten Gestalt nähern, um so mehr wird es sich um das Niederwerfen des Feindes handeln, um so mehr fallen das kriegerische Ziel und der politische Zweck zusammen, um so reiner kriegerisch, weniger politisch scheint der Krieg zu sein. Je schwächer aber Motive und Spannungen sind, um so weniger wird die natürliche Richtung des kriegerischen Elements, nämlich der Gewalt, in die Linie fallen, welche die Politik gibt, um so mehr also muß der Krieg von seiner natürlichen Richtung abgelenkt werden, um so verschiedener ist der politische Zweck von dem Ziel eines idealen Krieges, um so mehr scheint der Krieg politisch zu werden."

Als die Deutschen den Krieg von 1914–1918 verloren hatten, klagten sie sich an, daß sie den großen Krieg mit großen Mitteln ohne große Zwecke geführt hätten.

Die politischen Führer Preußens in den Jahren von 1807 bis 1812 aber wußten in Wirklichkeit genau, daß in Preußen im Grunde kein Platz für den Volkskrieg war. Preußen müsse lauern und warten.

Der Freiherr vom Stein hatte in den Jahren 1807 und 1808 mit letzter Aufbietung die letzten Geldmittel aus Preußen herauszupressen gesucht, um Napoleon zufriedenzustellen. Aber Geld genügte Napoleon nicht. Der Kaiser war mit nichts anderem zufrieden und konnte mit nichts anderem zufrieden sein als mit der völligen Unterwerfung Preußens unter sein Weltsystem. Der Freiherr vom Stein aber bereitete den Widerstand und den Aufstand vor, und Napoleons Spione wußten allzu gut Bescheid über sein Tun. So forderten Napoleons Generale die Entlassung Steins, und Hardenberg hielt es aus Gründen der Staatsräson für notwendig, daß der König sich von dem Reichsfreiherrn trenne.

Hardenberg trifft sich auf offener Landstraße mit

Karl A. von Hardenberg

dem Königspaar und setzt auseinander, daß Stein untragbar geworden sei. Die Franzosen hätten ja die Korrespondenz des Freiherrn vom Stein aufgefangen. Der preußische Staat befinde sich in einem verzweifelten Ringen um die Erleichterung seiner Reparations- und Kontributionsverpflichtungen. Diese Verhandlungen müßten entscheidend gefährdet werden, wenn ein Mann an der Spitze des preußischen Staates stehe, von dem Napoleon nun wisse, daß er den Volksaufstand gegen die Franzosen ins Werk setzen wolle. Hardenberg gibt ohne Zweifel den letzten entscheidenden Anstoß für die zweite Entlassung Steins. Doch hat Stein dies nie erfahren. Hardenberg und der König haben das Geheimnis gehütet. Stein hat an die Entlassung immer mit einem grollenden und empörten Herzen gedacht. Aber als nun Hardenberg erneut zur Führung des preußischen Staates berufen wird, gratuliert Stein mit herzlichen und warmen Worten.

Der Reichsfreiherr vom Stein ging nun nach Rußland und wurde einer der vertrauten Berater Zar Alexanders I. Während den anderen, nach dem Zeugnis von Ernst Moritz Arndt, der Schauer über den Rücken lief, daß die Kosaken die Befreier Deutschlands von den Franzosen sein sollten, hatte Stein ein unerschütterliches Vertrauen in Rußland und in „seinen Zaren Alexander I." Spät, zu spät sollte Stein erkennen, daß der Zar nicht das Deutschland im Auge hatte, das Stein erträumte, und Deutschland Helfer gegen seine Helfer brauchen sollte.

Österreichs Niederlage von 1809 und das Scheitern der Volkserhebungen

Stein war 1808 nahezu der einzige unter den verantwortlichen Führern des Staates gewesen, der an einen Aufstand der Nation an Stelle eines Krieges der bewaffneten Macht geglaubt hatte. Ein Jahr später mußte auch er erkennen, daß eine Volkserhebung noch nicht möglich war. Das Jahr 1809 bewies, daß solche Aufstände ins Leere verlaufende Abenteuer waren, selbst wenn sie neben einem großen Krieg Napoleons einhergingen. Weder Regierung noch Volk in Preußen traten 1809 an die Seite Österreichs, als dieses in einem Krieg mit Napoleon verwickelt wurde.

Österreich war inzwischen stärker geworden, und in der Tat sollte der Sieg Napoleon 1809 schwerer fallen als 1805. Der Habsburger Staat war nach der Katastrophe von 1805 in innere Reformen gegangen. Ein Heer der allgemeinen Wehrpflicht wurde geschaffen, daß es den Anhängern des alten Österreichs vorkam, als hallten die Schritte der jakobinischen Revolution durch die Straßen. Als aus Spanien die Botschaft einer Erhebung des Volkes gegen Napoleon kam, hielt man in Wien die Zeit zum Losschlagen gekommen. Selbst die Könige glaubten jetzt an die Völker, deren Stunde gekommen schien.

Das Vertrauen auf den inneren Umsturz beim Feind ist immer das Licht über dem Abgrund, das die Völker in das Verderben lockt. So war es 1809 beim Krieg gegen Napoleon, so 1939 beim Krieg gegen Hitler und 1941 beim Krieg Hitlers gegen die Sowjetunion. Als Österreich im Frühling des Jahres 1809 den Krieg begann, fehlte es an Ordnung, Waffen, an Uniformen und vor allem an Geld. Zum erstenmal aber war Napoleon der Angegriffene. Jetzt zeigte sich die Größe des Mannes. Er eilte von den Pyrenäen nach Paris, stampfte ein Heer aus dem Boden und stürzte sich mit der Gewalt einer Urkraft auf Österreich. In den ersten Schlachten schon wurden die Österreicher besiegt, und ohne eine große Schlacht hatten sie vierzigtausend Mann und die Hälfte ihrer Geschütze eingebüßt. Solche Niederlagen am Anfang eines Krieges aber kosten immer die Unterstützung anderer Mächte. Großbritannien und Rußland wollten erst warten, wie die Vorsehung sprach.

Schon stand Napoleon vor Wien und hatte im Schloß Schönbrunn sein Hauptquartier aufgeschlagen. Angesichts des Feindes beschloß Napoleon, die hochgeschwollene Donau zu überschreiten. Er wählte dafür die Insel Lobau, teilte sein Heer in zwei Arme teilt, schlug Schiffsbrücken und führte am 21. Mai zweiundzwanzigtausend Mann unter Bessières nach der anderen Seite. Da brach der Erzherzog Karl plötzlich mit fünfundneunzigtausend Mann über sie herein. Eine blutige Schlacht wogte um Aspern und Eßling hin und her. Napoleon brachte ein Heer von sechzigtausend Mann ins Feuer und ballte seine Massen zu einem gewaltigen Stoße zusammen. Aber der Flankenstoß der Armee von Davout blieb aus, weil frühmorgens die große Brücke nach der Lobau eingestürzt war und Davout seine Truppen nicht mehr in den Kampf werfen konnte. Aspern mußte aufgegeben werden, aber Eßling wurde so lange gehalten, bis das Heer glücklich wieder die Lobau erreicht hatte. Die Österreicher verloren fünfundzwanzigtausend Mann, Napoleon freilich nur zwanzigtausend, aber nun saß er auf der Insel fest, fast ohne Proviant und Munition. Die Kriegsgeschichte streitet sich noch heute darüber, ob Erzherzog Karl die französische Armee unter Napoleon hätte ganz vernichten können, wenn er seinen Sieg rücksichtslos ausgenutzt hätte. Es war die verlustreichste Schlacht, die bisher in dem Weltkrieg zwischen Napoleon und Europa stattgefunden hatte.

Erzherzog Karl vermochte es kaum zu fassen, daß er über Napoleon gesiegt hatte. Er war der Überzeugung, daß ihm solch ein Glück nicht ein zweites Mal beschieden sein könne, wie er am Tag danach schrieb:

Tiroler Frauen überfallen aus dem Hinterhalt französische Truppen

„Diese Schlacht hat Napoleon milde gestimmt, profitieren wir doch von diesem Glück, das sich schwerlich noch einmal bietet... Seit der Bataille von Regensburg und besonders der von Aspern predige ich immer Frieden, Frieden, Frieden! Lieber etwas opfern, als alles verlieren!"

Die Kaiser und die Könige ließen Österreich im Stich, aber auch das Volk. Ein Aufstand in Tirol unter dem von einer falschen Glorie umglänzten Volkshelden Andreas Hofer, der durch die standrechtliche Erschießung auf Befehl Napoleons zu Unrecht in die deutsche Geschichte geraten ist, sackte rasch in sich zusammen. Tirol war durch den Frieden von Preßburg an Bayern gefallen: Der Widerstand gegen die bayrische Herrschaft schwelte schon lange. Dem hinterhältig geführten Volkskrieg der Tiroler, die von hohen Bergen herab Felsblöcke wälzten und deren Weiber Überfälle auf die Franzosen verübten und die Gegenwehr der Franzosen als infame Grausamkeit hinzustellen wußten, war am Anfang einiger Erfolg beschieden. Bayern und Franzosen wurden für einige Zeit aus dem Land vertrieben. Andreas Hofer erfocht den legendären Sieg am Berge Isel, den Sieg der stürzenden Felsen über die militärischen Waffen. Zuletzt aber setzte sich doch die militärische Macht durch, und der Aufstand brannte aus.

Erhebungen in Norddeutschland waren einzelne Flammen, die emporzüngelten, um aus Mangel an Nahrung rasch wieder zu erlöschen. Mit überschwenglichen Versicherungen wandte sich der Major von Schill, der an der Spitze seiner Abteilung einen eigenmächtigen Krieg gegen Napoleon führen wollte, an das preußische Volk:

„Der Augenblick ist erschienen, wo ihr die Fesseln abwerfen und eine Verfassung wieder erhalten könnt, unter der ihr seit Jahrhunderten glücklich lebtet, bis der unbegrenzte Ehrgeiz eines kühnen Eroberers unermeßliches Elend über das Vaterland verbreitete. Ermannt euch, folgt meinem Wink, und wir sind, was wir ehemals waren. Ziehet die Sturmglocken! Dies schreckliche Zeichen des Brandes fache in euren Herzen die reine Flamme der Vaterlandsliebe an und sei für eure Unterdrücker das Zeichen des Unterganges. Alles greife zu den Waffen! Sensen und Piken mögen einstweilen die Stelle der Gewehre vertreten; bald werden englische Waffen sie ersetzen, die schon angekommen sind. Mit kräftiger Hand geführt, wird auch die feindliche Sense zur tödlichen Waffe...

Siegreich rücken Österreichs Heere vor, trotz der großprahlerischen Versicherungen Frankreichs; die Tiroler haben schon rühmlich die Fesseln gebrochen...

An der Spitze geprüfter und im Kampf geübter Krieger eile ich zu euch, bald wird die gerechte Sache siegen, der alte Ruhm des Vaterlandes wird wiederhergestellt sein!"

Doch das Volk sah in der Tat des Freiherrn von Schill nur eine Narrheit. Er wurde von den französischen Truppen wie ein Verbrecher gejagt und fiel schließlich in Stralsund beim Straßenkampf, während seine Offiziere in Wesel vor den Gewehren eines französischen Exekutionskommandos endeten. Zum nationalen Helden ist er erst dank der nationalen Geschichtsschreibung der späteren Jahre geworden.

Am 5. Juli überschritt Napoleon ein zweites Mal die Donau. Bei Wagram kam es zur entscheidenden Schlacht des Krieges. Als der Sieg schon den Österreichern zu winken schien, wandte der Kaiser durch seine wilde, von einem klaren und hellen Geist gelenkte Energie das Geschick:

Adolphe Thiers hat die Schlacht von Wagram in einer großen Huldigung für den Kaiser beschrieben. Die Darstellung des französischen Historikers liest sich wie verbindende Worte zwischen den schicksalshaften Akten der deutschen Geschichte.

„Die Bedeutung der Schlacht lag darin, daß man einen der größten Ströme Europas im Angesicht des Feindes mit einer bewundernswerten Präzision, Übereinstimmung und Sicherheit überschritten hatte ...

Vom Gesichtspunkt der Kunst aus betrachtet, hatte Napoleon in dem Donauübergang alles übertroffen, was man bis dahin in dieser Beziehung ausgeführt hatte. Auf dem Schlachtfeld hatte er mit seltener Gewandtheit die geschickt aufgesparte Reserve vom Zentrum nach der Linken geführt und die Frage durch eine jener entscheidenden Bewegungen gelöst, die nur großen Feldherrn eigentümlich sind."

Was an der Schlacht zu tadeln sei, meint Thiers, das geht auf den Grundmangel des napoleonischen Systems zurück, auf die Tatsache, daß sein Reich nicht mehr einheitlich war und aus Nationen bestand, die nur unvollkommen zusammengefügt und verschmolzen waren, auf die Verschiedenheit und die Menge von Elementen, deren er sich bedienen mußte, um seiner unermeßlichen Aufgabe zu genügen:

„Sein Genie war immer außerordentlich und um so außerordentlicher, als er gegen die Natur der Dinge kämpfte; aber schon konnte man sehen, daß, wenn dieser Kampf sich verlängerte, nicht die Natur der Dinge der besiegte Teil sein würde."

Das könnte ein Leitmotiv der deutschen Geschichte sein: Fast immer haben die Deutschen in ihren großen Kriegen die Natur der Dinge zur Feindin, und die Natur ist immer Siegerin.

Der Friede von Schönbrunn drückte nun auch Österreich, die zweite Großmacht des Deutschen Reiches, zu einer Macht zweiten Ranges herab. Westgalizien ging an das Herzogtum Warschau, ein guter Teil Ostgaliziens an Rußland, Salzburg und das Innviertel an Bayern verloren. Zu alledem wurde der verkleinerte Staat durch den Verlust von Triest, Krain und Fiume vom Meere abgeschnitten.

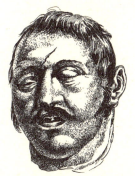

Ferdinand von Schill

Stein entwirft nun in einer Denkschrift vom 17. September 1811 für Hardenberg einen Plan für das Vorgehen Preußens in der am Horizont emporsteigenden europäischen Krise. Stein will einen Volkskrieg gegen die Franzosen organisieren:

„Mit gewöhnlichen Mitteln und gewöhnlichen Streitkräften kann der Krieg, wenn er einen glücklichen Erfolg haben soll, nicht geführt werden ... So verabscheuungswürdig der revolutionäre Wohlfahrtsausschuß war, so sehr verdient er Nachahmung und Bewunderung bei seinem Verfahren, die Streitkräfte der Nation zu entwickeln, wodurch sie in den Stand gesetzt wurde, die Krise von 1793 zu bestehen, die gefährlicher für Frankreich war als alles, was je die fremden Mächte betroffen hat."

Stein ist sogar bereit, den Krieg mit Papiergeld zu führen, das er sonst als die Zertifikate des Teufels ansieht:

„Opfert man im Krieg das Leben des Staatsbürgers auf, so kann alsdann sein Eigentum nicht geschont werden, und gewiß ist jeder bereit, es aufzuopfern, um die Fesseln der allgemeinen Sklaverei zu zerbrechen."

Ohne die Mitwirkung von Österreich könne die Befreiung von Deutschland nicht erreicht werden. Auf die Volkserhebungen will es Stein nicht abstellen:

„Auf freiwillige Volkserhebungen, die zu gleicher Zeit plötzlich ausbrechen, kann man bei dem Phlegma der nördlichen Deutschen, der Weichlichkeit der oberen Klassen, dem Mietlingsgeist der Beamten nicht rechnen, man wird Volksbewaffnungen oder Landsturm und Bildung von Landwehr-Bataillonen befehlen, dem Adel Degration, dem Beamten Kassation bei Äußerungen von Lauigkeit und Schlaffheit ankündigen müssen."

So ist auch Stein dafür, zu warten und die Franzosen hinzuhalten. Auch ihm scheint die große Stunde noch nicht gekommen zu sein.

138 Das Zeitalter Napoleons

„Es bleibt immer wünschenswert, daß der Krieg vermieden werde, da auf die Intelligenz und die Beharrlichkeit des russischen Kabinetts so wenig zu rechnen ist, höchst strafbar sind daher diejenigen, die durch rasche und laute Äußerungen und Handlungen den Ausbruch des Krieges beschleunigen wollen, selbst ehe Rußland mit seinen Vorbereitungen zustande gekommen ist."

Der Brand Moskaus und das Wagnis von Tauroggen

Die bloße Volkserhebung hatte sich als ohnmächtig erwiesen, die Herrschaft Napoleons zu erschüttern. Es zeigte sich, daß man auf die Stunde warten mußte, da die äußeren Umstände günstig waren. Die Stunde kam, als Napoleons stolzestes und gewaltigstes Heer in Rußland einen entsetzlichen Untergang fand. Den Staat hatten Napoleons Siege noch kaum getroffen, den er als den Feind schlechthin ansah: England. Hinter allen Koalitionen gegen Frankreich stand dieses Großbritannien; sein Geld schien immer wieder Feinde gegen Frankreich aus dem Boden zu stampfen; auf den Meeren herrschte es als nahezu unbestrittener Herr.

Napoleon suchte England schließlich durch die Kontinentalsperre auf die Knie zu zwingen, ihm durch die Erdrosselung des Handels den Lebensnerv zu durchschneiden. Damit aber die Kontinentalsperre ihr Werk tun konnte, mußte sich ganz Europa Napoleon beugen.

An Napoleon aber erfüllte sich zuletzt das Geschick, das über Wilhelm II. und Hitler walten wird. Nie hat er, so sagt Churchill, gesehen, was ihm eigentlich die große Niederlage bereitete, die sturmgepeitschten Schiffe Englands im weiten Meer. Die Blockade hetzte Napoleon in den endlosen Raum Europas hinein. Rußland entzog sich der Kontinentalsperre, und um dieses Rußland einzufügen in seinen Krieg gegen den unfaßbaren Gegner, gegen die namenlose Gewalt Englands, die mit Geld und kleinen Schiffen Krieg führte, schritt Napoleon 1811 zum Kriege gegen Rußland. Er

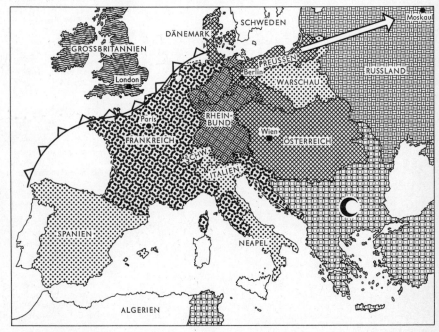

Napoleon auf dem Höhepunkt seiner Macht 1812. Seine Unfähigkeit, England zu erobern, zwingt ihn, nach Moskau zu ziehen

konnte die Landung in England nicht wagen – diese Situation wird sich bei Hitler wiederholen –, ehe nicht die Gefahr im Osten beseitigt war.
Im Jahre 1812 machte sich Napoleon zum Krieg gegen Rußland auf. Die „Große Armee" zog aus, ein Heer aus fast allen Völkern Europas, eine Fremdenlegion, die sich „Europa" nannte.
Friedrich Wilhelm III. war 1812 von Napoleon gezwungen worden, „gegen seinen himmlischen Freund" Zar Alexander von Rußland zu Felde zu ziehen. Dafür war ihm allerdings höchst irdischer Lohn versprochen worden, die baltischen Provinzen.
Das Herz Napoleons und seiner Truppen war von Jubel erfüllt, als sie in Moskau einmarschierten. Aber zu ihrem Entsetzen fanden sie Moskau fast leer; die ganze Bevölkerung hatte es verlassen, nur etwa fünfzehntausend Einwohner waren zurückgeblieben, darunter wenig vertrauenerweckende Gestalten. Und hiermit nicht genug. An verschiedenen Stellen brach Feuer aus, die Brände mehrten sich zum Flammenmeere, das der Nordostwind über die holzgefügten Häusermassen jagte. Sein Getöse glich dem Brausen der See, tags war alles vom Rauche umdüstert, nachts glühte der Himmel in blutiger Lohe. Vom 14. bis zum 18. September wandelten sich Dreiviertel der Stadt in Schutt und Asche.
Schließlich wandte sich Napoleon zum Rückzug. Aber sein Heer war keine Armee mehr, sondern eine aufgelöste Horde. Menschen, Pferde und Wagen waren mit Beute bepackt. Die Russen führten den Volkskrieg, und alles war zerstört, was dem Heere Napoleons hätte dienen können. Der Grundsatz, daß der Krieg den Krieg ernähren müsse, war zu einem blutigen und schaurigen Hohn für die französische Armee geworden. Wie bei der Armee Hitlers im Jahre 1941 war gegen Hunger und Kälte keine Vorsorge getroffen. Anfang November fing es an zu schneien. Der Schnee bedeckte wie ein riesiges Leichentuch die russische Erde, und darüber strich eisig der Wind. Nirgends war Schutz, Unterkunft und Rettung zu finden. Stumpf und dumpf wand sich der lange Zug einher, hinter sich eine endlose Linie von sterbenden und verendeten Menschen und Pferden, von weggeworfenem Gerät, stehengelassenen Fahrzeugen und Kanonen. In elendestem Zustande weitete man durch die trostlose Schneewüste, dann kam Tauwetter, die Wege wurden grundlos, kniehoch der Schmutz. Bei der eistreibenden Beresina drängten die Russen von vorn und rückwärts; nur der Mut der Verzweiflung und die Umsicht der Führer retteten die Franzosen vor dem völligen Untergange, freilich erst nach Verlust von fünfundzwanzigtausend Mann, also der Hälfte des Bestandes. Aufgelöst, in wilder Hast flohen die Trümmer dem Njemen zu. Am 2. Dezember waren nur noch achttausendachthundert, am 10. bloß noch viertausenddreihundert Krieger beieinander, erbarmungslos von Kosaken gehetzt. Am 5. Dezember verließ Napoleon sein Heer.

Von der Großen Armee hielten schließlich nur noch die tausend Mann der Garde zusammen. Den Zeitgenossen erschien das Ereignis als ein Gottesgericht. In den letzten Tagen des Jahres 1812 strömten die versprengten Überreste der Großen Armee, die so erbärmlich und verächtlich waren, daß die Deutschen ganz vergaßen, sie totzuschlagen, über Ostpreußen hinweg. Die Schuljungen und der Pöbel umtanzten die verwilderte, verängstigte und verelendete Soldateska, die durch Königsbergs Straßen zog:

„Trommler ohne Trommelstock,
Kürassier im Weiberrock,
Ritter ohne Schwert,
Reiter ohne Pferd!
Mit Mann und Roß und Wagen
hat sie der Herr geschlagen!"

Verlumpt und elend, wie diese Soldaten waren, bildeten sie doch den Kern einer neuen Armee Napoleons. Nur den Namen nach war es noch ein verbündetes, ja das eigene Heer, das zurückströmte.
Das Wort von der „falschen Menschlichkeit", das noch genug in der deutschen Geschichte umherspukte, lag auf den Lippen vieler. Stein und einer seiner Mitarbeiter unterhielten sich einmal darüber. Alle hätten, meinte der letztere, wie hungerndes Wild zusammengeschlagen und umgebracht werden können,

„ja, hätte nur einer der Oberen die Trompete geblasen: Schlagt tot, schlagt tot!"

Von den Tausenden dieser Generale und Offiziere wäre kein Mann über die Weichsel entkommen.
Ernst Moritz Arndt stellt Betrachtungen darüber an, die später in die Bibel der Grausamkeit aufgenommen wurden:

„Barmherzigkeit mit denen, die jetzt zerplagt und zerrissen nach dem Glanz so langer Siege und der glücklichen Ausplünderung aller Länder mitten durch feindselige Lande und Herzen die welsche Heimat wieder zu erreichen suchten. Gut, wenn es Menschlichkeit war; dann wollen wir diese barmherzige Geduld mit den frevelhaften Räubern noch als eine deutsche Tugend loben. So viel ist gewiß, in einem gleichen Fall und gleicher Lage würde in solcher Flucht eines zerrissenen, aufgelösten und waffenlosen Heeres in Spanien und Frankreich kaum eine Maus von einem deutschen Menschen die Heimat je wiedergesehen haben. Man hätte in Preußen und Deutschland dem Napoleon seine besten Feldherrn und Generale und einige Tausend tüchtige und erfahrene Offiziere, durch deren Hilfe er bald wieder vierhunderttausend Mann unter die Fahnen stellen konnte, fangen oder totschlagen können."

Nur will in Deutschland die Grausamkeit befohlen sein. Noch war niemand von Napoleon abgefallen. Überall standen ja noch Besatzungstruppen, französische Einsatzkommandos, die noch zu füsilieren wagten.

Ludwig Graf Yorck von Wartenburg

Der Abfall begann mit der Meuterei eines preußischen Generals, des Generals Yorck. Dem General war die linke Flankendeckung des französischen Heeres übertragen. Nun aber wurde klar, daß die Große Armee entscheidend geschlagen war. Nicht nur war die Hoffnung auf den Erwerb der baltischen Länder in Rauch aufgegangen, es drohte auch die Vernichtung des preußischen Heeres durch die Russen. So trat der General Yorck in Geheimverhandlungen mit seinem russischen Gegner, dem General Diebitsch, und unterzeichnete am 30. Dezember 1812 zu Tauroggen eine Konvention, gemäß welcher die preußischen Streitkräfte künftig Neutralität bewahren und den russischen Armeen den Durchmarsch durch Preußen gestatten würden.

Der General Yorck gehörte nicht zu den Schwärmern und Reformern; er war vielmehr der reaktionärste der preußischen Militärs. Aber er war ein Soldat, der seine Pflicht und seine Verantwortung ernst nahm. Noch war es nicht verboten, durch Ungehorsam das Vaterland und die eigene Truppe zu retten, wenn man die Folgen eines Scheiterns auf sich nahm. Yorck schrieb an den König, dem er die Bloßstellung ersparte:

„Der Schritt, den ich getan, ist ohne Befehl Ew. Majestät geschehen. Die Umstände und wichtige Rücksichten müssen ihn aber für die Mit- und Nachwelt rechtfertigen, selbst dann, wenn die Politik erheischt, daß meine Person verurteilt werden muß. In der Lage, wo sich das Korps befand, war es mit mathematischer Gewißheit zu berechnen, daß es durch Gewaltmärsche und verzweiflungsvolles Schlagen wo nicht gänzlich vernichtet, doch aufgelöst an der Weichsel ankommen mußte.

Ich erwarte nun sehnsuchtsvoll den Ausspruch Ew. Majestät, ob ich gegen den wirklichen Feind vorrücke oder ob die politischen Verhältnisse erheischen, daß Ew. Majestät mich verurteilen. Beides werde ich mit treuer Hingebung erwarten, und ich schwöre Ew. Königl. Majestät, daß ich auf dem Sandhaufen ebenso ruhig wie auf dem Schlachtfelde, auf dem ich grau geworden bin, die Kugel erwarten werde."

Ob es ein Alleinritt des preußischen Generals war, unterliegt füglich einigem Zweifel. Mindestens konnte der General glauben, er erfülle geheime Wünsche seines Königs, der es liebte, mit einem Bein im andern Lager zu stehen. Die Konvention war ein Dolchstoß in den Rücken der französischen Verbündeten, der nun jede Idee aufgeben mußte, östlich der Weichsel stehenzubleiben. Der Kaiser der Franzosen konnte und würde das nie verzeihen, selbst wenn der König von Preußen den meuternden General an die Wand stellen lassen würde. Der Rubikon war überschritten und der Punkt erreicht, an dem die Angst auch Feige mutig macht. Clausewitz hatte immer dargelegt, daß man so wie Yorck vorgehen müsse:

„Behaupten und überzeugen Sie, daß es nur einen Weg gibt, so hört von selbst die Tendenz des Verstandes zum Schwanken auf. Sie haben einen Feind weniger, denn es bleibt nichts als natürliche Furchtsamkeit gegen große Maßregeln, Sie haben einen Alliierten mehr, die Furcht vor gewissem Untergang."

Der Zar Alexander entsandte den Reichsfreiherrn vom Stein zum preußischen König, und diesem gelang es, nach dem Wort eines englischen Historikers, Friedrich Wilhelm III. „vor Angst fast um den Verstand zu bringen". Stein behauptete, daß die Stände Ostpreußens bereits eine Abordnung an den Zaren entsandt hätten, die den Zaren um den Schutz Ostpreußens bitten und ihm also faktisch die Oberhoheit über Ostpreußen antragen sollte. Diese Behauptung stimmte nur in ferner Annäherung mit der Wahrheit überein. Am 28. Februar 1813 schloß der preußische

Zar Alexander I. von Rußland

König, noch immer vor Angst zitternd, in Kalisch, auf polnischem Boden, den Bündnisvertrag mit dem Zaren Alexander.

Der Zar wußte ziemlich genau, was ihm der Krieg einbringen sollte. Er strebte die Wiedererrichtung eines polnischen Königreiches unter russischer Oberherrschaft an, wobei Preußen und Österreich auf die durch die polnischen Teilungen gewonnenen Gebiete verzichten sollten. Preußen wäre bereit gewesen, darauf einzugehen, unter der Bedingung, daß es als Entschädigung Sachsen erhielte. Für den Erfolg Preußens hätte Deutschland die Zeche bezahlt. Wie hätte sich von der russischen Macht umklammertes Ostpreußen halten sollen. Preußen aber träumte seit Friedrich dem Großen von Sachsen wie Habsburg von Schlesien. Die Habsburger Regierung aber wollte weder die Russen an der Oder noch die Preußen an den Grenzen Böhmens. Sie warnte sehr nachdrücklich in Berlin:

„Falls die polnische Frage unerledigt bleibt, so besteht die Gefahr, daß wir das Joch Napoleons mit dem Joch Alexanders vertauschen."

Die preußischen Staatsmänner sprangen dann auch mit geschlossenen Augen in den Abgrund hinab.

Nicht einmal Stein wurde den Schauer der Angst und der Sorge über die Politik los, die er betrieb. Die Russen waren Verbündete und die Kosaken die Befreier. Aber sie hausten, plünderten und vergewaltigten in allen deutschen Landen. War auf den Zar Verlaß? Wie oft hatten die Russen in dem letzten Jahrzehnt die Preußen wie einen überflüssig gewordenen Lakaien im Stich gelassen. So verteidigte Ernst Moritz Arndt und der Oberpräsidenten von Ostpreußen, den Stein „eine alte Schlafmütze" schalt, „ohne Mut und Feuer, wo doch jedes deutsche Herz brennen und jeder Nerv zucken müsse, als sei jede Fiber ein Schwert".

„Aber der Oberpräsident stand nicht bloß für seine Person, sondern auch für sein Vaterland auf der Spitze eines möglichen schauderhaften Abgrunds, wo das Darüberspringen oder Hineinstürzen unentschieden vor ihm lag; er wie alle Preußen hatten gleichen Schauder vor den Russen und den Franzosen; sie hatten auch die fides moscovitica und die fides alexandrina, von welcher Stein in seinem Eifer die schönsten Verkündigungen und Verheißungen machte, in dem Frieden von Tilsit genug erfahren. Könnte Alexander mit seinen Russen nicht wieder Eroberungen über Preußen meinen?"

Zitternd vor Angst unterschrieb der preußische König den Aufruf „An mein Volk", der die deutschen Herzen ein Jahrhundert lang höher schlagen ließ, bis der naive Patriotismus, der damals dem König diktiert wurde, sich in zwei Weltkriegen verbrauchte.

„So wenig für Mein treues Volk als für Deutsche

Napoleons Feldzug gegen Rußland 141

bedarf es einer Rechenschaft über die Ursachen des Krieges, welcher jetzt beginnt. Klar liegen sie dem unverblendeten Europa vor Augen.

Wir erlagen unter der Übermacht Frankreichs. Der Frieden, der die Hälfte Meiner Untertanen mir entriß, gab uns seine Segnungen nicht; denn er schlug uns tiefere Wunden als selbst der Krieg. Das Mark des Landes ward ausgesogen, die Hauptfestungen blieben vom Feinde besetzt, der Ackerbau ward gelähmt so wie der sonst so hoch gebrachte Kunstfleiß unserer Stadt. Die Freiheit des Handels ward gehemmt und dadurch die Quelle des Erwerbs und des Wohlstands verstopft.

Das Land ward ein Raub der Verarmung."

In dem Aufruf „An mein Volk" wurde der Freiheitskampf mit einem idealen, nationaldeutschen Ziel verkündet und gar von einer Gestaltung des ganzen Deutschen Reiches nach den eigenen Wünschen der deutschen Nation gesprochen. Für den König behielt das alles einen Anflug des Jakobinischen.

Die deutsche Nationalbewegung von damals ruhte wie die deutsche Reichsgründung im 19. Jahrhundert auf dem, was die preußischen Konservativen mit Recht als „Thronenraub und Nationalitätenschwindel" bezeichneten.

Den bei Napoleon ausharrenden deutschen Fürsten wurde schimpfliche Absetzung angedroht. Praktiziert wurde diese allerdings nirgends, weil sich der Verrat der deutschen Staaten ohnehin nur durch das Datum unterschied. „Der Verrat ist eine Frage des Datums", wird Talleyrand auf dem Wiener Kongreß sagen.

Der König von Preußen glaubte sich mit der Revolution verbündet zu haben. Nie verlor er das Grauen vor den Jakobinern, die ihn umgaben. Unter dieser deutschen Nationalbewegung war immer eine revolutionäre „Grundsuppe", um den Ausdruck Luthers zu gebrauchen. Friedrich Wilhelm begegnete etwa dem General Yorck und dem Freiherrn vom Stein mit einem ganz klaren Mißtrauen und einer zuweilen schlecht verhohlenen Abneigung. Rebellen taten seine Arbeit, und er wartete nur auf den Tag, an dem er diese „Helfer" nicht mehr gebrauchen würde. Sie rochen alle nicht nach dem Paradeplatz, sondern nach Krieg, nach Volk, Blut und Schweiß. Als in Frankreich Yorck, so erzählt Arndt, nach vielen Schlachten und Siegen vor dem König aufmarschierte und die Soldaten zum Teil mit beschmutzten und zerrissenen Monturen und Stiefeln zur Musterung vor ihrem Herrn standen, sagte der König:

„Schlecht geputzt und gekleidet."

Napoleon hatte die Niederlage in der russischen Eiswüste schon überwunden. Es zeugt für die Kraft des Mannes und Frankreichs, daß Napoleon im Winter 1812/13 ein neues Heer aufzustellen vermochte. Nie führten die Deutschen einen Krieg mit solcher Andacht und Erhebung wie diesen Krieg, nie erfüllte sie solch glühende Hoffnung.

Eine Welle der Begeisterung und des Idealismus geht

durch das deutsche Volk. Überall finden sich Zeugnisse der erhabenen und edlen Aufopferung. Nie mehr ist das deutsche Volk so von Leidenschaft beseelt gewesen. Der französische Historiker und Philosoph Renan hat dies festgehalten:

„Der Krieg von 1813 bis 1815 ist der einzige unseres Jahrhunderts, der etwas Episches und Erhabenes besessen hat ... Er entsprach einer ideellen Bewegung und besaß eine wahrhaft geistige Bedeutung. Ein Mann, der an diesem großen Kampfe teilnahm, erzählte mir, daß er, als ihn bereits in der ersten, unter den in Schlesien versammelten Freikorps verbrachten Nacht das Geschützfeuer aufweckte, einem unermeßlichen Gottesdienst beizuwohnen glaubte."

Der Dichter Theodor Körner, zu frühem Tod bestimmt, bezeichnete in einem Brief an den Vater, in rührender Vorhersage des eigenen Geschicks, den Tod fürs Vaterland als die Erfüllung des Lebens und solch ein Sterben als den heiligen Tod, der den Schlechten nicht zustehe:

„Jetzt, jetzt, da ich weiß, welche Seligkeit in diesem Leben reifen kann, jetzt, da alle Sterne meines Glücks in schöner Milde auf mich niederleuchten, jetzt ist es bei Gott ein würdiges Gefühl, das mich treibt, jetzt ist es die mächtige Überzeugung, daß kein Opfer zu groß sei für das höchste menschliche Gute, für seines Volkes Freiheit. Vielleicht sagt Dein bestochenes väterliches Herz: Theodor ist zu größeren Zwecken da, er hätte in einem anderen Felde Wichtigeres und Bedeutendes leisten können, er ist der Menschheit noch ein großes Pfund zu berechnen schuldig. Aber, Vater, meine Meinung ist die: Zum Opfertode für die Freiheit und für die Ehre seiner Nation ist keiner zu gut, wohl aber sind viele zu schlecht dazu!"

Auch Ernst Moritz Arndt erschien die blutige Pracht des Krieges als ein Frühling der Nation:

„Wahrlich kein Land war gleich Preußen durch die Durchzüge der französischen Heere, durch den Raub von Geld, Kanonen, Menschen, Pferden und Rindern, fast mit berechneter Bosheit und Tücke, für den großen russischen Feldzug so mitgenommen und ausgeleert worden als Preußen und doch – jetzt bewegte und belebte sich alles, als wenn jüngstes, vollstes Leben, ja die Fülle des Lebens und der Kraft noch dagewesen wäre. Ja, es war jene Fülle der Kraft da, die aus dem Geiste erblüht und erglüht, durch diese Kraft haben Greise wieder wie Männer gefochten und Jünglinge, ja fast Knaben, von sechzehn, siebzehn Jahren ihre Säbel wie mit vollster Manneskraft geschwungen. Ich werde das Schwingen, Klingen und Ringen dieser Morgenröte deutscher Freiheit, diesen so leuchtenden Aufgang eines neuen jungen Lebens nimmer vergessen."

Ein Jahrhundert lang lauschten die Deutschen auf „das Schwingen, Klingen und Ringen der Morgenröte deutscher Freiheit". Wie oft erklang das Schwingen; wie war der Horizont vom Rosenrot der Morgenröte gesäumt; dann verklang das Schwingen und Klingen, und das Licht verglomm wieder.

„Von Memel bis Demmin, von Kolberg bis Glatz war nur eine Stimme, ein Gefühl, ein Zorn und eine Liebe, das Vaterland zu retten, Deutschland zu befreien, ja, selbst Jungfrauen drängten sich unter mancherlei Verstellungen und Verlarvungen zu den Waffen; alle wollten sich üben, rüsten und für das Vaterland streiten und sterben. Preußen war wieder das Sparta geworden, als welches seine Dichter es einst besangen."

Es gehe, meinte Gneisenau, nicht nur um die Unabhängigkeit der Nation, sondern auch um ihre „Veredelung".

„Etwas ganz Neues wird werden und muß werden", erklärte Arndt. Das Küken werde nicht im Ei steckenbleiben.

Nur hatte ein Haudegen das Ei anschlagen müssen. Die eigentliche Wende brachten die Heere und Staaten, nicht die Völker. Der Volkskrieg spielte keine so große Rolle, weder der idealisierte Aufbruch der Nation noch der rohe Partisanenkrieg, den die Patrioten zum Teil in seiner frohlockenden Grausamkeit und Heimtücke vorbereitet hatten. Da hauptsächlich Soldaten kämpften, war der Volkswut nicht viel Raum gegeben. Zu Beginn des großen von 1792 bis 1815 währenden Weltkriegs waren noch blutige Greuel vorgekommen. Über den Rückzug der Armee Jourdans gibt es eine zeitgenössische kaum übertriebene Schilderung:

„Die Bauern mit Weibern und Kindern fielen über die zerstreuten Haufen her und schlugen alles, was ihnen unter die Hände kam, ohne Barmherzigkeit tot. Jeder hatte ein erlittenes Unrecht zu rächen. Die Ehemänner und Väter, welche durch die Schändung ihrer Weiber und Töchter, die man oft vor ihren Augen begangen hatte, aufgebracht waren, schnitten den armen Franzmännern das Glied, womit sie gesündigt hatten, lebendig vom Leibe, und schlachteten sie dann, wie man Schweine schlachtet. Die Wut der Bauern ging anfänglich über alle Grenzen bis zur unerhörtesten Grausamkeit..."

Einiges in diesem Stil kam auch 1813 vor. Über ein Gefecht von Freischaren meldet die Chronik:

„Es waren im ganzen gewiß fünf bis sechs Bataillone, also zwischen drei- und viertausend Mann, die teils vorn an den Mauern und an den Ausgängen gestanden hatten, teils in dem Dorfe zusammengetrieben waren; keiner erhielt Pardon, keiner entkam; alle wurden mit dem Kolben niedergemacht. Das Blutbad war entsetzlich; die Toten lagen höher als die Gartenmauern übereinander; alle Ausgänge, alle Torwege waren damit versperrt, der Hof des Amtshofes, der Wasserteich

damit angefüllt. Nur im Amtshause wurden etwa zwanzig Offiziere zu Gefangenen gemacht, die sich dahin geflüchtet hatten ... So ward der ganze rechte Flügel des Feindes vernichtet ... Es ist merkwürdig, daß der rechte totgeschlagene Flügel aus lauter Franzosen bestand, welche hier die Rache der so lange Unterdrückten ereilte. Auf dem linken Flügel waren viele Teutsche (vom Rheinbund)."
Gneisenau erteilte Befehl, gegen versprengte französische Abteilungen keine regulären Truppen einzusetzen, sondern „im ganzen Kreise die Sturmglocken läuten und die Dorfschaften auffordern zu lassen, diese Umherzügler aufzusuchen, gefangenzunehmen oder totzuschlagen ..." Auf das Totschlagen antworteten die französischen Generale mit Geiselerschießungen.
Terror und Gegenterror entschieden nicht viel. Es blieb bei dem gewohnten Krieg, den ein General durch sein Überlaufen ausgelöst hatte. Das „Totschlagen" war noch nicht an der Reihe. Denn Napoleon war noch lange nicht besiegt.

Die große Koalition gegen Napoleon

Napoleon hatte im Frühjahr 1813 sein neuaufgebautes Heer nach Deutschland geführt und solche Erfolge errungen, daß im Juni Preußen und Rußland aus Erschöpfung um Waffenstillstand bitten mußten. Alles hing jetzt von der Haltung Österreichs ab. Griff Habsburg nicht ein, dann vermochte Napoleon wahrscheinlich Preußen und Rußland zu überwältigen. Aber dann verlor auch Österreich die letzte Chance, sich aus seiner Stellung der Ohnmacht in Europa zu lösen.
Noch harrte aber fast ganz Deutschland bei Napoleon aus. Bisher war nur Preußen abgefallen, durch die Tat des Generals Yorck von Wartenburg, ein wenig aus Versehen beinahe. Die Rheinbundstaaten aber blieben an der Seite Napoleons. Daran kann man ermessen, daß die Sache Napoleons noch längst nicht verloren war, denn die Rheinbundfürsten waren über den Verdacht erhaben, bei einer Sache auszuharren, bei der nichts mehr zu holen war. Ganz Deutschland bis zur Elbe gehorchte also noch Napoleon, auch wenn die deutschen Fürsten, die Napoleon groß gemacht hatten, sich zu überlegen begannen, wie sie von Napoleon loskommen könnten, falls die europäische Koalition gegen ihn Sieger bliebe.
Österreich hat jetzt den Schlüssel zur europäischen Lage in den Händen. Ohne Österreich können Preußen und Rußland Napoleon kaum niederzwingen. Aber Metternich, Österreichs Außenminister, weiß, was die Neutralität Österreichs für Napoleon wert ist. Der Fürst Metternich ist seit 1809 Außenminister Österreichs und verkörpert das alte Europa und die alte klassische Staatskunst des Abendlands. Mit eisiger Berechnung spielt er das Spiel gegen Napoleon. Napoleon kann die Neutralität Österreichs haben. Sie ist nicht billig. Den Traum der alten Größe muß er verabschieden. Aber Metternich will Frankreich nicht vernichten. Es soll sich nur auf seine „natürlichen" Grenzen zwischen den Rhein, den Alpen und den Pyrenäen beschränken. Das linke Rheinufer wird Frankreich behalten können. Aber in Oberitalien muß der französische Einfluß ausgeschaltet und wiederum durch die überkommene Herrschaft Österreichs ersetzt werden. Der Rheinbund soll aufgelöst und die deutschen Staaten, auf denen Verwandte Napoleons als Könige sitzen, beseitigt werden. Das 1810 von Frankreich annektierte Norddeutschland mit Oldenburg und den Hansestädten – die sogenannte dreißigste Division – würde wieder zu Deutschland gehören. Aber Metternich will das alte Reich nicht wiederherstellen. Die deutschen Mittelstaaten sollen die Stellung behalten, die sie als Parteigänger Napoleons erreicht haben. Den Plänen Steins und der deutschen Patrioten wird der Boden unter den Füßen weggezogen. Denn nicht einmal das alte Reich soll wiederkehren, geschweige denn ein geschlossenes, einiges Deutschland errichtet werden. Metternich will Napoleons Dynastie in Frankreich nicht stürzen. Denn Österreich sieht einen Feind, der nicht weniger gefährlich ist als Napoleon: Rußland. Rußland muß auf die Grenzen zurückgeschoben werden, die es vor Tilsit hatte. Es ist immer dieselbe Frage, die Europas Staatsmänner bis in den Februar 1945 hinein, bis in die Tage von Jalta, bewegt. Was geschieht, wenn die Dämme Europas gegen die unheimliche, emporwachsende Macht Rußlands eingerissen werden?
Am 8. Mai 1813 reist Stadion in das Hauptquartier der Verbündeten ab. Ein sehnlichst erwarteter und überschwenglich begrüßter Bote des österreichischen Erlösers und Befreiers, denn Österreich ist in der Tat zur Hoffnung der Alliierten geworden.
Stadion macht sich sofort in Görlitz zusammen mit dem russischen Außenminister Nesselrode und dem preußischen Staatskanzler Hardenberg an die Arbeit, damit gemeinsame Friedensbedingungen der Verbündeten aufgestellt werden. Man einigt sich auf das Folgende: Wiederherstellung Österreichs nach dem Stande von 1805, Wiederherstellung Preußens in den Grenzen von 1806, Wiederherstellung der deutschen Unabhängigkeit, Auflösung des Rheinbundes, Beseitigung des Großherzogtums Warschau. Das sind die Mindestforderungen Metternichs. Diese Friedensbedingungen sind außerordentlich, denn sie laufen darauf hinaus, die ganze europäische Machtstellung Napoleons zu zerschlagen. Diese Friedensbedingungen bedeuten den Rückzug Frank-

144 Das Zeitalter Napoleons

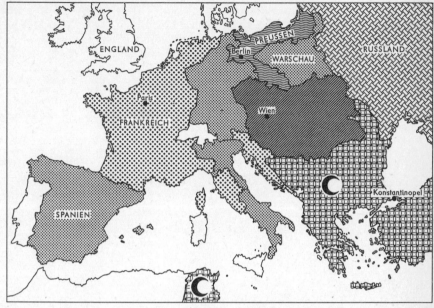

Habsburg auf dem Höhepunkt Napoleons 1812

reichs auf den Rhein. Es sind große Forderungen gegenüber einem Feind, der noch nicht wirklich geschlagen ist. Stadion entschuldigt die Forderungen. Napoleon müsse nur deshalb so viel herausgeben, weil er so viel geraubt habe.
Die Fata Morgana des Friedens leuchtet aber nicht nur vor den Österreichern, sondern auch vor den Preußen und den Russen auf. Vielleicht kann man mit Napoleon sich so verständigen, daß er nur die Beute behält, die er den Österreichern entrissen hat? Napoleon ist noch nicht geschlagen. Soll man ihn zum Äußersten und zum Letzten reizen, indem man alles von ihm zurückverlangt? Also wird es einige Mächte geben müssen, die schließlich die Zeche bezahlen müssen. So gehen die Alliierten auch auf die Ideen des Waffenstillstands ein. Napoleon stimmt zu und schlägt sogar einen Kongreß mit Rußland und Preußen vor. Er will offenbar auf einen Sonderfrieden mit seinen Gegnern hinaus, einen Frieden, der möglicherweise Österreich ausschaltet wie 1807 in Tilsit. Es scheint also Napoleon beinahe zu glücken, Europa noch einmal wie die Artischocke Blatt für Blatt zu verzehren.
Das Gespenst des Tilsiter Friedens vor Augen schickt Metternich seinen Unterhändler Bubena zu Napoleon – mit neuen Vorschlägen, die weit unter den alten Forderungen Wiens bleiben. Die Auflösung des Rheinbundes wird nicht mehr verlangt, die französischen Satellitenstaaten östlich des Rheins sollen nicht mehr liquidiert werden. Gerade die Auflösung Polens wird noch verlangt. Metternich macht diese Vorschläge für Österreich schmackhaft, indem er auseinandersetzt, man errichte nun eine Linie von der Adria bis zur Ostsee, hinter der man für bessere Zeiten rüsten könne.
Stadion erklärt sogleich, daß dies der Weg zum Untergang sei:

> „Ihre Idee einer Linie vom Baltikum zur Adria kann sich bestenfalls auf der Karte ganz nett ausnehmen. Aber sie gibt die große und gute Hälfte an Frankreich und die andere, entlegenere und schlechtere, zur Teilung unter drei Mächte, von denen die zwei Frankreich benachbarten notwendigerweise eine Provinz von diesem werden müssen, wenn Rußland nicht die Kraft oder die Absicht hat, aus ihnen seine Sklaven zu machen."

Der sacro egoismo, der heilige Egoismus der Völker und Staaten, nahm die unheiligsten Formen an. Österreich war entschlossen, sich den Anschluß an die Koalition gegen Napoleon bis zum äußersten bezahlen zu lassen, und wollte sich auch nur für die eigenen Interessen schlagen. Sicherlich klang bei

Metternich schon die Vorstellung an, daß künftig Preußen die Wacht am Rhein beziehen solle. Aber die Wiederherstellung Preußens war doch nicht unter den Forderungen, die er an Napoleon richtete. Die österreichischen Armeen sollten sich nicht für den König von Preußen schlagen. Immerhin behielt Metternich die Oberhand über den Erzherzog Franz Ferdinand, der meinte, jetzt sei für Österreich die Stunde gekommen, Rache an Friedrich II. zu nehmen, um zusammen mit Napoleon das freche Staatsgebilde auszulöschen. Metternich und noch mehr sein Unterhändler Stadion blieben im großen und ganzen bei der Auffassung, daß es im Interesse Österreichs sei, Preußen zu erhalten und in einem gewissen Umfang zu stärken, wenn Österreich nicht gerade sein Dasein aufs Spiel setzen müsse, um dies zu erreichen.

Am 17. Juni treffen sich Zar Alexander und Metternich auf Schloß Opotschno. Die beiden scheiden in Bewunderung und Achtung voneinander. Die Partie scheint nunmehr für die Sache Preußens, Rußlands und Europas gewonnen zu sein. Der Kaiser von Österreich verpflichtet sich zum Eintritt in den Krieg an der Seite Rußlands und Preußens, wenn Frankreich die Bedingungen nicht bis zum Ablauf des Waffenstillstandes am 20. Juli angenommen hat.

Noch einmal aber will Metternich dem unentrinnbaren Fatum entrinnen. Ende Juli hat er sich nach Dresden begeben – übrigens im Einverständnis mit den Verbündeten –, um Napoleon zu bewegen, die Vermittlerrolle Österreichs endgültig anzuerkennen. Auch nagt es dem österreichischen Kaiser am Gewissen, daß noch ein gültiges Bündnis zwischen Österreich und Napoleon besteht. Napoleon muß widerwillig der Überlegenheit Metternichs Anerkennung zollen. Metternich erreicht, was er erreichen wollte, die Lossprechung Österreichs vom Bündnis und die Anerkennung der österreichischen Vermittlerrolle.

Zuvor waren die Worte wie Stahl aufeinandergeprallt. Napoleon begann mit den Worten:

„Sie wollen also Krieg? Nun, Sie sollen ihn haben. Ich habe die preußische Armee bei Lützen vernichtet, die Russen bei Bautzen zerschmettert, und nun wollen Sie an die Reihe kommen. Sehr schön."

Er könne sich nicht entehren. Könige, die auf dem Thron geboren seien, könnten sich, so meint er, zwanzigmal schlagen lassen. Er aber sei ein Sohn der eigenen Kraft und des Glücks.

Metternich war nicht ins Bockshorn zu jagen:

„Ich habe Ihre Soldaten gesehen, sie sind kaum mehr als Kinder. Und wenn diese Säuglinge weggefegt sind, was bleibt Ihnen dann!"

Nun brach Napoleon in Wut aus und schleuderte seinen Hut in die Ecke:

„Sie sind nicht Soldat und wissen nicht, was eine Soldatenseele ist. Ich bin im Lager aufgewachsen und schere mich den Teufel um das Leben einer Million Menschen."

Metternich antwortete mit Worten, die sich in die deutsche Geschichte eingegraben haben, als wären sie in Marmor gemeißelt:

„Wenn die Worte, die Sie soeben geäußert haben, nur von einem Ende Europas bis zum anderen widerhallen könnten!"

Schließlich trumpfte Napoleon mit einem Ausspruch auf, der einmal in der deutschen Geschichte eine blutige und schauerliche Wiederholung erlangen wird:

„Ich mag meinen Thron verlieren, aber unter seinen Trümmern werde ich die ganze Welt begraben."

Das gleiche wird der Dr. Joseph Goebbels im April 1945 sagen: Wir werden die Tür hinter uns so zuknallen, daß das Weltall wackeln wird.

Mehr als Papier bietet Napoleon nicht. Alle Wünsche nach Gebietsabtretungen hat er mit Verachtung zurückgewiesen.

Am 6. August verlangt Napoleon Österreichs Bedingungen für die Neutralität oder für ein Bündnis mit Frankreich zu hören. Napoleon wirft, wie es Arndt sagt, die Würfel des Krieges mit seinem im Zorn entflogenen Hute dem Metternich vor die Füße. Napoleon erhält eine scharfe und klirrende Antwort. Am 12. August beginnt der Kampf wieder. Nun aber steht Österreich an der Seite Preußens und Rußlands. Nach dem Eingreifen Österreichs neigte sich die Waage. Jetzt fielen die ersten Rheinbundstaaten ab. In der dreitägigen Völkerschlacht von Leipzig vom 16. bis 18. Oktober 1813 hat sich Napoleons, Europas und Deutschlands Schicksal entschieden. Bis zum Ende des Jahres war der Rhein befreit, und 1814 konnten die Verbündeten den Krieg nach Frankreich hineintragen. Nach zäher Gegenwehr brach Napoleons Macht zusammen. Er hat bis zuletzt hoch und verwegen gespielt. In dem Frankreich mit den Grenzen von 1792 hätte er Kaiser bleiben können. Aber er verlangte immer noch die „natürlichen Grenzen", und da hat er schließlich den Bogen überspannt. Die Nation folgte ihm nicht mehr. Das Ende war die Abdankung und die Verbannung nach die Insel Elba.

Vertagte Entscheidung: Der Wiener Kongreß

Der Freiherr vom Stein ist als Chef einer deutschen Zentralverwaltung eingesetzt worden. Das ist eine Art provisorischer deutscher Regierung, dem Kontrollrat späterer Zeiten vergleichbar. Der Zentralrat übernimmt die Regierung in den meisten der von den Alliierten besetzten Gebiete. Seine Hauptaufgabe

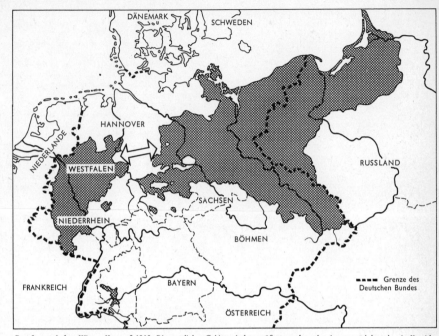

Preußen nach dem Wiener Kongreß 1815. Die westlichen Gebiete sind vergrößert worden, aber immer noch besteht ein Korridor zwischen den beiden Teilen des Königtums.

ist, diese besetzten Gebiete für die Kriegführung gegen Napoleon nutzbar zu machen. Vor Stein leuchtet nun der Traum auf, dieses Deutschland, das wie Wachs unter seinen Händen erscheint, neu zu gestalten und zu formen. Die alten Obrigkeiten und Fürsten sind zur Seite geschoben. Man hätte fast mühelos ein einiges Deutschland schaffen können.

„Mir sind die Dynastien in diesem Augenblick großer Entwicklung vollkommen gleichgültig; es sind bloß Werkzeuge; mein Wunsch ist, daß Deutschland groß und stark werde, um seine Selbständigkeit, Unabhängigkeit und Nationalität wieder zu erlangen..."

schreibt Stein 1813. Aber er übersieht die Wirklichkeiten der Stunde. Der Zar hat wegen verwandtschaftlicher Beziehungen und aus Überzeugung keine Neigung, auf jakobinische Manier die Fürstentümer Deutschlands einstampfen zu lassen. Nur die preußische Regierung läßt Stein zunächst gewähren. Denn der preußische Staat ist in seiner verzweifelten Finanzlage auf die Einnahmen der Zentralverwaltung Deutschlands angewiesen. Die Zentralverwaltung erhebt ja Kontributionen und Steuern. Aber dem Freiherrn werden von Rußland und Habsburg bald Zügel angelegt. In deren Händen liegt Deutschlands Schicksal. Wenn vom deutschen Volk noch die Rede ist, dann stellen die Staatsmänner die Frage, die Stalin in Jalta hinsichtlich des Papstes stellen sollte: Wieviel Divisionen hat er denn? Kein Staatsmann hat die Vollmacht, für die deutsche Nation zu sprechen. Die Geister der Toten wie des unselig verschiedenen Reiches haben auf dem Wiener Friedenskongreß keine Stimme, so wenig wie die träumerischen Erfindungen einer deutschen oder italienischen Nation.

Weder der deutsche Traum noch der deutsche Haß fanden auf dem Wiener Kongreß viel Berücksichtigung. Der Fürst Metternich wollte Frankreich als Macht unter Mächten erhalten.

Unter den Preußen aber gab es Leute, die eine Art Morgenthau-Politik gegenüber Frankreich betreiben wollten. Sie sprachen von einer Kollektivschuld des französischen Volkes. Der Jakobinismus und die napoleonischen Eroberungen und Maßlosigkeiten seien

dem französischen Volk eingeboren. Man solle nicht meinen, man habe die französische Gefahr beschworen, wenn man Napoleon beseitigt habe. Die wildesten preußischen Patrioten forderten, daß man Paris dem Erdboden gleichmache, so wie der Morgenthau-Plan die Schleifung des Ruhrgebietes verlangen sollte. Blücher bestand darauf, daß man die Brücke in die Luft sprengen sollte, die nach der Schlacht von Jena Pont de Jena genannt worden war. Der französische Vertreter wurde zuerst in Wien von den Russen und Preußen wie ein Aussätziger behandelt. Talleyrand erklärte mit grandioser Würde:
„Ich weiß sehr wohl, daß Frankreich die Ehre hat, allein zu stehen."
Gneisenau beschwört Staatskanzler Hardenberg, nicht vorzeitig die alte Königsfamilie Frankreichs anzuerkennen und dadurch das französische Volk zu rehabilitieren:
„Das Schicksal Preußens liegt nun in Ihren Händen, verehrter Fürst. Jetzt ist der Moment vorhanden, wo dessen Schicksal und Sicherheit auf die Dauer gegründet werden kann.
Es erregt in der Armee die höchste Indignation, zu erfahren, daß die verbündeten Mächte mit den Bourbonen einen Traktat geschlossen haben, worin ihnen sogleich die Verwaltung der eroberten Länder übergeben wird.
Die Welt fordert, daß sie in Sicherheit gesetzt werde gegen den unruhigen Geist eines schlechten, aber fähigen und tapferen Volkes, und fordert dies mit Recht. Wehe denen und Schande ihnen, wenn diese einzige Gelegenheit nicht ergriffen wird, um Belgien, Preußen und Deutschland zu sichern auf ewige Zeiten.
Die französischen Festungslinien gegen Belgien müssen diesem gegeben werden und uns dagegen die Länder dieses Hauses am rechten Rheinufer."
Es stellte sich bald heraus, wie schwer es ist, die Herrscher zu strafen, ohne den Völkern wehe zu tun. Die Preußen verlangten, daß Frankreich die Reparationen zurückzahlen müsse, die Napoleon dem preußischen Staat erpreßt habe. Aber dieses Geld hatten jetzt die Franzosen und die Bourbonen und nicht Napoleon zurückzuzahlen. Sie hatten nicht mehr Lust zum Zahlen als Napoleon selbst. Sie hatten auch dieselbe Freude an den Kunstschätzen, die Napoleon geraubt hatte, und zitterten jetzt vor der Rückgabe. Sie kamen sogar auf die Idee, im Louvre Kopien der großen Gemälde auszustellen und die Originale im Keller zu verstecken, und was die Reparationen anbelangte, so erklärte Ludwig XVIII., er würde sich lieber in seinem Königspalast einsperren lassen, als diese Summen zu bezahlen. Alles war vergessen, was sie den teuren Verbündeten versprochen hatten. Jetzt stand Frankreich wieder voran.
Der Wiener Kongreß hat so gut wie keine Vollsitzung erlebt und löste sich sogleich in zehn Ausschüsse auf. Die Schulbücher und eine deutsche Geschichte können zwar ohne den Begriff „Wiener Kongreß" nicht auskommen. Aber Gentz hat recht, wenn er meint, der Kongreß von Wien sei eine Fabel.
Zar Alexander träumte, „das Unrecht von 1795 wiedergutzumachen und unter seinem Schutz ein glückliches und unabhängiges Polen zu errichten". Metternich aber antwortete:
„Wie wird das Gleichgewicht Europas aussehen, wenn wir, nach der Befreiung des Erdteils von der napoleonischen Herrschaft, die Drohung aus dem Westen durch eine Drohung aus dem Osten ersetzen und den russischen Einfluß bis wenige Kilometer vorm Oderufer ausdehnen lassen?"
Preußen sollte für seine polnischen Provinzen durch Sachsen entschädigt werden, und Preußen schien nicht abgeneigt zu sein. Aber der Plan roch nach Friedrich dem Großen. Habsburg trug kein Verlangen danach, preußische Heere an den Grenzen Böhmens zu sehen. Auch war schwer zu begreifen, warum gerade der König von Sachsen zur Guillotine geschleppt werden sollte. Die Kanaillen laufenzulassen und den nahezu redlichsten der deutschen Fürsten zu berauben, konnte sich nicht einmal der Wiener Kongreß erlauben.
Niemand konnte dem König von Sachsen so recht etwas vorwerfen. Als Staaten, die etwas früher als der König von Sachsen von Napoleon abgefallen waren, den Sachsen einen Verräter nannten, antwortete Talleyrand mit feinem Spott:
„Der Verrat ist immer eine Frage des Datums."
Wenn man bedenkt, wieviel Leid, Elend und Unglück das revolutionäre Frankreich über Europa gebracht und welch hochfahrende Herrschaft es über Europa ausgeübt hatte, so erhielt das besiegte Frankreich einen milden Frieden. Es bekam sein Gebiet in den Grenzen von 1792 zurück; das Elsaß und Straßburg hat zur Enttäuschung deutscher Patrioten das Deutsche Reich nicht zurückgewonnen. Dieses Reich war ja auch während der Friedensverhandlungen stumm; es sollte ja erst durch den Frieden wieder neu geschaffen werden. Österreich verlor endgültig Belgien, das bis 1830 mit Holland vereinigt blieb. Preußen sicherte die Landbrücke zwischen seinen Gebieten: Posen und Westpreußen; mit der Erwerbung Schwedisch-Pommerns durch Preußen wurden die letzten Spuren des Westfälischen Friedens auf deutschem Boden beseitigt. Im Rheinland gewann jetzt Preußen ein geschlossenes Gebiet, die alten deutschen Territorien und Westfalen. Hannover war der letzte „Korridor" des preußischen Staates. Damit war Preußen endgültig „westdeutsche" und „rheinische" Macht geworden.
Das Heilige Römische Reich Deutscher Nation war in den Gewitterstürmen der Revolution zugrunde gegangen. Der Wiener Kongreß, der letzte europäische Friedenskongreß, auf dem überlegene, rationale Staatskunst und die klassische Diplomatie des Abendlandes sich bekundeten, schuf einen Not-

148 Das Zeitalter Napoleons

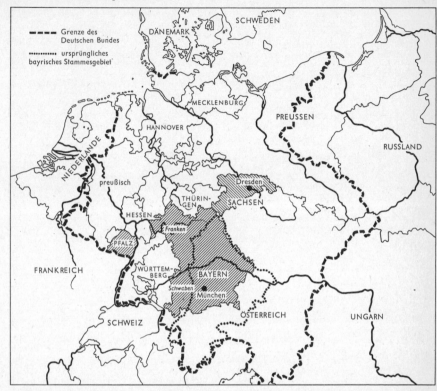

Sachsen und Bayern nach dem Wiener Kongreß 1815. Sachsen ist von Preußen stark dezimiert worden und besteht in dieser Form bis 1945. Bayern hat sich weiter nach Westen über seine Stammesgrenzen, die noch heute das Wohngebiet der ursprünglichen Bayern ungefähr umfassen, ausgedehnt und ist ein „Vielvölkerstaat" geworden. In dieser Form besteht es bis heute, nur die Pfalz ging 1945 verloren

bau, den „Deutschen Bund", als eine gebrechliche und schwerfällige Gemeinschaft für das, was das deutsche Volk und Deutschland hieß. Von diesem „Deutschen Bund" ging keinerlei Glanz aus, und es fehlte ihm sowohl die Weihe alter Tradition als die des jungen, kraftvollen Lebens.

Der Kampf um diese Ordnung rief beinahe einen Krieg unter den Siegern hervor, als mitten während der Festlichkeiten und Streitigkeiten des Kongresses Napoleon von der Insel Elba zurückkehrte, um noch einmal „hundert Tage" über Europa zu herrschen und noch einmal gegen Europa Krieg zu führen. Bei Waterloo machten die preußisch-englischen Truppen unter Wellington und Blücher diesem Nachspiel ein Ende. Auf dem fernen St. Helena ging des Kaisers Leben zu Ende.

Der zweite Pariser Friede änderte am ersten nicht viel. Immerhin wurde wenigstens das Saargebiet jetzt zu Preußen geschlagen. Der Deutsche Bund trat allmählich ins Leben.

Am 13. März hatten die Alliierten verkündet, daß sich Napoleon Bonaparte außerhalb der bürgerlichen Gesetze gestellt habe und als Störer des Weltfriedens in Acht getan sei.

Aber die Rückkehr Napoleons hatte die Gebrechlichkeit der bourbonischen Herrschaft geoffenbart. „Tausend Kerzen schienen mit einem Schlage ausgelöscht", so schreibt einer der Teilnehmer des Kongresses in sein Tagebuch, und der Führer der britischen Delegation meinte:

„Es war nicht schwer, wahrzunehmen, daß bei allen kaiserlichen und königlichen Persönlichkeiten die Furcht vorherrschte. England zeigte keine sonderliche Begeisterung, einen Fürsten (Ludwig XVIII. von Frankreich) noch einmal mit der Hilfe britischer Bajonette auf den Thron zu setzen, den die eigenen Truppen und Untertanen im Stich gelassen und verraten hatten."

Der „Status quo" nach einem Weltkrieg war kein Prinzip, auf das die neue Ordnung Europas gegründet werden konnte.

Ein Vierteljahrhundert Krieg, um festzustellen, daß Frankreichs Angriff auf Europa in seine Schranken zurückgewiesen und daß die Flut einfach zum Ausgangspunkt zurückgeströmt sei, das wäre ein falsches Bild der Dinge. Das Zeitalter der Revolution war mit der scheinbaren Rückkehr zum alten Zustand der Dinge, zu den alten Grenzen, zur alten Monarchie Frankreichs abgeschlossen. Doch hatte es neue Kräfte geboren, die im folgenden halben Jahrhundert Europas Staatensystem von Grund aus umwälzen sollten.

Vor allem aber machten nun die Kaiser und Könige Revolution.

Auf dem Wiener Kongreß wurde auch die Heilige Allianz angebahnt, die über die deutsche Geschichte unheilige Schatten werfen sollte. Erfinder der Heiligen Allianz war der Zar Alexander von Rußland, der durch heilige und unheilige Beziehungen zu einer Frau von Krüdener den letzten Anstoß zu diesem seltsamen Plan erhielt. Die Frau von Krüdener bestärkte ihn in dem schon vorhandenen Glauben, daß das russische Volk eine „heilige Rasse" sei, dem Antlitz des Allerhöchsten teuer, ein einfaches Volk, das noch nicht vom Becher des Bösen getrunken habe. In dem Kaiser Alexander sah sie den Erwählten Gottes und das „lebende Vorwort zu der heiligen Geschichte", wie sie nun die Welt bald umformen werde.

Der Zar hatte es nötig, sich wieder in den Mittelpunkt der Weltgeschehnisse zu spielen. Bei der Niederwerfung Napoleons nach der Rückkehr von Elba hatten die russischen Armeen keine Rolle gespielt. Der Lorbeer war von dem Herzog von Wellington und Blücher, diesem „betrunkenen Feldwebel", gepflückt worden.

Nesselrode verfaßt im Auftrag des Zaren eine Denkschrift, in der Rußland die Vorherrschaft im Schwarzen und im Kaspischen Meer verlangt, und fernerhin soll Rußland das „Schutzrecht" über alle christlichen Untertanen des Sultans übertragen werden. Damit hätte Rußland die Stützpunkte für den großen Angriff auf die Meerengen und Konstantinopel gewonnen, unerschöpfliche Vorwände für eine endlose Einmischung.

Es sind immer die gleichen Forderungen, die gestellt werden und die immer die deutsche Geschichte zum Aufschäumen und Aufleuchten bringen wie der Fels den Strom.

Am 11. November 1940 wird mit einem anderen Wortschatz ein Mann genau dasselbe verlangen, der sich der Hammer, „Molotow", nennt und Außenminister einer kommunistischen Regierung ist.

Das Problem war dasselbe wie in dem ganzen kommenden Jahrhundert, wie 1849, 1918 und 1945. Man tauschte nur immer an Stelle der französischen oder deutschen Gefahr die russische Gefahr ein. Ein englischer Liberaler schrieb kurz nach der Begründung der Heiligen Allianz:

„Wir weitsichtigeren alten Politiker erkennen auf seiten Rußlands eine hartnäckig festgehaltene Absicht, Konstantinopel zum Sitz seiner Macht zu machen und die griechische Kirche auf den Trümmern des Islam wieder zu errichten. Kurz: Einen neuen Kreuzzug, unternommen von einer jungen und übergewaltigen Macht, die wir selbst auf diesen Weg gebracht haben und die von dort wieder zu vertreiben unsere Existenz aufs Spiel setzen kann."

Durch den Vertrag über die Heilige Allianz verpflichteten sich die vertragschließenden Mächte, ihre Beziehungen zu gründen „auf die Wahrheiten, die uns die Religion Gottes, unseres Heilandes, lehrt". Die Gesetze der Gerechtigkeit, der Liebe und des Friedens allein sollten die Entschlüsse der Fürsten beeinflussen und sie auf all ihren Wegen leiten. Die drei Monarchen würden geeint bleiben „durch die Bande einer aufrichtigen und unauflösbaren Bruderliebe".

„Infolgedessen wird als einziger Grundsatz, sei es zwischen den genannten Regierungen, sei es zwischen ihren Untertanen, gelten, daß sie sich gegenseitige Dienste erweisen, durch ein unveränderliches Wohlwollen sich gegenseitige Zuneigung bezeugen, von der sie beseelt sein sollen, und sich insgesamt nur als Glieder ein und derselben christlichen Nation betrachten, während die drei verbündeten Fürsten sich selbst nur als Beauftragte der Vorsehung ansehen, um drei Zweige ein und derselben Familie zu regieren, nämlich Österreich, Preußen und Rußland, und dadurch zu bekennen, daß die christliche Nation, zu der sich und ihre Völker gehören, in Wahrheit keinen anderen Herrn hat als den, dem allein die Macht gehört, weil in ihm allein alle Schätze der Liebe, des Wissens und der unendlichen Weisheit liegen, das heißt Gott, unseren göttlichen Erlöser Jesus Christus, das Wort des Allerhöchsten, das Wort des Lebens."

Im Munde der Herren dieser Welt haben solche Grundsätze den Geruch der Heuchelei und Schamlosigkeit an sich. Die übrigen Mächte wurden aufgefordert, diesem merkwürdigen Vertrage bei-

Der Wiener Kongreß

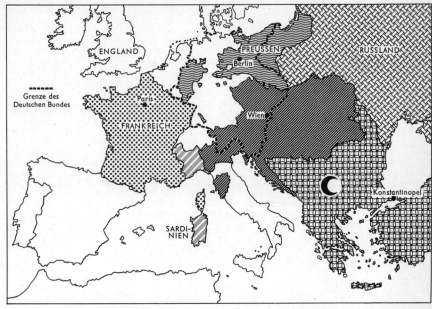

Habsburg nach dem Wiener Kongreß 1815 und vor der nationalen Bewegung

zutreten. Der Papst weigerte sich, weil der Vertrag die Unterschrift von Ketzern trug, ebenso der Sultan, in dessen Staat die Gesetze der Gerechtigkeit, der Liebe und des Friedens ja besonders auffällig zutage traten. Fürst Metternich nannte die Heilige Allianz ein „laut schallendes Nichts".

Die Staatsmänner, die als ein europäischer Kontrollrat das Schicksal Deutschlands in den Händen gehalten hatten, starben einer nach dem anderen. Hardenberg 1822, Alexander 1825, noch im Tode hinter einer Welt der Ungewißheit verborgen, weil sich sein nach vierzig Jahren geöffneter Sarg als leer erwies, 1838 Talleyrand, der als vorsichtiger Diplomat auf dem Sterbebett seinen Frieden mit der Kirche und dem lieben Gott machte, 1835 Franz I., 1840 Friedrich Wilhelm III. und 1852 der Herzog von Wellington. Nur einer überlebte sie alle, der Fürst von Metternich. Er habe, so rühmte er sich, zeitweise Europa beherrscht, aber niemals Österreich regiert. Er war nicht der einzige Staatsmann der deutschen Geschichte, der mit Europa fertig wurde, aber mit Deutschland nicht.

Staatsmänner und Historiker ließen kein gutes Haar an dem Fürsten Metternich. „Unwahrscheinliche Oberflächlichkeit", stellt Talleyrand an ihm fest. Der englische Außenminister nennt ihn einen „politischen Harlekin", und der englische Feldherr Wellington meint, daß er ein Gesellschaftslöwe und weiter nichts gewesen sei. Ein französischer Historiker bezeichnet ihn als einen „Virtuosen des Moments" und ein englischer als „einen Opportunisten von reinstem Wasser". Doch hatte der Fürst sehr klare Vorstellungen von der europäischen Politik. Das europäische Staatensystem kennzeichnet er mit Worten, die an das historisch-politische Gespräch Rankes erinnern:

„Politik ist die Wissenschaft von den Lebensinteressen der Staaten im weitesten Sinn des Wortes. Da jedoch ein isolierter Staat nicht mehr existiert und nur noch in den Annalen der Welt der Heiden zu finden ist..., müssen wir stets die Staatengesellschaft als die wesentliche Voraussetzung der modernen Welt ins Auge fassen. Die großen Axiome der Wissenschaft von der Politik gehen von der Erkenntnis der wahrhaften, politischen Interessen aller Staaten aus; auf diesen Allgemeininteressen beruht die Gewähr ihrer Existenz. Die Schaffung internationaler Beziehungen auf der Basis der Gegenseitigkeit unter der Garantie der Achtung vor wohlerworbenen Rechten ... bildet in unsern Tagen den Wesensgrund der Politik, dessen tägliche Anwendung lediglich die Diplomatie ist. Zwischen den beiden besteht meiner Meinung nach der gleiche Unterschied wie zwischen Wissenschaft und Kunst."

Der Fürst Metternich ist der große Mann der deutschen Geschichte, eine stehengebliebene Statue aus einem Deutschland, in dem der Sturm gewütet hatte.

Der Graf Hübner hat ihn 1859 besucht, als gerade unter den Schlägen der italienischen und französischen Armee in Norditalien das alte Österreich in Trümmer brach:

„Beim Abschiede sagte er mir zu wiederholten Malen mit Nachdruck: ‚Ich war ein Fels der Ordnung.‘ Ich hatte bereits die Tür hinter mir geschlossen, als ich sie wieder leise öffnete, um den großen Staatsmann noch einmal zu betrachten. Da saß er an seinem Schreibtisch, die Feder in der Hand, den Blick sinnend nach oben gerichtet, in aufrechter Haltung, kalt, stolz, vornehm, wie ich ihn einst so oft in der Staatskanzlei gesehen hatte im vollen Glanze der Macht. Die Vorschatten des Todes, welche ich in den letzten Tagen zu bemerken glaubte, waren von seinem Antlitze gewichen. Ein Sonnenstrahl erleuchtete das Gemach, und das zurückgeworfene Gesicht verklärte die edlen Züge. Nach einiger Zeit gewahrte er mich unter der Türe, heftete lange einen Blick des innigen Wohlwollens auf mich, wandte sich ab und sagte halblaut vor sich hin: ‚un rocher d'ordre‘."

Ja, er war ein Fels der Ordnung, der aber längst zu Staub zerbröckelt war. Von dem Deutschland, das er majestätisch repräsentiert hatte, war nur Staub geblieben.

GESAMTREGISTER

(Zusammenstellung: Ria Schulte)

Die halbfetten Ziffern weisen auf die Bandnummern hin, die mageren auf die Seiten

Aachen 2 36, 105, 113
- Aachener Streit •
 (1598) 2 36
- Friede von (1668) 2 52, 57
Abeken, Heinrich, ev. Theologe, Mitarb. Bismarcks 3 125-127
Abessinien-Konflikt 1935/36 (ital.-äthiop. Krieg) 5 98
Ablaß-Praxis 1 167f.
- streit 2 15
Absolutismus 1 34; 2 52ff.
Achse Berlin–Rom 5 98
„Ackermann aus Böhmen, Der" (Saaz) 1 172
Adalbert, Erzbischof von Bremen 1 70f.
Adel 1 46, 49, 57, 65–68, 73
- Adelsbündnisse 1 165
- Lehensadel 57
- in Österreich 2 92
- in Preußen 2 68, 87; 3 57f.; 4 38
Adelheid von Burgund, Gemahlin Ottos I. 1 59, 61
Adenauer, Konrad, Staatsmann 5 7, 16; 6 130ff., 161–164, 167, 170, 178–181, 184–188, 191
Adler, Victor, österr. Sozialist 4 23, 118, 150f.
Adolf von Nassau, dt. König 1 136, 148
Aehrenthal, Alois Lexa, Freiherr von, österr.-ungar. Diplomat 4 79
Agnes von Poitou, Gemahlin Heinrichs III. 1 68, 70
Ägypten 4 67f.; 6 43, 132, 182
Ahlener Programm 6 129
Ahlers, Conrad, Journalist und Politiker 6 185f.
„Akkumulation des Kapitals, Die" (Luxemburg) 4 22
Alarich I., König der Westgoten 1 19, 23–25, 32
Albanien, ital. Besetzung 1938 5 100, 156
Albertus Magnus,
scholast. Gelehrter 1 173
Albigenser 1 53, 105–107
Albrecht I., dt. König 1 136, 139, 148
Albrecht II., dt. König 1 136, 171
Albrecht der Bär, Markgraf von Brandenburg 1 85f.
Albrecht von Brandenburg, Hochmeister d. Deutschen Ordens 2 7–9
Albrecht von Brandenburg, Erzbischof und Kurfürst von Mainz 2 7, 15
Albrecht, Eduard W., Politiker 3 22f.
Aleander, Hieronymus, Humanist u. Diplomat 2 17
Alemannen 1 19, 32
- schlacht (496) 1 33
Alexander I. Pawlowitsch, Kaiser von Rußland 2 112, 114, 135, 139ff., 146, 147, 149, 150
Alexander II. Nikolajewitsch, Kaiser von Rußland 3 99; 4 47
Alexander II., Papst 1 71, 72
Alexander III., Papst 1 53, 92–95
Alexander Obrenović, König von Serbien 4 87
Alexios III. Angelos, byzant. Kaiser 1 103
Alexios IV. Angelos, byzant. Kaiser 1 103
Alfons X. der Weise, (von Kastilien) König 1 54, 137
Algeciras-Konferenz (1906) 4 74f.
Allardt, Helmut, Diplomat 6 201
Alldeutscher Verband 4 8, 50
Allgemeines Bürgerliches Gesetzbuch (Österreich) 2 93, 98
Alliierte Hohe Kommission 6 131, 161
Altenesch, Schlacht bei (1234) 1 125
Althusius, Johannes, Jurist 2 37
Altkatholizismus 3 26
Alvensleben, Gustav
von, preuß. General 3 78, 98f.
- Alvenslebensche Konvention (1863) 3 78, 99
Amiens, Friede von (1802) 2 99, 111
Anaklet II., Papst 1 85
Anders, Wladyslaw, poln. General 6 99
Andrássy, Gyula d. Ä., Graf, ungar. Staatsmann 3 120
Ansbach-Bayreuth 2 76
Antikomintern-Pakt (1936) 5 99
Antisemitismus s. Juden
Aosta, Aimone, ital. Prinz, Herzog von Aosta 6 45
Araber s. Naher Osten
Arbeiterbewegung 3 97f.; 4 17, 30
Arbeiter- und Soldatenräte 5 7, 14, 20, 22f.
Arbeiterverein, Allgemeiner Deutscher 3 78
Arbeitsbeschaffungsprogramm (1932) 5 91, 114
Arbeitslosigkeit 5 11, 12, 83, 114
- Gesetze gegen die A. (1933) 5 97
Arco-Valley, Graf von 5 7, 29
Ardennen-Offensive (1944) 6 13, 108, 109–111
Arendt, Walter, Politiker 6 200
Arianismus 1 22, 28, 32, 33
Arius, Presbyter in Alexandria 1 32
Armenier 1 105; 4 59, 60, 111
Arndt, Ernst Moritz, politischer Schriftsteller, Dichter 2 71, 122, 124, 132, 135, 139, 141, 142, 145, 149, 163; 3 9, 12, 19, 28, 41, 43, 64, 72
- „Über Landwehr und Landsturm" 2 131
Arnim, Adolf Heinrich Graf von A.-Boitzenburg, preuß. Staatsmann 3 35
Arnim, Alexander Heinrich Freiherr
von, preuß. Staatsmann 3 36, 37
Arnim, Harry Graf von, Diplomat 3 137; 4 16
Arnold von Brescia, Augustinerchorherr, Kirchenreformer 1 87, 88
Arnold, Zisterzienserabt 1 106
Aron, Raymond Claude Ferdinand, franz. Soziologe und Publizist 6 32
Arz von Straußenburg, Arthur Freiherr, österr. General 4 150f.
Askanier 1 85f.
Aspern, Schlacht bei (1809) 2 100, 136
Athaulf, König der Westgoten 1 25f., 29
Atlantik-Charta (1941) 6 9, 53f., 205f.
Atlantik, Schlacht im A. 6 37, 58, 73
Atomrüstung (BRD) 6 132-134, 182
Atomsperrvertrag 6 188, 194, 200
Attila, König der Hunnen 1 19, 25f., 28
Attlee, Sir Clement Richard, brit. Politiker 6 141
Attolico, Bernardo, ital. Diplomat 5 144, 165
Auerbach, Berthold, Schriftsteller 3 56
Auerstedt, Schlacht b. (1806) 2 99
Auerswald, Hans von, General 3 50
Auerswald, Rudolf von, preuß. Minister 3 57, 86, 94
Augsburg 2 112
- Reichstag (1530) 2 7, 33
- - (1548) 2 8
Augsburger Interim (1548) 2 8
Augsburger Religionsfriede (1555) 2 8, 35f., 38
Augstein, Rudolf, Publizist 6 186
August der Starke, König von Sachsen und Polen 2 53, 65, 75
Augusta, dt. Kaiserin, Gemahlin Wilhelms I. 3 123, 125
Augustinus, Kirchenlehrer 1 19, 24f., 33, 49; 2 21
Auschwitz 6 83
Außerparlamentarische Opposition (APO) 6 188, 194
Austerlitz, Dreikaiserschlacht (1805) 2 99, 115, 117
Austrasien 1 46
Ausweisung d. Deutschen 6 100f., 142–144
Averroës, Ibn Roschd, arab. Philosoph 1 149
Avignon 1 139, 146, 159
Avranches, amerik. Durchbruch b. 13, 107
Awaren 1 19, 31, 43, 50

Babenberger 1 50
Bacon, Francis, engl. Staatsmann und Philosoph 1 173
Bacon, Roger, Franziskaner 1 108
Bach-Zelewski, Erich von dem, General der Waffen-SS 6 103
Baden, Markgrafschaft 2 108
- Großherzogtum 2 114, 121; 3 7, 46, 72
Baden-Württemberg 6 200
Badoglio, Pietro, ital. Marschall und Politiker 4 151; 6 44, 71
Badony, Gouverneur von Galizien 4 48
Bagdad-Bahn 4 83
Bahr, Egon, Politiker 6 189, 201f., 204f.
Bahr, Hermann, Schriftsteller 5 19
Bakunin, Michail Aleksandrowitsch, russ. Revolutionär 2 29; 3 136
Balduin IV., Graf von Flandern 1 104
Baldwin, Stanley Earl B. of Bewdley, brit. Politiker 5 126, 128, 131
Balkanfrage, Balkankriege 4 9, 16, 47, 86ff.

Gesamtregister 153

- im 2. Weltkrieg 6 43–45, 76f.
Ball, Hugo, Schriftsteller 2 29
Ballin, Albert, Reeder 5 17
Bamberg, Bistum 1 52
Bamberger, Ludwig, Politiker 3 96, 128, 129
Banér, Johan, schwed. Feldherr 2 49
Barbusse, Henri, franz. Schriftsteller 6 122
Barmer theologische Erklärung (1934) 5 118
Barth, Emil, Politiker 5 14, 23
Barthou, Jean Louis, franz. Staatsmann 5 126, 127
Barzel, Rainer, Politiker 6 188, 189, 190, 192, 205, 207
Basel, Konzil von (1431) 1 136, 170
Baseler Friede (1795) 2 99
- Folgen 106–109
Bassermann, Friedrich Daniel, Politiker 3 31, 41; 4 84
Bastogne, Kampf um (1945) 6 14, 110
Bauer, Gustav, Politiker 5 8, 45
Bauer, Otto, österr. Sozialist 4 49, 150
Bauernaufstände 1 174f.
- befreiung (Preußen) 3 129–131; 4 40
- krieg 2 26–30
Bayerischer Erbfolgekrieg (1778/79) 2 53, 96
Bayerische Volkspartei 5 115
Bayern, Stamm und Land (Herzogtum) 1 37, 43, 49, 50, 57; 2 38, 41, 50, 58, 64
- Königreich 2 99, 101, 103, 112, 121; 3 8, 14f., 17f., 22, 32, 72f., 128f., 134–137
- Kurfürstentum 2 50, 73, 85, 86, 95
- Räterepublik 5 7, 9, 13, 19, 29f.
- Freistaat 5 7; 6 128, 129, 189, 193
Beamtentum 1 113; 2 123; 4 38f.
- Gesetz z. Wiederherstellung d. Berufsbeamtentums (1933) 5 97
Beatrix von Burgund, Gemahlin Kaiser Friedrichs I. 1 68
Beatrix von Oberlothringen, Gemahlin Gottfrieds des Bärtigen 1 71

Beatrix von Staufen, Gemahlin Kaiser Ottos IV. 1 102
Bebel, August, sozialdemokratischer Parteiführer 4 32, 101
Becher, Johannes R., Schriftsteller 5 37
Beck, Józef, poln. Politiker 5 99, 148, 154f., 158ff., 167, 168; 6 16
Beck, Ludwig, Generaloberst 5 99; 6 94, 97
Beckerath, Hermann von, Politiker 3 64
Bedingungslose Kapitulation 6 69f., 97, 105, 107f., 112, 183
Befreiungskriege (1813–15) 2 100; 3 14, 19
Bekennende Kirche 5 97, 118
Belcredi, Richard Graf, österr. Politiker 3 105
Belgien 2 104; 3 15; 4 90, 101, 102, 129f.; 5 24, 25f..; 6 24
Belgrad 2 7, 53, 61, 62
Belisar, oström, Feldherr 1 19, 31
Bem, Joseph, poln. General 3 54
Benda, Ernst, Jurist und Politiker 6 194
Benedek, Ludwig August Ritter von, österr. General 3 111
Benedetti, Vincent Graf, franz. Diplomat 3 114, 115, 123, 126f.
Benedikt von Nursia, Ordensgründer 1 29
Benedikt IX., Papst 1 68
Benesch, Eduard, tschechoslowak. Staatsmann 5 141, 142; 6 85
Benevent 1 134
Bennigsen, Rudolf von, Politiker 3 90, 96
Benoist-Méchin, franz. Kriegshistoriker 6 24
Berchtold, Leopold Graf, österr.-ungar. Politiker 4 78, 93, 96
Berengar II., König von Italien 1 59
Berg, Großherzogtum 2 99, 129
Berle, Adolf Augustus, amerik. Politiker 6 57
Berlin 2 67; 3 8, 34ff. (Märzrevolution), 56ff.; 5 12ff., 23ff. (Revol. Nov./Dez. 1918), 26ff.; 6 93–99 (20. Juli 1944), 118f., 125 (Kriegs-

ende), 128, 133, 137f., 150
- Ost-Berlin 6 131, 183
- West-Berlin 6 130, 183, 196, 200
- Berlin-Abkommen (1971) 6 188, 203ff.
Berliner Blockade 6 130, 153, 155–158
- Kongreß (1878) 4 7, 47
- Mauer 6 134, 167, 184, 197
- Vertrag (1926) 5 76
Bernadotte af Wisborg, Folke Graf 6 119
Bernhard, König von Italien 1 46
Bernhard, Herzog von Sachsen-Weimar 2 9, 49
Bernhard von Clairvaux, Kirchenlehrer 1 86
Bernhard, Georg, Publizist 5 83
Bernhardi, Friedrich von, Militärschriftsteller, General 4 53
Bernhardi, Theodor von, Historiker und Diplomat 3 111f.
Bernstorff, Albrecht Graf von, preuß. Diplomat 3 10
Besatzungsstatut 6 168, 171
Besatzungszonen 6 105, 111ff., 128f., 136, 137, 139f., 145, 150
Beseler, Georg, Politiker 3 71
Bessarabien 2 95; 6 39
Besson, Waldemar, Publizist 6 193, 195
Bethlen Gabor, Fürst von Siebenbürgen 2 39
Bethmann Hollweg, Moritz August von, preuß. Minister 3 86
Bethmann Hollweg, Theobald von, Staatsmann 4 8, 83, 86, 93, 98, 101, 116, 120–122, 126
Bettelmönche 1 107f., 124–129, 132f., 139f., 153f.
Beust, Friedrich Ferdinand Graf von, sächsischer, später österr. Staatsmann 3 76f., 108, 110, 120, 124
Bevin, Ernest, brit. Staatsmann, 6 151, 153, 158
Bialystok und Minsk, Doppelschlacht von (1941) 6 9, 49
Bibel, gotische 1 23
- Luthersche 2 22
Bidault, Georges, franz. Politiker 6 151

Billunger Mark 1 62
Birkenfeld, Günther, Schriftsteller 6 166
Bischöfe, Bischofswahl 1 28, 36, 49, 67f., 73, 74, 84f., 116, 146; 2 97
Bischoffwerder, Johann Rudolf von, preuß. General 2 102
Bismarck, Herbert Fürst von, Diplomat 4 30
Bismarck, Otto Fürst von, Gründer des Deutschen Reichs von 1871 2 78, 107; 3 38, 48, 70, 71, 77–81, 84, 85–104, 106–119, 121, 124–137; 4 7–24, 27, 30–32, 38, 46ff.
Björkö, Vertrag von (1905) 4 72ff.
Blackstone, Sir William, engl. Jurist 2 126
Blank, Theodor, Politiker 6 132, 171
Bliss Lane, Arthur, amerik. Diplomat 6 103
Blomberg, Werner von, General 5 105, 116, 122, 125, 132f.
Blücher, Wipert von, Diplomat 5 60
Blücher von Wahlstatt, Gebhard Leberecht, Fürst, preuß. Generalfeldmarschall 2 100, 105, 147–149
Blum, Léon, franz. Politiker 6 24, 59
Blum, Robert, Politiker 3 8, 32, 41, 48, 54f.
Boccaccio, Giovanni, ital. Dichter und Humanist 1 156
Bock, Fedor von, Generalfeldmarschall 6 49
Bockelson, Johann (Wiedertäufer) 2 30
Bodelschwingh, Friedrich von, evang. Theologe 5 97
Bodelschwingh, Karl von, preuß. Staatsmann 3 96, 107
Bodelschwingh-Velmede, Ernst von, preuß. Staatsmann 3 71
Bogumil, thrak. Pope 1 105
Bogumilen 1 105f.
Böhmen 1 35, 62, 140, 142, 159, 168ff.; 2 8, 9, 41f., 49, 82, 83; 3 45f.
Böhmen und Mähren, Protektorat 5 152
Bolschewisten, Bolschewismus 1 109; 4 131ff., 136; 5 58f., 75; 6 80f.

Bonaventura, Kirchenlehrer 1 129
Bonifatius (Winfried), angelsächs. Mönch und Missionar 1 19, 37
Bonifaz VIII., Papst 1 136, 146
Bonn 6 161
Bonn, Moritz Julius, Volkswirtschaftler 5 57; 6 139
Bonnet, Georges Etienne, franz. Politiker 5 143f., 154, 156, 160, 164; 6 16
Borgia, Cesare, Kardinal von Valencia 1 30
Bór-Komorowski, Tadeusz, urspr. Graf Komorowski, poln. General und Politiker 6 102–105
Bormann, Martin, nationalsozialist. Politiker 6 9, 109, 121
Bornhöved, Schlacht bei (1227) 1 53
Boroevic von Bojna, Svetozar, österr.-ungar. General 4 148–150
Bosnien 4 8, 79f.
Bothmer, Felix Graf von, bayer. Generaloberst 4 114
Boulogne, Konferenz von (1920) 5 8, 62
Bouvines, Schlacht bei 1 53, 111
Boyen, Hermann von, preuß. Heeresreformer 2 69, 125f., 128
Brabant 2 10
Bracht, Franz, Politiker 5 36
Bradley, Omar N., amerik. General 6 111, 119
Brandenburg, Mark u. Kurfürstentum 1 85, 86, 136, 141, 171, 177; 2 36f., 48, 50f., 52, 53, 54–60, 65, 66, 78
- Brandenburg-Preußen 1 177; 2 95
- s. auch Preußen
Brandenburg, Friedrich Wilhelm Graf von 3 8, 59, 69, 75
Brandt, Willy, früher Karl Herbert Frahm, Politiker 6 132, 187f., 189, 191, 193–197, 199, 200–207
Brauchitsch, Walther von, Generalfeldmarschall 6 50
Braun, Eva, Geliebte Hitlers 6 121, 124
Braun, Otto, Politiker 5 90–93, 96
Braunschweig, Herzogtum 3 15, 22

154 Gesamtregister

Brawand, Leo, Publizist 6 193
Bredow, Kurt von, Generalmajor 5 123
Breisach 2 9, 49, 50, 57, 64
Breitenfeld, Schlacht b. (1631) 2 9, 47
Bremen 2 65; 3 22
- Erzbistum 2 50
Brentano, Heinrich von, Politiker 6 134
Breschnew, Leonid Iljitsch, sowjet. Politiker 6 188, 205
- Doktrin 6 196
Breslauer (Präliminar-) Friede (1742) 2 53
Brest-Litowsk, Friede von (1917) 4 131-137
Bretholz, Bertolt, Historiker 1 140
Briand, Aristide, franz. Staatsmann 5 10, 11
Brockdorff-Rantzau, Ulrich Graf von, Politiker 5 7
Brunhilde, Gemahlin des Frankenkönigs Sigibert 1 34f.
Brussilow, Aleksej Aleksevic, russ. General 4 114
Brüning, Heinrich, Politiker 4 155; 5 11, 12, 79-84, 87f.
Büchner, Georg, Dichter 2 26, 28; 4 49
Budapest 2 53, 61
Bulganin, Nikolai Aleksandrowitsch, sowjet. Politiker 6 177f., 179
Bullit, William Christian, amerik. Politiker und Schriftsteller 6 77
Bülow, Bernhard Fürst von, Staatsmann (gest. 1929) 4 8, 25, 32, 34, 43, 44, 46, 49, 60, 61ff., 71ff., 76, 81f.
Bülow, Bernhard Ernst von, Diplomat (gest. 1879) 3 72
Bülow, Karl von, preuß. Generalfeldmarschall 4 105
Bund der Heimatvertriebenen s. H.
Bundespräsident, Amt und Wahl 6 130, 164
Bundesrat (Bundesrepublik Deutschland) 6 200
Bundesrat (im Dt. Kaiserreich) 4 24
Bundesrepublik Deutschland, Gründung 6 130, 158-161
Bundestag, deutscher 6 130ff., 171, 186, 188, 189, 194, 200, 205

Bundestag, Organ des Dt. Bundes s. d.
Bundesversammlung (BRD) 6 133, 188, 189, 200
Bundeswehr 6 133, 176
Bundesverfassungsgericht Karlsruhe 6 132
Bunsen, Christian Karl Josias, Freiherr von, preuß. Diplomat 3 60
Buol-Schauenstein, Karl Ferdinand Graf von, österr. Staatsmann 3 82, 88
Burckhardt, Carl Jacob, schweizer. Politiker und Historiker 1 111; 2 35; 6 79f.
Burckhardt, Jacob, schweizer. Kulturund Kunsthistoriker 1 85, 121, 133, 134, 146f., 161; 2 18, 101; 4 11, 18, 19; 5 137
Buren, Burenkrieg 4 61ff., 64
Bürgerliches Gesetzbuch (BGB) 4 14, 70
Bürgertum 1 73, 107, 127, 142; 3 11, 15, 30f., 135; 4 38
Burgund, Burgunder 1 19, 24, 25, 28, 32, 46, 47, 66, 84, 96, 177; 2 10, 12, 16, 59, 65
Burke, Edmund, brit. Politiker 2 104
Burschenschaften 3 8f., 13
- Allgem. Deutsche Burschenschaft 3 7, 8
Busche-Ippenburg, Erich Freiherr von dem, Major 4 144
Byrnes, James Francis, amerik. Jurist und Politiker 6 129, 151, 168
Byzanz, Byzantinisches Reich 1 26, 35, 43, 53, 61, 102-105, 115, 175f.

Cadogan, Sir Alexander George Montagu, brit. Diplomat 6 102
Cajetanus, Thomas de Vio, Erzbischof von Palermo 2 7
Calais 6 25
„Caligula" (Quidde) 4 29, 44
Calixtus II., Papst 1 84, 91
Calvin, Johann 2 8, 14
Calvinismus 2 36, 37, 38, 71
Camleon, Pierre Paul, franz. Diplomat 4 101, 102

Cambrai, Friede von (1529) 2 7
Camphausen, Ludolf, preuß. Staatsmann 3 49, 50, 62, 69, 71
Camphausen, Otto, preuß. Staatsmann 3 71
Campo Formio, Friede von (1797) 2 99, 110f.
Canaris, Wilhelm, Admiral 6 109
Canossa 1 52, 70, 74-81
Capoccio, Peter, Kardinal 1 97, 132f.
Caprivi, Leo Graf von, General, Reichskanzler 4 8, 32-34, 37, 47f.
Capua 1 31, 71
Carlyle, Thomas, engl. Historiker 2 92; 6 118
Carnot, Lazare Nicolas Graf, franz. Staatsmann 2 105
Carolina (Peinliche Gerichtsordnung) 2 87
s. auch Halsgerichtsordnung
Carstens, Karl, Politiker 6 189, 197
Casablanca, Konferenz von (1943) 6 117, 33
Cavour, Camillo Graf Benso di, ital. Staatsmann 3 78, 88, 89f.; 4 74
CDU/CSU-Fraktionsgemeinschaft 6 186, 188-190, 193ff., 200, 201, 205
Chamberlain, Arthur Neville, brit. Staatsmann 5 99, 100, 128, 129, 139, 142, 144, 146, 153, 154; 6 17, 33
Chamberlain, Joseph, brit. Staatsmann 4 8, 62f.
Charkow, Schlacht bei (1942) 6 110
Charlotte, Gemahlin Kaiser Maximilians (Mexiko) 3 119
Chautemps, Camille, franz. Politiker 6 28
Chilberich I., König der Franken 1 35
China 6 75, 76, 145f.
Chlodwig I., König der salischen Franken 1 19, 32f.
Choiseul, Etienne François, Herzog von Ch.-Amboise 2 82
Christentum 1 24, 32f., 45, 90f., 108, 118; 3 28f.
Christian I., König von Dänemark 1 136

Christian IV., König von Dänemark 2 9, 44
Christian VIII., König von Dänemark 3 7
Christian I., Herzog von Braunschweig-Lüneburg 2 44
Christianisierung 1 34ff., 42, 49
Christlich-Demokratische Union (CDU) 6 128ff., 207
Christlich-soziale Arbeiterpartei 4 7
Christlich Soziale Union (CSU) 6 128ff.
Chruschtschow, Nikita Sergejewitsch, sowjet. Politiker 6 132, 134, 175, 180, 188, 197
Churchill, Sir Winston Leonard Spencer, brit. Staatsmann, Zitate und Persönlichkeit bes. 5 77, 84, 94, 97, 102, 104, 108, 109, 113, 117, 121f., 125, 132, 140ff.; 5 16, 21f., 37, 146, 155; 6 19, 22, 27f., 31, 33-41, 47f., 51-62, 76ff., 91f., 101f., 105f., 111f., 119, 121, 126, 134, 137ff., 141f., 181, 187
Ciano, Costanzo, Conte di Cortellazzo, ital. Politiker 5 137, 158f., 165f.; 6 20, 27, 29, 44, 59f.
Claudius, Matthias, Dichter 3 59
Clausewitz, Carl von, preuß. General und Philosoph 2 62, 125f., 132, 140; 6 116
- „Vom Kriege" 2 134
Clay, Lucius Dubignon, amerik. General 6 116, 118, 156ff.
Clemenceau, Georges, franz. Staatsmann 4 51, 105, 119, 140; 5 38, 45, 47
Clemens II., Papst 1 68
Clemens III., Papst 1 78f.
Clemens V., Papst 1 148, 150
Clemens VII., Papst 1 159
Clementia von Habsburg, Gemahlin Karl Martells von Ungarn 1 139
Clothar II., König der Franken 1 35
Cluny, Reformbewegung v. 1 65, 67f.
Code Civil 4 14
Codex Justinianus 1 25
Cölestin IV., Papst 132
Cölln, Friedrich von, Publizist 2 117

Confessio Augustana 2 7, 33
Conrad von Hötzendorf, Franz Freiherr, österr.-ungar. Feldmarschall 4 110, 114
Cortenuova, Schlacht bei (1237) 1, 131
Coulondre, Robert, franz. Diplomat 5 138, 150, 166
Croce, Benedetto, ital. Philosoph und Historiker 4 20
Cromwell, Oliver, engl. Staatsmann 2 28, 55; 5 102; 6 93
Cuno, Wilhelm, Politiker 5 9, 62, 63
Curzon, George Nathaniel, Marquess C. of Kedlestone, brit. Staatsmann 4 78; 5 66
- - Linie 5 54; 6 113
Custine, Adam Philippe Graf, franz. General 2 104
Cyrankiewicz, Józef, poln. Politiker 6 188, 202
Czernin, Ottokar, Graf von, österr. Staatsmann 4 119, 133

D'Abernon, Edgar Vincent Viscount, brit. Diplomat 5 65, 66, 74f.
Dahlerus, Birger, schwed. Industrieller 5 166, 167f.
Dahlmann, Friedrich Christoph, Politiker und Historiker 3 20, 22f., 41, 47ff.
- Verfassung 46f., 61, 65
„Daily Herald" 6 20
„Daily Mail" 5 43
Daily-Telegraph-Affäre 4 81f.
Daladier, Edouard, franz. Politiker 5 126, 144; 6 22, 59
Dalberg, Karl Theodor, Reichsfreiherr von, Kurfürst von Mainz 2 112, 113
Damasus II., Papst 1 68
Dandolo, Vincenzo, Doge von Venedig 1 103-105
Dänemark 1 136, 143, 161; 3 7, 8, 45, 73f., 78, 83, 100ff.; 5 21; 6 195
s. Deutsch-Dänischer Krieg
Dante Alighieri 1 146, 152
Danton, Georges, franz. Revolutionär 2 104

Gesamtregister 155

Danzig 2 105; Freie Stadt 2 121; 1919 5 8, 43, 154, 158, 167f.
- Wahlen 1933 5 97
Dardanellen 4 112
Darlan, François, franz. Admiral 6 32, 62
Darmstadt 5 8
Darwinismus 4 54
Däumig, Ernst, Politiker 5 24
David, Eduard, Politiker 5 36
Davies, Joseph, amerik. Politiker 6 138
Dawes, Charles Gates, amerik. Staatsmann 5 9
- Dawes-Plan 5 10, 70f.
„Defensor pacis" (Marsilius von Padua) 1 154
„De Germania" (Tacitus) 25
Dekanosow, Wladimir, sowjet. Diplomat 6 43
Delbrück, Clemens von, Politiker 4 155
Delbrück, Hans, Historiker 4 126
Delbrück, Rudolf von, Staatsmann 3 122
Delcassé, Théophile, franz. Minister 4 71f., 75
Delp, Alfred, kath. Theologe, Mitgl. der Widerstandsbewegung 6 99
Dertinger, Georg, Politiker 6 131
Desideria, Gemahlin Karls des Großen 1 41
Desiderius, Abt von Monte Cassino s. Viktor III.
Desmoulins, Camille, franz. Revolutionär und Schriftsteller 6 90
Dessauer Brücke, Schlacht a. d. (1626) 2 45
Deutsch-Dänischer Krieg (1848–50) 3 47ff., 73
- - (1864) 3 79, 100–103
Deutsche Arbeiterpartei (DAP) 5 8, 66
Deutsche Arbeitsfront (DAF) 5 114
Deutsche Christen 5 117f.
Deutsche Demokratische Partei (DDP) 5 65
Deutsche Demokratische Republik, Gründung 130, 131, 149f., 165–167, 172, 175, 182–184, 187, 192, 197–200, 203f.
- Aufstand (17. Juni 1953) 6 131, 173–175
- Aufnahme diplom. Beziehungen (1972) 6 189
- Abkommen und Verträge s. d.
Deutsche Gemeindeordnung, Erlaß 1935 5 98
Deutsche Partei (DP) 6 130ff.
Deutscher Bund 2 148; 3 12, 14f., 19, 25, 31ff., 39f., 45, 46f., 65, 71, 73, 76f., 78, 79–83, 89, 100, 103, 110f.
Deutscher Fürstenbund 2 54
Deutscher Gewerkschaftsbund (DGB) 6 134
Deutscher Krieg von 1866 3 78, 105–111, 111–116
Deutscher Orden 1 53, 83, 115, 118, 123, 143, 177; 2 112
Deutscher Zollverein 3 7, 21f., 30, 73, 76, 78, 119
Deutsche Volkspartei (DVP) 5 61, 65, 72, 80
Deutsch-Französischer Krieg von 1870/71 3 79, 119, 128–132
Deutschlandvertrag (1952) 6 131, 171
Deutschnationale Volkspartei (DNVP) 5 10, 45, 72, 77, 79, 84, 85
- Auflösung 5 115
Deutschritterorden s. Deutscher Orden
Diebitsch-Zabalkanskij, Johann Graf, russ. Generalfeldmarschall 2 140
Dietl, Eduard, Generaloberst 6 22
Dietrich, Hermann, Politiker 5 83
Dietrich, Otto, nationalsozialist. Publizist 5 86f.
Dietrich, Sepp, Generaloberst der Waffen-SS 5 122
Dillingen 2 37
Dimitroff, Georgi Michailowič, bulgar. Politiker 5 97
"Discourse on War" (Cotton) 2 126
Disraeli, Benjamin, brit. Staatsmann 1 146
Dittmann, Wilhelm, Sozialist 5 14
Dolchstoßlegende 5 33, 46–48
Dollfuß, Engelbert, österr. Politiker 5 98, 108, 127

Döllinger, Johann Joseph Ignaz von, kath. Theologe und Historiker 2 18, 41
Dombrowski, Erich, Publizist 4 145
Dominikaner (Predigerorden) 1 159
Dominikus, Ordensstifter 1 108
Donauwörther Händel (1607) 2 36
Dönitz, Karl, Großadmiral 6 36, 73, 117, 121, 124–127, 134f., 146
Dostojewski, Fedor Michailowitsch, russ. Dichter 4 67
Draga, Königin von Serbien, Gemahlin Alexander I. 4 87f.
Dreibund (Dt. Reich/Österr.-Ungarn/Italien, 1882) 4 7, 47f., 60
Dreikaiserbund (1873) 4 7, 14–17
Dreikaiserschlacht s. Austerlitz
Dreiklassenwahlrecht 3 8, 70, 97, 135; 4 125
Dreikönigsbündnis (1849) 3 8, 72f., 77
Dreimächtepakt (1940) 6 8, 41, 45
Dreißigjähriger Krieg 2 8, 41–52, 54
Dresden 2 75; 3 72; 6 114f. Bombardierung
- Ministerkonferenzen der dt. Staaten (1850–51) 3 77
- Friede von (1745) 2 82
Drews, Bill, preuß. Minister 4 154
Droste zu Vischering, Klemens August Freiherr von, Erzbischof 3 26
Droysen, Johann Gustav, Historiker 2 76, 116; 3 41, 50, 133, 137, 145, 148
Dschingis Khan, Begründer des Mongolischen Weltreiches 1 119–122
Dubček, Alexander, tschechoslowak. Politiker 6 196, 199
Duckwitz, Georg, Diplomat 5 201, 202f.
Duisburg-Ruhrort 5 8, 55
Dulles, John Foster 6 176
Duncker, Max, Historiker und Politiker 3 41, 101, 102
„Dunkelmänner-Briefe" 2 7
Dünkirchen 6 26f.
Dürnkrut, Schlacht bei (1278) 1 136, 140

Düsseldorf 2 108; 5 8, 55
Duesterberg, Theodor, Mitbegründer des „Stahlhelm" 5 12, 86, 115
Dutschke, Rudolf (Rudi), Studentenführer 6 188, 194
Ebert, Friedrich, Politiker 4 41, 103, 154f.; 5 7, 10, 13f., 23, 24, 32, 34, 45, 69, 72
Eck, Johann, eigentl. Maier, Prof. der Theologie, Hauptgegner Luthers 2 7, 16, 17
Eckart, Dietrich, Schriftsteller 5 50
Eckart, Meister E., Dominikaner 1 158
Eden, Sir Robert Anthony, Earl of Avon, brit. Politiker 5 126, 130; 6 175
- -Plan 6 175f.
Eduard III., König von England 1 136
Eduard VII., König von Großbritannien und Irland 4 8, 60, 68, 77
Ehard, Hans, Politiker 5 69; 6 129
Ehrenburg, Ilja Grigorjewitsch, russ. Schriftsteller 6 79
Eichhorn, Ernst, Polizeipräs. von Berlin 5 26
Eichmann, Karl Adolf, Leiter d. Judenreferats im Reichssicherheitshauptamt 6 81, 133, 134
Eigenkirche 1 49
Eisenach 3 79
Eisenhower, Dwight David, amerik. General und Präsident 6 62, 78, 91f., 107, 110f., 120, 126, 131, 133, 137, 145, 148
Eiserner Vorhang 6 146
Eisner, Kurt, bayer. Ministerpräsident 5 7, 13, 19f., 22, 29f.
El Alamein 6 84
Elisabeth, Kaiserin von Österreich, Gemahlin Franz Josephs I. 4 8
Elisabeth Petrowna, Kaiserin von Rußland 2 72, 82, 84
Elisabeth Stuart, Gemahlin Friedrichs V. von der Pfalz 2 43
Elisabeth die Heilige, Landgräfin von Thüringen 1 126, 127–129

Elsaß-Lothringen 2 101; 3 132, 135; 4 129; 5 73, 149
Eltz-Rübenach, Paul Freiherr und Edler Herr von und zu, Politiker 5 116
Emser Depesche (1870) 3 79, 126ff.
Engels, Friedrich, sozialistischer Schriftsteller 2 29; 3 7, 30, 129, 132; 5 51
England 1 57, 98, 110f., 145, 162; 2 43ff., 53, 76, 68, 81, 82, 84f., 98, 104, 113f., 120, 138f.; 3 83ff.; 4 8, 16, 53f., 55f., 58–65, 65–68, 70ff., 75–77, 82–86, 97, 102, 105, 114, 120–123, 138; 5 73f., 99, 100, 126ff., 142ff., 153 bis 156, 158ff., 164f.; 6 7, 16f., 19f., 25, 26–29, 30, 35ff., 102, 129ff., 137ff., 195, 200
- dt.-engl. Freundschaftsabkommen 1938 5 146
Entente cordiale (1904) 4 65, 67, 71
Entmilitarisierung 6 136
Entnazifizierung 6 136, 146f.
Enver Pascha, türk. General und Staatsmann 4 111
Enzio, König von Sardinien 1 134
Erasmus von Rotterdam, Humanist 2 7, 13, 17, 23
Erbuntertänigkeit, Abschaffung in Preußen 2 100, 129f.
- - in Österreich 3 8
Erfüllungspolitik 5 56
Erfurt 6 188, 204
Erfurter Kongreß (1808) 2 100
- Parlament (1850) 3 71
- Programm (SPD) 4 8
Erhard, Ludwig, Politiker 6 133, 134, 154ff., 184, 187, 188, 190–193, 197
Ermächtigungsgesetz 5 97, 99, 107, 110ff., 116, 122
Ermanerich, König der Ostgoten 1 23
Ermland 2 95
Ernst II., Herzog von Sachsen-Coburg und Gotha 3 90
Ernst August, Herzog von Cumberland, König von Hannover 3 22f.

Ernst, Karl, SA-Führer 5 122
Ertl, Josef, Politiker 6 200
Erzberger, Matthias, Politiker 4 120f., 122, 126, 127, 128, 131, 152; 5 8, 14, 45, 48, 61
Esterházy, Moritz Graf von, österr. Staatsmann 3 104f., 107
Eugen, Prinz von Savoyen 2 53, 60 bis 62, 64
Eugenie, Kaiserin der Franzosen, Gemahlin Napoleons III. 3 89, 131
Eulenburg, Botho Graf zu, preuß. Staatsmann 3 96; 4 34
Eulenburg, Philipp, Fürst zu E. und Hertefeld, Diplomat 4 8, 38, 44ff.
Europäische Atomgemeinschaft (EURATOM) 6 170
Europäische Freihandelszone (EFTA) 6 133, 170
Europäische Gemeinschaft (EG) 6 195, 206
Europäische Sicherheitskonferenz Helsinki (1973) 6 189, 203
Europäische Verteidigungsgemeinschaft (EVG) 6 131, 173, 176
Europäische Wirtschaftsgemeinschaft (EWG) 6 132, 134, 169f.
Europarat 6 131, 169
Euthanasie 5 117; 6 86f.
Evangelische Kirche Deutschlands 6 133, 134
Ewald, Heinrich August, Orientalist 3 22f.
Exarchat 39 s. Kirchenstaat
Ezzelino da Romano, Haupt d. Ghibellinen z. Z. Friedrichs II. 1 134

Fabre-Luce, Alfred, Publizist 5 131
Fahneneid 5 125; 6 97, 116
Falk, Adalbert, preuß. Politiker 4 7, 12, 13
Falkenberg, Dietrich von, Verteidiger Magdeburgs (1631) 2 46
Falkenhayn, Erich von, Generalfeldmarschall 4 108, 110, 112, 114, 115
Fastrada, Gemahlin Karls des Großen 1 41
Favre, Jules, franz. Staatsmann 3 131
Fehrbellin, Schlacht bei (1675) 2 52, 58f., 66
Fehrenbach, Konstantin, Politiker 5 8, 53, 55
Fellgiebel, Erich, General 6 96
Fénelon, François de Salignac de la Mothe, franz. Theologe 2 64
Ferdinand I., röm.-dt. Kaiser 2 8, 36
Ferdinand II., röm.-dt. Kaiser 2 8, 39f., 41, 45, 48
Ferdinand III., röm.-dt. Kaiser 2 9, 49
Ferdinand I., Kaiser von Österreich 3 33f., 55
Feudalismus 1 51
Feuerbach, Ludwig, Philosoph 1 78; 3 28f.
Fichte, Johann Gottlieb, Philosoph 2 100, 131; 3 12, 14
Finnland 6 20, 42, 49
Fisher, John Arbuthnot, brit. Admiral 4 66
Fiume 2 137
Flandern 1 139; 2 10
Flandin, Pierre-Etienne, franz. Politiker 5 131
Fleurus, Schlacht von (1794) 2 105
Florenz 1 152
Flotow, Hans Freiherr von, Diplomat 4 94
Flotte, Flottenbau 4 8, 55–58, 63, 77, 81, 83
Flottengesetze 4 8, 82, 85
- Aufruhr 1918 4 147f.
Flottenabkommen, dt.-engl. (1935) 5 98, 100, 158
Flottenverein, Deutscher 4 57
Foch, Ferdinand, franz. Marschall 4 142, 143
Forrestal, James, amerikan. Politiker 6 158
Fortschrittspartei, Deutsche 3 78, 79
Forster, Georg, Völkerkundler 2 104
Fouquier-Tinville, Antoine Quentin, franz. Revolutionär 6 89, 90
France, Anatole, eigtl. Jacques Anatole Thibault, franz. Schriftsteller 6 90
Franco, Francisco, span. General und Staatsmann 5 98; 6 41
François-Poncet, André, franz. Diplomat 5 144; 6 170
Frank, Egon, Politiker 6 200
Frank, Hans, nationalsozialist. Politiker 5 107; 6 7, 18, 146
Franken, Frankenreich 1 19, 31–52, 63
Frankenhausen, Schlacht b. (1525) 2 29
Frankfurt a. M. 2 104, 112; 3 22, 116; 5 8
Frankfurter Fürstentag (1863) 3 78, 99f.
„Frankfurter Zeitung" 5 80, 113; 6 48
Frankl, Ludwig August, Ritter von Hochwart, Dichter 3 112
Frankreich 1 46, 47, 57, 62, 63, 145–148, 160, 162; 2 11f., 16, 35, 46–50, 51f., 55, 56–60, 62f., 64f., 66, 71, 81, 82, 84f., 96f., 98f., 100–103, 105f., 111f.; 3 7, 8, 40, 76, 78, 83ff., 86ff., 99ff., 107ff., 119, 122ff., 126ff., 128–132, 135–137; 4 16, 65 bis 68, 70–77, 97f., 100, 104–109; 5 44, 73ff., 126ff., 142ff., 148f.; 6 16f., 20f., 22–30, 31f., 91–93, 128, 129ff., 139f., 194f., 200
- Nichtangriffspakt 1938 5 99
- Freundschaftsabkommen 1963 6 134, 187
Frantz, Konstantin, Politiker und Publizist 1 43
Franz I., röm.-dt. Kaiser 2 53, 90
Franz II., röm.-dt. Kaiser (als Kaiser v. Österreich Franz I.) 2 99, 110, 150
Franz I., König von Frankreich 2 7, 16, 23, 32
Franz Joseph I., Kaiser von Österreich, König von Ungarn 3 8, 12, 55, 76, 89, 103, 107, 111, 120; 4 58f., 118
Franz Ferdinand, Erzherzog 4 92
Franz Stephan, Herzog von Lothringen, Gemahl Maria Theresias 2 82 (sp. Franz I., röm.-dt. Kaiser)
Franz von Assisi 1 53, 107, 125, 172f.
Franziskaner, Bettelmönchsorden 1 53, 107–109, 159
Französische Revolution (1789–95) 2 97, 99ff., 112, 130; 6 88ff.
Französische Revolutionskriege s. Koalitionskriege
Frauenstimmrecht 5 30
Fredegunde, Nebenfrau, sp. Gemahlin Chilberichs I. 1 35
Freiburg im Breisgau 2 59, 64
Freidenkertum 3 28ff.
Freidenkerbewegung, sozialistische 5 118
Freie Demokratische Partei (FDP) 6 130ff., 186f., 188, 189, 191, 192, 196, 200, 205
Freies Frankreich (FF) 6 31
Freikorps 5 16, 24–26, 48
- Epp 5 66
- (Marinebrigade) Ehrhardt 5 49–50
- Lüttwitz 5 27
Freiligrath, Ferdinand, Dichter, 3 46, 129; 5 19
Freisler, Roland, nationalsozialist. Politiker und Jurist 6 89–91, 99
Fremdarbeiter im Dritten Reich 6 88
Freytag, Gustav, Schriftsteller 1 148; 4 32, 46
Frick, Wilhelm, nationalsozialist. Politiker 5 86, 97, 107, 146
Friedeburg, Hans-Georg von, Generaladmiral 6 135
Friedensangebot (dt.) 1916 4 126
- - (1939) 6 7
- - (1940) 6 8, 35
Friedensbemühungen Benedikts XV. 1917 4 128ff.
Friedensnote d. Bundesregierung an alle Mächte 6 188, 191, 195
Friedensresolution (1917) 4 127f.
- (1933) 5 109, 125
Friedjung, Heinrich, österr. Historiker 3 104, 107, 108, 111; 4 53
Friedland (Ostpr.), Schlacht b. (1807) 2 121
Friedrich I. Barbarossa, röm.-dt. Kaiser 1 53, 60, 77, 86, 88–97, 98, 131
Friedrich I., röm.-dt. Kaiser 1 51, 52, 67,
77, 97f., 110, 111, 111–115, 116–119, 121f., 131–134, 135
Friedrich III., röm.-dt. Kaiser 1 136, 139, 171, 173
Friedrich III., Deutscher Kaiser, König von Preußen (Kronprinz Friedrich Wilhelm) 3 36, 113; 4 7, 25–27
Friedrich (III.) der Schöne, dt. Gegenkönig 1 136, 153
Friedrich I., König von Preußen 2 66, 67, 75
Friedrich II. der Große, König von Preußen 2 53, 54, 55, 65, 66ff., 68, 69f., 70–73, 76–82, 82–84, 84–87, 89, 90, 93, 99, 101f.
Friedrich III. der Weise, Kurfürst von Sachsen 2 11, 16, 17, 74
Friedrich III., Kurfürst von Brandenburg (sp. Friedrich I., König von Preußen) 2 53, 65, 66f.
Friedrich IV., Kurfürst von der Pfalz 2 8, 41
Friedrich V. von der Pfalz, der Winterkönig 2 8, 9, 15, 42, 43, 49
Friedrich I., Großherzog von Baden 3 106
Friedrich, Kronprinz von Dänemark 3 100ff.
Friedrich VII. Karl Christian, König von Dänemark 3 100
Friedrich Wilhelm I., König von Preußen 2 53, 54, 67–70, 87
Friedrich Wilhelm II., König von Preußen 2 54, 98, 102
Friedrich Wilhelm III., König von Preußen 2 99, 110, 139, 140ff., 150; 3 16
Friedrich Wilhelm IV., König von Preußen 3 7, 14, 26–28, 32 bis 38, 38ff., 57, 60f. 64, 66ff., 68–74, 75ff., 86
Friedrich August I. der Gerechte, König von Sachsen 2 121
Friedrich August I., Kurfürst von Sachsen 2 53
s. August der Starke (König. v. Polen)
Friedrich Wilhelm, der Große Kurfürst (Brandenburg) 2 9, 52, 54–56, 56–60, 66, 78

Gesamtregister 157

Fritsch, Werner Freiherr von, Generaloberst 5 120, 132, 133
Fritzsche, Hans, nationalsozialist. Politiker 6 146
Fröbel, Julius, Politiker 3 51
Fromm, Friedrich, Generaloberst 6 94, 96f.
Frühkapitalismus 4 41f.
Frundsberg, Georg von, Landsknechtführer 1 26
Fugger, schwäb. Geschlecht 1 174; 2 7, 15
Fugger, Jakob 1 174
"Führerbriefe" (Blatt d. konserv. Rechten) 5 90f.
Fürstenbund s. Deutscher Fürstenbund
Furtwängler, Wilhelm, Dirigent 6 109
Füssen, Friede von (1745) 2 53, 82

Gablenz, Ludwig Freiherr von, österr. Feldzeugmeister 3 109
Gafencu, Grigore, rumän. Politiker 5 164
Gagern, Heinrich Freiherr von, dt. Staatsmann 3 7, 32, 41, 42, 43f., 52, 53, 60, 61f., 67, 71
Gagern, Maximilian Freiherr von, Politiker 3 7, 38ff.
Galen, Christoph Bernhard, Freiherr von, Bischof von Münster 2 58
Galen, Clemens August Graf, Kardinal, Bischof von Münster 5 117
Galizien 2 95
Galland, Adolf, Major 6 35, 36
Gallien 1 24, 34, 37
Gallipoli 4 112
Gambetta, Léon, franz. Staatsmann 3 128
Gamelin, Maurice Gustave, franz. General 5 164; 6 22, 59
Gareis, Karl, Politiker 5 61
Gaulle, Charles de, franz. General und Staatsmann 6 24, 27; 66, 92, 133, 145, 187, 188, 190f., 194f.
Gaus, Günther, Journalist und Politiker 6 189, 205
Gauß, Carl Friedrich, Mathematiker und Astronom 3 23
Gautier, Léon, franz. Gelehrter 1 21, 25

Gebhard von Eichstätt s. Viktor II.
Gegenreformation 2 14, 32, 37–40, 48
"Gegenwart, Die" 6 177, 182
Geheime Staatspolizei (Gestapo) 5 94, 97, 133
Geiserich, König der Wandalen 1 19, 25, 26
Geistliches Fürstentum 1 58f., 152; 2 8, 17, 75f.; 4 10f.
s. Bischöfe, Kurfürsten
Geißler-Bewegung 1 159
Gelasius II., Papst 1 45
"Generalanzeiger" 5 78
Generalstreik, nationaler 5 55, 63, 65
Genfer Abrüstungskonferenz (1932) 5 12, 118, 125f.
- Konferenz der Außenminister (1959) 6 133
- Viermächtekonferenz (1955) 6 177f.
Genscher, Hans-Dietrich, Politiker 6 189, 200, 207
Gentz, Friedrich, Publizist u. Staatsmann 2 104, 147; 3 10
Georg V., König von Hannover 3 112
George-Kreis 2 116
Gerlach, Leopold von, preuß. General 3 41, 71, 75, 80, 106
Germanen 1 19–31, 35, 45, 83
- germanische Räume 1 32f.
"Germania" (Zentrumszeitung) 5 107
Gerstenmaier, Eugen, Theologe und Politiker 6 99, 190
Gervinus, Georg G., Geschichtsforscher 3 22f., 41
"Geschichte des niederen Volkes in Deutschland" (Eccardus) 1 40, 43, 125
Gesetz gegen die Neubildung von Parteien 5 97
Gesetz zur Sicherung der Einheit von Partei und Staat (1933) 5 97
Gesetz über den Neuaufbau des Reiches (1934) 5 98, 119
Gesetz über die vorläufige Reichsgewalt (1919) 5 7
Gesell, Silvio, dt. Finanztheoretiker 5 30
Geßler, Otto, Politiker 5 8, 10, 52

Gewerkschaften, bes. 5 50; 6 207
Geyer, Florian, fränk. Reichsritter 2 26
Ghibellinen, ital. Partei d. Mittelalters 1 86, 87, 134f., 177
Gibraltar 6 41
Giesebrecht, Wilhelm von, Geschichtsschreiber 1 72, 79
Gilbert, Seymour Parker, amerik. Finanzpolitiker 5 77
Giscard d'Estaing, Valéry, franz. Politiker 6 189
Gisevius, Hans, Diplomat 5 122
Giskra, Karl, österr. Minister 3 120
Gladstone, William Ewart, brit. Politiker 4 54
Glatz, Grafschaft 3 103
Gleichschaltung 5 97, 113–119
Gneisenau, August Wilhelm Anton, Graf Neidhardt von, preuß. Heerführer 2 125f., 129, 142, 143, 147
Gneist, Rudolf von, Politiker 3 92, 104
Goebbels, Paul Joseph, nationalsozialist. Politiker 2 145; 5 86, 97, 110, 111f., 155; 6 69f., 95f., 109, 118, 121, 124
Godesberger Grundsatzprogramm 6 133
Goldene Bulle (1226) 1 118; (1356) 1 136, 161, 165
Goltz, Robert Graf von der, preuß. Diplomat 3 114, 115
Gomulka 196, 201
Gooch, George Peabody, brit. Historiker 2 77
Goerdeler, Carl Friedrich, Jurist, Führer der Widerstandsbewegung 6 90, 94, 98
Görgei, Arthur von, ungar. General 3 54
Göring, Hermann, nationalsozialist. Politiker 5 11, 12, 68, 96, 97, 107, 108, 110, 122; 6 18, 26, 36, 74, 82, 90, 119, 121, 146
Görlitzer Programm (SPD) 5 8
Görres, Johann Joseph von, Publizist 2 110; 3 9
Gort, John, Viscount of, brit. General 6 25
Gortschakow, Alexander Michailowitsch Fürst, russ. Staatsmann 3 99; 4 15

Goslar 1 56
Goten 1 19, 23–31
Gothaer Programm (SPD) 4 19
Goethe, Johann Wolfgang von, Dichter 2 84f., 89, 97, 98, 104, 116; 3 30; 6 79, 123
Gottesgnadentum 1 38
"Gottesstaat" (Augustinus) 1 19, 49; 2 21
Gottfried der Bärtige, Herzog von Lothringen 1 71
Gottfried von Bouillon, Herzog von Niederlothringen 1 81
Gottfried von Straßburg, mhd. Dichter 1 102
Göttinger Sieben 3 7, 22–25
Gottschalk, Abotritenfürst 1 71
Govone, Giuseppe, ital. General 3 105, 112
Gramont, Antoine Alfred Agénor Herzog von, franz. Staatsmann 3 122, 124, 125, 127f.
Grandi, Dino Graf, ital. Politiker 5 144
Graziani, Rodolfo, Marchese di Neghelli, ital. Marschall 6 43
Gregor VI., Papst 1 68
Gregor VII. (Hildebrand), Papst 1 52, 69, 70–73, 74–81, 82f., 92, 146 189
Gregor IX., Papst 1 116–119, 131
Gregor X., Papst 1 138, 139
Greifswald 1 143
Grey, Edward, Viscount G. of Fallodon, brit. Staatsmann 4 66, 68, 75, 79f., 82f., 84, 86, 88, 97, 98, 99f., 102f.
Griechen, Griechenland 1 28, 44, 105, 116; 3 17f.; 6 43ff.
- engl.-franz. Beistandserkl. (1939) 5 156
Grillparzer, Franz, Dichter 2 39; 3 54
Grimm, Jacob, Germanist 3 22f., 41
Grimm, Hans, Schriftsteller 4 54, 55, 64
Grimm, Wilhelm, Germanist 3 22f.
Grimmelshausen, Hans Jacob Christoph von, Schriftsteller 2 49f.
Gromyko, Andrej Andrejewitsch, sowjet. Politiker 6 195, 188, 202

Groener, Wilhelm, General und Politiker 3 131; 4 105, 108, 134, 135, 152, 154f., 156; 5 15, 23, 45, 52
Großbritannien s. England
Große Koalition 6 188, 193–197
Großmann, Stefan, Publizist 5 20, 27
Grotewohl, Otto, Politiker 6 130, 182, 197
Grumbkow, Friedrich Wilhelm von, preuß. Generalfeldmarschall 2 70
Grundgesetz für die Bundesrepublik Deutschland 6 130, 163f.
Grundvertrag (1972, Inkrafttreten 1973) 6 189, 205
Guderian, Heinz, Generaloberst 6 24, 26, 50
Guelfen, ital. Partei d. Mittelalters 1 86, 177
Guido von Vienne, Erzbischof, s. Calixt II
Guillaume, Günter, Mitarb. d. Staatssicherheitsdienstes d. DDR 6 207
Gürtner, Franz, Jurist und Politiker 5 69, 116
Gustav II. Adolf, König von Schweden 2 9, 44, 46
Guttenberg, Karl Theodor Freiherr von und zu, Politiker 6 199
Guttmann, Bernhard, Publizist 3 85; 4 16f., 25, 45, 87; 6 143f.

Haakon VII., König von Dänemark 6 22
Haase, Hugo, Politiker 4 103; 5 14
Habermas, Jürgen, Soziologe und Philosoph 6 194
Habsburger 1 137–139, 160, 162; 2 11f., 36, 39, 56f.; 4 158
- Habsburger Reich s. Österreich
Hácha, Emil, tschechoslowak. Politiker 5 100, 152
Hadrian IV., Papst 1 53, 91
Haeften, Werner von, Oberleutnant 6 94, 97
Hagia Sophia 1 103, 176
Haig, Douglas Earl of, brit. Feldmarschall 4 107
Halberstadt, Reichsstift 2 44, 50

158 Gesamtregister

Haldane, Richard Burdon, Viscount Haldane of Cloan, brit. Politiker und Schriftsteller 4 9, 84, 85f.
Halder, Franz, Generaloberst 6 8, 24, 117
Halifax, Edward Frederick Lindley Wood, Earl of, brit. Staatsmann 5 154
Halsgerichtsordnung 2 74f.
Hallstein-Doktrin 6 132, 178, 192
Hambacher Fest 3 18
Hamburg 1 143; 2 112
- Freie und Hansestadt 6 129, 206
Hammerstein, Kurt Freiherr von H.-Equord, Generaloberst 5 48; 6 99
Hannover, Kurfürstentum 2 53, 76, 100, 113f.
- Königreich 3 22ff., 110, 116
- preuß. Provinz 4 23
Hanse, Hansische Städtebund 1 107, 136, 143, 161; 2 100
Hansemann, David, preuß. Staatsmann 3 20, 57
Hansemann, Ferdinand von, Mitgründer d. Ostmarkenvereins 4 40
Harden, Maximilian, Publizist 4 8, 44–46
Hardenberg, Karl August Fürst von, preuß. Staatsmann 2 100, 113, 122f., 125, 130, 135, 137, 143, 150
Harrington, James, engl. pol. Schriftsteller 2 112
Hartmann von Aue, mhd. Dichter 1 102
Harzburg 1 73
Harzburger Front 5 11
Hase, Paul von, Generalleutnant 6 94
Hassel, Kai-Uwe von, Politiker 6 134
Hassenpflug, Hans Daniel Ludwig, kurhess. Minister 3 71
Hatzfeld, Paul Graf von, Diplomat 4 59, 62
Haugwitz, Christian Graf von, Politiker 2 123f.
Hauptmann, Gerhart, Dichter, 3 30; 5 93; 6 115
Haushofer, Albrecht, Prof. f. politische Geographie 6 100
Hausmeier 1 35–39
Häusser, Ludwig, Geschichtsschreiber 2 76
Havenstein, Rudolf,

Präsident der Reichsbank 5 49
Hecker, Friedrich, bad. Revolutionär 3 46
Heeresreform, preußische 2 125; 3 77, 78, 91–95
Hegel, Georg Wilhelm Friedrich, Philosoph 2 85, 116; 3 13, 14, 29; 4 20
Heidelberg 2 62f., 108
Heilbronn, Konföderation von (1633) 2 48
Heilige Allianz 2 102, 149; 3 7, 9–12
Heiliges Römisches Reich Deutscher Nation 1 23, 26, 34, 43, 45, 52, 60ff., 83, 87, 94, 96, 116, 118, 135, 140, 148, 151f.; 2 104, 113, 114, 115, 147
Heimatvertriebenen und Entrechteten, Bund der (BHE) 6 131
- Charta 6 130
Heimpel, Hermann, Historiker 1 168
Heine, Heinrich, Dichter 1 148; 2 76, 116; 3 18, 19f., 30; 4 12, 17f., 53
Heinemann, Gustav, Jurist und Politiker 6 188, 193, 196, 200
Heinrich I., dt. König 1 52, 57f.
Heinrich II. der Heilige, röm.-dt. Kaiser 1 52, 65f.
Heinrich III., röm.-dt. Kaiser 1 52, 68, 70, 71
Heinrich IV., röm.-dt. Kaiser 1 52, 65, 70 bis 74, 74–81, 82f.
Heinrich V., röm.-dt. Kaiser 1 52, 82–85
Heinrich VI., röm.-dt. Kaiser 1 53, 77, 97 bis 99
Heinrich VII., röm.-dt. Kaiser 1 136, 152f.
Heinrich (VII.), dt. König und Herzog von Schwaben 1 122f., 129–131
Heinrich VIII., König von England 1 38
Heinrich IV. von Navarra, König von Frankreich 2 8, 37
Heinrich I., Herzog von Bayern 1 59
Heinrich der Löwe, Herzog der Bayern und Sachsen 1 53, 86, 89f., 94–97; 2 48
Heinrich X. der Stolze, Herzog von Bayern und Sachsen 1 86
Heinrich II. der Fromme, Herzog von Schlesien, Krakau und Polen 1 53, 121

Heinrich Raspe, Landgraf von Thüringen 1 53, 132f.
Helfferich, Karl, Politiker 5 8, 48
Helgoland 4 8
Hendaye, Treffen Hitler/Franco 6 8, 41
Henderson, Arthur, brit. Politiker 5 125, 139, 147, 158–167
Henlein, Konrad, sudetendt. Politiker 5 99
Hennecke, Adolf, Bergarbeiter 6 167
Hentsch, Richard, Oberstleutnant 4 107, 108
Herbart, Johann Friedrich, Philosoph 3 23
Herbette, Jean, franz. Diplomat 5 75
Herder, Johann Gottfried von, Dichter 2 90, 98; 5 163
Hermann der Cherusker 1 21
Hermann, Graf von Salm (Gegenkönig) 1 81
Hermann von Salza, Hochmeister des Deutschen Ordens 1 118
Herriot, Edouard, franz. Politiker 6 23 f.
Hertling, Georg Freiherr von, Reichskanzler 4 131, 144
Hertzberg, Ewald Friedrich Graf von, preuß. Minister 2 102
Herzegowina 4 79
Hess, Moses, jüd. Schriftsteller 4 20
Heß, Rudolf, nationalsoz. Polit. 6 46, 146
Hessen 1 37
Kurhessen 3 71, 74ff., 110, 116; 4 23
- (Land) seit 1945 6 128, 129, 193
Hessen-Darmstadt 2 114; 3 32
- Kassel 2 76
- Nassau (preuß. Provinz) 4 23
Heusinger, Adolf, General 6 72
Heuss, Theodor, Staatsmann 5 40, 72; 6 130, 164, 184
Heydebreck, Otto Freiherr von, Redakteur 5 15
Heydrich, Reinhard, nationalsozialist. Politiker 6 18, 78–86
Heye, Wilhelm, Generaloberst 4 157; 5 10
Hielscher, Publizist 6 94
Hildebrand, Benediktiner, s. Gregor VII.

Hildegard, Gemahlin Karls des Großen 1 41
Hildegard von Bingen, Mystikerin 1 101
Hilferding, Rudolf, Politiker 4 52, 80
Hillard, Gustav, eigtl. Gustav Steinbömer, Schriftsteller 6 124
Himmler, Heinrich, nationalsozialist. Politiker 5 97, 121, 133; 6 74, 78–82, 94, 109, 118, 121
Hindenburg, Paul von Beneckendorff und von H., Generalfeldmarschall u. Reichspräsident 4 110, 112, 115f., 120f., 146, 153, 155; 5 10, 12, 34, 45, 52, 71–76, 82, 85f., 89f., 94ff., 98, 105, 122, 124
Hindenburg, Oskar von Beneckendorff und von H., 5 12
Hinzpeter, Georg Ernst, Erzieher 4 27, 28, 31
Hipper, Franz Ritter von, Admiral 4 148
Hitler, Adolf, „Führer" und Reichskanzler 1 37, 115, 139; 2 30, 46; 4 51; 5 8, 9, 10, 11, 50, 60, 66, 67–69, 84–87, Machtergreifung 5 96ff., 105–113
- Charakter 5 100 bis 105; Außen-, Ostpolitik 125–131, 136–152; Christentum u. Kirchen 93f., 103f., 116f.; Judenfrage 124; 6 78ff., 82ff., 121; Kriegspläne 131–135, 153ff.; Reichswehr 120–125; Sowjetunion 157–165; Zweiter Weltkrieg s. d.; Ende 117f., 120, 121 bis 124
- „Mein Kampf" 4 135, 136; 5 69, 105, 135; 6 78, 82, 122
- „Tischgespräche" 5 93, 103
Hoare, Sir s. Templewood
Höcherl, Hermann, Politiker 6 186
Höchstädt, Schlacht b. 2 53, 64
Hoepner, Erich, Generaloberst 6 94, 96
Hofer, Andreas, Tiroler Freiheitskämpfer 2 136
Hoffmann, Johannes, Politiker 5 8, 30
Hoffmann, Max, preuß. General 4 135, 154
Hoffmann von Fallersleben, Germanist und Dichter 3 92, 129

Hofmiller, Josef, Literaturkritiker 5 29
Hohenfriedberg, Schlacht b. (1745) 2 82
Hohenlohe-Ingelfingen, Adolf Prinz zu, preuß. General und Politiker 3 94
Hohenlohe-Schillingsfürst, Chlodwig Fürst zu, Politiker 3 45; 4 8, 44, 61, 63
„Hohenstaufen, Geschichte der" (Raumer) 1 133
Hohenstaufer s. Staufer
Hohenzollern 1 171; 2 54f., 89; 3 79, 95, 121ff.; 4 115; 5 21
Hohenzollern, Fürst Anton von 3 86, 93f., 124, 125; 4 157
Holitscher, Arthur, Schriftsteller 5 15
Holland (Niederlande) 1 47, 66, 133, 155; 2 10, 32, 52, 55, 66, 100, 104, 105; 3 15; 6 7, 24
Holstein, Herzogtum 1 136; 2 121; 3 7, 45, 73, 104, 109 s. Deutsch-Dänische Kriege
Holstein, Friedrich August von, Diplomat 3 134; 4 16, 34, 43, 46, 59f., 61ff., 67, 71, 74, 75
Holtzendorff, Henning von, Admiral 4 122
Hölz, Max, Politiker 5 8, 53
Honecker, Erich, Politiker 6 188, 204f.
Honorius II., Papst 1 72
Honorius III., Papst 1 116
Hoover, Herbert Clark, amerik. Präs. 5 11
Hopkins, Harry Lloyd, amerik. Politiker 6 52, 55, 57, 138, 161
Horthy von Nagybánya, Nikolaus, österr.-ungar. Admiral, sp. Reichsverweser 4 149
Höß, Franz Ferdinand, Kommandant von Auschwitz 6 83f.
Hoßbach, Friedrich, General 5 132
- Protokoll 5 99, 132
Hoth, Hermann, General 6 65
Howley, amerik. Colonel 6 138f.
Hubertusburg, Friede von (1763) 2 53, 84
Hübner, Joseph Alexander Graf, österr. Diplomat 2 151

Gesamtregister 159

Huch, Ricarda, Schriftstellerin 3 68; 5 60
Hugenberg, Alfred, Wirtschaftsführer und Politiker 5 10, 79, 84, 97, 105, 115
Hugenotten 2 14, 49, 53
Hughes Cunliff Commission 5 62
Hugo, Abt von Cluny 1 76
Hugo, Gustav, Jurist 3 23
Hull, Cordell, amerik. Politiker 6 54, 58
Humbert, Kardinal 1 73f.
Humboldt, Wilhelm Freiherr von, Gelehrter und Staatsmann 3 20
Hunnen 1 19, 23–26, 31
Huntziger, Charles, franz. General und Politiker 6 29f.
Hus, Jan, tschech. Kirchenreformer 1 136, 163, 164–167, 167–170, 172
Hussiten, Hussitenkriege 1 136, 164 bis 167, 167–171; 2 27
Hutten, Ulrich von, Reichsritter und Humanist 2 13f., 23

Ibn Sa'ud, Abd al-Asis III., König von Saudi-Arabien 1 37
Ignatius von Loyola, Ordensstifter 2 8, 60
Imperialismus 4 52f.
Indemnitätsgesetz, preußisches (1866) 3 79, 117
Industrieplan d. Besatzungsmächte 6 128, 129, 152f.
Inflation 5 9, 62–64
Ingolstadt 2 37
Innozenz II., Papst 1 85
Innozenz III., Papst 1 53, 99, 100–102, 103, 104, 109–111
Innozenz IV., Papst 1 132
Innozenz VI., Papst 1 159
Inquisition 1 124–129; 2 8
Internationale, Zweite (Auflösung 1914) 4 103
Internationale Ruhrbehörde 6 129, 130, 153
Internationales Militär-Tribunal, Nürnberg, Aussagen v. d. 5 133, 163; 6 18, 19, 82, 84, 90
- Prozeß u. Urteile 6 128, 146
Invasion, alliierte 6 66, 76, 91–93

Investitur, Investiturstreit 1 52, 73, 74, 83ff., 95
Irredenta 3 15; 4 16 (Italien), 92f. (Österreich-Ungarn), 135 (Frankreich)
Isaak II. Angelos, byzant. Kaiser 1 103
Islam 1 19, 28, 37, 45, 112, 115f., 123, 140, 145, 175; 2 39, 56, 60f., 94
Israel 1 44; 6 192
- Aufnahme diplom. Beziehungen (1965) 6 188
s. Wiedergutmachung
Iswolsky, Alexander Petrowitsch, russ. Politiker 4 78, 79f., 81
Italien 1 19, 23ff., 26, 30, 31f., 38, 41, 47, 54f., 59–64, 66, 88 bis 94, 94–97, 161f., 172f., 177; 2 108; 3 8, 88–90, 105, 109, 114; 4 7, 10f., 16, 74, 94, 111, 114, 150f.; 5 99, 100, 128f., 158f., 6 27, 29f., 40, 63
Itzenplitz, Heinrich Friedrich August Graf von, preuß. Politiker 3 96
ius reformandi 2 36

Jacoby, Johann, Politiker 3 41, 59
Jagow, Gottlieb von, Diplomat 4 93, 105
Jagow, Traugott von, preuß. Staatsbeamter 5 50
Jahn, Friedrich Ludwig („Turnvater") 3 12f., 28, 41, 43
Jahn, Gerhard, Politiker 6 200
Jakob I., König von England 2 42f.
Jakob II., König von England 2 57
Jalta, Konferenz v. (1945) 6 97, 105, 107, 111–114, 137
Japan 4 8, 68f.; 6 40f., 46, 51–55, 55–63, 145f.
Jarres, Karl, Politiker 5 65
Jaurès, Jean, franz. Sozialist 2 128
Jedrychowski, Stefan, poln. Politiker 6 188, 203
Jellicoe, John Rushworth, brit. Admiral 4 114, 122
Jena und Auerstedt, Doppelschlacht b. (1806) 2 99, 117, 119
Jérôme Bonaparte, König von Westfalen 2 121

Jerusalem 1 52, 81f., 97, 118
Jesuiten 2 8, 37f., 39, 90f.
- Jesuitengesetz 1872 4 7, 12f.
Joachim von Fiore, Ordensgründer, Theologe 2 29
Jobst, Markgraf von Mähren, Gegenkönig 1 136
Jodl, Alfred, Generaloberst 5 102, 130, 140; 6 19, 30, 35, 71f., 110, 126 146
- „Tagebuch" 5 136
Joffre, Joseph Jacques Césaire, franz. Marschall 4 107
Johann ohne Land, König von England 1 53, 110, 117, 145
Johann III. (Jan Sobieski), König von Polen 2 52, 60
Johann, König der Walachen 1 105
Johann, Erzherzog von Österreich, dt. Reichsverweser 3 7, 44, 68
Johann Friedrich der Großmütige, Kurfürst von Sachsen 2 8, 33
Johann von Leyden
s. Bockelson
Johannes XXII., Papst 1 153, 159
Johannes XXIII., Papst (1410–15) 1 169
Johanniterorden 2 112
Johnson, Lyndon Baynes, Präs. d. Verein. Staaten 6 190
Jörg, Joseph Edmund, Politiker 3 95
Joseph I., röm.-dt. Kaiser 2 53, 64
Joseph II., röm.-dt. Kaiser 2 53, 54, 87, 88f., 90–93, 95, 96 bis 99, 101
Joseph Ferdinand, Erzherzog von Österreich 4 149
Josephinismus 2 88, 91, 92
Juden, Judenverfolgungen 1 86, 157; 5 29f.; 4 7, 36f.
- im Dritten Reich 5 114, 124; 6 18, 78–86
- Wiedergutmachungsabkommen 6 130
Judenzins 1 138
Judith, Gemahlin Ludwigs des Frommen 1 47
Jugoslawien 6 44, 45
- Aufnahme diplom. Beziehungen (1968) 6 188
Julian (Apostata), röm.

Kaiser 1 64; 2 71; 3 27
Jülich, Herzogtum 2 8
Jülich-Klevener Erbfolgestreit (1609–14) 2 36
Jung, Edgar, politischer Schriftsteller 5 120, 123
Junges Europa (1834) 3 17
Jungsozialisten 6 207
Junkertum 4 34ff.
Justinian I., byzant. Kaiser 1 30

Kahlenberg, Schlacht am (1683) 2 52, 60
Kahr, Gustav Ritter von, Politiker 5 8, 9, 53, 67ff.
Kairo, Konferenz von (1943) 6 76
Kaiser, Jakob, Politiker 6 129
Kaisertum 1 45, 49, 58 bis 65, 65–68, 74, 89, 91, 97, 111, 115, 118 135, 143ff.
- in Preußen 3 132ff.
s. Investiturstreit
Kalifat 1 28, 45
Kalisch 2 105
- Friede von (1813) 2 140
Kaltenbrunner, Ernst, österr. Nationalsozialist, Nachf. Heydrichs 6 96, 146
Kalter Krieg 6 108, 144, 175–177
Kapitalismus 3 30; 4 20, 23, 40, 51
Kapp, Wolfgang, Politiker 5 8
- Putsch 5 8, 48–50
Károlyi von Nagykároly, Michael Graf von, ungar. Staatsmann 4 150
Karlstadt, eigtl. Andreas Bodenstein, reformator. Theologe 2 7, 17
Karl II. der Kahle, röm. Kaiser, König d. Westfränkischen Reichs (sp. Frankreich) 1 40, 46, 47, 48, 52
Karl III. der Dicke, röm. Kaiser, König d.Ostfränkischen (sp. Deutschen) Reichs 1 40, 46
Karl IV., röm.-dt. Kaiser 1 136, 157, 159f., 165, 166
Karl V., röm.-dt. Kaiser 1 26, 174; 2 7, 8, 12, 16–21, 23ff., 32–36, 37, 45, 74
Karl VI., röm.-dt. Kaiser 2 53, 64, 65, 76
Karl VII., röm.-dt. Kaiser Österreich, König

von Ungarn (K. IV.) 4 118, 149, 158
Karl VIII., König von Frankreich 2 7, 9
Karl I. von Anjou, König von Neapel-Sizilien 1 54, 134
Karl XII., König von Schweden 2 65, 78, 96
Karl, Erzherzog von Österreich 2 108,136
Karl Albrecht, Kurfürst von Bayern (sp. Karl VII., röm.-dt. Kaiser) 2 76
Karl Friedrich, Kurfürst von Baden 2 113
Karl Ludwig, Kurfürst von der Pfalz 2 58
Karl II., Herzog von Braunschweig 3 15f.
Karl der Kühne, Herzog von Burgund 1 155, 171
Karl V. Leopold, Herzog von Lothringen, österr. Feldmarschall 2 60
Karl Wilhelm Ferdinand, Herzog von Braunschweig 2 103
Karl Martell (Hausmaier) 1 19, 37f.
Karlsbader Beschlüsse (1819) 3 7, 8, 10–12
- Programm (1938) 5 139
Karlshorst 6 126
Kärnten 1 136
Karolinger 1 38ff., 46ff., 56
Károlyi von Nagykároly s. Károlyi
Kassel 6 188, 204
Katalaunische(n) Felder(n), Schlacht a. d. (451) 1 19
Katharer 1 106, 124, 125, 157
Katharina II. die Große, Kaiserin von Rußland 2 84, 93–96
Katholikenkongreß München 1871 3 7
Katholische Reform 2 33ff.
Katholizismus 1 37f.; 2 33 37ff., 41, 46, 52; 3 26
Katte, Hans Hermann v., preuß. Leutnant 2 53
Katyn 6 78
Kaub 2 100
Kaunitz, Wenzel Anton, Graf von K.-Rietberg, österr. Staatsmann 2 82, 88, 94, 97, 98

Gesamtregister

Keitel, Wilhelm, Generalfeldmarschall 5 133; 6 26, 30, 146
Kellog-Pakt (1928) 5 10
Kennedy, John Fitzgerald, Präs. d. Verein. Staaten 6 133, 187
Kennemann, Hermann, Mitgründer des Ostmarkenvereins 4 40
Kerrl, Hanns, nationalsozialist. Politiker 5 98
Kesselring, Albert, Generalfeldmarschall 5 115, 130
Keßler, Harry, Graf Schriftsteller 5 57
Ketteler, Wilhelm Emanuel Freiherr von, Bischof von Mainz 3 41
Ketzerbewegungen s. Albigenser, Katharer, Geißler
Kiderlen-Waechter, Alfred von, dt. Politiker 4 58, 83, 84
Kiesinger, Kurt Georg, Politiker 6 188, 193–197, 199
Kiew, Kesselschlacht von (1941) 6 9, 49
King, Ernest Joseph, amerik. Admiral 6 61
Kirche, katholische 1 27, 29, 33f., 36, 44ff., 48f., 54, 58 bis 61, 65–68, 68–74, 74 bis 81, 87, 91–94, 116f., 118, 164; 2 33f., 97; 5 116f.
s. Bischöfe, Gegenreformation, Investiturstreit, Josephenismus, Kulturkampf, Regalien, Reichskonkordat
Kirche, protestantische 4 13; 5 117
s. Bekennende K., Reformation, Verfassung
Kirchenraub 1 45, 46, 146f.; 2 17f., 75, 88, 97, 110
Kirchenreform, nationale 2 11f., 16f., 20, 33f.
s. Reformation
Kirchenspaltung 1 136
Kirchenstaat 1 39, 43, 49, 64, 96; 4 10f.
Kirchheimer, Otto, Publizist 6 185
Kissinger, Henry Alfred, amerik. Politiker 6 205
Klagges, Dietrich, nationalsozialist. Politiker 5 86
Klausener, Erich, kath. Politiker 5 123
Kleist, Ewald von, Generalfeldmarschall 6 50
Kleist, Heinrich von 2 133f.
- „Die Hermannsschlacht" 2 131
Kleist, Peter, Mitarb. Ribbentrops 6 75
Klepper, Jochen, Schriftst. 6 30f., 80
Kleve, Herzogtum 2 8, 50, 54, 94, 114
Klopstock, Friedrich Gottlieb, Dichter 2 104
Klotz, Louis Lucien, franz. Politiker 5 62
Kluck, Alexander von, preuß. Generaloberst 4 105, 107, 108
Kluge, Günther von, Generalfeldmarschall 6 72, 107
Knipperdolling, Bernhard, Wiedertäufer 2 30
Koalitionskrieg, erster (1792–97) 2 99, 103ff., 109ff.
- zweiter (1799–1802) 2 99, 111
Koblenzer Beschlüsse (1948) 6 158f.
Koch-Weser, Erich, Politiker 5 39
Kogon, Eugen, Publizist und Politiker 6 81, 166
Kohl, Helmut, Politiker 6 189, 207
Kohl, Michael, Politiker 6 188, 189, 204
Kolin, Schlacht b. (1757) 2 53
Kollektivierung (DDR) 6 131, 150
Köln 1 75, 144; 2 37; 6 63
- Erzbistum 1 152; Kurfürstentum 2 16, 58, 75
Kölnischer Krieg (1582–1584) 2 36
Kolonialpolitik 4 49ff.
Kolonien, deutsche 4 7, 49
Kolonisation des deutschen Ostens (ostelbische) 1 43, 115 bis 118, 140–145
Kommissarbefehl 6 79
Kommune, Pariser (1871) 3 135ff.; 4 22
Kommunistische Partei Deutschland (KPD) 5 7, 9, 28f., 31, 71f., 108
- Verbot 1956 3 132
Kommunistisches Manifest 3 7
Konfliktzeit, preuß. (1861–66) 3 91–95, 117
Königgrätz, Schlacht b. (1866) 1 50; 3 79; 3 112

Königsberg 1 143; 2 59, 67, 121; 5 111; 6 142
Königsboten 1 47
Königsrecht 1 159
Königswahl 1 76, 99, 100, 136, 150, 160; 2 8, 41
Königtum 1 57, 74ff., 99
Konkordat 1122 (Worms) 1 84f.
- 1784 (Joseph II.) 2 54
Konrad I., dt. König 1 52, 54
Konrad II. der Salier, röm.-dt. Kaiser 1 52, 66
Konrad III., dt. König 1 53, 77, 80f., 86 bis 88
Konrad IV., dt. König 1 53, 134
Konrad von Marburg, Iquisitor 1 53, 126–129
Konradin, Herzog von Schwaben 1 54, 134
Konservative 4 12, 17, 82
Konstantin V. Kopronymos, byzant. Kaiser 1 39
Konstantinische Schenkung 1 19, 49, 91
Konstantinopel 1 26, 29f., 49, 50, 53, 103f., 116, 136, 175; 2 122; 3 83, 85
s. Byzanz
Konstanz, Konzil (1414–18) 1 136, 168ff.
- Vertrag (1153) 1 53, 88, 91
Konstanze von Sizilien, Gemahlin Heinrichs VI. 1 53, 95, 97, 98
Konstruktives Mißtrauensvotum 6 164, 188
Kontinentalsperre 2 99, 120, 138
Kontrollrat 6 114, 128, 133f., 156
- Direktive und Gesetze 6 136
Konzentrationslager 6 82f.
Kopp, sowjet. Handelsvertreter 5 59
Körner, Theodor, Dichter 2 142
Kortzfleisch, Joachim von, General 6 97
Kossuth, Ludwig von, Führer d. ungar. Unabhängigkeitsbewegung 1848/49 3 54
Kossygin, Aleksej Nikolajewitsch, sowjet. Politiker 6 188, 190, 202, 203

Kotzebue, August von, Dichter 3 7, 8ff.
Krain 1 136; 2 137, 6 45
Krakau 2 107
Kraus, Christian Jakob, Philosoph 2 129
Kreisauer Kreis 6 95, 98
Kremsier, Reichstag (1848) 3 55, 63f. (Auflösung)
- Programm 3 61
Kreta 6 8, 45
Kreuzritterstaaten 1 116, 123
„Kreuzzeitung" 3 57; 5 28
Kreuzzüge 1 52, 53, 81f., 86f., 97, 98, 101, 102–107, 115–119, 123f.
- Albigenser 105–107
- Kinderkreuzzug 105
- im deutschen Osten 1 115
Krieg, gerechter 1 110
- heiliger 1 115
Kriegsgefangene(n), Rückkehr in dt. (1955) 6 132, 167, 178f.
Kriegsschuldfrage 5 77
Kriegsverbrechen s. Internationales Militär-Tribinal
Kriegsverfassung, preußische 3 91
Krimkrieg (1853–56) 3 78, 83–86
Kristallnacht 5 99; 6 18f., 80
Kroatien 6 45
Krone, Heinrich, Politiker 6 191
Kruger, Paulus, gen. Ohm Krüger, südafrik. Politiker 4 61, 83
- Krüger-Depesche 4 62
Kühlmann, Richard von, Diplomat 4 71, 128, 134
Kulturkampf 3 7, 25 bis 28; 4 7, 9–14
Kunersdorf, Schlacht b. (1759) 2 53, 83, 84, 89
Kunigunde von Luxemburg, Gemahlin Heinrich II. 1 108
Kurfürsten(tum) 1 136, 148, 153f., 159–161, 165
- kollegium 1 159
Kurhessen (Hessen-Kassel) 2 121; 3 16, 22, 32
Kurland, Herzogtum 2 107
Kurverein von Rhens(e), Erklärung (1338) 1 136, 154
Kyrill, Slawenapostel 1 49

Lamberg, Franz Philipp Graf von, österr. General 3 54
Lamprecht, Karl, Historiker 1 171
Landau 2 65
Landauer, Gustav, Philosoph und Politiker 5 19, 20, 30
Länder der Bundesrepublik 1949 6 164
Landflucht (Preußen) 2 131; 4 40
Landfrieden 1 131; 2 7, 11
Landrecht Preußen 2 67, 101
- Sachsen 2 75
Landsberg, Otto, Politiker 5 14
„Landsbury, The Life of George L." (Postgaze) 4 129
Landsknechte 1 137; 2 7, 16, 22–26, 31; 3 29
Landstände 1 129, 131f.
Landtag, Preußischer 3 70, 77
Landwehr, österr. General 4 127
Landwirte, Bund der (Programm) 4 8, 30f.
Langemarck (Flandern), Kämpfe 1914 4 109
Langensalza (Sachsen) Gefecht (1866) 3 112
Langobarden 1 19, 31, 38, 39, 40, 41, 59
Lansdowne, Henry Marquis von, brit. Staatsmann 4 64
Lasker, Eduard, Politiker 4 13
Lassalle, Ferdinand, Begründer der Sozialdemokratie in Deutschland 2 107; 3 31, 78, 84, 85, 89, 97f., 102, 103, 104, 106
Lastenausgleich 6 131
Lateinische Sprache 1 28, 29, 32; 2 92
Laterankonzil, viertes (1215) 1 53, 111
Lateranverträge 4 10; 5 116
Latifundienwirtschaft 1 28
Latour Baillet, Theodor Graf von, österr. Kriegsminister 3 54
Lauenburg, Herzogtum 3 103
Lausanne, Reparationskonf., Vertrag (1932) 5 12, 90
Laval, Pierre, franz. Politiker 5 129; 6 32
Lawrence, Thomas Edward, engl. Diplomat und Sprachforscher 4 111

Gesamtregister 161

Leber, Julius, Politiker 5 80
Lechfeld, Schlacht a. d. 1 50, 59
Leeb, Wilhelm Ritter von, Generalfeldmarschall 6 49, 50
Legnano, Schlacht b. 1 95
Lehenswesen 1 35f., 48f., 93, 111, 116, 152
Leibeigenschaft 1 141
- Aufhebung (Habsburg) 2 54
- - (Preußen) 2 97, 129ff.
Leibniz, Gottfried Wilhelm, Philosoph 2 57, 67
Leipzig, Völkerschlacht b. (1813) 2 100, 145
Leipziger Disputation 2 16
Lenin, Wladimir Iljitsch, russ. revolut. Staatsmann 1 76; 2 112, 121, 126, 132; 4 124f., 131–134, 137
Leningrad 6 50
Lensch, Paul, Politiker 4 51f.
Leo III., Papst 1 44
Leo IX., Papst 1 68
Leo XIII., Papst 4 7
Leopold I., röm.-dt. Kaiser 2 52, 56f., 59
Leopold II., röm.-dt. Kaiser 2 99, 102
Leopold III., König der Belgier 6 25f.
Leopold V., Erzherzog von Österreich 1 98
Leopold, Fürst von Hohenzollern 3 79, 122ff.
Leopold Prinz von Bayern 4 133
Lepanto, Schlacht von (1571) 1 176
Lerchenfeld, Gustav Freiherr von, bayer. Staatsmann 3 35
Lersner, Kurt, Freiherr von, Politiker 5 9, 72
Leuthen, Schlacht b. (1757) 2 53, 83
Leviné, Eugen, Vors. d. Vollzugsrats 5 30
Ley, Robert, nationalsozialist. Politiker 5 113f., 146
Liberal-Demokratische Partei Deutschlands (LDPD) 6 130
Liberalismus, Liberale Partei 3 20, 94, 118; 4 11–14, 17
Libyen 6 43f., 62
Lichnowsky, Felix Fürst, Politiker 3 50
Lichnowsky, Karl Max Fürst, Diplomat 4 86, 93
Lichtenau, Wilhelmine Gräfin von 2 102, 124
Lidice 6 85
Liebknecht, Karl, Politiker 3 129; 5 13, 22, 26
Liebknecht, Wilhelm, Politiker 3 116, 129
Liegnitz, Schlacht b. (1241) 1 121
- - (1760) 2 53
Liga, Katholische (von München, 1609) 2 8, 9, 32, 37, 41f.
- Nürnberg (1538) 2 32
Limes 1 21, 50, 65f., 143; 2 52
Linder, Bela, ungar. Kriegsminister 4 150
Lipski, Jozef, poln. Diplomat 5 167f.
Liselotte von der Pfalz, Herzogin von Orléans 2 61
List, Friedrich, Wirtschaftspolitiker 3 20f.
List, Wilhelm, Generalfeldmarschall 6 64
Litauen 2 105; 5 100, 154; 6 17
Litwinow, Maksim Maksimowitsch, eigtl. Wallach, sowjet. Diplomat 5 148, 149, 157; 6 60
Lloyd George, David, brit. Staatsmann 4 9, 84, 112, 113, 120, 126, 138, 140; 5 42f.
Löbe, Paul, Politiker 5 44
Locarno-Pakt (1925) 4 98; 5 10, 73–76, 130
Locatores 1 141, 142
Löllheim, Schlacht b. (1298) 1 136
Lombardei, Lombarden 1 31, 38, 59, 66, 80, 87, 88f., 131; 3 54, 88, 89, 90
Londoner Reparationskonferenz (1921) 5 8, 55
- Konferenz (1947) 6 151
- Protokoll (1852) 3 78, 83
- Ultimatum 5 8, 56
Lossow, Otto von, bayer. General 5 9, 66, 67ff.
Lothar I., röm. Kaiser, König des mittleren Frankenreiches 1 40, 47f.
Lothar III. (von Sachsen), röm.-dt. Kaiser 1 53, 84, 85
Lotharingien 1 40, 47, 48
Lothringen 1 62, 66; 2 52, 59, 64, 65
s. Elsaß-Lothringen
Loucher, Louis, franz. Wirtschaftspolitiker 5 56
Louis Napoléon, Prinz Bonaparte (sp. Napoleon III.) 2 121; 3 8, 78
Louis Philippe I., Herzog von Orléans, König der Franzosen 3 7, 15, 32
Loewe-Calbe, Wilhelm, Politiker 3 41
Lubbe, Marinus van der, holländ. Anarchist 5 97, 110
Lübeck 1 107, 136, 143, 144; 2 112
- Friede zu (1629) 2 9, 45
Lübke, Heinrich, Politiker 6 133, 185, 200
Lücke, Paul, Politiker 6 194
Ludendorff, Erich, preuß. General 4 109, 110, 112, 115f., 120f., 122, 125f., 130, 135f.; 5 47, 68f.
Ludwig I. der Fromme, röm. Kaiser, König des Frankenreiches 1 40, 46f.
Ludwig IV. der Bayer, röm.-dt. Kaiser 1 136, 153–155
Ludwig der Deutsche, König des Ostfränkischen Reichs 1 40, 47
Ludwig I., König von Bayern 3 14f., 24
Ludwig II., König von Bayern 3 110, 128, 134
Ludwig VII., König von Frankreich 1 87
Ludwig XIV., König von Frankreich 2 6, 52, 57, 62–64
Ludwig XVI., König von Frankreich 2 104
Ludwig XVIII., König von Frankreich 2 147
Ludwig Wilhelm I., gen. der Türkenlouis, Markgraf von Baden 2 62
Luftkrieg 6 36f., 63
Luise, Königin von Preußen, Gemahlin Friedrich Wilhelms III. 2 81, 111, 119, 122
Luitgard, Gemahlin Karls des Großen 1 41
Luitpold, Prinzregent von Bayern 3 134
Lüneburg, Herzogtum 2 76
Lunéville, Friede von (1801) 2 99, 111, 112
Lusitania-Zwischenfall 4 121
Luther, Hans, Politiker 5 10, 72, 78
Luther, Martin 1 85, 108, 109; 2 7, 13, 14f., 16f., 18–22, 23, 27f., 32, 74, 108
Lutheraner 2 38
Lutter am Barenberg, Schlacht b. (1626) 2 9, 45
Lüttich, Einnahme 1914 4 109
Lüttwitz, Walther Freiherr von, General 5 48f.
Lutz, Johann Freiherr von, bayer. Minister 3 134
Lützen, Schlacht b. (1632) 2 9, 48
Luxemburg, Großherzogtum 3 119
Luxemburg, Rosa, sozial. Politikerin 5 26–28, 52
Lyon, Konzil von (1245) 1 53, 132f.

MacArthur, Douglas, amerik. General 6 145
Machiavelli, Niccolo, ital. Politiker 1 28, 71, 87, 151, 162, 166; 2 32; 4 136; 6 91
Mackenzie, Morel, Arzt 4 26
Magdeburg, Erzbistum 1 52, 62
- Stift 2 46, 50, 75
Magenta, Schlacht b. (1859) 3 78, 89
Maginot-Linie 5 155
Magna Charta 1 110f, 145
Mähren 1 54
Mailer, Norman, amerik. Schriftsteller 6 122
Mai-Gesetze (1873) 4 7, 12
Mailand 1 88–91, 92, 93, 131, 152; 2 25, 37, 65
Mainfranken 1 37
Mainz 1 24, 93, 104, 108, 110, 112, 113
- geistl. Kurfürstentum 1 159; 2 7, 16, 75
- Landfrieden (1235) 1 53, 131
- Synode (1085) 1 80
Maisky, Ivan Michailowitsch, sowjet. Diplomat 6 113
Majestätsbrief 2 8, 41
Major domus s. Hausmeier
Malmö, Waffenstillstand von (1848) 3 47f.
Malthus, Thomas Robert, schott. Sozialforscher 4 54

- Malthusianismus 4 54f.
Maltzahn, Adolf Georg Otto, Freiherr von M. zu Wartenberg und Penzlin, Diplomat 5 50
Mandeville, Bernard de, engl. Philosoph 1 164
Manfred, König von Sizilien 1 133
Manichäer 1 163
Mann, Thomas, Schriftsteller 6 166
- „Friedrich der Große und die große Koalition" 2 77
Mannheim 2 108
Mansfeld, Ernst H., Herzog von, Söldnerführer 2 9, 27, 44, 69
Manstein, Erich von Lewinski, gen. von Manstein, Generalfeldmarschall 6 24, 73
Manteuffel, Edwin Freiherr von, preuß. Generalfeldmarschall 3 109
Manteuffel, Otto Theodor Freiherr von, preuß. Minister 3 59, 75, 80, 91
Mantua, Provinz 3 89
Mao Tse-tung 2 126
Margarete Maultasch, Gräfin von Tirol 1 155
Maria, Herzogin von Burgund, Gemahlin Maximilians I. 1 137; 2 11f.
Maria Theresia, röm.-dt. Kaiserin 2 53, 54, 65, 71, 76, 78, 81f., 87–89, 92, 94, 96, 101
Marie Antoinette, Königin von Frankreich, Gemahlin Ludwigs XVI. 2 97
Marienburg 1 143
„Mark", Schutzgürtel 1 43, 54, 62
Mark, Grafschaft 2 54
Mark Meißen 1 62
Marlborough, John Churchill, 1. Herzog von, engl. Feldherr und Staatsmann 2 53, 64
Marneschlacht (1914) 4 105ff.
Marokko 4 8, 67f., 70f., 74ff.
Marschall, Adolf Freiherr von, Staatssekretär 4 61
Marshall, George Catlett, amerik. General und Staatsmann 5 154; 6 61, 111, 113, 151f.
- Marschall-Plan 6 129, 130, 168, 169

162 Gesamtregister

Marsilius von Padua, Staatstheoretiker 1 153f.
Martin, Alfred, Oberst 6 185
Marwitz, Friedrich August Ludwig von der, preuß. General und Politiker 2 130f.; 4 38
Marx, Karl Heinrich, Philosoph und Nationalökonom 1 34, 78, 127, 169; 2 128; 3 7, 14, 29, 48, 50, 59, 84, 97, 103, 117, 129, 132, 135, 136; 4 17, 19–21, 54; 6 100
- „Das Kapital" 2 128; 3 79
Marx, Wilhelm, Politiker 5 9, 71, 76
Marxismus 4 19f., 52f..
Masaryck, Tomás Garrigue, tschech. Politiker 2 42; 5 138
Masowien 2 107
Mathilde von England, Gemahlin Heinrichs V. 1 84, 85
Mathilde von Tuscien 1 71, 80, 83, 85
Mathy, Karl, bad. Politiker 3 32, 41
Matsuoka, Yosuke, japan. Politiker 6 46
Matthias, röm.-dt. Kaiser 2 8, 39, 41
Matthias, Kanzler von Sizilien 1 98
Mauriac, François, franz. Schriftsteller 6 30
Mauthner, Fritz, Schriftsteller und Philosoph 5 20f., 73
Max Prinz von Baden, Reichskanzler 4 144f., 147, 152, 153, 155; 5 12f., 14
Maximilian I., röm.-dt. Kaiser 1 137 (Erzherzog); 171 bis 175; 2 7, 10–13, 34
Maximilian II., röm.-dt. Kaiser 2 8, 36, 39
Maximilian, Kaiser von Mexiko, Erzherzog von Österreich 3 79, 119f.
Maximilian I., Kurfürst von Bayern 2 8, 9, 36, 40, 41, 42f., 48
Maximilian II. Emanuel, Kurfürst von Bayern 2 53, 61, 62
Maximilian II. Joseph, König von Bayern 3 32
Maximilian IV. Joseph, Kurfürst von Bayern (1806 König) 2 114
Mazarin, Jules, Herzog von Nevers, franz. Staatsmann 2 52, 57, 61, 71

McCloy, John Jay, amerik. Politiker 6 130
Mecklenburg 1 141; 2 121; 4 39f.
Mehrheitswahlrecht 6 186, 193, 194
Meißner, Otto, Politiker 5 12, 98, 123
Melanchthon, Philipp, Humanist 2 33, 74
Memel (Stadt) 2 121
Memelgebiet 5 100, 154
Mende, Erich, Politiker 6 188, 190
Mendelson, Arnold 5 40
Mendès-France, Pierre, franz. Politiker 6 177
Menschenrechte, Erklärung der (1789) 2 100
Mensdorff-Pouilly, Alexander Graf von, österr. Staatsmann 3 104, 107
Merowinger 1 19, 33 ff.
Mers el Kebir 6 8, 31 f.
Mersen, Vertrag von (870) 1 40, 46
Messenhauser, Cäsar Wenzel, österr. Schriftsteller 3 54
Method, Slawenapostel 1 49
Metternich, Klemens Wenzel Fürst von, österr. Staatsmann 2 143–145, 150 f.; 3 7, 10, 12, 26, 31, 33f., 77
Metternich, Richard Fürst von, österr. Diplomat 3 114, 124; 4 76, 83, 84
Metz 2 51; 3 135
Michailowitsch, Dragoljub, gen. Draza, serb. Offizier 6 45
Michaelis, Georg, Politiker 4 126 f., 129 f., 155
Middleton, Drew, amerik. Publizist 6 136
Midway, Seeschlacht b. (1942) 6 61
Mikolajczyk, Stanislaw, poln. Politiker 6 101 f., 105
Minden, Bistum 2 54
- Stift 2 50
Ministerialen 1 57, 67, 129
Ministerrat (DDR) 6 165
Minoriten, Bettelorden 1 153
Minsk 6 9, 49
Mirabeau, Honoré Gabriel de Riqueti, Graf von, franz. Politiker 3 34

„Mit brennender Sorge", Enzyklika (1937) 5 99
Mitteldeutscher Handelsverein 3 22
Mitteldeutschland 6 137–139
Modena, Provinz 3 89
Mohammed der Prophet 1 19, 28, 35, 44
Mohammed II., Sultan 1 175
Molkenbuhr, Ebert von, Sozialdemokrat 4 41
Möller, Alex, Politiker 6 200
Moltke, Cuno Graf von, preuß. General 4 45
Moltke, Hans-Adolf von, Diplomat 5 154
Moltke, Helmuth Karl Bernhard, Graf von, preuß. Generalfeldmarschall (gest. 1891) 3 77, 107, 109, 111, 112, 122, 127; 6 99
Moltke, Helmuth von, preuß. Generaloberst, Chef d. Generalstabs (gest. 1916) 4 105, 107, 108, 110; 6 37
Moltke, Helmut James Graf von, Jurist, Gründer des Kreisauer Kreises 6 98
Molotow, Wjatscheslaw Michailowitsch, sowjet. Politiker 5 157, 158; 6 41f., 60, 76, 144, 151, 154, 157, 168, 176, 180
Mommsen, Theodor, Geschichtsforscher 2 116; 4 38; 5 34
Mönchtum 1 69, 73
Mongolen 1 20, 23 f., 118–124
Montanunion 6 129, 131, 169f.
Monte Cassino, Kloster 1 80
Montez, Lola, Tänzerin 3 32
Montgelas, Maximilian Graf von, bayer. Geheimer Staatsminister 3 14
Montgomery, Bernard Law, Viscount of Alamein, brit. Feldmarschall 6 62
Montoire, Treffen Hitler/Petain 6 8, 41
Morell, Theodor, Leibarzt Hitlers 6 120
Morgarten, Schlacht am (1315) 1 136, 155
Morgenthau Jr., Henry, amerik. Politiker 6 105
- Morgenthau-Plan 6 105–108, 113, 147–149

Mörike, Eduard, Dichter 3 33
Moritz, Herzog von Sachsen 2 8, 33, 34 f., 74 f.
Morus, Thomas, engl. Staatsmann und Humanist 1 98, 114, 148
Möser, Justus, Staatsmann und Publizist 2 123
Moskau 2 139; 6 49, 50, 178 f.
- Außenminister-Konferenz (1947) 6 129, 151
- Moskauer Vertrag (1970) 6 188, 201 ff.
Motz, Friedrich von, preuß. Staatsmann 3 22
Mountbatten, Louis, Earl of Burma, brit. Admiral 6 62
Mühlberg, Schlacht b. (1547) 2 33
Mühler, Heinrich von, Politiker 3 96
Mühsam, Erich, sozial. Politiker und Schriftsteller 5 30
Müller, Hermann, Politiker 5 8, 10, 11, 14, 79 f.
Müller, Karl Lexander von, Historiker 5 67
Müller, Ludwig, evangelischer Theologe, Reichsbischof 5 97, 117
Müller, Richard, Vorsitzender des Arbeiter- und Soldatenrats 5 22
München (Räterepublik) 5 29 f., (Feldherrnhalle) 67–69
Münchener Abkommen) 1938) 5 99, 142–147; 6 192, 205
Münster i.W. (Stadt) 2 30–32
- Bistum 2 76, 107
- Kaiserwahl 3 65 f.
- Reichsverfassung 3 63 ff., 67, 69
Nationalversammlung, Preußische 3 56–60
Nationalversammlung, Weimarer 5 7, 30 ff., 36, 41
NATO – Nordatlantikpakt 6 130, 131, 133, 176, 191
Naumann, Friedrich, Politiker 4 51
Neapel 2 37, 65, 104
Neapel-Sizilien 2 65
- „Nemesis Theresiana" 2 87 f.
Nepomuk, Johann von, Schutzpatron Böhmens 1 166
Nesselrode, Karl Rudolf Graf von, russ. Diplomat 2 143, 149
Nettelbeck, Joachim,
Müntzer, Thomas, Theologe und Revolutionär 1 71, 124, 127, 158; 2 26–30, 108
Münzwesen, Münzrecht 1 129, 160, 174
Murat, Joachim, Großherzog von Kleve und Berg 2 121
Murzuflos (Alexios V., byzant. Kaiser) 1 103–105
Mussolini, Benito, Gründer und Führer des Faschismus 5 97, 117, 126, 127, 128f., 137, 147; 6 43f., 59, 71, 120
Mustafa, Kara, türk. Großwesir 2 60
Mystik 1 158

Nadler, Josef, Literarhistoriker 2 107
Nantes, Edikt von (1598, Aufhebung 1685) 2 53, 57, 62, 64
Napoleon I., Kaiser der Franzosen 2 97 f., 99 f., 105, 108 f., 111–113, 113–122, 134 f., 138–143, 143 bis 145, 148 f.; 3 82
Napoleon III., Kaiser der Franzosen 3 40, 78, 82, 83, 85, 86 f., 88–90, 103–105, 106 ff., 111–116, 119 ff. 124, 128–132
Narses, Feldherr Justinians I. 1 31
Narvik 6 21
Nassau, Herzogtum 3 116
Nathan, Paul, Bankier 5 33
Nationaldemokratische Partei (NDP) 6 130
Nationaldemokratische Partei Deutschlands (NPD) 6 191, 193, 195
Nationalliberale Partei 3 79; 4 84
Nationalsozialismus 1 109; 6 80, 88 f., s. NSDAP und Hitler
Nationalsozialistische Betriebszellenorganisation (NSBO) 5 114
Nationalsozialistische Deutsche Arbeiterpartei (NSDAP) 5 8, 9, 12, 72, 84 ff., 90 ff., 115, 119
Nationalverein, Deutscher 3 78, 90, 99, 100
Nationalversammlung, Frankfurter 3 7, 8, 33, 38 f., 41–45, 45–47, 47 ff., 50–52, 59, 60–63, 63–67, 68 f., 74, 77, 105

Gesamtregister 163

preuß. Patriot (Kolberg) 2 128
Neue Ära 3 86f.
„Neue Preußische Zeitung" s. „Kreuzzeitung"
Neuostpreußen 2 107
Neurath, Konstantin Freiherr von, Diplomat 5 105, 116, 130, 132, 133; 6 85, 146
Neuschlesien 2 107
Neustrien 1 46
Nibelungenlied 1 102
Niebuhr, Barthold Georg, Historiker 2 116f., 125; 6 105, 147
Nicolson, Arthur, Lord Carnock, brit. Diplomat 4 71, 72, 74, 80f., 83f., 84f., 86, 101
Nicolson, Sir Harold George, brit. Diplomat und Schriftsteller 4 74, 77; 5 38, 41, 45
Niederlande s. Holland
Niederösterreich 2 53
Niedersachsen 6 128, 207
Niedersächsischer (Reichs-)Kreis 2 44
Nietzsche, Friedrich Wilhelm, Philosoph 1 30, 108; 4 54
Nigra, Costantino, Graf, ital. Diplomat 3 105, 124
Nikolaus I. Pawlowitsch, Kaiser von Rußland 3 33, 54, 77
Nikolaus I., Papst 1 49
Nikolsburg, (Vor-)Frieden v. (1866) 3 70, 113
Nivelle, Georges Robert, franz. General 4 123
Nordamerika 2 53, 83f.
Nordafrika im 2. Weltkrieg 6 43ff., 62f.
Norddeutscher Bund 3 79, 118, 128, 133
Norddeutscher Reichstag 3 118
Nordische Kriege (1655–60) 2 56
– – (1700–21) 2 53, 65
Nordmark 1 62
Normannen 1 50, 51, 52, 53, 57, 68, 71f., 85, 112
Nordrhein-Westfalen 6 128, 129, 132, 192
Normandie 1 57
– im 2. Weltkrieg 6 92f.
Norwegen 6 20–22, 194
Noske, Gustav, Politiker 5 7, 24, 25, 45, 50, 52, 96
Notstandsverfassung (1968) 6 188, 196
Notverordnungen

5 8, 9, 11, 36, 79–84, 92, 97
Novalis, eigtl. Freiherr Friedrich von Hardenberg, Dichter 2 98
Nowak, Karl Friedrich, österr. Historiker 4 152
Nürnberg 2 112
Nürnberger Gesetze (1935) 5 98
– Religionsfriede 2 33
Nymwegen, Friede von (1679) 2 52, 59

Oberkommando der Wehrmacht (OKW) 5 133; 6 63
Oberpfalz 2 50, 76
Oberschlesien 5 43, 55f.; 6 18
Oberste Heeresleitung 5 155
Obrenović, serbische Dynastie 4 87
Oder-Neiße-Grenze (DDR/Polen) 6 130
Oder-Neiße-Linie 2 131; 5 54; 6 99 bis 102, 113, 128, 142, 167, 191f., 203
Odoaker germ. Heerführer 1 19, 26, 30
Ofen (Budapest) 2 39
Offener Brief Christians VIII. 3 7
Olbricht, Friedrich, General 6 94f., 97
Oldenburg 3 22
Oliva, Friede von (1660) 2 52, 56
Ollenhauer, Erich, Politiker 6 131, 187
Ölmützer Punktation 3 8, 68, 76
Olympische Spiele 1936 5 98
Oppenheim 2 63
Oradour 6 92f.
Organisation für europäische wirtschaftliche Zusammenarbeit (OECD) 6 168, 169
Orlow, Aleksej Grigorjewitsch Graf, russ. Admiral 2 84
Orsini, Felice, ital. Patriot 3 88
Osmanen, Osmanisches Reich 1 123; 2 39, 53, 54, 60, 95, 98; 3 83, 85; 4 9, 16, 48f., 59f., 111
s. Islam
Osnabrück, Reichsstift 2 44
Ostelbien 5 88
s. Junkertum
Österreich 2 12, 40, 41f., 54, 60–62, 64f., 73, 76ff., 81f., 87–93, 94f., 96–99, 101, 110, 135–138, 143–145, 146ff.; 3 7, 19f., 34, 40, 44, 45ff., 50f.,

53–56, 60ff., 68ff., 73, 98ff., 101, 103 bis 105, 106–111, 116, 119ff.
Österreichisch-Ungarische Monarchie 3 79; 4 7, 14ff., 47ff., 92 bis 95, 95f., 110, 114, 133ff., 138, 148–153, 158
- Republik 5 8, 98, 127 (Abkommen 1936), 5 99, 135f., (Anschluß)
Österreichischer Erbfolgekrieg (1740–48) 2 53, 65, 76, 81
Ostfranken 1 37
Ostgoten 1 19, 24ff., 28f.
Osthilfe (Gesetz) 5 11, 83, 88
Ostholstein 1 141
Ostmark 1 50
Ostmarkenverein, Deutscher 4 40f.
Ostpolitik 6 190ff., 195f., 200
Ostpreußen 2 53, 54, 56, 83, 94; 3 7, 45
Ostrom 1 19, 28ff., 31, 49f., 61, 96, 102f.
s. Byzanz
Ostsiedlung 1 52, 103, 123f., 131
s. Kolonisation
Otto I. der Große, röm.-dt. Kaiser 1 52, 58–61, 63
Otto II., röm.-dt. Kaiser 1 52, 61–63, 64
Otto III., röm.-dt. Kaiser 1 52, 63–65
Otto IV. von Braunschweig, röm.-dt. Kaiser 1 53, 98–102, 109–111
Otto I., König von Griechenland 3 17
Otto I. von Wittelsbach, Pfalzgraf 1 53, 102
Otto von Northeim, Herzog von Bayern 1 73, 75
Otto, Erzbischof von Bamberg, Apostel der Pommern 1 85f.
Otto, Bischof von Freising 1 88
Otto, Eugen, Major im Reichswehrministerium 5 95
Ottokar II. Přemysl, König von Böhmen 1 136, 137, 139f.
Ottonen 1 66, 67
Ottonianum (962) 1 61
Oxensterna, Axel Gustafsson Graf, schwed. Reichskanzler 2 48

Pacelli, Eugenio s. Pius XII.
Pacht- und Leihgesetz 6 51

Palacký, František, tschech. Historiker und Politiker 3 45, 55
Palermo 1 111
Panduren 1 145
Panthersprung 4 83f.
Papen, Franz von, Politiker 5 12, 88f., 93, 94ff., 97, 98, 105, 111, 115f., 120, 217, 146
Papst, Waldemar, Hauptmann 5 28
Papsttum 1 27, 45, 49, 54, 61, 68f., 91, 99, 136, 145
s. Investiturstreit
Paracelsus, eigtl. Thephrast von Hohenheim, Arzt und Naturforscher 1 173
Paris 6 8, 30
- Friedensvertrag von 1856 3 78, 84f.
- Konferenz 1921 5 62
- Reparationskonf. 1945 6 128
- Außenminister-Konferenzen 1946 u. 1949 6 128, 130, 151
Parlamentarischer Rat 6 130, 159
Parma 2 65
Passierscheinabkommen 6 187, 198
Parteienverbot (1933) 5 115
Pascal, Blaise, franz. Religionsphilosoph 4 49
Paschalis II., Papst 1 83
Paschalis III., Papst 1 93
Passarowitz, Friede von (1718) 2 53, 62
Passauer Vertrag (1552) 2 8, 35
Passchendaele (Flandern), Schlacht b. 1917 4 113
Patton jr., George Smith, amerik. General 6 13, 110f.
Paul III., Papst 2 33
Paulskirche s. Nationalversammlung
Paulus, Friedrich, Generalfeldmarschall 6 64
Pavia, Schlacht von (1525) 2 23
Payer, demokr. Abgeordneter 4 126
Pearl Harbor 6 46, 51, 54f.
Pelagius, Mönch 1 106
Perserreich 1 43f.
Persigny, Jean Gilbert, Herzog von, franz. Staatsmann 3 83
Peschiera del Garda 3 89
Pest 1 136, 155–159
Pétain, Philippe, franz. Marschall und

Staatschef 4 123; 6 26, 27f., 30, 31
Peter I. der Große, Zar und Kaiser von Rußland 2 65, 71
Peter III., Kaiser von Rußland 2 53, 84, 94
Peter de Vinea, Rechtsgelehrter 1 114f.
Peter II., König von Jugoslawien 6 45
Petersberger Abkommen (1949) 6 130, 168
Peterwardein, Schlacht b. (1716) 2 62
Petrus Damiani, Kardinal 1 75
Pfaffengasse 2 75f.
Pfalz 2 42ff., 62; 3 72
- Kurpfalz 2 16, 73, 76
Pfalz-Neuburg 2 36f.
Pfälzischer Erbfolgekrieg (1688–97) 2 53
Pfizer, Paul Achatius von, Publizist 3 19, 38
Pfordten, Ludwig Karl Heinrich von der, bayer. Staatsmann 3 71, 73, 76f., 110
Pfuel, Ernst von, preuß. General 3 39, 58
Philipp von Schwaben, dt. König 1 99–102
Philipp II. August, König von Frankreich 1 53, 110f.
Philipp IV. der Schöne, König von Frankreich 1 146f.; 2 12
Philipp IV., König von Spanien 2 57, 64
Philipp V., König von Spanien 2 53
Philipp der Großmütige, Landgraf von Hessen 2 8, 33, 74
Philipp Prinz von Hessen 5 137
Philippopolis 1 105
Philippsburg 2 59
Phipps, Eric, brit. Diplomat 5 126
Piacenza 2 65
Picard, Max, Schriftsteller 6 123
Pichegru, Charles, franz. General 1 105
Pieck, Wilhelm, Politiker 6 130
Piemont 2 61
Piemont-Sardinien 3 88
Pillnitzer Konvention (1791) 2 99, 102
Pilsudski, Józef, Marschall, poln. Staatsmann 5 54
Pippin der Bucklige 1 41
Pippin d. Mittlere, P. II., Hausmeier 1 19
Pippin d. Jüngere, P. III., Hausmeier und König der Franken 1 19, 38f.

Pippinische Schenkung 1 19
Pius II., Papst 1 170
Pius VI., Papst 2 97
Pius IX., Papst 4 11
Pius XII., Papst 4 128f.; 5 21, 116
Pitt, William d. Ä., Earl of Chatham, brit. Staatsmann 2 83
Platen, August Graf von P. Hallermund, Dichter 3 16
Pleven, René, franz. Politiker 6 130
Pluralrecht 4 125
Podewils, Heinrich Graf von, preuß. Minister 2 81
Podolien 2 105
Pöhner, Oberlandesgerichtsrat 5 67, 69
Poincaré, Raymond, franz. Staatsmann 4 88; 5 10, 62, 65, 148f.
Poitiers, Schlacht b. (732) 1 19, 37
Polen 1 142f., 177; 2 52, 56, 65, 75, 100, 114; 3 16f. (Aufstand 1830/31), 39f. (1848), 98ff., (1863) 134; 4 114f.; 5 43, 54, 73, 100, 148ff., 153-157, 157-165; 6 19-17, 20, 82ff.
- dt.-poln. Nichtangriffspakt (1934) 5 98, 100, 136, 158
- engl. Garantieerkl. (1939) 5 153-157
Polen seit 1944 6 99-102; (Aufstand im Warschauer Getto) 102-105; 114, 128, 188, 196, 202f.
- dt.-poln. Vertrag 1970 6 188
Polnischer Korridor 5 43, 99, 148, 154, 167f.
- Thronfolgekrieg (1733-35/39) 2 65
Polnische Teilungen 1. (1772) 2 93-96, 2. (1793) 2 99, 105, 3. (1795) 2 99, 107
„Politika" (Althusius) 2 37
„Politische Justiz" (Kirchheimer) 6 185
„Politisches Wochenblatt" 3 68
Poltawa, Schlacht b. (1709) 2 65
Pommern 1 141; 2 9, 59
Pompadour, Jeanne Antoinette Poisson, Marquise de 2 82
Pompidou, Georges, franz. Politiker 6 188, 194
Port Arthur 4 8, 68f., 146

Posen 2 105; 3 45; 5 39f.; 6 18
Potsdamer Konferenz (1945) 6 107, 128, 141f., 147f.
- Abkommen 6 100, 144ff.
Prag 1 160; 2 27, 41f., 81; 5 152
Prager Friede (1635) 2 9, 48
- - (1866) 3 79, 115, 116
Pragmatische Sanktion (Habsburger) 2 53, 65, 76
Pranckh, Siegmund Freiherr von, bayer. Kriegsminister 3 128
Prawdin, Michael, Schriftsteller 1 119, 120
Preßburg, Friede von (1805) 2 115
Preuß, Hugo, Staatsrechtler und Politiker 5 7, 14, 34, 36
Preußen 1 43, 53, 118, 137, 177; Königreich 2 53, 54ff., 66-87, 98, 99, 102f., 105, 106-108, 111, 112, 113-125, 125-131, 131-135, 137ff., 143 bis 145, 146f.; 3 7f., 19f., 25-28, 32-38, 38-41, 45f., 47ff., 56-60, 62f., 64ff., 68-74, 74ff., 86ff., 91-95, 95-98, 98 bis 103, 103-105, 105 bis 111, 111-116, 116 bis 119, 121ff., 128ff., 132ff.; 4 9, 14-17, 17f., 23-25, 32-34, 34-41
- Auflösung 6 129, 136
Preußische Heeresreform (1808-12) 2 125-129
- Verfassung 73f.
Preußisches Allgemeines Landrecht 2 99
„Preußisches Wochenblatt" 3 86
Preußisch-Litauen 2 73
Prokesch von Osten, Anton Freiherr von 3 81f.
Protestantismus, dt. u. europ. 2 7, 8, 9, 14ff., 19f., 23, 32f., 37f., 42, 46, 48, 52, 54, 57, 62, 74
Proudhon, Pierre-Joseph, franz. Sozialist 3 17, 90, 108; 4 150
Pufendorf, Samuel Freiherr von, Publizist 2 58, 67; 4 23
Puritaner 2 14

Quebec, Konferenz von (1943) 6 76, 105
Quidde, Ludwig, Historiker und Politiker 4 29, 44

Quirnheim, Merz von, Oberst 6 94, 97
Quisling, Vidkun, norweg. Politiker 6 7, 21, 22

Radek, Karl Bernhardowitsch, früher Sobelsohn, sowjet. Politiker 2 128;
5 50, 58, 126
Raeder, Erich, Großadmiral 5 122; 6 21, 146
Radetzky, Joseph Graf R. von Radetz, österr. Feldmarschall 3 54
Radowitz, Joseph Maria von, preuß. General und Politiker 3 32f., 68, 75
Radowitz, Joseph Maria von, Diplomat 4 74
Radziwill, Fürstin 4 43
Rainald von Dassel, Kanzler, Erzbischof von Köln 1 89, 93, 94
Ranke, Leopold von, Historiker 1 100; 2 45, 122; 3 13, 20, 27
Rantzau, Graf Christian von 2 129
Rapacki, Adam, poln. Politiker 6 132
- - Plan 6 132
Rapallo, Vertrag von (1922) 9, 55, 56-61
Rastatt, Friede von (1714) 2 64
Rastatter Kongreß (1797-99) 2 99, 111
Rat der Volksbeauftragten 5 7, 25, 36
Rathenau, Walther, Politiker 2 128;
4 26, 125, 158;
5 9, 15, 53, 55, 57, 60, 61
Raumer, Friedrich von, Historiker 1 105, 133; 3 16
Rauschning, Hermann, Politiker 5 103, 123, 134; 6 117
Ravenna, Reichstag von 2 30 100
Ravensberg 2 54
Rechberg, Johann Bernhard Graf von, österr. Diplomat 3 88, 96, 104
Reck-Malleczewen, Friedrich, Schriftsteller 5 103f.
Reconquista 1 37, 115, 145; 2 60
Redlich, Joseph, österr. Politiker 3 55
Reformation 1 175; 2 7-52
Reformbewegung (Cluny) 1 65, 66ff.
Regalien 1 83f., 92

Regensburg, Kurfürstentag zu (1630) 2 9, 46
- Reichstage s. d.
Reger, Max, Komponist 4 33
Reichenau, Walter von, Generalfeldmarschall 5 120
Reichenbacher Konvention (1790) 2 102
„Reichsbund"-Plan 2 34
Reichsdeputationshauptschluß (1803) 2 75, 99, 101
- Aufteilung des Reiches 2 108-113, 117
Reichserbhofgesetz 5 97
Reichsgericht 5 9, 12, 72, 78, 93
Reichsgründung (18. 1. 1871) 3 79, 86
Reichskammergericht 2 10f.
Reichskirche, katholische 2 53, 57
- protestantische 5 117
Reichskirchenministerium 5 98
Reichskonkordat 1933 5 97, 107, 116f.
Reichskriegsgericht 5 133
Reichskulturkammergesetz 5 97
Reichslandfrieden s. Landfrieden
Reichsparteitage 5 98
Reichspfennig 2 10
Reichspräsident, Wahl und Recht 5 34ff.
- Verschmelzung m. d. Reichskanzler-Amt 5 125
Reichsritter 1 165;
2 7, 22-26, 76, 122f.
Reichsschulkonferenz 1927/28 5 78
Reichsstände 1 162; 2 10, 48, 100, 112
s. Stände
Reichsstatthaltergesetz 5 118
Reichstag (Reichsversammlung) im alten Dt. Reich 1 130; 2 7, 8, 10, 17, 20ff., 32f., 52, 66, 114
- im Dt. Reich 1867/71 bis 1918 3 79, 108, 123, 133, 135, 136;
4 7, 8, 9, 23, 24, 58, 82, 103, 121, 122, 126, 127, 130f., 144
- im Dt. Reich 1919-33 5 8, 9, 10, 11, 12, 36, 46, 52f., 72, 73, 78, 87
- unter der nationalsozialist. Reichsregierung 5 97, 107, 109, 112f., 118, 124, 125
Reichstagswahlen 5 (1920) 8, (1928) 10, 78, (1930) 11, 81,

(1932) 12, 84, 95, (1933) 96, 111
Reichstagsbrand 5 97, 110-113
- prozeß 5 97
Reichsverfassung (28.3. 1849) 3 63ff., 67, 69
- im Dt. Kaiserreich (16.4.1871) 3 79;
4 17, 24, Änderung 1918 144
- Weimarer V. (14.8.1919) 5 7, 8, 33, 34-37, 46
Reichsverrat 1 139;
2 81
Reichswehr 5 10, 25, 48f., 55-52, 60, 69, 76, 98, 120-125 (R. und SA)
Reifenberg, Benno, Schriftsteller 6 182
Reims 6 126
Reinhardt, Walther, General 5 48, 50
Reitlinger, Gerald Roberts, Publizist 6 81
Remer, Otto Ernst, Major 6 95f.
Renaissance 1 108, 111, 171-175, 177; 2 13-17, 25
Renan, Ernest, franz. Historiker 2 142
Rennenkampff, Paul Edler von, russ. General 4 110
Renner, Karl, österr. Staatsmann 3 51, 55; 4 52, 150; 5 43
Rentenmark 5 70
Reparationen s. Versailler Vertrag und 5 53f., 55f., 62ff. s. a. Dawes-Plan, Young-Plan
Reparationsforderungen, sowjet. (1945) 6 147f., 149, 151
„Rerum novarum", Enzyklika 4 8
Restitutionsedikt (1629) 2 46, 48
Reunionspolitik, franz. 2 52, 59
Reuter, Ernst, Politiker 6 129, 130, 131, 163
Revolutionen, deutsche 1848 3 31-38, 77; 1918 5 7, 12-29
- russische 1905 4 69f., 77
- - 1917 4 124f. s. Franz. Revolution
Reynaud, Paul, franz. Politiker 6 20, 23, 25, 27
Rezession 6 194
Rheinbund (1806) 2 99, 112, 113, 117, 121, 132, 143, 145
Rheinischer Städtebund 1 54, 137, 165
Rheinland, Rheinlande 1 57; 2 82, 105, 110f.; 5 70, 73

Gesamtregister 165

- Besetzung 1921/23 5 8, 9, 47
- - Hitlers 1936 5 98, 128–131
Rheinland-Pfalz 6 128, 200
Rheinpfalz 2 38, 50
Rhodes, Cecil, brit. Kolonialpolitiker 4 55, 61
Ribbentrop, Joachim von, nationalsozial. Politiker 5 99, 116, 133, 147f., 158f., 161, 167; 6 17, 41f., 63, 75, 146
Richard von Cornwall, dt. König 1 54, 59
Richard I. Löwenherz, König von England 1 53, 98
Richelieu, Armand-Jean du Plessis, Herzog von, franz. Staatsmann 1 111f.; 2 9, 31, 49, 52, 57, 71
Rienzi, Cola di, eigtl. Nicola di Lorenzo, röm. Volkstribun 1 64, 149–151
Roggenbach, Franz Freiherr von, bad. Minister 3 108
Röhm, Ernst, Stabschef der SA 5 25, 66, 68
- Putsch 5 120–125
Rokossowski, Konstantin, Marschall d. Sowjetunion und Polens 6 103f.
Rom (Einnahme d. Alarich 410) 1 19, 24; (Plünderung Wandalen 455) 19, 26, 59ff., 78ff., 149 bis 152; 2 7, 23ff. (Sacco di Roma, 1527)
Romantik 1 21; 2 131–138
Romanisierung 1 35
Römisches Reich 1 19–31, 32ff., 35, 43, 47f., 49f., 53, 61, 83; 2 5
s. Ostrom
Römisches Recht 1 35, 49
Römische Verträge s. Europ. Wirtschaftsgemeinschaft
Rommel, Erwin, Generalfeldmarschall 6 44, 62, 92
Roncaglia, Ronkalische Beschlüsse (1158) 1 53, 92
Roon, Albrecht Graf von, preuß. Generalfeldmarschall, Kriegsminister 3 78, 91, 92, 93, 94, 96, 107f., 127
Riga 1 107, 136, 143 (Stadtgründung)
Rigaer Frieden (1921) 5 8

Rijswijk, Friede von (1697) 2 53, 64
Riom, Prozeß von (1942) 6 59
Ritter, Gerhard, Historiker 6 186
Ritterorden 1 118, 123
s. Deutscher Orden, Johanniterorden, Templerorden
Rittertum 1 66, 67, 155
s. Reichsritter
Robert I. der Weise, König von Neapel 1 152
Robert Guiscard, Herzog von Apulien 1 79
Roberts, Frederick Sleigh, Earl R. of Kandahar and Pretoria, brit. Feldmarschall 4 13
Robespierre, Maximilien de, franz. Politiker 6 89
Roger II., König von Sizilien 1 85
Roosevelt, Elliot 6 78
Roosevelt, Franklin Delano, Präsident d. Verein. Staaten 6 20, 29, 51–55, 60ff., 77, 100f., 105f., 110, 111f., 117, 118
Rosebery, Archibald Philip Primrose, brit. Staatsmann 4 66
Rosenberg, Alfred, nationalsozialist. Politiker 6 9, 146
Rosenberg, Arthur, Politiker und Publizist 4 147f.; 5 16
Rosenberg, Ethel und Julius 6 101
Rosenberg, Frédéric Hans von, Diplomat 5 62, 64
Roßbach, Schlacht b. (1757) 2 53, 83
Rostock 1 143
Rostow 6 70
„Rote Fahne" 5 90
Roter Frontkämpferbund 5 78, 90
Rothschild, Amschel Meyer, Bankier 3 81
Rotterdam, dt. Luftangriff 6 24
Rousseau, Jean-Jacques, franz.-schweizerischer Schriftsteller 6 88
Rückversicherungsvertrag (1887) 4 7, 8, 47f.
Rudolf I. von Habsburg, röm.-dt. Kaiser 1 136, 137–139, 140
Rudolf II., röm.-dt. Kaiser 2 8, 39
Rudolf, Erzherzog von Österreich, Kronprinz 4 66
Rudolf von Rheinfelden, Herzog von

Schwaben (Gegenkönig) 1 76f.
Rudolf von Schwarzburg (Gegenkönig) 1 136
Rudolf IV. der Stifter, Herzog von Österreich 1 159f.
Ruge, Arnold, polit. Schriftsteller 3 29f.
Rügen 2 65
Ruhrbesetzung s. Rheinlandbesetzung
- Ruhrkampf 5 55, 57, 61–64, 65f.
Rumänien 4 115, 134; 5 100; 6 39, 40f.
- dt.-rum. Wirtschaftsvertrag (1939) 5 153, 157f.
- engl.-franz. Beistandserkl. (1939) 5 156
- Aufnahme diplom. Beziehungen (1967) 6 188
Runciman of Doxford, Walter Viscount, brit. Staatsmann 5 141
Rundstedt, Manfred von, Generalfeldmarschall 6 30, 49, 50
Ruprecht von der Pfalz, genannt Clem, dt. König 1 136, 167
Russisch-japanischer Krieg 4 15, 68–70
Rußland 1 50, 107, 145; 2 52, 53, 65, 82ff., 93–96, 104, 107, 112, 117, 138ff., 143–145, 146f.; 3 39f., 78, 83ff., 98ff.; 4 8, 14f., 47f., 62f., 65ff., 68–70, 77–81, 94, 96f., 99f., 101, 105, 114, 116, 131–137
s. a. Brest-Litowsk, Rückversicherungsvertrag, Sowjetunion
Rydz-Smigly, Edward, poln. Marschall 5 161

SA (Sturmabteilung) 5 12, 25, 67, 88, 90, 119, 125; 6 80
Saargebiet, Konvention 1950 6 130, 168
- Statut 1955 6 132, 174f.
- Abstimmung 1955 181
Saarland, Abstimmung 1935 5 98, 127
Sacco di Roma 1 26; 2 7, 23ff.
Sachsen, Stamm und Land 1 42, 52, 80, 86, 95
- Kurfürstentum 2 16
- Königreich 2 65, 73f., 83, 99, 101, 121; 3 8, 22, 110, 115
- Freistaat 5 7, 9, 84
- 1945 6 119, 128, 137f.

Sachsen-Coburg-Meiningen 2 73
„Sachsenspiegel" 1 131
Saint-Just, Louis Antoine Léon de, franz. Revolutionär 6 88f.
Säkularisation 2 17f. 107f.
Saladin, Sultan 1 97
Salier 1 52, 66
Salisbury, Robert Cecil Marquis von, brit. Staatsmann 4 58, 60, 64
Samsonow, russ. General 4 110
Samuel, Herbert Louis Viscount, brit. Philosoph und Politiker 5 126
Sand, Karl Ludwig, Student 3 7, 8ff.
San Remo, Konferenz von (1920) 5 8
San Stefano, Vorfriede von (1878) 4 47
Sarajevo 4 59, 80, 92
Sarazenen 1 37, 51f., 85, 97, 105, 112
Sardinien 2 65, 104 (Erster 1740–42, Zweiter 1744–45) 2 53, 76–82
Sarraut, Albert, franz. Politiker 5 130
Sasonow, Sergej Dimitrijewitsch, russ. Politiker 4 80, 96
„Saturday Review" 4 55
Sauckel, Fritz, nationalsozialist. Politiker 6 88, 146
Savigny, Friedrich Carl von, Jurist 3 80; 4 14
Savoyer 2 61
Schacht, Horace Greely Hjalmar, Bankier und Politiker 5 11, 40, 107, 114, 146
- Plan 4 46, 51, 60, 76, 104ff., 108
Schlözer, Kurd von, Diplomat 4 43f.
Schlüter, Andreas, Baumeister und Bildhauer 2 67
Scharnhorst, Georg Johann David von, preuß. General 2 129, 132
Schauenburger 1 85f.
Scheel, Walter, Politiker 6 188, 200–207
Scheidemann, Philipp, Politiker 4 128, 153, 154; 5 7, 10, 13, 16, 18, 24, 27, 32, 41, 45
Scheubner-Richter, Max Erwin von, SA-Führer 5 68
Schiffer, Eugen, Politiker 5 50
Schill, Ferdinand von, preuß. Offizier 2 100, 136
Schiller, Johann Christoph Friedrich von, Dichter 2 46, 84
Schiller, Karl, Volkswirtschaftler und Politiker 6 193

Schinkel, Karl Friedrich, Baumeister und Maler 3 27
Schirach, Baldur von, nationalsozial. Politiker 6 146
Schlageter, Albert Leo, Nationalist 5 58
Schlange-Schöningen, Hans, Politiker 5 133
Schlegel, Friedrich von, Philosoph und Literarhistoriker 2 119
Schleicher, Kurt von, General und Politiker 5 11, 12, 23, 25, 52, 81, 87–90, 92, 94ff., 121, 123
Schleiermacher, Friedrich Daniel Ernst, evang. Theologe und Philosoph 4 53
Schleinitz, Alexander Freiherr von, preuß. Staatsmann 3 88
Schlesien 1 142; 2 42, 53, 65, 73, 76–82, 83, 94, 96; 3 7
Schlesische Kriege (Erster 1740–42, Zweiter 1744–45) 2 53, 76–82
Schleswig, Herzogtum 1 136; 3 7, 45, 73
Schleswig-Holstein 3 73f., 83, 100ff., 103f., 116
- preuß. Provinz 4 23
- Land (1947) 6 129, 132, 200
s. Holstein, Deutsch-Dänische Kriege
Schlieffen, Alfred Graf von, preuß. Generalfeldmarschall 4 46, 76, 105; 6 37f.
- Plan 4 46, 51, 60, 76, 104ff., 108
Schlözer, Kurd von, Diplomat 4 43f.
Schlüter, Andreas, Baumeister und Bildhauer 2 67
Schmalkaldischer Bund 2 7
- Krieg 8, 32, 34
Schmerling, Anton Ritter von, österr. Politiker 3 44, 61
Schmid, Carlo, Volksrechtler und Politiker 6 180
Schmidt, Helmut, Politiker 6 189, 200, 207
Schmidt, Paul Otto, Dolmetscher (Gesandter) 5 167
Schmundt, Rudolf, General 6 26
Scholastik 1 162ff., 173
Schönbrunn, Vertrag von (1805) 2 99
- Frieden von (1809) 2 100, 121, 137
Schopenhauer, Arthur, Philosoph 3 13f., 50
Schörner, Ferdinand,

166 Gesamtregister

Generalfeldmarschall 6 108, 117
Schröder, Gerhard, Politiker 6 190 ff., 195
Schröder, Kurt Freiherr von, Bankier 5 12
Schrötter, Leopold, Ritter von Kristelli, Arzt 4 26
Schukow, Grigori, sowjet. Marschall 6 110
Schulenburg, Friedrich Werner von der, preuß. General 4 156
Schulenburg, Friedrich Werner Graf von der, Diplomat 6 94
Schulwesen
- in Sachsen 2 75
- allgem. Schulpflicht in Preußen 3 70, Schulaufsichtsgesetz 4 11
- allgem. Schulpflicht in Österreich 2 92, Staatsschule 2 88
Schulreformprogramm Sowjetzone 6 128
Schumacher, Kurt, Politiker 6 131, 150, 155, 159, 162 f., 164
Schuman, Robert, franz. Politiker 6 130
- Plan s. Montanunion
Schuschnigg, Kurt (von), österr. Politiker 5 127, 135 f.
Schutzzölle 4 17; 5 10
Schwaben, Herzogtum 1 77; 2 7
Schwäbischer Bund (1488) 2 16
Schwäbischer Städtebund (1376) 1 165
Schwarzburg-Sondershausen 3 22
Schwarzenberg, Felix Fürst zu, österr. Staatsmann 3 8, 55, 57, 61, 62 f., 64, 66, 69, 73, 74 f., 76, 77, 78, 81, 82
Schwarzenberg, Johann Freiherr von, Humanist und Staatsmann 2 17
Schwarzer Freitag 5 80
Schweden 2 46–50, 51, 52, 53, 57 ff., 65; 6 20 f.
Schwedisch-Polnischer Krieg (1655–60) 3 56
Schweiz 1 47, 57, 136, 155; 2 10, 52
Schweppenburg, Leo Freiherr Geyr von, General 5 130
Schwerin von Krosigk, Johann Ludwig, nationalsozialist. Politiker 5 116; 6 127, 135
Sedan, Schlacht b. (1870) 3 119, 129

Seeckt, Hans von, Generaloberst, 5 8, 9, 10, 48 f., 50–52, 69, 76
Seisser, Hans von, Chef d. bayer. Landespolizei 5 67 ff.
Seiß-Inquart, Arthur, österr. nationalsozialist. Politiker 6 121, 146
Seldte, Franz, nationalsozialist. Politiker 5 115
Separatisten 5 9
Sepp, Johann Nepomuk, kath. Kirchenhistoriker 3 63, 66, 128 f.
Septennat 4 7
Serbien 2 62; 4 8, 86–89, 92–95, 119
Sergius, Großfürst 4 69, 70
Severing, Carl, Politiker 5 92
Sewastopol 6 63
Seydlitz, Walther, General von 6 65
Shirer, William Lawrence, amerik. Publizist 5 140
Sibylle, Gemahlin Tankreds 1 98
Sickingen, Franz von, Reichsritter 2 7, 16, 23
Siebenbürgen 2 39; 4 115; 6 40
Siebenjähriger Krieg (1756–63) 2 53, 71, 82–84
Sieburg, Friedrich, Schriftsteller 6 86, 89, 90
Sigibert I., Frankenkönig 1 34
Sigismund, röm.-dt. Kaiser 1 136, 160, 168–171; 2 20
Silvester III., Papst 1 68
Simon, August Heinrich (Simon-Breslau), Politiker 3 41
Simon, John Allsebrook Viscount, brit. Politiker 5 128
Simon, Ludwig (Simon-Trier), Politiker 3 41
Simon Magus (Simon der Magier) 1 65
Simonie 1 65, 69, 74, 76, 78
- „Gegen die Simonisten" (Humbert) 1 73
„Simplizissimus, Der abenteuerliche" 2 49 f.
„Simplizissimus" (Zeitschr.) 5 63
Simons, Walter, Jurist und Politiker 5 55
Sims, William Sowden, amerik. Admiral 4 122

Simson, Eduard von, Politiker 3 61, 66, 71, 133
Sindermann, Horst, Politiker 6 189, 205
Singapore 6 59
Sippenhaftung 6 13
Sixtus, Prinz von Bourbon-Parma 4 119
Sizilien 1 53, 57, 71, 85, 98, 109–111, 122, 134 f.
Skagerrak, Seeschlacht 1916 4 114 f.
Slawen 1 31, 35, 43, 49, 52, 61–63, 90 f., 139–145; 2 108 f.; 5 163
- aufstand 71
Slowakei 5 100, 150
Smolensk 6 49
Smuts, Jan Christiaan, südafrikan. Staatsmann 5 41; 6 41
Sokolowski, Wassili Danilowitsch, sowjet. Marschall 6 158
Söldnerwesen 1 138, 171; 2 69, 83, 126
Solferino, Schlacht b. (1859) 3 78, 89
Solf, Wilhelm, Politiker 4 153; 5 14
Sombart, Werner, Volkswirtschaftler und Soziologe 4 53
Somme, Kämpfe a.d. (1916/17) 4 113
Sophie Charlotte von Hannover, Gemahlin Friedrichs I. von Preußen 2 66
Sorel, Albert, franz. Historiker 2 128; 3 88; 4 19, 163
Sorel, Georges, franz. Sozialist 4 19, 20, 104
Sowjetunion 2 121; 4 132; 5 54 f., 57–61, 72–76, 100, 146 ff., 151 ff., 155 ff.; 6 38–43, 46–50, 57 ff., 63–69, 75, 93, 99 bis 103, 129 ff., 137 ff., 147 ff., 151, 155 ff., 172, 175 f., 177 f., 178–181, 182 f., 187, 188, 195 f., 199 ff.
- Berliner Vertrag (1926) 3 76
- Grenz- und Freundschaftsvertrag (1939) 6 7, 99 f.
- Nichtangriffspakt (1939) 5 162
- Rapallo-Vertrag (1922) 5 9, 55, 56–61
- sowjet. Friedensvertrags-Entwurf 1952 6 171 f.
- Aufnahme dipl. Beziehungen (1955) 6 178 f.
- Beistands- u. Freundschaftsvertrag m. d.

DDR (1964) 6 187, 190
- Moskauer Vertrag 1970 6 188, 201 f.
Sozialdemokratie, Sozialdemokratische Partei (SPD) 4 19, 22 f., 41–43, 101, 103, 126, 146, 153 f.; 5 8, 9, 12, 13, 19, 45, 50 f., 61, 65, 71, 80 ff., 93, 113
- Verbot 1933 5 97, 115
- nach 1945 6 131 ff., 182, 186 f., 188, 189, 190, 191, 193 ff., 200, 205, 207
Soziale Marktwirtschaft 6 194
Sozialismus, dt. 3 136
s. bes. Marx
Sozialistengesetz 3 95; 4 7, 8, 17–23, 30 f.
Sozialistische Einheitspartei Deutschlands (SED) 6 128 ff., 150, 152, 165, 192, 204
Sozialpolitik 4 41 f.; 5 7, 33
Spa, Konferenz von (1920) 5 8, 15
Spaak, Paul-Henri, belg. Politiker 6 25 f.
Spanien 1 24, 25, 37, 45, 115, 162; 2 12, 40, 43, 52, 55, 104
- und Hohenzollern 3 121–128
Spanische Niederlande 2 57, 59, 64, 65
s. Belgien
Spanischer Bürgerkrieg (1936/39) 5 98
Spanischer Erbfolgekrieg (1701–14) 2 51, 53, 64, 74
Spartakusbund 5 26–29
Spears, Edward Lewis, brit. General 6 26, 27, 29
Speidel, Hans, General 6 92
Speer, Albert, nationalsozialist. Politiker 6 73, 115, 117, 146
Spener, Philipp Jacob evang. Theologe 2 67
Spengler, Oswald, Geschichtsphilosoph 5 18
Speyer 2 63, 104
- Reichstag (1529) 2 7, 32 f.
„Spiegel, Der" 6 185
Spiegel-Affäre 6 134, 185
Spitzer, Daniel, Wiener Satiriker 3 118
SS (Schutzstaffel) 5 12, 18, 87, 88, 90, 93, 119
Staatenausschuß (-konferenz) (1918) 5 36
Staatsbürgerrecht, Gesetz ü. d. (DDR) 6 188, 197
Staatsrat der DDR 6 133, 165

Stadion, Franz Seraph Graf von, österr. Politiker 3 63 f.
Stadion, Johann Philipp Graf von, österr. Politiker 2 117 f., 143 ff.
Städte 1 129 f., 143 f., 161, 174; 2 36
- bünde 1 130, 137, 165, 174
- ordnung (Preußen) 2 100, 125
Stadtrecht 1 129 f., 142
Stahlhelm, Bund der Frontsoldaten 5 76 f., 79
- Auflösung 1935 5 98, 115
Stahlpakt (1938) 5 100; 6 45
Stalin, Jossif Wissarionowitsch (eigtl. Sosso Dschugaschwili), revolutionärer Staatsmann und Diktator 2 112; 4 15; 5 57, 99, 127, 146; 6 39, 46, 57, 70 f., 77 f., 99 f., 111 f., 119, 121, 124, 131, 138, 141 f., 147, 157 175
Stalingrad 6 63–69
Stampfer, Friedrich, Publizist und Politiker 5 83
Stammberger, Wolfgang, Politiker 6 186
Stände 1 93, 111, 129, 160, 162; 2 7, 8, 10, 29; 3 10, 18
Stanislaw I. Leszczinski, König von Polen 2 65
Starhemberg, Ernst Rüdiger, Graf von, österr. Feldmarschall 2 60
Staufer 1 52, 53, 57, 77, 85–88, 95 f., 97–99, 100, 117, 132, 134 f., 177
Stauffenberg, Claus Graf Schenk von, Generalstabsoffizier 6 93–95, 97, 99
Stedinger Bauern 1 125 f.
Stefan II., Papst 1 19
Stegemann, Hermann, Historiker 2 112
Stein, Karl, Reichsfreiherr vom und zum, Staatsmann 1 32; 2 94, 100, 107, 122 bis 125, 134, 137, 139, 140, 141, 145 f.; 5 163
Steltzer, Theodor, Mitgl. d. Widerstandsbeweg. 6 99
Stettin 2 53, 65
St. Germain, Friede von (1679) 2 52, 59
Stieff, Helmuth, Generalmajor 6 94

Stilicho, Flavius, röm. Feldherr 1 23
Stimson, Henry Lewis, amerik. Politiker 4 69; 6 61
Stinnes, Hugo, Großindustrieller 5 53f., 55
Stöcker, Adolf, Hofprediger und Politiker 4 7, 30
Stoffel, Eugène Georges Henri Céleste, Baron von, franz. Offizier 3 121
Stoph, Willi, Politiker 6 187, 188, 189, 197, 199, 201f., 204
Strafrecht unter Kaiser Friedrich II. 1 112f.
- in Österreich 2 87f., 93, 98
- in Preußen 4 14
Stralsund 1 143; 2 45, 65
- Friede von (1370) 1 136, 168
Straßburg 2 36, 52, 59, 64, 65; 3 132
Straßburger Eide (842) 1 40
- Kapitalstreit (1592) 2 36
Strasser, Gregor, nationalsozialist. Politiker 5 12, 96, 121
Strasser, Otto, Politiker 5 120
Strauß, David Friedrich, evang. Theologe 3 26f.
Strauß, Franz Josef, Politiker 6 132, 134, 185–187, 191, 193f.
Streicher, Julius, nationalsozialist. Politiker 5 68; 6 81, 146
Stresemann, Gustav, Staatsmann 4 57, 126; 5 9, 10, 11, 64–67, 69, 71, 75f., 126
Strougal, Lubomir, tschechoslow. Politiker 6 189
Struve, Gustav von, Politiker 3 46
Stuckart, Wilhelm, nationalsozialist. Politiker 6 82
Subsidien-Verträge (Großbritannien) 2 83f.
Süddeutscher Städtebund 1 165
Sudetendeutsche 5 99
Sudetendeutschtum 1 140
Sudetenkrise 5 135–145
- Besetzung d. Sudetengebietes 5 146f.
Südtirol 4 114, 119
Sully, Maximilien de Béthune, Herzog von, franz. Staatsmann 2 37

Syagrius, röm. Statthalter 1 32, 33
Syllabus (1864) 4 9
Syrien 1 123

Taboriten 1 171
Tacitus, Publius Cornelius, röm. Geschichtsschreiber 1 25, 30
Talleyrand, Charles Maurice de, franz. Staatsmann 2 119, 121, 147, 150
Tankred von Lecce, König von Sizilien 1 98
Tannenberg (Ostpr.) Schlacht 1914 4 110
- Tannenbergrede 1927 5 77
Tataren 1 145
Tattenbach, Christian Graf, Diplomat 4 74f.
Tauler, Johannes, Mystiker 1 158
Tauroggen, Konvention von (1812) 2 100, 126, 140
- Tauroggen-Mythos 5 59
Teheran, Konferenz von (1943) 6 75, 76–78, 101
Templerorden 1 147f.
Templewood, Sir Samuel Hoare, Viscount T. 5 125, 129; 6 34
Terboven, Josef, nationalsozialist. Politiker 6 7, 22
Teschen, Friede von (1779) 2 96
Teutoburger Wald, Schlacht im 1 23
Tetzel, Johannes, Dominikaner 2 15
Thälmann, Ernst, Politiker 5 12, 72, 86
Thassilo III., Herzog in Bayern 1 43
Theoderich der Große, König der Ostgoten 1 19, 29f., 32, 33
Theodora, Gemahlin Justinians I. 1 30
Theokratie 1 67f., 71
Theophanu, Gemahlin Ottos II. 1 62, 64
Theresienstadt 6 82
Thibaut, Anton Friedrich Justus, Jurist 4 14
Thiers, Adolphe, franz. Politiker und Historiker 2 137; 3 102, 108, 129
Thomas, Georg, General, 6 73
Thomas von Aquin, Scholastiker 1 148f., 161–164, 173
Thomasius, Christian, Philosoph 2 67

Thorn 2 105
Thun, Friedrich Graf von, österr. Staatsmann 3 81
Thüringen 1 32, 37; 3 22; 6 119, 128, 137f.
Tieck, Ludwig, Dichter 2 64
Tiedemann-Seeheim, H. von, Mitbegründer des Ostmarkenvereins 4 40
Tilly, Johann Tserclaes, Reichsgraf von, Feldherr 2 9, 44, 46f.
Tilsit, Friede von (1807) 2 99, 121
"Times" 5 99; 6 172f.
Timoschenko, Semjon Konstantinowitsch, sowjet. Marschall 6 63
Tippelskirch, Kurt von, General 6 36, 115
Tirol 1 136, 155; 2 136
Tirpitz, Alfred von, Großadmiral 4 8, 54, 56f., 114, 126
Tiso, Jozef, slowak. Politiker 5 100
Tito, Josip, eigtl. J. Broz, revolutionärer jugosl. Staatsmann 6 45
Tocqueville, Charles Alexis Henri Clérel de, franz. Historiker und Politiker 4 66f.; 6 123
Todt, Fritz, nationalsozialist. Politiker 6 7
Tojo, Hideki, japan. General und Politiker 6 54
Torgau, Schlacht b. (1760) 2 53, 83
- Zusammentreffen sowjet. u. amerik. Vorhuten 25.4.1945 6 15, 121
Torgler, Ernst, Politiker 5 97
Torstenson, Lennart, Graf von Ortala, schwed. Feldherr 2 49
Toskana 2 104; 3 89
Totaler Krieg 6 69f.
Toul 2 51
Transitabkommen (1971) 6 188, 204
Translatio Imperii 1 27, 149
Transsylvanien (Siebenbürgen) 2 39
Treitschke, Heinrich von, Historiker 2 76, 103; 3 10, 19, 22; 4 54
Trienter Konzil (1545–63) 2 8, 33
Trier, geistl. Kurfürstentum 1 159; 2 75, 100
Triest 2 137

Trimborn, Karl, Politiker 5 7
Troeltsch, Ernst von, evang. Theologe, Historiker 5 59
Trott zu Solz, Adam, Jurist, Mitgl. d. Widerstandsbewegung 6 99
Trotzki, Leo (Lew) Dawidowitsch (Bronstein), russ. Revolutionär 2 112; 4 132f.
Truman, Harry S., amerik. Präsident 6 111, 118, 119, 121, 129, 137f., 141f., 144, 157
Truppenamt 5 48f.
Tschechoslowakei 5 74, 99, 100, 135–142, 142–152; 6 81, 85, 129, 188, 195f.
s. Münchener Abkommen, Sudeten
- dt.-tschechoslow. Vertrag (1973) 6 189, 205
Tschirschky, Heinrich von, Diplomat 4 44, 73, 93
Tschiang Kai-schek 6 76
Tschitscherin, Georgij Wassiljewitsch, sowjet. Politiker 5 75
Tuchatschewski, Michail Nikolajewitsch, sowjet. Marschall 5 55
Tuka, Vojtech, slowak. Politiker 5 99
Tunis 6 62
Turenne, Henri de Latour d'Auvergne, franz. Marschall 2 49
Türken, Türkei 1 81, 116, 176; 2 7, 39, 53, 62, 94; 3 78, 83 ff.; 4 8, 47, 58 ff., 111 ff.
s. Osmanisches Reich
Türkenkrieg (1787–92) 2 98
Twesten, Karl, Politiker 3 91

Uhland, Ludwig, Dichter 1 67; 3 17, 18, 41, 52
Ukraine 4 133–135, 136; 5 99
Ulbricht, Walter, Politiker 6 130, 133, 166, 174, 183, 188, 195, 197ff.
Ulm, Vertrag von (1620) 2 41f.
Ulmer Reichswehrprozeß 5 85
Ulrich, Herzog von Württemberg 2 7
Unabhängige Sozialdemokratische Partei Deutschlands (USPD) 4 103; 5 8, 9, 13, 14, 23, 24, 72
"Unam Sanctam", päpstl. Bulle (1302) 1 136, 146
Ungarn, die 1 54, 58, 59
- Land 1 120; 2 8, 9, 39, 42, 53, 61f., 98; 3 8, 82, 120; 4 133, 150; 6 40
- Aufstand 1956 6 132, 182
s. Österreich-Ungarische Monarchie
Union, Protestantische (von Auhausen 1608) 2 8, 32, 37, 39, 41f.
Unionspläne, preußische 68f., 74f., 77
s. Ölmützer Punktation
- Unionsparlament (Erfurt) 3 8, 71
Untersteiermark 6 45
Upsala 1 57
Urban II., Papst 1 52, 80f.
Usedom, Karl Georg Ludwig Guido, Graf von, preuß. Diplomat 3 112
Utrechter Friede (1713) 2 53, 64
- Union 2 8, 37

Valentin, Veit, Historiker und Publizist 3 35; 6 122
Vallentin, Antonina, Publizistin 5 52, 64, 65
Valmy, Kanonade von (1792) 2 99, 102
Vandenberg, Arthur Hendrik, amerik. Politiker 6 51
Vansittart, Robert Gilbert Lord, brit. Diplomat 5 166
Vaterlandspartei, Deutsche 4 128
Vatikanisches Konzil (1869) 3 79
Venedey, Jakob, Politiker 3 43, 52, 62
Venedig, Republik 1 102ff.
Venetien 3 89, 105, 108, 114, 116
Verden a. d. Aller 2 51, 65
- Blutgericht (782) 1 42
Verdun, Vertrag von (843) 1 40, 46
- Kämpfe 1914–17 4 112f.
Vereinigte Niederlande 2 76
s. Spanische Niederlande
Vereinigter Landtag (Preußen) 3 34, 37, 38
Vereinigte Staaten

Gesamtregister

4 120, 121, 123, 138, 145; 5 41f., 6 40f.; 51–55, 60ff., 76ff., 91, 105f., 129ff., 137ff., 148, 169
Verfassung d. Dt. Reiches s. Reichsverfassung
Verfassung d. Bundesrepublik Deutschland s. Grundgesetz
Verfassung d. Deutschen Demokratischen Republik 6 165f.
- neue (1968) 6 188, 197
Verfassung d. Deutschen Evangelischen Kirche 1933 5 117
Verfassunggebende Versammlung 5 46
Verfassungsbruch Hannover 3 22f.
Vereinte Nationen (UN) 6 128, 172, 185, 189
Verhältniswahlrecht 5 30, 34f.
Verkehrsvertrag (1971) 6 189
Versailles, Kaiserproklamation (1871) 5 79
- Friedenskonferenz (1919) 5 7, 37 f.
- Vertrag 1871 3 133, 134
- - 1919 4 50, 145; 5 8, 39f. (Inhalt), 41, 45, 47, 60, 72f.
„Vertraute Briefe über die inneren Verhältnisse am preußischen Hof seit dem Tod Friedrichs II." (Cölln) 2 117
Victoria, Königin von Großbritannien 3 119; 4 60
Vienne, Konzil von (1311/12) 1 158f.
Vierjahresplan (1936) 5 98
Vier-Mächte-Kontrolle s. Kontrollrat
Vierzehn Punkte (Wilson) 4 137–140, 145; 5 37f.
Viktor II., Papst 1 68, 69f.
Viktor III., Papst 1 80
Viktor IV., Papst 1 93
Viktor Emanuel II., König von Piemont-Sardinien, sp. von Italien 3 88, 90
Viktoria, Deutsche Kaiserin, Gemahlin Friedrichs III. 4 25f.
Villafranca di Verona, Vorfriede von (1859) 3 89, 90
Vincke, Georg Freiherr von, preuß. Parlamentarier 3 71

Virchow, Rudolf, Pathologe 3 102; 4 9, 26
Vischer, Friedrich Theodor von, Ästhetiker 3 41
Vitzthum von Eckstädt, Karl Friedrich Graf, Diplomat u. Schriftsteller 3 55, 75, 77, 107
Völkerbund 4 139; 5 10, 56, 76, 98, 127
- Austritt 5 97, 118, 131
Völkerwanderung 1 20, 23–31
„Völkischer Beobachter" 5 66, 90
Volkmann, Ulrich, Publizist 5 51
„Volk ohne Raum" (Grimm) 4 54
Volksabstimmungen 1920 5 8, 55
Volksarmee, Nationale 6 132
Volkskammer der DDR 6 130, 133, 197
- Provisorische V. 6 165
Volksgerichtshof 6 89–91, 99
Voltaire, eigtl. François-Marie Arouet 2 71ff., 83, 90, 97, 126
Vorparlament s. Nationalversammlung Frankfurt
Vorpommern 2 53, 65
„Vorwärts" 4 145; 5 28
V-Waffen 6 73, 92

Wagner, Richard, Komponist 3 72; 4 53f.
Wagram, Schlacht b. (1808) 2 100, 137
Wahl, Rudolf, Schriftsteller 1 133
Wahlrecht, allg. 3 70, 97, 106; 4 125
Währungsreform (1948) 6 129, 153, 154f.
- i. d. sowjet. Besatzungszone 6 129, 156
Waiblingen 1 86
Waitz, Georg, Historiker 3 41
Walachei 2 62
Waldemar II. der Sieger, König von Dänemark 1 53
Waldersee, Alfred Graf von, preuß. Generalfeldmarschall 4 8, 15, 28, 30, 34, 76
Wallenstein, Eusebius Wenzel von, genannt der Friedländer, Feldherr 2 9, 34, 42–46
Walther von der Vogelweide, Lyriker d. MA 1 100, 102
Wandalen 1 19, 25f., 29, 30f.

Warschau, Stadt 6 7, 17
- Getto 6 85f., 102–105
- Herzogtum 2 99, 107, 121; 3 99
Warschauer Pakt 6 132
- Vertrag (1970) 6 188, 202f.
Wartburg 2 22
Waterloo, Schlacht b. (1815) 2 100, 148
Weber, Max, Sozialökonom 4 24, 35f., 49, 53, 82, 121, 122, 157; 5 17, 18, 19, 33
Weber, Werner, Staatsrechtler 5 36
Weber, Wilhelm Eduard, Physiker 3 22f.
Wehner, Herbert, Politiker 6 150, 186, 190, 191, 193, 199
Wehrpflicht, allg.
- Österreich 2 135
- Preußen 2 100, 125–129; 3 70
- nach 1919 5 51f.
- Wiedereinführung 1935 5 98, 127f.
Wehrpflichtgesetz (1956) 3 132
Weidling, General 6 125
Weimarer Verfassung s. Reichsverfassung
Welles, Summer, amerik. Diplomat 6 20
Weißen Berg, Schlacht am (1620) 2 8, 42, 73
Weitling, Wilhelm, Frühsozialist 1 127; 2 30
Weygand, Maxime, franz. General 6 24f., 27ff., 71
- Linie 6 22, 27
Weizsäcker, Ernst Freiherr von, Diplomat 5 140, 149, 154
Welcker, Karl Theodor, Staatsrechtler und Politiker 3 32, 64f.
Welfen 1 53, 85–88, 100, 177; 3 116
Wellington, Arthur Wellesley, Herzog von, brit. Feldmarschall 2 100, 148f., 150
Wels, Otto, Politiker 5 14, 23, 24, 113
Weltkrieg, Erster 4 89–92 (Chronologie), 92–157
- Kriegserkl. Österr.-Ungarn an Serbien 94
- - Deutschland an Rußland 101
- Eintritt Großbritanniens 102, 105
- - Italien 111
- - Rumäniens 115
- - Türkei 111
- - USA 120, 121, 123

- Ostfront 150–114, 116
- Westfront 104–109, 140–143, 145
- U-Boot-Krieg 114, 120–123
- österr.-ungar. Armee 110, 114, 148f., 150, 152
- Friede von Brest-Litowsk 131–137
- Waffenstillstand 143, 145f., 151, 152f.
- - österr.-ungar. 151, 152f.
Weltkrieg, Zweiter 6 7–15 (Chronologie)
- Polenfeldzug 16–19
- Kriegserkl. Großbritanniens und Frankreichs 7, 17
- - Italiens an die Westmächte 27
- - dt. an die USA 11, 55
- - Afrika- und Balkankriege 43–45
- Besetzung Norwegens 19–22
- engl.-franz. Flottenkonflikt 31f.
- England: Luftkrieg 36f.
- - Schlacht im Atlantik 37, 58, 73
- - Verbündete der Wehrmacht 48f.
- Ostfeldzug 46–50, 63–69, 71f., 92
- Westfeldzug 22–30, 109–111
- Pearl Harbor 46, 51, 54f.; Eintritt der Sowjetunion i. d. Krieg gg. Japan 145
- Zweite Front/Invasion 60, 66, 75f., 91–93
- Waffenstillstand franz.-dt. 29f; ital. 29
- Kapitulation Italien 71
- - Deutschland 124–127 s. a. Bedingungslose K.
- Konferenzen der Alliierten s. Casablanca, Kairo, Jalta, Potsdam, Quebec, Teheran
- Beendigung des Kriegszustands, Erkl. Großbrit., Frankreich, Vereinigte Staaten 131; Sowjetunion 132
- Königreich 2 99, 121
Westfälischer Friede (1648) 2 9, 25f., 35, 36, 37, 48, 50ff., 57, 60, 65

Westfranken 1 37, 46
Westgalizien 2 107, 121
Westgoten 1 19, 23ff., 28f., 32, 35
Westpreußen 2 53, 59, 95, 121; 3 7, 45
Westrom s. Rom
Wettiner 1 85f.; 2 75
Weygand, Maxime, franz. General 5 45, 54
Wibert von Ravenna s. Clemens III.
Widerstand, dt. gegen Hitler 6 74, 93–99
Widukind, Herzog von Sachsen 1 40, 42
Widukind von Corvey, Geschichtsschreiber 1 58
Wiederaufrüstung, alliiertes Gesetz 6 130
- bewaffnung BRD 6 130, 170f. s. Bundeswehr
Wiedertäufer 2 7, 23, 30–32
Wiedervereinigung 6 171f., 177ff., 182 s. Deutschlandvertrag, Eden-Plan, Potsdamer Abkommen
Wieland, Christoph Martin, Dichter 2 90
Wien 1 50, 160; 2 52, 53, 55, 60f.; 3 8, 33f., 54
Wienbarg, Ludolf, Schriftsteller 3 20
Wiener Friede (1864) 3 79
- - (1866) 3 115 s. a. Schönbrunn
Wiener Kongreß (1814–15) 2 100, 145–151; 3 7, 21
Wiener Schiedsspruch (1938) 5 99
- (1940) 6 7, 40
Wiesbadener Abkommen (1921) 5 8
Wikinger 1 50–52
Wildenbruch, Ernst von, Dichter 4 14
Wilhelm I., Deutscher Kaiser, König von Preußen 3 28, 37, 78, 86, 88f., 91ff., 96f., 99, 103, 105 bis 111, 113ff., 122ff., 126ff., 131, 132–137; 4 7, 23, 42
Wilhelm II., Deutscher Kaiser, König von Preußen 3 77, 96, 133; 4 7f., 25, 27–29, 30f., 32–34, 54f., 57, 60, 69, 72f., 78, 81f., 93, 103, 117f., 140, 146, 153–158; 5 7
Wilhelm von Holland, dt. König 1 53, 133, 135
Wilhelm III. von Oranien, König von

Gesamtregister

England, Schottland und Irland 2 62
Wilhelm III., König der Niederlande, Großherzog von Luxemburg 3 119
Wilhelm I., König von Sizilien 1 91
Willisen, Wilhelm von, preuß. General 3 74
Wilmot, Chester, brit. Historiker 6 77, 109
Wilson, Horace, brit. Diplomat 5 143
Wilson, James Harold, brit. Politiker 6 190
Wilson, Thomas Woodrow, Präsident der Verein. Staaten 4 121, 137–140, 145, 146, 149; 5 37f.
Windischgrätz, Alfred Fürst zu, österr. Feldmarschall 1 145; 3 7, 8, 51, 54
Windthorst, Ludwig, Politiker 3 116; 4 13f.

Wirth, Josef, Politiker 5 8, 9, 55f., 57, 60f.
Wirtschaftskrise 1929/30 5 83, 88
Wisby 1 136, 143
Wismar 1 143; 2 51, 65
Wissel, Rudolf, Politiker 5 24
Witte, Sergej Juljewitsch, Graf russ. Staatsmann 4 70
Wittelsbacher 1 95, 136; 2 41
Wittenberg 2 7
Witzleben, Erwin von, Generalfeldmarschall 6 94, 96, 99
Wjasma und Bransk, Doppelschlacht b. (1941) 6 10, 49
Wolff, Theodor, Publizist 4 131; 5 26f., 92
Wolff, Otto, Unternehmer 5 70
Wolfram von Eschenbach, mhd. Epiker 1 102

Wolhynien 2 105
Wöllner, Johann Christoph von, preuß. Staatsmann 2 102
Worms 1 73; 2 63, 104
Wormser Konkordat (1122) 1 52, 84
- Reichstag (1495) 2 7, (1521) 20ff.
Woroschilow, Kliment Jefremowitsch, sowjet. Marschall 5 159, 161
Wrangel, Friedrich Heinrich Ernst Graf von, preuß. Generalfeldmarschall 2 49; 3 8, 58, 59
Wulfila, westgotischer Bischof 1 33, 49
Württemberg, Herzogtum 2 76
- Königreich 2 99, 108, 114, 121; 3 22
- Land (1945) 6 128

Yorck von Wartenburg, Ludwig Graf von, preuß. Feldmarschall 2 100, 140, 141
Yorck von Wartenburg, Peter Graf von, Mitgl. d. Widerstandsbewegung 6 99
Young-Plan 5 11, 71
Ypern, Schlacht b. (1915) 4 90

Zeitzler, Kurt, General 6 72
Zentraluntersuchungskommission (1833) 3 7
Zentrum, Zentrumspartei 4 7, 10, 13f., 23, 121f., 126; 5 45, 65, 113
- Auflösung 5 115
Zischka, Jan, Hussitenführer 1 170, 172
Zita, Kaiserin von Österreich, Königin von Ungarn, Gemahlin Karls I. 4 118

Zola, Emile, franz. Schriftsteller 4 19
Zölibat, Verkündung 1 74
Zollgesetz, preuß. 3 7
Zollunion 5 11
Zollverein s. Deutscher Z.
Zorndorf, Schlacht b. (1758) 2 53
Zünfte 1 161
20. Juli 1944, Verschwörung des 6 89, 93–99
Zweibund (Dt. Reich/ Österr.-Ungarn, 1879) 4 7, 16
Zweig, Stefan, Schriftsteller 4 103, 158
Zweiverband (franz.-russ. Bündnis 1891) 4 8, 55f., 59
Zwickau 2 27
Zwingli, Ulrich, Reformator 2 7, 14
Zwirner, Ernst Friedrich, Baumeister 3 27

Goldmann Sachbuch